HISTOIRE AUGUSTE

VIES DES TRENTE TYRANS
ET DE CLAUDE

COLLECTION DES UNIVERSITÉS DE FRANCE

publiée sous le patronage de l'ASSOCIATION GUILLAUME BUDÉ

HISTOIRE AUGUSTE

TOME IV
3ᵉ partie

VIES DES TRENTE TYRANS
ET DE CLAUDE

TEXTE ÉTABLI, TRADUIT ET COMMENTÉ

PAR

François PASCHOUD

Professeur honoraire
de l'Université de Genève

Ouvrage publié avec le concours du Centre national du Livre

PARIS

LES BELLES LETTRES

2011

Conformément aux statuts de l'Association Guillaume Budé, ce volume a été soumis à l'approbation de la commission technique, qui a chargé MM. Bruno Bleckmann et Olivier Desbordes d'en faire la révision et d'en surveiller la correction en collaboration avec M. François Paschoud.

© 2011. Société d'édition Les Belles Lettres
95 boulevard Raspail, 75006 Paris
www.lesbelleslettres.com

ISBN : 978-2-251-01460-9
ISSN : 0184-7155

INTRODUCTION*

Sur les points que j'ai abordés dans l'*Introduction générale*
du volume V 1 de la présente série, je n'ai rien d'essentiel à
ajouter. En particulier, tout ce que j'y dis concernant la tradition manuscrite et les principes suivis dans l'établissement
du texte, l'apparat critique, la traduction et le commentaire
(p. XLIV-XLIX) s'applique identiquement au présent volume
IV 3. Le lecteur est donc invité à s'y reporter. Il en va de même
pour toutes les données des introductions des vol. V 1 et V 2
qui ne concernent pas spécifiquement les cinq biographies de
« Vopiscus ». Pour le nom de « Trebellius Pollio », cf. le vol.
V 2, p. XIX-XXI. Le principal problème général relatif aussi
bien aux *Trente Tyrans* qu'à *Claude* est celui qui concerne les
sources.

***

Le débat autour des sources des biographies dues à
« Pollio » est beaucoup moins véhément que celui qui

---

* Les textes latins sont cités selon les abréviations de l'*Index* du
Thesaurus linguae Latinae, les textes grecs selon des abréviations aisément compréhensibles, établies selon les mêmes principes que celles du
Thesaurus. Les ouvrages et les articles ne sont en partie cités que par le
nom de leur auteur, le cas échéant suivi de leur titre abrégé. Les indica-
tions bibliographiques complètes sont dans ce cas fournies ci-dessous,
p. XIX-XXV. Les périodiques sont cités selon les sigles de *l'Année philo-
logique*. Les mêmes principes sont appliqués dans le commentaire des
deux biographies réunies dans ce volume. *ThlL* renvoie au *Thesaurus
linguae Latinae*, *PLRE* à la *Prosopography* de Jones *et al.*, *RE* à la *Rea-
lencyclopädie* de Pauly-Wissowa.

concerne celles de « Vopiscus ». Un large consensus règne parmi les spécialistes sur les points essentiels, ce n'est que sur des questions secondaires qu'il existe quelques divergences. Aussi bien Barnes (*The Sources...*, p. 125 pour les biographies de « Pollio ») que Ratti (p. LIX-LXIX pour *Valer.* et *Gall.*) désignent comme sources historiographiques uniques pour les quatre biographies qui suivent la « lacune » Dexippe et la « Kaisergeschichte » d'Enmann (*EKG*). Pour ce qui concerne les *Trente Tyrans*, il convient de préciser que de nombreux éléments de la matière historique sont repris de la *uita Gallieni*, ce qui n'est pas surprenant, puisqu'une partie au moins des usurpateurs mentionnés se sont révoltés contre Gallien et que, donc, ce dernier les a combattus. Il est cependant important de souligner que, à propos des personnages déjà évoqués dans la *uita Gallieni*, les *Triginta Tyranni* fournissent des données supplémentaires qui ne sont pas toutes inventées. Il apparaît donc que « Pollio », au moment de rédiger les *trig. tyr.*, a consulté derechef les sources exploitées pour *Gall.* pour enrichir ses informations sur les usurpateurs de cette période.

En ce qui concerne Dexippe, un débat récent a surgi sur le point de savoir si « Pollio » exploite Dexippe directement ou bien au travers de l'écran d'une source intermédiaire. Lécrivain (cf. p. 60), Barnes et Ratti s'en tiennent à l'interprétation d'une utilisation directe de l'historien grec, et c'est aussi à cette solution que va ma préférence. Il me semble, en effet, que des particularités d'expression et l'apparition de dates consulaires pour la période 238-270 trahissent l'emploi direct de cette source grecque (cf. mes études *L'Histoire Auguste et Dexippe...*, p. 248-249 et 266-267 ; *Nicomaque Flavien...*, p. 76-77, et *infra*, p. 298). Cependant Bleckmann estime que, pour ces années, Dexippe n'est exploité par « Pollio » qu'au travers d'une source intermédiaire, une œuvre latine du IVe s. de tendance sénatoriale et païenne, qu'il incline à identifier avec les *Annales* de Nicomaque Flavien (*Die Reichskrise...*, *passim* p. 156 *sqq.* ; *Zu den Quellen...*, p. 99-103). Tout en m'en tenant à mon opinion exprimée ci-dessus, il me paraît cependant que la difficulté ne peut pas être tranchée de manière absolument incontestable. Ce qui est important à retenir, c'est qu'il est en tout cas sûr qu'un certain nombre d'informations de « Pollio » remontent, en dernière analyse, à Dexippe. Ce point de vue prudent est adopté dans l'étude récente de Martin, *Dexipp...*, p. 64-66 (cf. *infra*, p. XIV). Par précaution, et pour éviter des polémiques oiseuses, je parlerai donc, ici et partout ailleurs dans le présent volume, non pas de Dexippe, mais uniquement de la tradition de Dexippe.

Une difficulté de même nature existe à propos des abréviateurs latins. Dans l'histoire de la controverse sur la date de l'*HA*, la mise en évidence d'une dépendance de la collection de biographies par rapport à Aurélius Victor a joué un rôle important, à telle enseigne que Momigliano lui-même a été amené pour cette raison à se départir quelque peu de sa position initiale extrêmement traditionnelle[1]. La conséquence en a été que l'hypothèse d'une « Kaisergeschichte » datant du premier tiers du IVe siècle a été vivement combattue par certains, dont Chastagnol[2]. Le vent a aujourd'hui tourné, et l'hypothèse d'Enmann, souvent reprise et affinée[3], est actuellement assez généralement admise[4]. La difficulté n'en est pour autant pas écartée. Dans certains contextes, l'*HA* semble apporter la preuve d'une consultation directe d'Eutrope[5], dans d'autres celle d'une consultation directe d'Aurélius Victor[6] ; dans d'autres encore, où elle cumule des données présentes chez Eutrope, mais absentes chez Victor, avec d'autres données absentes chez Eutrope, mais présentes chez Victor, on est

1. Cf. ma *Chronique d'historiographie tardive*, AntTard 15, 2007, p. 349-364, ici p. 351.

2. Cf. *infra*, p. 78.

3. Cf. en dernier lieu ma *Chronique d'historiographie tardive*, Ant-Tard 14, 2006, p. 325-344, ici p. 340-341.

4. Cf. mon étude *Quelques problèmes actuels relatifs à l'historiographie de l'antiquité tardive*, SO 73, 1998, p. 74-87, ici p. 81-82 (repris dans mon recueil *Eunape...*, p. 379-391, ici p. 386).

5. Cf. par exemple *infra*, p. 67.

6. Cf. par exemple *infra*, p. 81.

bien obligé de conclure à l'utilisation directe de la source commune de ces deux auteurs, à savoir l'*EKG*[1]. Et dans d'autres cas encore, il est impossible de dire laquelle des trois sources en question il exploite. On est ainsi amené à la conclusion quelque peu désespérée que l'auteur de l'*HA* avait en même temps sur sa table de travail un Aurélius Victor, un Eutrope, et une édition de l'*EKG*. Mais quels critères guidaient-ils son choix ? Cela est impossible à dire. On ne décèle aucun indice qui pourrait suggérer que l'auteur de l'*HA* est conduit dans sa démarche par quelque principe rationnel ; le hasard seul semble à l'œuvre. Comme pour ce qui concerne Dexippe, il est donc sage, au-delà des cas particuliers permettant de préciser davantage, de s'en tenir prudemment à l'expression « tradition de l'*EKG* ».

Bien évidemment, comme partout ailleurs, l'auteur de l'*HA*, au-delà des sources qui lui fournissent spécifiquement son information historique, révèle sous son incarnation « Pollio » une familiarité certaine avec d'autres textes. La plus controversée jadis et la plus évidente aujourd'hui concerne Ammien Marcellin : *trig tyr.* et *Claud.* apportent leur lot de confirmations à cette hypothèse (cf. *infra*, p. 72-73 ; 279 ; 284-286 ; 330). « Pollio » s'inspire d'une méthode de travail de Jérôme (cf. *infra*, p. 218-219). Chastagnol avait milité pour imposer l'idée d'une utilisation de Végèce dans l'*HA*. Aucun des rapprochements qu'il propose n'est vraiment convaincant : cf. *infra*, p. 134 ; 282 ; 316 ; 322 ; 326. Du reste, même si une telle relation pouvait être solidement démontrée, elle n'apporterait rien au débat sur la date de l'*HA*, car l'insertion chronologique de Végèce reste peu assurée[2]. Parmi les auteurs classiques, Cicéron et Salluste notamment sont comme toujours présents. Pour le reste, le lecteur est prié de se

---

1. Cf. le vol. V 1, p. 181-184.
2. Récemment, M. B. Charles, *Vegetius in Context*, Stuttgart, 2007, a tenté de montrer, avec des arguments intéressants, mais qui ne tranchent pas définitivement le débat, que l'ouvrage de Végèce a été rédigé vers 420-450.

reporter à l'*index des matières*. Il me semble, pour ma part, avoir identifié deux échos très évidents à Claudien non repérés auparavant : cf. *infra*, p. 274-275. Ils apportent, à mon sentiment, une preuve supplémentaire que la rédaction finale de l'*HA* est postérieure au Frigidus, contrairement à une doctrine récemment affirmée avec véhémence[1]. Un autre indice important allant dans le même sens est constitué par la fausse lettre de Dèce concernant l'ordre qu'il aurait donné à Claude d'aller établir une garnison aux Thermopyles (*Claud.* 16), allusion évidente à l'invasion de la Grèce par Alaric en 395-396 : cf. *infra*, p. 331-333. Cet épisode, qui fut aussitôt interprété dans un contexte providentialiste, était certainement connu et objet de discussions intenses dans le milieu auquel appartenait l'auteur de l'*HA*.

Il convient en outre de ne pas taire une spécificité, certes présente ailleurs dans l'*HA*, mais particulièrement apparente dans les deux *Vies* contenues dans le présent volume : la multplication d'affirmations dont la réalité violerait les règles les plus infrangibles de l'historiographie romaine d'époque impériale, qui constitueraient pour l'auteur des crimes de lèse-majesté et lui vaudraient une mise à mort brutale et immédiate[2]. Les plus évidentes sont les nombreux éloges adressés tout au long des *Trente Tyrans* à une série de héros de cette biographie collective : faire l'éloge d'un usurpateur équivaut à se rebeller contre le souverain légitime ! Une petite liste de passages caractérisés par la spécificité dont je parle ici illustrera les diverses formes que peuvent prendre ces très étonnantes insertions :

Trig. Tyr. 3,9 : Valérien considère Postumus comme méritant d'accéder au pouvoir suprême ;

---

1. Cf. ma *Chronique...* citée ci-dessus, p. IX, n. 1, p. 360-362. Je ne reviens pas ici sur cette polémique, à quoi je n'ai rien à ajouter.

2. Ces affirmations doivent être bien distinguées des très nombreux anachronismes qui, pour énormes qu'ils soient parfois, ne comportent cependant aucun caractère périlleux.

Ibid. 11, 4-5 : Claude dresse un tombeau inscrit à l'usurpateur Auréolus ;

Ibid. 21,4 : un consulaire *primae sententiae* propose des honneurs divins pour un usurpateur, convaincu que les empereurs légitimes approuveront cette initiative ;

Ibid. 21,5-6 : d'autres sénateurs proposent une statue et un quadrige pour le même usurpateur ;

Claud. 4,3-4 : le Sénat a toujours souhaité un prince pareil à Claude (ce qui sous-entend qu'il pourrait exister un autre individu ayant des mérites identiques), et l'invite à pardonner à l'usurpateur Tétricus, qui serait innocent ;

Ibid. 9,7 : éloge du courage des habitants de Byzance révoltés contre le pouvoir impérial ;

Ibid. 10,7 : dans une période antérieure au 1er mai 305, « Pollio » déclare Constance Chlore d'origine divine, appartenant à une dynastie d'Augustes, et ancêtre de bon nombre d'Augustes ;

Ibid. 15,3-4 : Valérien décerne des honneurs extraordinaires au futur empereur Claude, et notamment une maison civile égale à la sienne ;

Ibid. 18,1 : le Sénat adresse des acclamations à Claude encore simple particulier.

Chacun de ces passages constitue une énormité, leur ensemble, ajouté aux nombreux éloges adressés à des usurpateurs, suffit à montrer d'une manière évidente que l'*HA* ne peut en aucune manière avoir circulé ouvertement ni à l'époque à laquelle elle prétend appartenir (le début du IVe s.), ni à celle qui lui est aujourd'hui généralement assignée (en gros les années 390-400). Que le premier « Nachleben » de l'*HA* a été souterrain a été suggéré avec d'excellentes raisons par François Chausson, qui intitule une sous-section de son ouvrage *Stemmata aurea...* (p. 258-260) « Une œuvre impubliable ». Michel Festy partage cette manière de voir[1]. Ainsi

---

1. Cf. sa contribution à l'étude à quatre mains de J.-P. Callu - M. Festy, *Alternatives historiennes : de l'*Historia Alexandri *à l'*Historia

s'explique que la première trace que l'*HA* a pour nous laissée n'apparaît que chez Jordanès (*Get.* 84-88), ou peut-être déjà au début du vi[e] s. chez Memmius Symmachus. À cette date, l'Empire d'Occident a disparu, tout comme en Orient la dynastie théodosienne, qui se considérait comme légitimement liée aux dynasties constantinienne et valentinienne[1], et un environnement politique totalement différent rendait désormais dicible, car reculé dans un passé de plus de deux siècles appartenant à un autre monde, ce qui était encore indicible vers 390-400. Ainsi ces passages outrageux confirment-ils une première période de survie souterraine de l'*HA*, supposée d'abord pour d'autres motifs. Sur cette problématique, cf. aussi *infra*, p. XXXIV-XXXV.

Il sied maintenant de déduire de cette survie souterraine une conclusion qui, à ma connaissance, n'a pas été envisagée jusqu'à aujourd'hui. Comme on le sait, la datation fine de l'*HA* se fonde en grande partie sur des indices d'intertextualité. Or ceux-ci, dans la mesure où l'on peut exclure qu'il s'agisse de lieux communs ou de rencontres banales, dès que la chronologie exacte du texte parallèle n'est pas clairement établie, restent forcément ambigus. Définir qui est l'imité et qui est l'imitateur n'est souvent pas aisé. On connaît cette problématique par exemple pour des parallèles existant entre Catulle et Lucrèce, ou bien entre Virgile et Horace. Le parallèle entre la *uita Hilarionis* de Jérôme et le prologue de la *uita Probi* soulève une difficulté de même nature, que seule une datation plus précise de l'*HA* permet de résoudre[2]. Mais tout change dès lors qu'on peut admettre que l'*HA* n'a pas circulé : dans ce cas, c'est forcément l'*HA* qui est l'imitatrice. Cela permet de résoudre élégamment par exemple la difficulté

Augusta, dans le Historiae Augustae Colloquium Genevense, Bari, 2010, p. 117-133, ici p. 131-133, en particulier p. 131 : « le recueil était impubliable ».

    1. Cf. sur cela Chausson, *Stemmata aurea...*, *passim*, et notamment chap. 2, « De Constance Ier à Galla Placidia », et *infra*, p. 287.

    2. Cf. le vol. V 2, p. 46-48.

surgie à propos d'un contact entre la collection de biographies et Sulpice Sévère, en rendant superflue la considération vraisemblable, mais improuvable, que ces prétendus contacts ne relèvent que du lieu commun[1].

***

Quelques ouvrages plus ou moins récents sont d'un grand secours pour quiconque s'intéresse à l'*HA*, et notamment aux biographies attribuées à « Pollio » :

— l'édition des *Fragments* de Dexippe publiée par Martin est appelée à rendre de grands services. Elle propose un texte établi à frais nouveaux, une traduction allemande et une étude littéraire très complète. On n'y trouve, en revanche, guère d'éclaicissements historiques, ce type de problèmes ayant été délibérément laissé de côté par l'auteur ;

— le récent commentaire très complet de la *uita Hadriani* dû à Fündling n'est pas seulement important pour ceux qui s'intéressent spécifiquement à cette biographie, car il comprend un « Forschungsbericht » (p. 3-208) extraordinairement complet, minutieux, clair et objectif, qui va très au-delà de la seule biographie étudiée dans ce volume. Tous ceux qui s'intéressent à quelque aspect que ce soit de la collection de biographies y trouveront un excellent instrument d'orientation sur les principaux problèmes qu'elle soulève. Il est complété par une bibliographie (p. XLIII-CCXVIII) dans laquelle il n'est pas facile de repérer des lacunes.

La période dans laquelle s'inscrivent les *Trente Tyrans* et la *Vie de Claude*, c'est-à-dire la décennie qui va en gros de 260 à 270, est fort mal connue, alors même qu'elle est très riche en événements qui s'entrecroisent aux quatre coins de l'Empire et interréagissent entre eux de manière fort complexe. Il n'existe pas de source narrative contemporaine intégralement conservée. Parmi celles qui furent rédigées plus tard, l'*Histoire*

---

1. Cf. St. Ratti, *Un nouveau terminus ante quem pour l'*Histoire Auguste, dans le recueil cité *supra*, p. XII, n. 1, p. 165-173.

Auguste est globalement la plus détaillée, tout en étant encore relativement proche dans le temps. Malheureusement, comme on le sait, son information est pauvre, elle exploite ses sources de manière arbitraire et négligente et, surtout, elle les enrichit de mille et une inventions. Le but principal du commentaire joint aux biographies publiées dans le présent volume est de montrer comment le récit de « Pollio » est construit et d'y séparer l'ivraie surabondante du rare bon grain. Bien qu'il ne soit pas question d'y présenter un récit détaillé des événements, il est néanmoins indispensable de fournir au lecteur un minimum de données dignes de confiance à partir desquelles les variations et fantaisies de l'*HA* puissent être mesurées. Jusqu'à tout récemment, on ne disposait pour ces années 260-270 que de synthèses assez peu détaillées et parfois vieillies, ou bien d'une infinité de recherches ponctuelles souvent difficiles à repérer, serpentant dans les méandres complexes de l'épigraphie, de la papyrologie ou de la numismatique, voire des sources orientales. Ce fut donc véritablement une divine surprise de voir paraître — alors même que le travail était déjà sérieusement engagé — les deux très gros volumes publiés sous la direction de Klaus-Peter Johne, assisté d'Udo Hartmann et de Thomas Gerhardt, *Die Zeit der Soldatenkaiser...* Vingt-six spécialistes y présentent dans le plus grand détail tous les aspects du demi-siècle mouvementé qui va de 235 à 284, avec 150 pages de bibliographie et 40 pages d'index. Je ne saurais dire combien salvateur a été pour moi le fil d'Ariane constitué par l'information minutieuse et à jour contenue dans ces deux volumes[1], et combien ma tâche a été simplifiée par la possibilité d'y renvoyer pour une foule de problèmes complexes qui se posent aux marges du texte de l'*HA*.

Depuis de longues années, on guette la parution du volume 6 du *Handbuch der lateinischen Literatur der Antike*, qui doit couvrir les années 374-430. On attend avec impatience de nombreux chapitres de ce livre, notamment ceux qui

---

1. J'ai présenté cet ouvrage de manière plus détaillée dans AntTard 17, 2009, p. 403-405.

concernent l'*HA* et Nicomaque Flavien. Cependant, même au printemps 2011, à plus de vingt ans du lancement du projet global, cet ouvrage semble encore dans les limbes.

***

Bruno Bleckmann et Olivier Desbordes ont assumé une fois de plus la tâche ingrate de réviseurs. Le premier m'a évité des bévues et des lacunes au niveau de l'information historique. Le second a minutieusement relu tout le volume avec un œil de lynx, et en particulier contrôlé et complété mon apparat critique, corrigé de fausses lectures et suggéré maintes modifications qui ont contribué à améliorer sa conformité aux règles, sa clarté et son élégance. Enfin Michel Festy a eu la générosité de lire les épreuves. Ma grande reconnaissance leur est acquise.

F. P., juin 2011

Tableau synoptique des principales caractéristiques de l'*Histoire Auguste*
(cf. vol. V 1, p. L-LI)

(Les vies secondaires sont signalées par l'italique)

« Auteur »	N° d'ordre	Biographie	Nb. de p. éd. Hohl	Dédicace	Préface	Faux doc.
[SPART.]	(1)	Hadr.	26			0
	(2)	*Ael.*	*7*	*Diocl. (1,1; 2,2)*	×	*0*
[CAPITOL.]	(3)	Pius	11			0
	(4)	Aur.	27	Diocl. (19,12)		0
	(5)	Ver.	11	Diocl. (11,4)	×	0
[GALLICAN.]	*(6)*	*Auid.*	*13*	*Diocl. (3,3)*	×	*12*
[LAMPR.]	(7)	Comm.	17			2
[CAPITOL.]	(8)	Pert.	13			0
[SPART.]	(9)	Did.	8			0
	(10)	Sept. Seu.	21	Diocl. (20,4)		0
	(11)	*Pesc.*	*12*	*Diocl. (9,1)*	×	*4*
[CAPITOL.]	*(12)*	*Alb.*	*14*	*Constant. (4,2)*		*9*
[SPART.]	(13)	Carac.	11			0
	(14)	*Geta*	*7*	*Constant. (1,1)*	×	*0*
[CAPITOL.]	(15)	Opil.	13	Diocl. (15,4)	×	2
[LAMPR.]	(16)	Diad.	9			6
	(17)	Heliog.	28	Constant. (2,4)	×	0
	(18)	Alex.	55	Constant. (65,1)		7
[CAPITOL.]	(19)	Maximin.	27	Constant. (1,1)	×	10
	(20)	Gord.	27	Constant. (34,6)	×	10
	(21)	Max. Balb.	16			6
		(Lacune)				
[TREB.]	(22)	Valer.	6			6
	(23)	Gall.	21			0
	(24)	trig. tyr.	34		×	13
	(25)	Claud.	15		×	8
[VOPISC.]	(26)	Aurelian.	38		×	21
	(27)	Tac.	15		×	13
	(28)	Prob.	20		×	14
	(29)	quatt. tyr.	12		×	7
	(30)	Car.	15		×	4

Liste des ouvrages et articles cités en abrégé dans
l'introduction, les préfaces des *Vies*,
le commentaire et l'apparat critique

Alföldi, A. *Studien zur Geschichte der Weltkrise des 3. Jahrhunderts nach Christus*, Darmstadt, 1967.

Baehrens, Aem. *Adversaria critica in Scriptores historiae Augustae*, Fleckeisens Jahrbücher für classische Philologie 17, 1871, p. 649-664.

—— *Nova adversaria critica in Scriptores historiae Augustae*, Fleckeisens Jahrbücher für classische Philologie 32, 1886, p. 213-224.

Baynes, N. *The Historia Augusta. Its Date and Purpose*, Oxford, 1926.

Barnes, T. D. *Some Persons in the Historia Augusta*, Phoenix 26, 1972, p. 140-182.

—— *The Sources of the* Historia Augusta, Collection Latomus 155, Bruxelles, 1978.

Béranger, J. *Des gloses introduites par* id (hoc) est *dans l'Histoire Auguste*, Historia-Augusta-Colloquium 1982/1983, Bonn, 1985, p. 1-20.

Birley, A. *« Trebellius Pollio » and « Flavius Vopiscus Syracusanus »*, Historiae Augustae Colloquium Perusinum, Bari, 2002, p. 33-47.

Birley, E. *Africana in the Historia Augusta*, Historia-Augusta-Colloquium 1968/1969, Bonn, 1970, p. 79-90.

—— *True and False : Order of Battle in the HA*, Historia-Augusta-Colloquium 1977/1978, Bonn, 1980, p. 35-43.

—— *Some Names in the Historia Augusta*, Historia-Augusta-Colloquium 1979/1981, Bonn, 1983, p. 67-98.

Bleckmann, B. *Die Reichskrise des III. Jahrhunderts in der spätantiken und byzantinischen Geschichtsschreibung. Untersuchungen zu den nachdionischen Quellen der Chronik des Johannes Zonaras*, München, 1992.

—— *Zu den Quellen der vita Gallieni duo*, Historiae Augustae Colloquium Maceratense, Bari, 1995, p. 75-103.

—— Remarques sur la présente édition.

Brandt, H. *Kommentar zur vita Maximi et Balbini der Historia Augusta*, Bonn, 1996.

Bravi, A. *« Romano more » : tradizione e trasgressione di modelli culturali nell'*Historia Augusta, Historiae Augustae Colloquium Bambergense, Bari, 2007, p. 73-82.

Bruggisser, Ph. *Le bouclier d'or de Claude le Gothique. Un honneur étrangement nouveau*, Historiae Augustae Colloquium Genevense, Bari, 1999, p. 59-85.

Casaubon, I. édition de 1603, commentaire repris dans l'édition *uariorum*, Lugduni Batauorum, 1671.

Chastagnol, A. *Végèce et l'Histoire Auguste*, Historia-Augusta-Colloquium 1971, Bonn, 1974, p. 103-112.

—— *Histoire Auguste*, édition bilingue, coll. « Bouquins », Paris, 1994.

Chausson, F. *Stemmata aurea. Constantin, Justine, Théodose. Revendications généalogiques et idéologie impériale au* IVe *siècle ap. J.-C.*, Rome, 2007.

Closs, C. A. *Die Kaisergeschichte der sechs Schriftsteller : Aelius Spartianus...*, übersetzt und mit Anmerkungen begleitet, 6 vol., Stuttgart, 1856-1857.

Coarelli, F. *Guida archeologica di Roma*, 2e éd., Milano, 1975.

Cornelissen, J. J. *Ad scriptores historiae Augustae*, Mnemosyne 11, 1883, p. 246-259.

Damerau, P. *Kaiser Klaudius Gothicus*, Klio. Beiheft 20, Leipzig, 1934.

Damsté, P. *Ad scriptores historiae Augustae*, Mnemosyne 39, 1911, p. 185-194 et 225-241.

Delmaire, R. *Les donations impériales dans l'*Histoire Auguste, Historiae Augustae Colloquium Parisinum, Macerata, 1991, p. 147-159.

Desbordes, O. Corrections suggérées par le relecteur de la présente édition.

Dessau, H *Über Zeit und Persönlichkeit der Scriptores Historiae Augustae*, Hermes 24, 1889, p. 337-392.

—— *Über die Scriptores Historiae Augustae*, Hermes 27, 1892, p. 561-605.

Egnatius, I. B. édition de 1516.

Ellis, R. *On the Historia Augusta*, Hermathena 13, 1905, p. 399-420 et 14, 1906, p. 1-17.

Erasme, D., auteur de l'édition Froben, Basileae, 1518.

Estiot, S. *Le tyran* Saturninus *: le dossier numismatique*, Historiae Augustae Colloquium Perusinum, Bari, 2002, p. 209-241.

Eyssenhardt, Fr. cf. Jordan.

Fele, M. L. *Il Breviarium di Rufio Festo*, Hildesheim, 2009.

Festy, M. *Pseudo-Aurélius Victor, Abrégé des Césars*, CUF, Paris, 1999.

Friedländer, F. & Wissowa, G. *Darstellungen aus der Sitten-geschichte Roms*, 4 vol., Leipzig⁴, 1921-1923.

Fündling, J. *Kommentar zur vita Hadriani der Historia Augusta*, 2 vol., Bonn, 2006.

Gilliam, F. *Three Passages in the Historia Augusta : Gord. 21,5 and 34,2-6 ; Tyr. Trig. 30,12*, Historia-Augusta-Colloquium 1968/1969, Bonn, 1970.

Gruter, J. édition de 1611, notes critiques reprises dans l'édition *uariorum*, Lugduni Batauorum, 1671.

Hallén, M. *In scriptores historiae Augustae studia*, Upsaliae, 1941.

Hartke, W. *Geschichte und Politik im spätantiken Rom*, Klio, Beiheft 45, Leipzig, 1940.

—— *Römische Kinderkaiser. Eine Strukturanalyse römischen Denkens und Daseins*, Berlin, 1951.

Hartmann, U. *Das palmyrenische Teilreich*, Stuttgart, 2001.

Helm, R. Observations citées dans l'édition de Hohl.

Hengst, D. den *The Prefaces in the Historia Augusta*, Amsterdam, 1981.

Hofmann, J. B. & Szantyr, A. *Lateinische Syntax und Stilistik*, München, 1965.

Hohl, E., *Scriptores historiae Augustae*, 2 vol., Teubner, Lipsiae, 1927 (ed. stereotypa ed. prioris cum addendis, du vol. I, Lipsiae, 1955 [p. 306-311] ; nouvelle éd. des 2 vol., Lipsiae, 1965 avec des additions de Samberger, Ch. et Seyfarth, W. [I, p. 306-310 ; II, p. 305-308]).

—— *Historia Augusta. Römische Herrschergestalten* [traduction allemande de l'*Histoire Auguste*], bearbeitet und erläutert von E. Merten, A. Rösger, N. Ziegler, 2 vol., Zürich-München, 1976-1985.

Johne, Kl.-P. *Die Biographie des Gegenkaisers Censorinus. Ein Beitrag zur sozialen Herkunft der Historia Augusta*, Historia-Augusta-Colloquium 1972/1974, Bonn, 1976, p. 131-142.

—— *Kaiserbiographie und Senatsaristokratie*, Berlin, 1976.

Johne, Kl.-P., Hartmann, U. & Gerhardt, Th. (edd.), *Die Zeit der Soldatenkaiser*, 2 vol., Berlin, 2008.

Jordan, H. & Eyssenhardt, Fr. *Scriptores historiae Augustae*, 2 vol., Weidmann, Berlin, 1864.

Kellerbauer, A. *Zu den scriptores historiae Augustae*, Fleckeisens Jahrbücher für classische Philologie 23, 1877, p. 623-648.

Kerler, G. *Die Aussenpolitik in der Historia Augusta*, Diss., Bonn, 1970.

Kettenhofen, E. *Die Einfälle der Heruler ins Römische Reich im 3. Jh. n. Chr.*, Klio 74, 1992, p. 291-313.

Kienast, D. *Römische Kaisertabelle*[2], Darmstadt, 1996.

Klebs, E. *Die Sammlung der Scriptores historiae Augustae*, RhM 45, 1890, p. 436-464.

—— *Die Scriptores historiae Augustae*, RhM 47, 1892, p. 1-52 et 515-549.

Klotz, A. *Beiträge zur Textgeschichte und Textkritik der Scriptores Historiae Augustae*, RhM 78, 1929, p. 268-314.

Kolb, F. *Die paenula in der Historia Augusta*, Historia-Augusta-Colloquium 1971, Bonn, 1974, p. 81-101.

—— *Die Adäration als Korruptionsproblem in der Spätantike*, dans W. Schuller (ed.), *Korruption im Altertum*, Oldenburg, 1979, p. 163-173.

—— *Finanzprobleme und soziale Konflikte aus der Sicht zweier spätantiker Autoren*, Festschrift Vittinghof, Köln-Wien, 1980, p. 497-525.

—— *Untersuchungen zur Historia Augusta*, Bonn, 1987.

—— *Zur Topographie Roms in der* Historia Augusta, Historiae Augustae Colloquium Genevense, Bari, 1994, p. 149-172.

König, I. *Die gallischen Usurpatoren von Postumus bis Tetricus*, München, 1981.

Lafaurie, J. *La chronologie des empereurs gaulois*, RN 6, 1964, p. 91-127.

Lécrivain, Ch. *Études sur l'Histoire Auguste*, Paris, 1904.

Lessing, C. *Scriptorum historiae Augustae Lexicon*, Lipsiae, 1901-1906.

Lippold, A. *Kommentar zur vita Maximini duo der Historia Augusta*, Bonn, 1991.

Löfstedt, E. *Philologischer Kommentar zur Peregrinatio Aetheriae*, Uppsala-Leipzig-Oxford, 1911.

Madvig, J. N. *Adversaria critica II*, Hauniae, 1873.

Magie, D. *The Scriptores Historiae Augustae*, collection Loeb, vol. III, London-New York, 1932.

Marquardt, J. & Mau, A. *La vie privée des Romains*, traduction française de V. Henry, 2 vol., Paris, 1892-1893.

Martin, G. *Dexipp von Athen, Einführung, Übersetzung und begleitende Studien*, Tübingen, 2006.

Menadier, K. *Die Münzen und das Münzwesen bei der S.H.A.*, Berlin, 1913 (= ZN 31, 1914, p. 1-144).

Mommsen, Th. Corrections proposées dans l'édition Jordan-Eyssenhardt (cf. p. xxvi).

—— *Die Scriptores Historiae Augustae*, Hermes 25, 1890, p. 228-298.

Neri, V. *La caratterizzazione fisica degli imperatori nell'*Historia Augusta, Historiae Augustae Colloquium Argentoratense, Bari, 1998, p. 249-267.

Novák, R. *Observationes in scriptores historiae Augustae*, Pragae, 1896.

Obrecht, U. *Scriptores historiae Augustae*, Argentorati, 1677.

Otemp, T. V., Oraom, L. L. & Ores, I. V. S., *Cicero in der Historia Augusta*, Verlag Witz, Lachen, 2008.

Paschoud, F. *L'*Histoire Auguste *et Dexippe*, Historiae Augustae Colloquium Parisinum, Macerata, 1991, p. 217-269.

—— *Nicomaque Flavien et la connexion byzantine (Pierre le Patrice et Zonaras) : à propos du livre récent de Bruno Bleckmann*, AntTard 2, 1994, p. 71-82, repris dans *Eunape...*, p. 293-316.

—— *Histoire Auguste V 1. Vies d'Aurélien, Tacite*. CUF, Paris, 1996.

—— *Zosime, Histoire nouvelle* (livres 1-2), vol. I^2, CUF, Paris, 2000.

—— *Histoire Auguste V 2. Vies de Probus, Firmus, Saturnin, Proculus et Bonose, Carus, Numérien et Carin*. CUF, Paris, 2001.

—— *Eunape, Olympiodore, Zosime. Scripta minora*, Bari, 2006.

Paucker, C. *De latinitate scriptorum historiae Augustae meletemata*, Dorpati, 1870.

Pekári, Th. *Statuen in der Historia Augusta*, Historia-Augusta-Colloquium 1968/1969, Bonn, 1970, p. 151-172.

Peter, H. *Scriptores historiae Augustae*, 2 vol., Teubner, Lipsiae[2], 1884.

—— *Die römischen sogen. dreissig Tyrannen*, Abhandlungen der phil.-hist. Klasse der königl. sächsischen Gesellschaft der Wissenschaften 27, 1909, p. 179-222.

Petschenig, M. *Beiträge zur Textkritik der Scriptores historiae Augustae*, Sitzungsberichte der Wiener Akademie, Phil.-hist. Kl., 93, Separatdruck, 1879.

—— *Bemerkungen zum Texte der Scriptores historiae Augustae*, Philologus 52, 1893, p. 348-365.

Ratti, St. *in* Desbordes, O. & Ratti, St. *Histoire Auguste IV 2. Vie des deux Valériens et des deux Galliens*, CUF, Paris, 2000.

Reintjes, A. *Untersuchungen zu den Beamten bei den Scriptores Historiae Augustae*, Diss. Bonn, 1961.

Richter, Fr. *Über die Scriptores VI historiae Augustae*, RhM 7, 1850, p. 16-51.

Rösger, A. *Herrschererziehung in der Historia Augusta*, Diss. Bonn, 1978.

Salmasius (Saumaise), Cl. édition de 1620, commentaire repris dans l'édition *uariorum*, Lugduni Batauorum, 1671.

Schlumberger, J. *Die Epitome de Caesaribus. Untersuchungen zur heidnischen Geschichtsschreibung des 4. Jahrhunderts n. Chr.*, München, 1974.

—— Non scribo, sed dicto *(HA, T. 33,8)* : Hat der Autor der Historia Augusta mit Stenographen gearbeitet? Historia-Augusta-Colloquium 1972/1974, Bonn, 1976, p. 221-238.

Schmid, W. *Eutropspuren in der Historia Augusta*, Historia-Augusta-Colloquium 1963, Bonn, 1964, p. 123-133.

Shackleton Bailey, D. R. *Notes on the Historia Augusta*, Eranos 81, 1983, p. 117-130.

Soverini, P. *Problemi di critica testuale nella* Historia Augusta, Bologna, 1981.

—— *Scrittori della Storia Augusta* [texte latin et traduction italienne], 2 vol., Torino, 1983.

Straub, J. *Studien zur Historia Augusta*, Bern, 1952.

—— *Heidnische Geschichtsapologetik in der christlichen Spätantike*, Bonn, 1963.

—— *Calpurnia uniuiria*, Historia-Augusta-Colloquium 1966/1967, Bonn, 1968, p. 101-118, repris dans Id., *Regeneratio imperii* I, Darmstadt, 1972, p. 350-368.

Syme, R. *Ammianus and the Historia Augusta*, Oxford, 1968.

—— *The Ancestry of Constantine*, Historia-Augusta-Colloquium 1971, Bonn, 1974, p. 237-253.

Thörnell, G. *Ad Scriptores Historiae Augustae et Ammianum Marcellinum adnotationes*, Uppsala-Leipzig, 1927.

Tidner, E. *De particulis copulativis apud Scriptores Historiae Augustae quaestiones selectae*, Upsaliae, 1922.

—— *In Scriptores Historiae Augustae adnotatiunculae*, Festskrift P. Persson, Uppsala, 1922, p. 149-162.

Treucker, B. *Kriterien der Aktualisierung in der Historia Augusta*, Historia-Augusta-Colloquium 1964/1965, Bonn, 1966.

Turcan, R. *Les monuments figurés dans l'« Histoire Auguste »*, Historiae Augustae Colloquium Parisinum, Macerata, 1991, p. 287-309.

Wallinger, E. *Die Frauen in der Historia Augusta*, Wien, 1990.

Walter, F. *Beiträge zur Textkritik der ShA*, Progr. Regensburg, 1909.

Watt, W. S. *Notes on the Scriptores Historiae Augustae*, CM 53, 2002, p. 329-346.

White, P. *The Autorship of the* Historia Augusta, JRS 57, 1967, p. 115-133.

Winterfeld, P. von *Schedae criticae in scriptores et poetas Romanos*, Berlin, 1895.

Wissowa, G. *Religion und Kultus der Römer*, München[2], 1912.

Zecchini, G. *I tyranni triginta : la scelta di un numero e le sue implicazioni*, Historiae Augustae Colloquium Bonnense, Bari, 1997, p. 265-274.

Zernial, H. L. *Über den Satzschluss in der Historia Augusta*, Berlin, 1956.

—— *Akzentklausel und Textkritik in der Historia Augusta*, Bonn, 1986, avec compléments dans Historia-Augusta-Colloquium 1986/1989, Bonn, 1991, p. 219-232.

—— *Weitere Akzentklauseln im Text der Historia Augusta*, Historiae Augustae Colloquium Maceratense, Bari, 1995, p. 311-323, et Historiae Augustae Colloquium Argentoratense, Bari, 1998, p. 359-376.

COMPENDIORVM CONSPECTVS

Libri manvscripti

P	Vaticanus Palatinus Latinus 899 saec. IX.
P corr.	Codicis *P* correctores recentiores uarii.
B	Bambergensis class. 54 (E III 19) saec. IX.
L	Parisinus Latinus 5816 a. 1356.
L corr.	Codicis *L* corrector (Petrarcha).
F	Riccardianus 551 a. 1426.
F corr.	Codicis *F* corrector (Poggius).
Σ	Consensus codicum *DXChv.*
D	Laurentianus Sanctae Crucis 20 sin. 6 saec. XIV ex.
X	Ambrosianus C 110 inf. saec. XIV/XV.
Ch	Chigianus H VII 239 saec. XV.
v	Vaticanus Latinus 1898 saec. XV med.

Ceterum uide uol. V 1, p. xliv-xlvii. Opera editorum nec non et emendatorum inuenies in albo p. xix-xxv.

PRÉFACE AUX *TYRANNI TRIGINTA**

1. Sommaire.

1.1. Les faux documents sont soulignés :

I *Préface.* — 1. L'auteur en arrive aux usurpateurs qui surgirent sous les règnes de Valérien et de Gallien ; comme on ne dispose à leur sujet que d'informations peu nombreuses et contradictoires, déjà fournies pour la plupart précédemment, ils ont été réunis dans un seul petit livre.

II *Vies des trente usurpateurs et usurpatrices.*

A) *Usurpateur oriental.*
2. Cyriadès.
B) *Usurpateurs gaulois.*
3. Postumus ; lettre de Valérien sur Postumus. 4. Postumus Junior. 5. Lollianus. 6. Victorinus ; citation inventée de Julius Atherianus. 7. Victorinus Junior. 8. Marius ; phrase isolée de l'assassin de Marius ; premier discours de Marius.

---

* Pour le mode de citation des textes antiques et de la bibliographie moderne dans la préface et le commentaire, cf. la note *, p. vii. La traduction du titre de cette biographie collective fait problème. Au ive s. et notamment dans l'*Histoire Auguste*, le terme *tyrannus* prend le sens d'« usurpateur » : cf. le vol. V 2, p. 105 et 207. En français, le terme « tyran » ne comporte nullement ce sens. J'ai donc choisi de le traduire systématiquement par « usurpateur », sauf quand il est question du titre de la biographie collective, communément nommée *Trente Tyrans*.

C) *Usurpateurs du secteur danubien.*

9. Ingenuus; <u>lettre de Gallien à Vérianus</u>. 10. Régilianus; <u>lettre de Claude à Régilianus</u>. 11. Auréolus; <u>inscription
funéraire d'Auréolus</u>. 12. Macrianus; <u>discours de Ballista;
réponse de Macrianus; réplique de Ballista; duplique de
Macrianus; lettre de Valérien sur Macrianus</u>. 13. Macrianus
Junior.

D) *Usurpateurs orientaux.*

14. Quiétus. 15. Odénat. 16. Hérodès. 17. Maeonius. 18.
Ballista; <u>lettre de Valérien sur Ballista</u>.

E) *Usurpateurs de régions diverses.*

19. Valens. 20. Valens l'Ancien. 21. Pison; <u>proposition
de sénatus-consulte sur Pison</u>. 22. Émilien. 23. Saturninus;
<u>mot de cet usurpateur</u>. 24. Tétricus l'Ancien. 25. Tétricus le
Jeune. 26. Trébellianus. 27. Hérennianus. 28. Timolaus. 29.
Celsus.

F) *Usurpatrices.*

30. Zénobie; <u>lettre d'Aurélien sur Zénobie; échange de
propos entre Aurélien et Zénobie</u>. 31,1-4. Victoria.

III *Première conclusion et repentir.*

31,5-12. Première conclusion sur les trente usurpateurs; annonce de la biographie de Claude; l'auteur ayant dans un
premier temps englobé dans sa série deux usurpatrices, il va
ajouter maintenant deux usurpateurs surnuméraires pour parvenir au nombre de trente usurpateurs hommes.

IV *Deux usurpateurs surnuméraires.*

32. Titus. 33,1-6 Censorinus; <u>fragment de fausse inscription</u>.

V *Seconde conclusion.* 33,7-8.

L'auteur a achevé le recueil de trente usurpateurs hommes
sans se préoccuper d'une mise en forme élégante, en dictant à
toute vitesse.

2. Observations générales

2.1 Dans le *corpus* des biographies de l'*Histoire Auguste*, celle qui s'intitule *Trente Tyrans* occupe une place tout à fait spécifique. Non pas tellement à cause de sa longueur, encore que, après la *uita Alexandri Seueri* (55 p. dans l'édition Hohl) et la *uita Aureliani* (38 p.), elle soit la plus longue du recueil (34 p.), la quatrième place étant occupée par la *uita Heliogabali* (28 p.)[1]. Pas non plus parce qu'elle est consacrée à plus d'un personnage, puisque Maxime et Balbin, les trois Gordiens, de même que Carus et ses deux fils, sont regroupés dans des biographies collectives, pour ne rien dire de celles qui traitent en appendice d'un fils ou d'un frère, par exemple les deux Maximins, Tacite et Florien. Ni même parce qu'elle réunit plusieurs usurpateurs apparus dans une période donnée, puisque tel est aussi le cas pour la *Quadriga tyrannorum*. Ce qui fait la spécificité des *Trente Tyrans*, c'est que cette biographie collective rassemble non pas trente, mais trente-deux *uitae*, d'une longueur très variable. La plus brève, celle de Timolaus (28), ne compte que six lignes dans l'édition de Hohl, celle de Victorinus Junior (7) sept, celle de Valens Superior (29) huit. La plus longue, consacrée à Zénobie (30), en compte quatre-vingt-quatorze, celle de Macrianus (12) soixante-neuf. Dix biographies comptent entre dix et vingt lignes, neuf entre vingt et une et trente lignes. Les plus longues, outre les deux citées ci-dessus, sont celle de Régilianus (10) soixante, celle de Ballista (18) quarante-six, celles de Marius (8) et d'Aemilianus (22) quarante-deux lignes. Elles sont d'une ampleur comparable aux passages consacrés individuellement aux quatre usurpateurs réunis dans la *Quadriga* (quatre-vingt-une, cent une, quarante-neuf et cinquante-cinq lignes). Mais les *Trente Tyrans* sont tout à fait à part par le regroupement d'un nombre très élevé de biographies dans leur majorité plus courtes, voire ultra-courtes.

---

1. Cf. le tableau synoptique *supra,* p. XVII.

2.2 Ce qui, par ailleurs, contribue à conférer aux *Trente Tyrans* une place à part, c'est que, par l'effet d'une perversité caractéristique de l'auteur de l'*Histoire Auguste*, ce recueil contient non pas trente, mais trente-deux biographies. En effet, l'Anonyme, comme il s'en explique au chap. 31,7-12, après avoir placé au nombre des trente deux femmes dignes d'être des hommes pour faire honte à l'efféminé Gallien, a été critiqué par un ami. Il décide donc, pour échapper à des observations moqueuses, d'ajouter encore deux usurpateurs hommes, pour en avoir trente de ce sexe, le résultat final étant qu'il y en a en tout trente-deux des deux sexes !

2.3 Le nombre des usurpateurs fait problème, car il y est fait allusion de manière contradictoire dans la *uita Gallieni*, si du moins l'on s'en tient aux données unanimes de la tradition manuscrite : en 16,1, il est question de près de vingt tyrans, de vingt en 19,6 ; mais, quelques lignes plus bas, en 19,7, par un prompt renfort, ils se trouvent trente en arrivant au port, chiffre confirmé par *Claud.* 1,1. En *Gall.* 21,1, *P* donne vingt, *Σ* trente. Certains ont pensé que l'auteur avait changé d'idée en cours de route. Il aurait songé dans un premier temps à un diptyque comprenant dix usurpateurs occidentaux et dix orientaux. Dans un second temps se serait imposé à lui le parallèle des trente tyrans d'Athènes, lui-même à son tour modifié par l'intrusion du repentir relatif aux « tyrannes »[1]. Que l'auteur de l'*HA* soit enclin aux repentirs et aux additions n'est guère contestable[2]. Le jeu au chap. 31 de la présente biographie concernant les usurpatrices cache peut-être un authentique remaniement. L'hypothèse d'un passage délibéré de vingt à trente usurpateurs ne peut donc être éliminée à la légère. Il reste cependant que le brusque saut de vingt à trente en 19,6-7 à quelques lignes de distance est plutôt étonnant.

---

1. Cf. Ratti, p. 192-193. L'hypothèse d'un remaniement impliquant un passage de vingt à trente tyrans avait déjà été développée par Peter, *Die sogenannten...*, p. 197-199.

2. Cf. le vol. V 1 de la présente série, p. XXXV.

Si l'on tient compte de l'extrême facilité avec laquelle se produisent des erreurs de copie avec les chiffres romains, on ne saurait exclure que la variation entre vingt et trente résulte d'un accident dans la tradition, même si l'état actuel de celle-ci n'en conserve aucune trace. Aussi n'est-il pas surprenant que les passages donnant le chiffre vingt (16,1 et 19,6) aient été corrigés dès les premières éditions, puis notamment par Gruter et Saumaise. J'éprouve personnellement une certaine inclination à me rallier à cette seconde solution[1]. Je considère cependant aussi comme possible que « Pollio » ait délibérément introduit cette variation entre vingt et trente par jeu, pour désarçonner son lecteur, comme l'a suggéré J. Straub (*Studien...*, p. 16 et 154, n. 29).

2.4 Que le parallèle avec les trente tyrans d'Athènes — inventé par « Pollio » — soit né d'un plan conçu d'emblée ou d'une inspiration du dernier moment, ce qu'il y a de sûr, c'est qu'il n'est guère heureux. Edward Gibbon l'avait déjà clairement démontré dans son célèbre *Decline and Fall of the Roman Empire*[2] : « ... in every light the parallel is idle and defective. What resemblance can we discover between a council of thirty persons, the united oppressors of a single city, and an uncertain list of independent rivals, who rose and fell in irregular succession through the extent of a vast empire ? » Dans la tradition littéraire romaine, les trente tyrans d'Athènes apparaissent comme l'exemple par excellence d'un régime dictatorial impitoyable[3]. Or, comme le souligne ensuite Gibbon, un certain nombre des usurpateurs englobés parmi les trente étaient de valeureux généraux, qui avaient efficacement combattu des ennemis extérieurs, que seuls la faiblesse

1. Sur la question des vingt ou trente usurpateurs, cf. aussi le commentaire, p. 51.

2. Chap. 10, vol. I, p. 268 dans l'édition Everyman. Autres précisions sur le choix malheureux de ce titre chez Johne, *Die Biographie...*, p. 132-133.

3. Cf. par ex. Cic. *leg.* 1,42 ; *Tusc.* 1,96 ; Nep. *Thras.* 1,2 ; 1,5 ; 3,1 ; Val. Max. 4,1 ext. 4 ; 5,6 ext. 2 ; Sen. *dial.* 9,5,1 ; *epist.* 104,28 ; Ampel. 14,8 ; Gell. 17,21,19.

du pouvoir central et un enchaînement de circonstances parfois indépendant de leur volonté avaient conduits à sortir de
la légalité. On est donc loin des politiciens sans scrupules, as-
soiffés de vengeance, qui firent régner la terreur à Athènes
pendant les quelques mois d'épuration qui suivirent la fin de
la guerre du Péloponnèse[1]. Le terme de « tyran » est du reste
anachronique pour désigner des usurpateurs sous les règnes
de Valérien et de Gallien, car ce n'est pas avant l'époque de
Constantin que *tyrannus* prend le sens d'« usurpateur »[2]. En
fait, « Pollio » joue sur le double sens de *tyrannus*, « despote »,
avec nuance péjorative, et « usurpateur », sans nuance péjorative.

2.5. Certaines biographies de l'*HA* sont caractérisées par
un « Leitmotiv » sans cesse répété. Pour Claude II et Probus,
c'est l'éloge dithyrambique de ces princes. Pour Aurélien, ce
sont des variations sans fin sur sa rudesse, sa sévérité, voire
sa cruauté. Dans les *Trente Tyrans*, le thème récurrent est
celui de l'abjection de Gallien, avec les éléments topiques
qui caractérisent les mauvais empereurs : les *mulieres* et les
mulierculae, les *popinae*, les nuits passées à faire la fête, la
mollesse, l'avachissement fatal à la sécurité de l'Empire, qui
n'excluent pas la cruauté. Ce sont les défauts et l'incapacité totale de Gallien qui suscitent sans cesse et partout de nouvelles
usurpations. Ces usurpateurs arrivent parfois au pouvoir
contraints et forcés, victimes de leurs soldats, qui veulent
sauver l'Empire en remplaçant une nullité par des souverains efficaces. Cette caricature est donc fonctionnelle. Sans
un Gallien abject, pas d'usurpateurs, et sans usurpateurs, pas
de biographies des *Trente Tyrans*. Ce paramètre de base a
pour conséquence qu'une bonne partie des usurpateurs présentés sont pourvus d'excellentes qualités, ils réussissent là
où Gallien échoue. C'est notamment le cas pour les maîtres
de l'Empire séparé des Gaules et pour Odénat, qui sauve en

1. Cf. G. Glotz - R. Cohen, *La Grèce au IVe siècle. La lutte pour
l'hégémonie (404-336)*, Paris, 1936, p. 48-61.
2. Cf. le vol. V 2, p. 105.

Orient les intérêts de Rome. Faire l'éloge des usurpateurs sous un régime monarchique et autocrate est une entreprise insolite et périlleuse. C'est là un des éléments qui ont fait de l'*HA* un texte explosif, qui ne peut pendant longtemps qu'avoir circulé sous le manteau. Il contient du reste tel ou tel passage d'une ironie dévastatrice dans son irréalisme : par exemple, Claude II faisant dresser un tombeau avec inscription métrique au défunt usurpateur Auréolus, qu'il a éliminé (11,4-6 ; sur tout cela, cf. aussi *supra*, p. XI-XII). Une fois reconnue cette fonctionnalité des défauts de Gallien, il faut se demander d'où vient cette caractérisation négative. Ce n'est pas une invention de « Pollio », on ne peut le rendre responsable que d'une amplification extraordinaire à partir d'éléments qu'il a trouvés dans la tradition de la « Kaisergeschichte » d'Enmann. Les traces en sont très visibles. Pour Aurélius Victor, Gallien est responsable du démantèlement de l'Empire (33,3), il était asservi à l'alcool et aux femmes (33,6), il dissimulait la gravité de la situation (33,15), il restera à jamais un parangon d'abjection (33,29). Eutrope est plus bref et un peu plus nuancé (9,8). Comme le fait l'*Epitome de Caesaribus* (41,16) pour Constantin, il propose pour Gallien une tripartition du règne : *imperium primum feliciter, mox commode, ad ultimum perniciose gessit.* Ce portrait au noir ne laisse guère de traces dans l'*Epitome* et chez Orose. On en décèle en revanche l'impact chez l'empereur Julien (*Césars* 11, 313 bc) et chez Ammien Marcellin (14,1,9 ; 21,16,9 ; 30,8,8). De l'autre source de « Pollio », Dexippe, rien ne subsiste de ce qu'il a dit de Gallien, mais son témoignage se reflète chez Zosime (1,30 et 37-41) et Zonaras (12,24-25). Or, il est frappant de constater que, s'ils s'attardent bien évidemment sur les durs combats que Gallien a dû mener contre les ennemis extérieurs de Rome et les usurpateurs, ni l'un ni l'autre de ces deux historiens ne mentionne les aspects négatifs sur lesquels insistent les sources latines[1]. Il y a là une étonnante divergence, sur

---

1. Tel est aussi le cas pour Pierre le Patrice et son *alter ego*, l'*Anonymus post Dionem*, à juger du moins des rares fragments conservés.

laquelle on s'est beaucoup interrogé. Il paraît vraisemblable que l'opinion de l'aristocratie sénatoriale occidentale est au moins l'une des composantes qui commandent l'hostilité de l'*EKG*. Les réformes institutionnelles et militaires de Gallien, son philhellénisme, son goût pour les lettres et la philosophie, sa tolérance envers les chrétiens constituaient autant de motifs qui faisaient grommeler les sénateurs traditionalistes[1]. Ce qu'il y a de sûr, c'est que les historiens modernes ne suivent aucunement les sources latines, et plus spécialement l'*Histoire Auguste*, dans leur évaluation négative de Gallien. Celle-ci résulte aussi en partie de raisons littéraires : créer un contraste entre Gallien et Claude II, comme plus tard Ammien créera un contraste entre Constance II et Julien, puis entre Julien et ses successeurs, les deux frères pannoniens. Ce motif littéraire devient déterminant dans l'*HA*, puisque seul ce portrait négatif rend possibles les *Trente Tyrans*.

2.6. Quant au chiffre trente, il n'est pas moins inadéquat que le qualificatif de « tyran ». Pour illustrer l'abjection de Gallien et étoffer sa biographie collective d'usurpateurs, « Pollio » devait aligner le nombre le plus élevé possible de « tyrans », et le parallèle choisi des trente tyrans d'Athènes lui fixait un effectif élevé et donc difficile à atteindre, même avec le renfort bienvenu de deux « tyrannes ». Déjà Lenain de Tillemont, dans une brève note[2], signale que celui-ci est très gonflé, et que « Pollio » n'y parvient qu'en recourant à divers subterfuges (notamment la fiction). Certes, le règne de Gallien avait été marqué par de nombreux revers de l'Empire, comme le relève le Panégyriste de 297[3]. Cette situation multiplia les usurpations, mais pas au nombre de trente. Un silence total règne dans les sources parallèles pour un certain nombre

---

1. Pour plus de détails sur la question du portrait de Gallien dans l'*HA* et les sources parallèles, cf. Chastagnol, *Histoire Auguste...*, p. 798-801, et Ratti, p. XXVIII-XLVI.

2. *Histoire des Empereurs*, vol. 3, 2ᵉ éd., Paris, 1702, p. 521-522.

3. PANEG. 4 (Galletier),10,1-3 énumère les nombreuses régions de l'Empire qui furent ravagées et se détachèrent du gouvernement central.

de personnages mentionnés par « Pollio ». D'autres individus dont il parle, eux réels, ou bien n'ont jamais accédé au pouvoir suprême, ou bien ont surgi avant ou après les règnes de Valérien et de Gallien. Chaque cas sera examiné en détail dans le commentaire. Il n'est cependant pas superflu de dresser ici un tableau synoptique des personnages présentés comme constituant les trente, ou trente-deux « tyrans » (et « tyrannes »), avec quelques données élémentaires les concernant, qui justifient leur place dans la liste ou bien la révèle comme abusive[1] :

« Tyran »	Époque	Porteur de la pourpre ?	Sources parallèles
1. Cyriadès	Valérien	non attesté hors de l'*HA*	Amm., Malalas, *Anon. p. D.*, *Orac. Sib.*
2. Postumus	Gallien	bien attesté	l'essentiel des sources existantes
3. Postumus fils		personnage inventé	
4. Lollianus	Claude II	bien attesté	Aur. Vict., Eutr., Joh. Antioch.
5. Victorinus	Claude II, Aurélien	bien attesté	Aur. Vict., Eutr., Joh. Antioch.
6. Victorinus fils		personnage inventé	
7. Marius	Claude II	bien attesté	Aur. Vict., Eutr., Joh. Antioch.
8. Ingénuus	Valérien ? Gallien ?	bien attesté	Aur. Vict., Eutr.
9. Régilianus	Valérien ? Gallien ?	bien attesté	Vict., monnaies
10. Auréolus	Gallien	bien attesté	Aur. Vict., Eutr., Zosime, Zonaras
11. Macrianus père	Gallien	non attesté hors de l'*HA*	sources grecques
12. Macrianus fils	Gallien	bien attesté	sources grecques
13. Quiétus	Gallien	bien attesté	sources grecques

---

1. Le tri entre les « tyrans » authentiques et les « tyrans » rajoutés a déjà plusieurs fois été proposé ; cf. notamment Peter, *Die sogenannten...*, p. 28-42 ; E. Hohl, *s. u. Triginta Tyranni*, RE VII A (1939), 129-132.

14. Odénat	Gallien	non attesté hors de la tradition de l'*EKG*	sources grecques et latines
15. Hérodès	Gallien	non attesté hors de l'*HA*	aucune
16. Maeonius	Gallien	non attesté hors de l'*HA*	aucune
17. Ballista	Gallien	*HA*	sources grecques
18. Valens	Gallien	bien attesté	sources grecques
19. Valens l'Ancien	Dèce	bien attesté	sources latines
20. Pison	Gallien	non attesté hors de l'*HA*	aucune
21. Émilien	Gallien	douteux	sources grecques
22. Saturninus		personnage inventé	
23. Tétricus l'Ancien	Aurélien	bien attesté	sources latines
24. Tétricus le Jeune	Aurélien	attesté comme César	sources latines
25. Trébellianus		personnage inventé	
26. Hérennianus		personnage inventé	
27. Timolaus		personnage inventé	
28. Celsus		personnage inventé	
29. Zénobie	Aurélien	bien attesté	surtout sources latines
30. Victoria		non attesté hors de l'*HA*	Aur. Vict.
31. Titus	Maximin	bien attesté	Hérodien
32. Censorinus	Claude II	personnage inventé	

Ces trente-deux personnages peuvent être classés en cinq groupes :

a) usurpateurs clairement attestés pour l'époque de Valérien et de Gallien :

1) Postumus

2) Ingénuus

3) Régilianus

4) Auréolus

5) Macrianus fils

6) Quiétus

7) Valens

La récolte est maigre : seuls, sept des trente-deux prétendus usurpateurs de l'époque de Valérien et de Gallien sont
authentiques ;

b) usurpateurs clairement attestés, mais antérieurs ou postérieurs aux règnes de Valérien et de Gallien :

1) Lollianus

2) Victorinus

3) Marius

4) Valens l'Ancien

5) Zénobie

6) Titus

7) Tétricus l'Ancien

8) Tétricus le Jeune

En étendant les limites chronologiques, on gagne neuf
personnages supplémentaires, mais on n'arrive néanmoins à
peine à la moitié des trente-deux « tyrans » et « tyrannes » de
« Pollio » ;

c) personnages ayant réellement existé, mais qui n'ont pas
usurpé le pouvoir impérial :

1) Cyriadès

2) Macrianus père

3) Odénat

4) Hérodès

5) Ballista

Avec ces cinq personnages, « Pollio » atteint une limite. Il
pénètre ensuite dans le monde de la fiction ;

d) personnages dont l'accession au pouvoir suprême ou la réalité est controversée :

1)   Pison
2)   Émilien
3)   Victoria

e) personnages unanimement considérés comme inventés :

1)   Postumus fils
2)   Victorinus fils
3)   Maeonius
4)   Saturninus
5)   Trébellianus
6)   Hérennianus
7)   Timolaus
8)   Celsus
9)   Censorinus

Le groupe des personnages inventés est donc plus nombreux que celui des usurpateurs surgis sous Valérien et Gallien, aussi nombreux que celui des usurpateurs apparus avant ou après Valérien et Gallien.

2.7 Les *Trente Tyrans* comportent deux caractéristiques qui sont spécifiques aux vies secondaires de la première partie de la collection et aux biographies à partir de la *uita Opilii Macrini* : une préface, de faux documents (cf. le tableau synoptique, p. XVII). La préface, relativement brève, ne se distingue guère par son contenu et son étendue de celles qu'on lit en tête d'une partie des biographies précédentes. Cf. *infra*, le commentaire, p. 47. Les faux documents sont au nombre de quatorze, à quoi l'on peut ajouter quatre brèves citations : 8,7 (mot de l'assassin de Marius) ; 11,5 (inscription funéraire d'Auréolus) ; 23,3 (mot de Saturninus) ; 33,4 (fragment d'inscription). Seule la *uita Aureliani* en compte davantage. Par rapport à l'ampleur d'un *liber* assez long, ils n'y occupent cependant pas un espace très considérable : environ 50 lignes sur un total d'environ 930 dans l'édition de Hohl, soit 5,3 %. Par comparaison, dans le *Quadrige des tyrans*, la proportion de faux documents atteint presque 25% du tout, et 36% dans la *Vie de Claude*. Cf. le vol. V 2, p. 174.

2.8. Il convient d'attirer en outre l'attention sur un procédé, qu'on trouve bien évidemment aussi ailleurs dans l'*HA*, mais qui, dans deux cas au moins des *Trente Tyrans*, prend une ampleur étonnante : il s'agit d'une juxtaposition de données contradictoires, qui ont beaucoup désarçonné les interprètes conservateurs. On comprend mieux aujourd'hui qu'il s'agit, de la part de « Pollio », d'une désinvolture délibérée, qui a notamment pour but de créer l'illusion que l'auteur a exploité une multiplicité de sources, et comporte en outre l'avantage de gonfler des données historiques trop maigres par une veine d'invention bienvenue. Le cas le plus frappant est celui de Ballista : cf. *infra*, commentaire, p. 126. Le même phénomène est sensible pour ce qui concerne les titres et les fonctions d'Odénat : cf. *infra*, commentaire, p. 116-118, ainsi que mon étude *Imperator Odenatus...*, qui y est citée.

3. *Liste des personnages nommément cités dans les* Tyranni triginta, *classés par catégories*

a) *Empereurs romains* (ordre chronologique)
Vespasien, Nerva, Trajan, Hadrien, Antonin le Pieux, Pertinax, Septime Sévère, les Maximins, Valérien, Gallien, Saloninus, Claude II, Aurélien, Tacite, Dioclétien.

b) *Autres souverains* (ordre alphabétique)
Alexandre le Grand, Cléopâtre, Odomastès, les Ptolémées, Sapor Ier.

c) *Usurpateurs et prétendus usurpateurs* (ordre alphabétique)
Aemilianus, Auréolus, Ballista, Cyriadès, Domitianus, Hérodès, Ingénuus, Lollianus, Maeonius, Marius, Macrianus père, Macrianus fils, Odénat, Pison (?), Postumus, Quiétus, Régilianus, Tétricus Senior, Tétricus Junior, Titus, Valens, Valens l'Ancien, Victoria (ou Vitruvia ?), Victorinus Senior, Zénobie.

d) *Consuls*
Bassus, Tuscus.

e) *Personnages réels* (ordre alphabétique)
Gabinius, Magnus (consulaire à l'époque de Maximin), Théodote.

f) *Personnages inventés* (ordre alphabétique)
Bonitus, Camsisoleus, Calpurnia, Celer Verianus, Celsus, Censorinus, Cornélius Capitolinus, Cornélius Macer, Cyriadès Père, Fabius Pomponianus, Galliéna, Hérennianus, Hérennius Celsus, Maeonius Astyanax, Maeonius prétendu cousin d'Odénat, Postumus Junior, Ragonius Clarus, Saturninus, Timolaus, Trébellianus, Vibius Passiénus, Victorinus Junior.

g) *Écrivains* (ordre alphabétique)
Cicéron (nommé aussi Marcus Tullius), Dexippe, Hérodien, Quintilien.

h) *Écrivains inventés* (ordre alphabétique)
Arellius Fuscus (ou consulaire ?), Julius Athérianus, Proculus.

i) *Personnages légendaires* (ordre alphabétique)
Didon, Mamurius Veturius, Sémiramis.

j) *Divinités* (ordre alphabétique)
Dea Caelestis, Paix, Vénus.

L'effectif des personnages nommément cités peut paraître impressionnant, mais ne doit pas faire illusion. Il résulte essentiellement de la concentration de trente-deux « héros » dans une seule *uita*. Les groupes des souverains romains et étrangers ainsi que celui des usurpateurs ou prétendus usurpateurs réels ne sont pas aussi étoffés que celui des personnages inventés. Les consuls ordinaires Tuscus et Bassus sont pris dans la tradition de Dexippe. Les seuls personnages authentiques contemporains ne faisant pas partie des catégories mentionnées ci-dessus sont l'historien Dexippe et le préfet d'Égypte Théodote, connu uniquement grâce à l'*HA* et à des sources documentaires.

4. Tableau synoptique des passages fondés sur une source historiographique en relation avec les *Tyranni triginta*

En ce qui concerne les critères d'après lesquels ce petit tableau est dressé, le lecteur est prié de se reporter au vol. V 1, p. 10-11. Des remarques générales sur les sources des *Trente Tyrans* se trouvent dans l'Introduction, *supra*, p. VII-XI. J'y expose aussi la raison pour laquelle il est préférable de parler de « tradition de Dexippe » et de « tradition de l'*EKG* ». Pour simplifier cependant le tableau, je ne mentionne ci-dessous que « Dexippe » et « *EKG* », étant bien entendu que j'entends par là la tradition à l'origine de laquelle se trouvent ces deux textes. Dans de très nombreux passages, des bribes d'informations authentiques sont mêlées à des inventions et à des confusions sur des données d'origine impossible à identifier. Dans ces cas, je précise « Éléments provenant de... ». En 32,1 et 33,3, s'agissant d'un personnage qui appartient au règne de Maximin, les éléments historiques valables proviennent d'Hérodien.

2	Éléments provenant de Dexippe
3,1-3	Dexippe
3,4	Éléments provenant de Dexippe et de l'*EKG*
3,5-6	Dexippe
5,1-4	Éléments provenant de l'*EKG*
5,7	Éléments provenant de l'*EKG*
6,1-3	Éléments provenant de l'*EKG*
8,1	Élément provenant de l'*EKG*
8,3	Élément provenant de l'*EKG*
9,1-4	Éléments provenant de l'*EKG*
10,1-2	Éléments provenant de l'*EKG*
11,1-4	Éléments provenant de l'*EKG* et de Dexippe
12,1-2 ;	
12,12-14	Éléments provenant de Dexippe
13,3	Éléments provenant de Dexippe
14,1-2	Éléments provenant de Dexippe

15,1-5	Éléments provenant de Dexippe et de l'*EKG*
16,1	Éléments provenant de Dexippe
17,1	Élément provenant de Dexippe
18,1	Élément déformé provenant de Dexippe
19	Éléments déformés provenant de Dexippe
20	Éléments provenant de l'*EKG*
21,1	Élément provenant de l'*EKG* ?
22,4-5.8	Éléments provenant de Dexippe
24,5	Éléments provenant de l'*EKG*
25,2	Éléments provenant de l'*EKG*
30,1-3 ; 30,24-27	Éléments provenant de l'*EKG* et de Dexippe
31,2	Éléments provenant de l'*EKG*
32,1.3	Éléments provenant d'Hérodien

Si l'on fait le décompte des lignes à partir de ce tableau, on constate que 70 % des *Trente Tyrans* ne sont que pure affabulation ou vain bavardage. Ce serait cependant une conclusion hâtive d'admettre que les 30 % restants sont de bon aloi. Il s'y trouve assurément maint renseignement exact et confirmé par des parallèles, mais aussi des déformations, des imprécisions, des transferts, des fantaisies, qui font de cette masse tout au plus un alliage qui ne brille nullement par sa pureté. J'ai tenté la même opération pour les cinq biographies attribuées à « Vopiscus »[1]. Si on leur compare les *Trente Tyrans*, ceux-ci s'en tirent encore relativement bien et dépassent avec leurs 30 % les cinq vies terminales de la collection. Il convient cependant de ne pas s'en étonner, et de ne pas mettre au pinacle, fût-il très relatif, cette collection de biographies brèves : comme il y est question d'un nombre élevé de personnages divers, il était inévitable que la somme des données les plus élémentaires les concernant finisse néanmoins par constituer une masse non négligeable. On constate que « Pollio » travaille avec un certain opportunisme et prend son bien où il le

---

1. Cf. le vol. V 2, p. 10-11, 177-178 et 301.

trouve : une série d'usurpateurs occidentaux est ignorée par Dexippe, une série d'usurpateurs orientaux par l'*EKG*. Dans quatre vies seulement, il complète les données de l'une des traditions par l'autre. Il faut, pour finir, ajouter une observation élémentaire, mais importante : un grand nombre des données reproduites dans les *Trente Tyrans* se lisent déjà dans la *uita Gallieni*, provenant des mêmes traditions de l'*EKG* et de Dexippe. On y trouve cependant aussi des informations nouvelles. Il me paraît donc évident que, en compilant la seconde de ces deux biographies, « Pollio » a consulté derechef les sources déjà utilisées précédemment pour Gallien et qu'il y a trouvé des informations supplémentaires, qu'il n'avait tout d'abord pas retenues. Faire ici le tri entre le repris et l'inédit me paraît peu utile. Ceux que cela intéresse trouveront toutes les précisions nécessaires dans le commentaire, qui fournit systématiquement la liste des sources parallèles et en confronte le contenu avec celui de la *uita Gallieni* et celui des *Trente Tyrans*.

TRÉBELLIUS POLLION
LES TRENTE TYRANS

I. 1 Après avoir écrit de nombreux livres en un style non point historique et éloquent, mais terre à terre, nous en arrivons à cette période où, pendant les années durant lesquelles Gallien et Valérien dirigèrent l'État, surgirent trente usurpateurs, cependant que Valérien était retenu par les lourdes obligations de la guerre contre les Perses, et du fait que Gallien était un objet de mépris non seulement pour les hommes, mais aussi pour les femmes, comme il sera montré dans des contextes adéquats. **2** Eu cependant égard au fait que ces personnages qui, des diverses parties du monde, convergeaient à tire-d'aile vers le pouvoir suprême étaient d'une obscurité telle que les plus savants ne sont pas capables de rapporter ou de recueillir de nombreux détails à leur sujet, que par ailleurs certains d'entre eux sont laissés de côté par tous les historiens qui ont écrit en grec et en latin au point que même leurs noms ne sont pas mentionnés, qu'enfin certains épisodes les concernant sont rapportés avec de telles va-

TREBELLI POLLIONIS
TYRANNI TRIGINTA

I. 1 Scriptis iam pluribus libris non historico nec
diserto sed pedestri *e*loquio, ad eam temporum ue-
nimus seriem in qua per annos quibus Gallienus et
Valerianus rem publicam tenuerunt triginta tyranni,
occupato Valeriano magnis belli Persici necessitatibus,
extiterunt, cum Gallienum non solum uiri sed etiam
mulieres contemptui haberent, ut suis locis probabitur.
2 Sed quoniam tanta obscuritas eorum hominum fuit
qui ex diuersis orbis partibus ad imperium conuola-
bant ut non multa de his uel dici possint a doctioribus
uel requiri, deinde ab omnibus historicis qui Graece
ac Latine scripserunt ita nonnulli praetereantur uti eorum <nec> nomina frequententur, postremo cum tam
uarie a plerisque super his nonnulla sint prodita, in

Inscriptiones : INCIPIT EIVSDEM TYRANNI TRIGINTA *P* proemium
in hystoria tyrannorum qui fuerunt tempore galieni iulius capitolinus
scripsit *X* gesta triginta tirannorum incipiunt trebellius pollio feliciter
Chv inscr. deest in D || **I. 1** eloquio *Baehrens 1886 p. 221* : adl- (all-
Σ) *P Σ* || uenimus *P* : -iemus *DChv* -iamus *X* || haberent *P DX* :
-tur *Chv* || **2** non *P DChv* : nisi *X* || omnibus *BF DX* : ominibus
P hominibus *L Chv* || praetereantur *P DChv* : praetermittantur *X*
praetereuntur *Salmasius Lessing fort. recte* || uti *P* : ut *Σ* || nec *add.*
Salmasius || frequententur *P X* : -tantur *DChv* || tam *om. Σ* || sint *P*
DX : sunt *Chv*.

riations par de nombreuses sources, je les ai réunis en un seul livre, et qui en outre est bref, d'autant plus qu'il est bien clair que l'essentiel a été dit à leur sujet soit dans la vie de Valérien, soit dans celle de Gallien, et qu'il n'y a donc pas lieu de le répéter.

CYRIADÈS

II. 1 Ce personnage, riche et noble, fuyant son père Cyriadès, vu qu'il accablait ce vénérable vieillard par son luxe et des mœurs scandaleuses, se réfugia chez les Perses après avoir dilapidé une grande partie de son or et aussi une quantité infinie d'argent. **2** Ayant ensuite rejoint le roi Sapor et s'étant allié avec lui, après l'avoir exhorté à déclarer la guerre aux Romains, il attira d'abord Odomastès, ensuite Sapor en territoire romain ; s'étant aussi emparé d'Antioche et de Césarée, il mérita le nom de « Césaréen ». **3** Ayant ensuite été proclamé Auguste, alors qu'il bouleversait tout l'Orient par la terreur qu'inspiraient aussi bien ses forces que son audace, et après qu'il eut assassiné son père (ce que d'autres historiens nient qu'il a fait), il périt lui-même, victime d'un complot de ses partisans, alors que Valérien s'approchait déjà pour combattre les Perses. **4** Aucun détail supplémentaire qui semblât digne d'être conservé par la mémoire n'a été confié à l'histoire concernant ce personnage, dont le passage à l'ennemi, et le parricide, et la cruelle tyrannie, et le luxe sans bornes ont fondé la célébrité littéraire.

unum eos libellum contuli, et quidem breuem, maxime cum uel in Valeriani uel in Gallieni uita pleraque de his dicta nec repetenda tamen satis constet.

CYRIADES

II. 1 Hic patrem Cyriadem fugiens, diues et nobilis, cum luxuria sua et moribus perditis sanctum senem grauaret, direpta magna parte auri, argenti etiam infinito pondere, Persas petit. **2** Atque inde Sapori regi coniunctus atque sociatus, cum hortator belli Romanis inferendi fuisset, Odomastem primum, deinde Saporem ad Romanum solum traxit; Antiochia etiam capta et Caesarea, Caesareanum nomen meruit. **3** Atque inde uocatus Augustus, cum omnem Orientem uel uirium uel audacia*e* terrore quateret, patrem uero interemisset — quod alii historici negant factum —, ipse per insidias suorum, cum Valerianus iam ad bellum Persicum ueniret, occisus est. **4** Neque plus de hoc historiae quicquam mandatum est quod dignum memoratu esse uideatur, quem clarum perfugium et parricidium et aspera tyrannis et summa luxuria litteris dederunt.

et quidem *DChv* : quidem *P* equidem *X* || tamen *del. Casaubonus fort. recte* || **II. 2** atque sociatus *P* : ac s. *Σ* || odomastem *P* : odonacem *DX* odenatem *Chv* || et *om. X* || **3** audaciae *F Salmasius* : -cia (uel *add. X*) *P Σ* || quateret *P* : -retur *Σ* || patrem *P DX* : -re *Chv* || historici *P* : (h)istoriographi *Σ* || **4** de hoc *P DXCh* : ad hoc *v* || et... luxuria *Lessing Hohl* : ex... luxuriae *P* et... luxurie *Σ* et... luxuries *Salmasius edd.*

POSTUMUS

III. 1 Cet homme était très courageux à la guerre, très ferme en temps de paix, sérieux dans toutes les circonstances de la vie, à tel point que Gallien lui confia son fils Salonin, qui résidait en Gaule, pour qu'il fût le gardien de sa vie et de sa conduite et son maître dans l'exercice de ses fonctions impériales. **2** Cependant, comme les uns le soutiennent, — ce qui ne correspond pas à son caractère — il viola ultérieurement son serment et, après avoir fait mettre à mort Salonin, il s'empara du pouvoir suprême. **3** Comme, en revanche, l'ont rapporté plus véridiquement d'autres, étant donné que les Gaulois éprouvaient une haine féroce envers Gallien et qu'ils ne pouvaient supporter que ce fût un enfant qui revêtît la dignité impériale chez eux, ils proclamèrent empereur celui qui exerçait le pouvoir qui lui avait été confié, dépêchèrent des soldats et mirent à mort le jeune homme. **4** Quand ce dernier eut été éliminé, Postumus, après avoir été volontiers accepté par toute l'armée et tous les Gaulois, se conduisit de telle manière pendant sept ans qu'il rétablit la situation dans les Gaules, cependant que Gallien s'adonnait au luxe et à la beuverie, et vieillissait dans l'amour d'une épouse barbare. **5** Il y eut cependant une campagne de Gallien contre lui, au cours de laquelle Gallien fut blessé par une flèche. **6** C'est que toutes les populations gauloises éprouvaient dans leur cœur un attachement sans bornes pour Postumus du fait que, après avoir chassé toutes les nations germaniques, il avait restitué dans l'Empire romain l'antique sécurité. **7** Comme cependant il se montrait très sévère, conformément à

POSTVMVS

III. 1 Hic uir in bello fortissimus, in pace constantissimus, in omni uita grauis, usque adeo ut Saloninum, filium suum, eidem Gallienus in Gallia positum crederet quasi custodi uitae et morum et actuum imperialium institutori. **2** Sed, quantum plerique adserunt, — quod eius non conuenit moribus — postea fidem fregit et, occiso Salonino, sumpsit imperium. **3** Vt autem uerius plerique tradiderunt, cum Galli uehementissime Gallienum odissent, puerum autem apud se imperare ferre non possent, eum qui commissum regebat imperium imperatorem appellarunt missisque militibus adulescentem interfecerunt. **4** Quo interfecto, ab omni exercitu et ab omnibus Gallis Postumus gratanter acceptus talem se praebuit per annos septem ut Gallias instaurauerit, cum Gallienus luxuriae et popinis uacaret et amore barbarae mulieris consenesceret. **5** Gestum est tamen a Gallieno contra hunc bellum tunc cum sagitta Gallienus est uulneratus. **6** Si quidem nimius amor erga Postumum omnium erat in Gallicanorum *m*ente populorum, quod, summotis omnibus Germanicis gentibus, Romanum in pristinam securitatem reuocasset imperium. **7** Sed cum se grauissime *ge*reret, more illo quo Galli nouarum re-

III. 1 hic *P XChv* : sic *D* ‖ in *ante* gallia *om.* *Σ* ‖ institutori *P X* : -ris *DChv* ‖ **2** quantum *P DX* : quoniam *Chv* ‖ quod *P* : quia *Σ* ‖ **3** ferre *huc transp. Salmasius ante* imperare *habent codd.* ‖ appellarunt *P DX* : -rent *Chv* ‖ **4** postumus *P* : -mius *Σ* ‖ *ante* gratanter *add.* est *Σ* ‖ mulieris *P DX* : -res *Chv* ‖ **5** tamen *P* : autem *Σ* ‖ **6** gallicanorum *P* : -carum *Σ* ‖ mente *Salmasius* : gente *codd.* ‖ **7** gereret *Baehrens 1871 p. 659 edd.* : regeret *codd. ; cf. comm.*

cette coutume qui fait que les Gaulois se passionnent toujours pour les désordres politiques, il fut assassiné à l'instigation de Lollianus. **8** Si quelqu'un s'interroge véritablement sur les mérites de Postumus, il appréciera le jugement formulé par Valérien sur son compte dans la lettre que celui-ci adressa aux Gaulois : **9** « J'ai désigné Postumus comme chef de la zone frontalière transrhénane et gouverneur de la Gaule ; c'est un homme tout à fait adapté à la rudesse des Gaulois, de sorte que, en sa présence, ni le soldat dans le camp, ni l'administration de la justice au forum, ni dans les tribunaux les procès, ni à la curie le prestige ne seront mis en péril, qui conservera à chacun ce qui lui appartient en propre, c'est un homme que j'admire plus que tous les autres, et qui mériterait à bon droit la dignité impériale ; j'espère que, en ce qui le concerne, vous me rendrez grâces. **10** Si, en revanche, je me suis trompé dans l'opinion que j'ai de lui, sachez qu'on ne trouve nulle part au monde une personne capable de recueillir une approbation sans réserve. **11** J'ai accordé le tribunat des Voconces à son fils nommé Postumus, un jeune homme qui se révélera digne de la conduite de son père. »

POSTUMUS LE JEUNE

IV. 1 Sur ce personnage il n'y a pratiquement rien à dire, si ce n'est qu'on rapporte que, après avoir reçu le titre de César de son père et ensuite celui d'Auguste en l'honneur de ce dernier, il fut mis à mort avec son père, lorsque Lollianus, mis à la place de Postumus, eut assumé le pouvoir impérial qui lui avait été remis par les Gaulois. **2** Or, il fut — c'est le seul détail qui mérite

rum semper sunt cupidi, Lolliano agente, interemptus
est. **8** Si quis sane Postumi meritum requirit, iudicium
de eo Valeriani ex hac epistula quam ille ad Gallos
misit intelleget : **9** «Transrenani *limitis* ducem et Galliae praesidem Postumum fecimus, uirum dignissimum
seueritate Gallorum, praesente quo non miles in castris, non iura in foro, non in tribunalibus lites, non in
curia dignitas pereat, qui unicuique proprium et suum
seruet, uirum quem ego prae ceteris stupeo et qui locum principis mereatur iure, de quo spero quod mihi
gratias agetis. **10** Quod si me fefellerit opinio quam
de illo habeo, sciatis nusquam gentium repperiri qui
possit penitus adprobari. **11** Huius filio, Postumo nomine, tribunatum Vocontiorum dedi, adulescenti qui
se dignum patris moribus reddet.»

POSTVMVS IVNIOR

IV. 1 De hoc prope nihil est quod dicatur, nisi quod
a patre appellatus Caesar ac deinceps in eius honore
Augustus cum patre dicitur interemptus, cum Lollianus in locum Postumi subrogatus delatum sibi a Gallis
sumpsisset imperium. **2** Fuit autem — quod solum

---

lolliano *P corr. Σ* : -ieno *P ante corr. B* || **8** intelleget *XChv* : -legit *P*
-ligeret *D* || **9** transrenani *P DChv* : transferatu *X* || limitis *Salmasius* :
milites *codd.* || quo *om. P ante corr.* || mereatur *Σ* : -antur *P* || iure
codd. : inire *Damsté* || agetis *Σ* : agitis *P* || **10** *post* me *add.* non *Σ* ||
fefellerit *P DChv* : -lit || nusquam *P DChv* : numquam *X* || **11** postumo
P : -mio *Σ* || tribunatum *om. Σ* || uocontiorum *P DX* : uac- *Chv* || patris
om. Σ || **IV. 1** *post* appellatus *add.* est *Σ* || honore *P Σ* : -rem *Baehrens*
1871 p. 659 Madvig Kellerbauer p. 643, sed. u. Aurelian. 5,3 || subrogatus
P : -atur *DChv* -aretur *v* || sumpsisset *P* : -psit *Σ*.

qu'on s'en souvienne — si éloquent dans les déclamations que ses controverses passent pour avoir été classées
parmi celles de Quintilien, dont la lecture, fût-ce d'un
seul chapitre, prouve dès le premier coup d'œil qu'il est
le déclamateur le plus pénétrant de la race romaine.

LOLLIANUS

V. 1 Par suite de la rébellion de ce dernier, Postumus, le plus courageux des hommes, fut assassiné, alors
que, la Gaule étant déjà ébranlée par le luxe de Gallien,
il avait rétabli l'Empire romain dans sa situation antérieure. **2** Celui-ci fut assurément lui aussi très courageux,
mais, pour ce qui concerne sa rébellion, il bénéficia auprès des Gaulois d'un crédit inférieur à ses forces. **3** Or,
Il fut assassiné par Victorinus, le fils de Vitruvia ou de
Victoria, laquelle fut ultérieurement nommée mère des
camps et gratifiée du titre d'*Augusta*, alors que, fuyant
personnellement pour elle-même le poids d'une telle responsabilité, elle avait confié le pouvoir suprême tout
d'abord à Marius, puis à Tétricus et à son fils. **4** Cependant même Lollianus rendit certains services à l'État. En
effet, il rétablit dans leur situation antérieure de nombreuses cités de la Gaule et même quelques camps que
Postumus avait construits en l'espace de sept ans en territoire barbare et qui, après la mort de Postumus, avaient
été pillés et incendiés par suite d'une attaque subite des
Germains. Ensuite il fut assassiné par ses soldats, parce
qu'il leur demandait de grands efforts. **5** Ainsi, alors que

memoratu dignum est — ita in declamationibus disertus ut eius controuersiae Quintiliano dicantur insertae,
quem declamatorem Romani generis acutissimum uel
unius capitis lectio prima statim fronte demonstrat.

LOLLIANVS

V. 1 Huius rebellione in Gallia Postumus, uir omnium fortissimus, interemptus est, cum, iam nutante
<Gallia>, Gallieni luxuria, in ueterem statum Roma-
num formasset imperium. **2** Fuit quidem etiam iste
fortissimus, sed rebellionis intuitu minorem apud Gallos auctoritatem de suis uiribus tenuit. **3** Interemptus
autem est a Victorino, Vitruuiae filio uel Victoriae,
quae postea mater castrorum appellata est et Augustae
nomine af*f*ecta, cum ipsa per se fugiens tanti ponde-
ris molem primum in Marium, deinde in Tetricum
atque filium contulisset imperia. **4** Et Lollianus quidem nonnihilum rei publicae profuit. Nam plerasque
Galliae ciuitates, nonnulla etiam castra quae Postumus per septem annos in solo barbarico aedificauerat
quaeque, interfecto Postumo, subita inruptione Germanorum et direpta fuerant et incensa, in statum
ueterem reformauit. Deinde a suis militibus, quod in
labore nimius esset, occisus est. **5** Ita Gallieno perden-

---

2 ita *om.* *Σ* || prima *Σ* : -me *P* || statim *P DXC* : stante *v* || demonstrat
edd. : -atum *P* -atur *Σ* || **V. 1** uir *om.* *Σ* || est *om. Chv* || gallia *add.*
Paucker p. 52 || formasset *P* : inf- *Σ* || **2** etiam *P* : et *Σ* || de *codd., def.*
Watt p. 34, del. Shackleton Bailey p. 126 ; cf. comm. || suis *P* : eius *Σ* ||
3 uitruuiae *P* : uictorinae *Σ* || fugiens *P DX* : -iones *Chv* || **4** plerasque
P DChv : -aeque *X* ciuitates *omittens* || quae *om. P* || quaeque *Σ* :
que *P* || in *ante* statum *om. P* || nimius *P DChv* : minus *X*.

Gallien menait l'État à sa perte, en Gaule, tout d'abord Postumus, puis Lollianus, Victorinus ensuite et, pour finir, Tétricus (nous ne disons en effet rien de Marius) se manifestèrent comme défenseurs du nom romain. **6** Je suis convaincu que tous ces princes nous ont été offerts par les dieux pour éviter que, alors que cette peste asservie à un luxe inouï était réduite à l'inaction par ses défauts, la possibilité de s'emparer du territoire romain ne fût offerte aux Germains. **7** Si ceux-ci avaient alors quitté leurs terres comme les Goths et les Perses, un accord une fois établi entre les nations barbares sur le territoire romain, le vénérable pouvoir du nom romain eût été aboli. **8** Or, la vie de Lollianus est à bien des égards mal connue, comme l'est aussi celle de Postumus lui-même, mais il s'agit de leur vie privée : ils ont en effet brillé par leur vertu, non par le prestige de leur noblesse.

VICTORINUS

VI. 1 Postumus l'Ancien ayant constaté qu'il était attaqué par des forces considérables de Gallien et qu'il lui fallait disposer de l'appui non seulement des soldats, mais aussi d'un autre prince, il associa au pouvoir impérial Victorinus, un homme qui avait des capacités comme soldat, et fit campagne avec lui contre Gallien. **2** Ayant fait longuement traîner la guerre en recourant à de très nombreux auxiliaires germaniques, ils furent vaincus. **3** Lollianus ayant alors aussi été mis à mort, Victorinus resta seul au pouvoir ; comme il s'appliquait à briser les mariages des simples soldats et des supérieurs,

te rem publicam in Gallia primum Postumus, deinde
Lollianus, Victorinus deinceps, postremo Tetricus —
nam de Mario nihil dicimus — adsertores Romani
nominis extiterunt. **6** Quos omnes datos diuinitus credo, ne, cum illa pestis inaudit*ae* luxuri*ae* impediretur
malis, possidendi Romanum solum Germanis daretur
facultas. **7** Qui si eo genere tunc euasissent quo Gothi
et Persae, consentientibus in Romano solo gentibus,
uenerabile hoc Romani nominis finitum esset imperium. **8** Lolliani autem uita in multis obscura est, ut
et ipsius Postumi, sed priuata : uirtute enim clar*i*, non
nobilitatis pondere uixerunt.

VICTORINVS

VI. 1 Postumus senior, cum uideret multis se Gallieni uiribus peti atque auxilium non solum militum,
uerum etiam alterius principis necessarium, Victo-
rinum, militaris industriae uirum, in participatum
uocauit imperii, et cum eodem contra Gallienum con-
flixit. **2** Cumque, adhibitis ingentibus Germanorum
auxiliis, diu bella traxissent, uicti sunt. **3** Tunc interfecto etiam Lolliano, solus Victorinus in imperio
remansit; qui et ipse, quod matrimoniis militum et
militarium corrumpendis operam daret, a quodam

5 in *om.* *v* || tetricus *Σ* : traeticus *P* || adsertores *P Gruterus Sal-*
masius : affectatores *Σ Egnatius* || **6** *super* pestis *add.* gallienus *a. m. in*
P || inauditae luxuriae *Salmasius* : -ta -a *P Σ* || malis *P Salmasius* : in
aliis *Σ* || **7** qui *P* : quam *Σ* || euasissent *Σ* : euadis- *P* || finitum *P* :
futurum *Σ* || **8** clari *edd.* : -ra *P Σ* || **VI. 1** *post* uideret *add.* a *Σ* || atque
P DXCh : ac *v* || auxilium *P corr.* : aulium *P ante corr. om. Σ* || uirum
P DXCh : uir *v* || uocauit *P* : -cat *Σ* || **2** traxissent *P DX* : -set *Chv*.

il fut lui aussi assassiné à Agrippina par un intendant dont il avait séduit l'épouse et qui avait formé un complot ; son fils Victorinus ayant été proclamé César par sa mère Vitruvia, ou Victoria, qui reçut le titre de mère des camps, ce petit jeune homme fut lui aussi sans délai mis à mort, après que son père eut été tué à Agrippina. **4** Sur ce dernier, de nombreux auteurs donnent de nombreux détails, qu'il était très courageux et, mis à part sa passion pour le sexe, excellent empereur. **5** Nous estimons cependant suffisant de citer un passage d'un ouvrage de Julius Athérianus, dans lequel il s'exprime en ces termes au sujet de Victorinus : **6** « Je n'estime personne préférable à Victorinus, qui a gouverné les Gaules après Julius Postumus, ni quant au courage Trajan, ni Antonin quant à la bonté, ni quant à la gravité Nerva, ni quant à la gestion des finances Vespasien, ni quant à l'austérité de toute sa manière de vivre et à sa sévérité envers les soldats Pertinax ou Sévère. **7** Mais sa passion pour le sexe et son penchant à prendre du plaisir avec les femmes a si bien effacé toutes ces qualités que personne n'ose exposer par écrit les mérites d'un personnage qui, de toute évidence, a mérité d'un consentement général d'être puni. » **8** Étant donc donné que les auteurs ont eu cette opinion de Victorinus, il me semble suffisant d'avoir parlé de ses mœurs.

actuario, cuius uxorem stuprauerat, composita fac-
tione, Agrippinae percussus, Victorino filio Caesare
a matre Vitruuia siue Victoria, quae mater castrorum
dicta est, appellato, qui et ipse puerulus statim est
interemptus, cum apud Agrippinam pater eius esset
occisus. **4** De hoc, quod fortissimus fuerit et praeter
libidinem optimus imperator, a multis multa sunt dicta. **5** Sed satis credimus Iuli Atheriani partem libri
cuiusdam ponere, in quo de Victorino sic loquitur :
6 « Victorino, qui Gallias post Iulium Postumum rexit,
neminem aestimo praeferendum, non in uirtute Traianum, non Antoninum in clementia, non in grauitate
Neruam, non in gubernando aerario Vespasianum,
non in censura totius uitae ac seueritate militari Per-
tinacem uel Seuerum. **7** Sed omnia haec libido et
cupiditas mulierariae uoluptatis sic perdidit ut nemo
audeat uirtutes eius in litteras mittere quem constat
omnium iudicio meruisse puniri. » **8** Ergo cum id iudicii de Victorino scriptores habuerint, satis mihi uideor
eius dixisse de moribus.

3 stuprauerat *P DChv* : stuprabat *X* || *post* agrippinae *add.* est *dubit.*
Desbordes || caesare a matre (-rea *XChv*) *P XChv* : caesaren m. *D* ||
uitruuia *P* : uictorina (-nia *Chv*) *Σ* || appellato *P* : -ta *Σ* || qui *P*
DChv : qua *X* || *post* agrippinam *add.* est *Σ* esset *omittens* || pater eius
esset *P* : est p. ei. *Σ* || **4** praeter *P DXv* : pater *Ch* || libidinem *B corr.*
F Σ : libininem *PB ante corr. L* || **5** iuli aetheriani *P* : iulio the- *DX*
inlitte- *Chv* || **6** *ante* uictorino *add.* de *Σ* || iulium *P Σ* : diuum *Rühl* ||
post iulium *add.* et *Σ* || traianum *P DX* : -ni *Chv* || antoninum *P*
DX : antonium *Chv* || in *ante* grauitate *om. P* || gubernando *P DXCh* :
-aculo *v* || uespasianum (uespexi- *Chv*) *LF Σ* : -no *PB* || *post* ac *add.*
in *X* || **7** in *PDX* : et *Chv*.

VICTORINUS LE JEUNE

VII. 1 À son sujet, les témoignages écrits se limitent à rapporter que c'était le petit-fils de Victoria, le fils de Victorinus et que, à l'instant précis où Victorinus fut assassiné, il fut élevé par sa mère ou sa grand-mère à la dignité de César et instantanément tué par les soldats dans un accès de colère. **2** Il existe en outre aux environs d'Agrippina de modestes tombeaux, recouverts d'une petite plaque de marbre, sur lesquels est gravée une unique inscription : « Ici sont enterrés les deux usurpateurs Victorinus ».

MARIUS

VIII. 1 Après la mise à mort de Victorinus, de Lollianus et de Postumus, Marius, un ancien forgeron, dit-on, ne régna que pendant trois jours. **2** À son sujet, je ne sais trop quelle information supplémentaire rechercher, si ce n'est que son règne fut rendu assez remarquable par son extrême brièveté. En effet, de même que cet illustre consul qui géra un consulat suffect durant six heures un après-midi fut en butte à la plaisanterie de Marcus Tullius que voici : « Nous avons eu un consul si sévère et si austère que, durant sa magistrature, personne n'a déjeuné, personne n'a dîné, personne n'a dormi », ce mot

VICTORINVS IVNIOR

VII. 1 De hoc nihil amplius in litteras est relatum
quam quod nepos Victoriae, Victorini filius fuit et a
*m*atre uel ab auia sub eadem hora qua Victorinus interemptus Caesar est nuncupatus ac statim a militibus
ira occisus. **2** Extant denique sepulchra circa Agrippinam breui marmore impressa humilia, in quibus unus
<titulus> est inscriptus : « Hic duo Victorini tyranni
siti sunt ».

MARIVS

VIII. 1 Victorino et Lolliano, Postumo interemptis,
Marius ex fabro, ut dicitur, ferrario triduo tantum imperauit. **2** De hoc quid amplius requiratur ignoro, nisi
quod eum insigniorem breuissimum fecit imperium.
Nam ut ille consul qui sex meridianis horis consulatum suffectum tenuit a Marco Tullio tali aspersus
est ioco : « Consulem habuimus tam seuerum tamque
censorium ut in eius magistratu nemo pranderit, nemo cenauerit, nemo dormiuerit », de hoc etiam dici

VII. 1 litteras *P* : -ris *Σ* || fuit *post* qua *transp. Σ* || matre *Damsté
coll. 6,3* : pa- *P Σ* || ab *om. Σ* || ac statim *P* : statimque *Σ* || ira
(ita *X*) *P Σ* : iratis *Kellerbauer p. 643* || **2** impressa (inp- *P corr.*) *P
corr. Σ* : inplessa *P ante corr.* depressa *Shackleton Bailey p. 126* comp-
Watt p. 341 || humilia *P DChv* : habilia *X* || titulus *add. Shackleton
Bailey p. 126 Soverini ed. I p. 117 ; uide comm.* || **VIII. 1** victorino —
interemptis *P* : hic *Σ* || et *post* lolliano *transp. Peter lectionem cod. P
def. Tidner p. 53 coll. Ver. 2,5 ; Pesc. 12,1 ; trig. tyr. 15,7 ; etc.* || triduo
codd. : biduo *Kellerbauer p. 643 coll.* AVR. VICT. *Caes. 33,12* EVTR.
9,9,2 ; uide comm. || **2** quid *P DXCh* : quod *v* || eum *P DXCh* : cum *v* ||
est *om. Σ* || dormiuerit *P X* : dormierit *DChv* || *post* dormiuerit *add.*
ita *Kellerbauer p. 643.*

semblerait pouvoir s'appliquer aussi à Marius, qui fut élevé à l'Empire le premier jour, fut au pouvoir le second, fut tué le troisième. **3** Et c'était assurément un homme plein de zèle, qui s'était élevé en progressant de grade en grade dans l'armée jusqu'à l'Empire ; la majorité le nommait Mamurius, certains Véturius, comme il est normal pour un artisan forgeron. **4** Mais j'en ai déjà trop dit ; il suffit d'ajouter ceci à son sujet : personne n'avait des mains plus fortes que lui, soit pour frapper, soit pour lancer, du fait qu'il semblait avoir dans les doigts des muscles, non des veines. **5** On dit en effet qu'il avait repoussé de l'index des chariots qui venaient sur lui et blessé à ce point tous les individus les plus forts d'un seul doigt qu'ils souffraient comme s'ils avaient été atteints d'un coup de morceau de bois ou de fer émoussé. Il brisa beaucoup d'objets en les heurtant avec deux doigts. **6** Il fut tué par un soldat, lequel, à l'époque où, jadis, il avait été son ouvrier dans une forge, avait été l'objet de son mépris, soit lorsque Marius était général, soit quand il avait commencé à régner. **7** Or, on dit que le meurtrier ajouta : « L'épée que voici, tu l'as fabriquée toi-même. » Telle fut, dit-on, sa première harangue : **8** « Je sais, camarades, qu'on peut me reprocher mon métier de jadis : vous en êtes tous pour moi les témoins. **9** Mais que chacun dise ce qu'il veut. Puissé-je toujours manier le fer,

posse uideatur, qui una die factus est imperator, alia die uisus est imperare, tertia interemptus est. **3** Et uir quidem strenuus ac militaribus usque ad imperium gradibus euectus, quem plerique Mamurium, nonnulli Veterium, opificem utpote ferrarium, nuncuparunt. **4** Sed de hoc nimis multa, de quo illud addidisse satis est, nullius manus uel ad feriendum uel ad impellendum fortiores fuisse, cum in digitis neruos uideretur habuisse, non uenas. **5** Nam et carra uenientia digito salutari reppulisse dicitur et fortissimos quosque uno digito sic adflixisse ut quasi ligni uel ferri obtunsioris ictu percussi dolerent. Multa duorum digitorum allisione contriuit. **6** Occisus est a quodam milite, qui, cum eius quondam operarius in fabrili officina fuisset, contemptus est ab eodem, uel cum dux esset uel cum imperium cepisset. **7** Addidisse uerbo dicitur interemptor : « Hic est gladius quem ipse fecisti. » Huius contio prima talis fuisse dicitur : **8** « Scio, commilitones, posse mihi obici artem pristinam, cuius mihi omnes testes estis. **9** Sed dicat quisque quod uult. Vtinam ferrum semper exerceam, non uino, non floribus,

uideatur *P* : uidetur *Σ* || qui *P* : quia *DChv X non legitur* quod *Shackleton Bailey p. 126* || die uisus *P corr. Σ* : diuisus *P ante corr.* || imperare *P* : -ator *Σ* || **3** ac *P* : e *DXCh om. v* || euectus *P* : uec- *Σ* || plerique *P DChv* : quidam *uel* quidem *X* || mamurium *P* : mamicrum (ina- *v*) *Σ* || ueturium *P* : uect- *Σ* || nuncuparunt *P DXCh* : -pauerunt *v* || **4** illud *P DX* : id *Chv* || *pr.* uel *om. Σ* || impellendum *Σ* : implen- *P* || cum *P* : nam *Σ* || uideretur *P* : uidebatur *Σ* || **5** carra uenientia *om. Σ ; lacunam 12 fere litt. praebent DXCh* || allisione (alis- *P*) *P XChv* : il- *D* || **6** cum *P XChv* : eum *D* || operarius *add. a. m. in P om. Σ* || officina *P* : -cio *Σ* || contemptus *P DX* : -tentus *Chv* || cum *P DX* : eum *Chv* || dux esset *Casaubonus* : duxisset *P DChv* dix- *X* || **7** uerbo *P Σ* : uero *Salmasius edd. ; uide comm.* || dicitur *Σ* : -tum *P* || interemptor *Salmasius* : -ptus *P* -pto *Σ*.

puissé-je ne pas être victime du vin, des fleurs, des petites femmes, des auberges, comme c'est le cas pour Gallien, indigne de son père et de la noblesse de sa race. **10** Qu'on me reproche mon métier de forgeron, pourvu que les peuples étrangers reconnaissent eux aussi par leurs désastres que j'ai manipulé le fer. **11** Bref, je ferai en sorte que toute l'Alémanie et toute la Germanie, avec tous les autres peuples qui sont leurs voisins, pensent que le peuple romain est une nation de fer, qu'ils craignent en nous tout particulièrement le fer. **12** Quant à vous, je voudrais que vous soyez conscients que vous avez créé un prince qui n'a jamais rien su si ce n'est manipuler le fer. **13** Je dis cela pour cette raison que je sais que cette peste totalement enchaînée au luxe ne peut rien me reprocher, si ce n'est d'avoir été un fabricant d'armes offensives et défensives ».

INGÉNUUS

IX. 1 Sous le consulat de Tuscus et de Bassus, cependant que Gallien s'adonnait au vin et aux orgies, qu'il se livrait aux entremetteurs, aux mimes et aux prostituées et qu'il dilapidait ses dons naturels dans une vie de luxe ininterrompu, Ingénuus, qui gouvernait alors les Pannonies, fut proclamé empereur par les légions de Mésie, avec l'accord de toutes les autres de Pannonie, et il pa-

non mulierculis, non popinis, ut facit Gallienus, indignus patre suo et sui generis nobilitate, depe*ream*. 10 Ars mihi obiciatur ferraria, dum me et exterae gentes ferrum tractasse suis cladibus recognoscant. 11 *Eff*icia*m* denique ut omnis Alamannia omnisque Germania cum ceteris quae adiacent gentibus Romanum populum ferratam putent gentem, ut specialiter in nobis ferrum timeant. 12 Vos tamen cogitetis uelim fecisse uos principem qui numquam quicquam scierit tractare nisi ferrum. 13 Quod idcirco dico, quia scio mihi a luxuriosissima illa peste nihil opponi posse nisi hoc, quod gladiorum atque armorum artifex fuerim.»

INGENVVS

IX. 1 Tusco et Basso consulibus, cum Gallienus uino et popinis uacaret cumque se lenonibus, mimis et meretricibus dederet ac bona naturae luxuriae continuatione deperderet, Ingenuus, qui Pannonias tunc regebat, a Moesiacis legionibus imperator est dictus, ceteris Pannoniarum uolentibus, neque in quoquam melius consultum rei publicae a militibus uidebatur

---

9 indignus *P corr. Σ* : -gnos *P ante corr.* || patre *X* : -tri *P DChv* || nobilitate *P Chv* : -atem *D* -as *X* || depeream *edd.* : -at *P DX* pereat *Chv* || **10** obiciatur *P corr. Σ* : -a *P ante corr.* || me *om. Σ* || exterae *P* : exercere *Σ* || *ante* tractasse *add.* et *DChv* || **11** efficiam *Casaubonus* : in italia *P Σ* enitar *Petschenig Hohl* || nobis *P* : uobis *Σ* || **12** quicquam *post* tractare *transp. Σ* || scierit *P* : sciret *Σ* || **13** luxuriosissima *DXCh* : luxorias- *P* luxurias- *v* || **IX. 1** cumque *P* : cum *Σ* || se *P* : sese *Σ* || lenonibus *B corr. Σ* : lono- *ex* lonininus *P ipsius scriptoris manu corr.* || meretricibus *P* : mulierculis *Σ* || pannonias *P DX* : -onas *Chv* || moesiacis *P* : -aticis *Σ* || legionibus *P corr. Σ* : leo- *P ante corr.* || quoquam *P* : quemquam *Σ*.

rut que les soldats veillèrent en rien mieux au salut de l'État que par le fait que, sous la menace des Sarmates, fut nommé un empereur qui, grâce à son courage, pût redresser une situation compromise. **2** Quant à lui, le motif qu'il eut alors de s'emparer du pouvoir suprême, ce fut d'éviter de susciter la suspicion des empereurs, car il était très courageux, indispensable à l'État et très apprécié des soldats, ce qui inquiète vivement les détenteurs du pouvoir. **3** Cependant Gallien — qui, s'il était certes un bon à rien perdu de vices, se révélait aussi, si la nécessité l'y avait contraint, rapide, courageux, énergique, cruel — combattit finalement Ingénuus, le vainquit et, après l'avoir mis à mort, se déchaîna avec une violence extrême contre tous les Mésiens, aussi bien militaires que civils. Et personne ne resta à l'abri de sa cruauté : il se montra brutal et sans pitié au point de laisser un grand nombre de villes privées de tous les représentants du sexe masculin. **4** Il est vrai qu'on rapporte que ledit Ingénuus, après la prise de la ville, se jeta à l'eau et mit ainsi un terme à son existence, afin de ne pas tomber aux mains d'un cruel tyran. **5** On possède assurément une lettre de Gallien, qu'il adressa à Celer Vérianus, où se manifestent les excès de sa cruauté. Je l'ai citée, afin que tous comprennent que cet homme asservi au luxe est très cruel si la nécessité l'y pousse. **6** « Gallien à Vérianus. Tu ne me donneras pas satisfaction si tu ne tues que des hommes armés que les hasards de la guerre auraient aussi pu faire

quam quod, instantibus Sarmatis, creatus est imperator qui fessis rebus mederi sua uirtute potuisset.
2 Causa autem ipsi arripiendi tunc imperii fuit, ne
suspectus esset imperatoribus, quod erat fortissimus
ac rei publicae necessarius et militibus, quod imperan-
tes uehementer mouet, acceptissimus. **3** Sed Gallienus,
ut erat nequam, perditus, ita etiam, ubi necessitas
coegisset, uelox, fortis, uehemens, crudelis, denique Ingenuum, conflictu habito, uicit eoque occiso in omnes
Moesiacos tam milites quam ciues asperrime saeuit.
Nec quemquam suae crudelitatis ex*s*ortem reliquit,
usque adeo asper et truculentus ut plerasque ciuitates
uacuas a uirili sexu relinqueret. **4** Fertur sane idem
Ingenuus, ciuitate capta, in aquam se mersisse atque
ita uitam finisse, ne in tyranni crudelis potestatem
ueniret. **5** Extat sane epistola Gallieni, quam ad Cele-
rem Verianum scripsit, qua eius nimietas crudelitatis
ostenditur. Quam ego idcirco interposui, ut omnes intellegerent hominem luxuriosum crudelissimum esse, si
necessitas postulet : **6** « Gallienus Veriano. Non mihi
satisfacies, si tantum armatos occideris, quos et fors

---

sarmatis *P* : ar- *Σ* || creatus *P DXCh* : -tor *v* || **2** quod — mouet *om.*
X || uehementer *om. DChv* || **3** *post* nequam *add.* et *P ante corr.* ;
asyndeton def. Tidner p. 40 || fortis *P* : furibundus ferus *Σ* || *post* milites
add. quam *P corr.* et *Σ* || saeuit *P* : saeuiit *Σ* || exsortem *ego* : exor- *P*
extorrem *Σ* || a uirili *P* : anili *Σ* || **4** in aquam se mersisse *Σ* : in qua se
P ante corr. B intrasse domum in qua se pugione transfodit *P corr. LF
edd. alii alia* || crudelis potestatem *P DChv* : crudelitatem *X* || **5** celerem
P DX : cellerem *Chv* || luxuriosum *P* : -osissimum *Σ* || necessitas *P
DXCh* : -se *v* || postulet *P DX* : -lat *Chv* || **6** occideris *P DX* : -rit *Chv* ||
fors *P DX* : foro *Chv*.

passer de vie à trépas. **7** Il faudrait mettre à mort tous les représentants du sexe masculin, si les vieillards et les enfants pouvaient aussi être tués sans qu'il en coûte à notre réputation. **8** Il faut tuer quiconque a eu de mauvaises intentions, il faut tuer quiconque a tenu des propos négatifs à mon égard, à l'égard du fils de Valérien, à l'égard du père, du frère de princes si nombreux. **9** Ingénuus a été élevé à l'Empire. Déchire, tue, taille en morceaux, comprends ma disposition d'esprit, déchaîne-toi de par ma volonté, moi qui ai écrit cela de ma propre main. »

RÉGILIANUS

X. 1 Il relevait du destin de l'État que, au temps de Gallien, quiconque en était capable se précipitât vers le pouvoir suprême. Finalement, c'est Régilianus, titulaire de la fonction de duc en Illyricum, qui fut élevé à l'Empire ; l'initiative en revint aux Mésiens qui avaient été auparavant vaincus avec Ingénuus, envers les parents desquels Gallien avait eu la main très lourde. **2** Régilianus accomplit cependant de nombreux exploits courageux contre les Sarmates, mais, à l'initiative des Roxolans, avec l'accord des soldats et du fait de la crainte des habitants de la province que Gallien ne prît derechef de très cruelles mesures, il fut mis à mort. **3** Le motif de son accession à l'Empire pourrait sans doute paraître étonnant, s'il était révélé, car c'est à une ingénieuse plaisanterie qu'il dut le pouvoir. **4** En effet, alors que quelques soldats dînaient avec lui, le lieutenant d'un tribun se leva pour dire : « D'où pensons-nous que dé-

in bellis interimere potuisset. **7** Perimendus est omnis sexus uirilis, si et senes atque inpuberes sine reprehensione nostra occidi possent. **8** Occidendus est quicum male uoluit, occidendus est quicumque male dixit contra me, contra Valeriani filium, contra tot principum patrem fratrem. **9** Ingenuus factus est imperator. Lacera, occide, concide, animum meum intellege, mea mente irascere, qui haec manu mea scripsi.»

REGILIANVS

X. 1 Fati publici fuit ut Gallieni tempore quicumque potuit ad imperium prosiliret. Regilianus denique in Illyrico ducatum gerens imperator est factus, auctoribus imperii Moesis qui cum Ingenuo fuerant ante superati, in quorum parentes grauiter Gallienus saeuierat. **2** Hic tamen multa fortiter contra Sarmatas gessit, sed auctoribus Roxolanis consentientibusque militibus et timore prouincialium ne iterum Gallienus grauiora faceret, interemptus est. **3** Mirabile fortasse uideatur si quae origo imperii eius fuerit declaretur; capitali enim *io*co regna promeruit. **4** Nam cum milites cum eo quidam cenarent, extitit uicarius tribuni qui diceret : «Regiliani nomen unde credimus

in bellis *P* : belli *Σ* || **7** est *P Σ* : esset *Casaubonus Eyssenhardt fort. recte* || si et *P* : et si etiam *Σ* || nostra *P* : mea *Σ* || possent *P Σ* : -sunt *Desbordes dubit.* || **8** est — occidendus *om. Chv* || quicum *P* : quicumque *DX ; uide comm.* || uoluit *P* : uoluerit *DX* || *alt.* est *om. Σ* || contra *P* : de *Σ* || *post* patrem *add.* et *P corr. Σ ; uide comm.* || **9** intellege *Σ* : -legere (potes *add. P corr.*) *P* || haec *P XChv* : hoc *D* || **X. 1** prosiliret *P DX* : -lieret *Chv* || regilianus *P* : regilli- *Σ* || **2** roxolanis *P DX* : rosellanis *Chv* || militibus *P* : multis *Σ* || **3** ioco *edd.* : loco *codd.* || regna *P DX* : regina *Chv* || **4** uicarius tribuni *P Gruterus Salmasius* : ualerius (-rus *Chv*) tribunus *Σ*.

rive le nom de Régilianus ? » Un autre aussitôt : « Nous pensons qu'il dérive de *regnum* (règne) ». **5** Alors le lettré qui était présent se mit comme un grammairien à décliner et à dire : « *Rex, regis, regi, Regilianus* (le roi, du roi, au roi, Régilianus) ». **6** Les soldats, en genre d'hommes enclins à passer de la pensée aux actes, de dire : « Il peut donc être roi ? » De même un autre : « Il peut donc nous diriger ? » De même un autre : « Dieu t'a donné un nom de roi ». **7** Qu'ajouter ? Après ces propos, quand il sortit le lendemain matin, il fut salué comme empereur par les hauts gradés. Ainsi ce qu'à d'autres a offert l'audace ou la mûre réflexion, pour lui ce fut une amusante plaisanterie. **8** Il fut, ce qu'on ne saurait nier, un homme d'une compétence toujours reconnue dans l'art militaire, et déjà auparavant suspect aux yeux de Gallien, parce qu'il semblait digne du pouvoir suprême ; il appartenait au peuple dace, apparenté, à ce qu'on dit, à Décébale en personne. **9** On possède une lettre du divin Claude, alors qu'il était simple particulier, dans laquelle il remercie Régilianus, duc d'Illyricum, d'avoir reconquis l'Illyricum alors que tout s'écroulait par la faute de l'indolence de Gallien. L'ayant repérée parmi les pièces authentiques, j'ai jugé bon de la citer, car elle était librement accessible : **10** « Claude adresse ses salutations empressées à Régilianus. Bienheureux l'État, qui a mérité de posséder en toi un tel homme dans les stationnements de l'armée, bienheureux Gallien, quand bien même personne ne lui dit la vérité, ni sur les hommes de valeur, ni sur les fripouilles.

dictum?». Alius continuo : «Credimus quod a re-
gno». 5 Tum is qui aderat scolasticus coepit quasi
grammaticaliter declinare et dicere : «Rex regis regi
Regilianus». 6 Milites, ut est hominum genus pronum
ad ea quae cogitant : «Ergo potest rex esse?» Item
alius : «Ergo potest nos regere?» Item alius : «Deus
tibi regis nomen imposuit.» 7 Quid multa? His dictis,
cum alia die mane processisset, a principiis imperator
est salutatus. Ita quod aliis uel audacia uel iudicium,
huic detulit iocularis astutia. 8 Fuit, quod negari non
potest, uir in re militari semper probatus et Gallieno
iam ante suspectus, quod dignus uideretur imperio;
gentis Daciae, Decibali ipsius, ut fertur, adfinis. 9 Extat epistola diui Claudii *t*unc priuati, qua Regiliano,
Illyrici duci, gratias agit ob redditum Illyricum, cum
omnia Gallieni segnitia deperirent. Quam ego, re-
pertam in au*t*hen*t*icis, inserendam putaui; fuit enim
publica. 10 «Claudius Regiliano multam salutem.
Felicem rem publicam quae te talem uirum habere
i*n* castris belli*c*is meruit, felicem Gallienum, etiamsi ei uera nemo nec de bonis nec de malis nuntiat.

---

5 is *P DX* : his (hiis *v*) *Chv* || regi *edd.* : -gio *PΣ* || regilianus *D* :
regali- *P* regilli- *XChv ; uide comm.* || 6 *post* ad *add.* pronuntianda *Baeh-
rens 1871 p. 659* || potest... potest *P* : potes... praeter *Σ* || imposuit *Σ* :
pos- *P* || 7 processisset *P X* : -issent *DChv* || principiis *P* : -pibus *Σ* || 8
negari *Σ* : -re *P* || re *huc transp. Novák post* militari *add. P corr. om. P
ante corr. Σ* || decibali *P* : de cibali ortus *Σ* || 9 tunc *P corr.* : dunc *P
ante corr.* ad hunc *Σ* adhuc *Egnatius Klotz p. 296 Soverini, Scrittori I
p. 117* || gratias *P DX* : gracis *Chv* || illyricum redditum *transp. Σ fort.
recte cursum restituens* || authenticis *Gruterus* : athenicis *P X* athon-
D atton- *Chv* || 10 habere in castris *Casaubonus* : habet (-ere *DX*) rei
castris (-trensi is *P corr.*) *P Σ* || bellicis *Baehrens 1871 p. 659* : -lius *P
ante corr.* -li ius *P corr.* -lis *Σ* || ei *om. Σ* || nemo *om. Σ*.

11 Bonitus et Celsus, des gardes du corps de notre empereur, m'ont appris de quelle valeur tu as témoigné dans le combat près de Scupi, combien de batailles tu as menées à terme en un seul jour, et avec quelle célérité. Tu étais digne d'un triomphe, si nous vivions dans l'ancien temps. **12** Mais qu'ajouter ? Je souhaiterais que, te souvenant d'un certain personnage, tu sois victorieux avec plus de discrétion. Je voudrais que tu me fasses parvenir des arcs sarmates et deux sayons, mais s'attachant avec une agrafe, puisque je t'en ai envoyé moi-même, pris dans notre dotation. » **13** Cette lettre révèle les sentiments de Claude à l'égard de Régilianus, lui dont il n'est pas douteux que le jugement avait à son époque un très grand poids. **14** Ce n'est du reste même pas par Gallien que cet homme fut promu, mais par le père de ce dernier, Valérien, tout comme aussi Claude, et Macrianus, et Ingénuus, et Postumus, et Auréolus, qui tous furent assassinés alors qu'ils exerçaient le pouvoir impérial, quand bien même ils méritaient de l'exercer. **15** Ce qu'il y a d'ailleurs de remarquable à propos du prince Valérien, c'est que tous ceux, quels qu'ils fussent, qu'il éleva au rang de duc, accédèrent ultérieurement de par le suffrage des soldats à l'Empire, de telle sorte qu'il est évident que le vieil empereur — dans le choix qu'il fit des hauts personnages de l' État — eut la perspicacité qu'exigeait la prospérité de Rome, si celle-ci avait pu se poursuivre conformément aux arrêts du destin sous le règne d'un bon prince. **16** Et si seulement ou bien ceux qui s'étaient emparés du pouvoir impérial eussent pu régner, ou bien si seulement le fils de Valérien ne fût pas resté plus longtemps au pouvoir, afin que notre État se

11 Pertulerunt ad me Bonitus et Celsus, stipatores principis nostri, qualis apud Scupos in pugnando fueris, quot uno die proelia et qua celeritate confeceris. Dignus eras triumpho, si antiqua tempora exstarent. **12** Sed quid multa? Memor cuiusdam hominis cautius uelim uincas. Arcus Sarmaticos et duo saga ad me uelim mittas, sed fiblator*i*a, cum ipse misi de nostris.» **13** Hac epistola ostenditur quid de Regiliano senserit Claudius, cuius grauissimum iudicium suis temporibus fuisse non dubium est. **14** Nec a Gallieno quidem uir iste promotus est, sed a patre eius Valeriano, ut et Claudius et Macrianus et Ingenuus et Postumus et Aureolus, qui omnes in imperio interempti sunt, cum mererentur imperium. **15** Mirabile autem hoc fuit in Valeriano principe, quod omnes quoscumque duces fecit postea militum testimonio ad imperium peruenerunt, ut appareat senem imperatorem in diligendis rei publicae ducibus talem fuisse qualem Romana felicitas, si continuari fataliter potuisset sub bono principe, requirebat. **16** Et utinam uel illi qui arripuerant imperia regnare potuissent, uel eius filius in imperio diutius non fuisset, ut libere se in suo statu res publica nos-

---

11 stipatores *P* : script- *Σ* ‖ fueris *P DX* : furis *Chv* ‖ quot *F corr. edd.* : quod *P Σ* ‖ qua *Σ* : quae *P* ‖ **12** memor *P DChv* : memoras *X* ‖ uincas *P* : mittas *Σ* ‖ sarmaticos *Σ* : -cus *P* ‖ fiblatoria *edd.* : -riae *P* siblatore *Σ* ‖ cum *P Σ* : ecum *Baehrens 1886 p. 221* ‖ misi *P* : -serim *DX* -serum *Chv* ‖ **13** fuisse *om. Σ* ‖ **14** promotus *P DX* : promptus *Chv* ‖ macrianus *P* : charci- *uel* c(h)arti- *Σ* ‖ in *om. D* ‖ mererentur *P corr. Σ* : merentur *P ante corr.* ‖ **15** mirabile — ad imperium *om. Chv* ‖ imperatorem *om. Σ* ‖ diligendis *P Peter* : del- *Σ* ‖ **16** in *ante* imperio *om. Chv* ‖ ut libere *Σ* : ut libet *P* illibata *Novák*.

fût en toute liberté maintenu à son rang. **17** Mais la Fortune a estimé qu'il fallait accéder à toutes ses volontés, elle qui d'une part, outre Valérien, a éliminé de bons princes et, d'autre part, a conservé Gallien pour l'État plus longtemps qu'il ne convenait.

AURÉOLUS

XI. 1 Ce personnage également, qui commandait les armées d'Illyricum, par mépris pour Gallien, comme chacun en ce temps-là, fut contraint par les soldats à s'emparer de l'Empire. **2** Et lorsque Macrianus, avec son fils Macrianus, attaqua Gallien avec des effectifs importants, il s'empara de son armée, et amena à lui prêter serment un certain nombre d'hommes qu'il avait corrompus. **3** Étant de ce fait devenu un empereur puissant, et Gallien ayant tenté en vain d'éliminer cet homme courageux, il conclut la paix avec Auréolus à la veille de combattre Postumus. La plupart de ces événements ont été racontés et le seront. **4** Ce même Auréolus, Claude — après avoir déjà mis à mort Gallien, un combat s'étant engagé — le tua près du pont qui aujourd'hui se nomme *Pont d'Auréolus*, et il le gratifia à cet endroit, vu qu'il s'agissait d'un usurpateur, d'un tombeau plutôt modeste. **5** Il subsiste aujourd'hui encore une épigramme grecque, dont voici le libellé : « Claude, désormais chanceux vainqueur de l'usurpateur après de nombreux combats et à bon droit survivant, gratifie du don d'un tombeau, offrande pour un mort, Auréolus, qu'il aurait voulu voir vivant, si l'amour d'un très valeu-

tra tenuisset. **17** Sed nimis sibi Fortuna indulgendum
putauit, quae et cum Valeriano bonos principes tulit
et Gallienum diutius quam oportebat rei publicae re-
seruauit.

AVREOLVS

XI. 1 Hic quoque Illyricianos exercitus regens in
contemptu Gallieni, ut omnes eo tempore, coactus a
militibus sumpsit imperium. **2** Et cum Macrianus cum
filio suo Macriano contra Gallienum ueniret cum plu-
rimis, exercitus eius cepit, aliquos corruptos fidei suae
addixit. **3** Et cum factus esset *hinc* ualidus imperator cumque Gallienus expugnare uirum fortem frustra
temptasset, pacem cum Aureolo fecit contra Postumum pugnaturus. Quorum pleraque et dicta sunt et
dicenda. **4** Hunc eundem Aureolum Claudius, interfecto iam Gallieno, conflictu habito, apud eum pontem
interemit qui nunc pons Aureoli nuncupatur, atque illic ut tyrannum sepulchro humiliore donauit. **5** Extat
etiam nunc epigramma Graecum in hanc formam :

> Don*o* sepulchrorum uictor post multa tyranni
>   proelia iam felix Claudius Aureolum
> munere prosequitur mortali et iure superstes,
>   uiuere quem uellet, si pateretur amor

---

17 indulgendum *P* : -geri *Σ* || diutius *P* : -turna *Σ* || **XI. 1** quoque
om. Σ || *ante* illyricianos *add.* in *P* || contemptu *P* : -um *Σ ; uide comm.* ||
2 macriano *Σ* : -crino *P ; uide comm.* || addixit *P* : -duxit *Σ* || **3** et cum
P : ex quo *Σ* || hinc ualidus *Salmasius* : inualidus *codd.* || aureolo
fecit *Σ* : eo *P* || **5** extat *F corr. Σ* : extitit *P* || etiam *om. Σ* || dono
Salmasius : dona *P* -nat *Σ* || sepulchrorum *P* : - c(h)ro *Σ* || aureolum
P DX : aurelum *Chv* || iure *P* : uite *Σ*.

reux soldat y avait consenti, qui à bon droit refusa la vie à tous ceux qui en étaient indignes, et tout particulièrement à Auréolus. Claude néanmoins se montre clément qui, conservant les ultimes restes de son corps, dédie à Auréolus et un pont et une tombe. » **6** J'ai, en ce qui me concerne, cité ces vers tels qu'ils ont été traduits par un grammairien par scrupule d'exactitude, non pas qu'ils n'eussent pu être mieux traduits, mais pour sauvegarder la vérité historique, que j'estime devoir être préservée par-dessus tout, moi qui ne me soucie en rien de ce qui relève de l'éloquence. **7** Je me suis en effet fixé comme but de vous communiquer des faits, non des mots, surtout face à une telle abondance de faits qui s'accumulent dans les vies des trente tyrans.

MACRIANUS

XII. 1 Après la capture de Valérien — qui fut pendant longtemps le premier sénateur de l'État, ensuite un empereur très valeureux, et pour finir le plus infortuné de tous, d'une part parce que, âgé, il termina sa vie chez les Perses, d'autre part parce qu'il laissa des descendants indignes de lui —, lorsque Ballista, le préfet de Valérien, et Macrianus, le premier des généraux, comprirent qu'il ne fallait tenir aucun compte de Gallien et que le soldats réclamèrent aussi un prince, ils se retirèrent ensemble en un endroit et se demandèrent ce qu'il convenait de faire. **2** Il fut alors décidé que, étant

militis egregii, uitam qui iure negauit
   omnibus indignis et magis Aureolo.
Ille tamen clemens qui, corporis ultima seruans,
   et pontem Aureolo dedicat et tumulum.

6 Hos ego uersus a quodam grammatico translatos
ita posui, ut fidem seruarem, non quo <non> melius
potuerint transferri, sed ut fidelitas historica seruare-
tur, quam ego prae ceteris custodiendam putaui, qui
quod ad eloquentiam pertinet nihil curo. **7** Rem enim
uobis proposui deferre, non uerba, maxime tanta rerum copia ut in triginta tyrannorum simul uit*i*s.

MACRIANVS

XII. 1 Capto Valeriano, diu clarissimo principe
ciuitatis, fortissimo deinde imperatore, ad postremum
omnium infelicissimo, uel quod senex apud Persas
consenuit uel quod indignos se posteros dereliquit,
cum Gallienum contemnendum Ballista praefectus
Valeriani et Macrianus primus du*cu*m intellegerent,
quaerentibus etiam militibus principem, unum in locum concesserunt quaerente*s* quid faciendum esset.
2 Tuncque constitit, Gallieno longe posito, Aureolo

---

iure *P DXCh* : uere *v* || *pro alt.* aureolo *habet* aureoli *P* || **6** translatos
P : confl- *Σ* || *alterum* non *huc transp. Peter post* melius *add. Egnatius* ||
post qui *add.* id *P corr.* || pertinet *P DXCh* : -neret *v* || **7** uitis *Peter* : -tas
codd. || **XII. 1** deinde *P* : demum *Σ* || ad *P* : ac *DChv om. X* || se *om. Σ* ||
ballista *P* : balista *Σ ut semper* || macrianus *P DX* : -ni *Chv* || primus
P DXv : -mum *Ch* || ducum *Salmasius* : dum *codd.* || in locum *om.*
Chv || quaerentes *edd.* : -te *P om. Σ* || **2** constitit *P DXCh* : -sistit *v* ||
aureolo *P* : -lum *Σ*.

donné que Gallien était au loin et qu'Auréolus usurpait le pouvoir suprême, il fallait désigner quelqu'un comme prince, et surtout un candidat de très grande valeur, afin d'éviter que surgisse un usurpateur. **3** Voici donc ce que furent les propos de Ballista (comme Maeonius Astyanax, qui a participé à la délibération, les allègue) : **4** « Et mon âge, et ma fonction, et mes souhaits me tiennent très à l'écart du pouvoir suprême ; moi aussi, ce que je ne saurais nier, je cherche un bon prince. **5** Mais, en fin de compte, qui pourrait occuper la place de Valérien, si ce n'est quelqu'un comme toi, courageux, ferme, honnête, ayant fait ses preuves dans les affaires publiques et — ce qui est de première importance pour exercer le pouvoir suprême — riche ? **6** Empare-toi donc de la fonction qui est due à tes mérites. Tu m'engageras comme préfet aussi longtemps que tu le voudras. Borne-toi à rendre service à l'État, afin que le monde romain se réjouisse que tu aies accédé à l'Empire ». **7** Macrianus répondit à cela : « Je le reconnais, Ballista, le conseil d'un homme avisé n'est pas chose inutile. Je veux, en effet, porter secours à l'État et écarter cette illustre peste du gouvernail des lois, mais cela n'est pas de mon âge : je suis un vieillard, je suis incapable de donner l'exemple en montant à cheval, je dois assez souvent me laver, il me faut des plats raffinés, la richesse m'a depuis belle lurette déjà éloigné de la vie militaire. **8** Il convient d'identifier quelques jeunes gens, non pas un seul, mais deux ou trois, très courageux, afin que, à partir des diverses parties du monde

usurpante imperium, debere aliquem principem fieri,
et quidem optimum, ne quispiam tyrannus existeret.
3 Verba igitur Ballistae — quantum Maeonius Astyanax, qui consilio interfuit, adserit — haec fuerunt :
4 « Mea et aetas et professio et uoluntas longe ab imperio absunt, et ego, quod negare non possum, bonum
principem quaero. **5** Sed quis tandem est qui Valeriani locum possit implere, nisi talis qualis tu es, fortis,
constans, integer, probatus in re publica et, quod maxime ad imperium pertinet, diues? **6** Arripe igitur
locum meritis tuis debitum. Me praefecto, quamdiu
uoles, uteris. Tu cum re publica tantum bene agas, ut
te Romanus orbis factum principem gaudeat. » **7** Ad
haec Macrianus : « Fateor, Ballista, *consil*ium prudenti*s* non frustra est. Volo enim rei publicae subuenire
atque illam pestem a legum gubernaculis dimouere, sed non hoc in me aetatis est : senex sum, ad
exemplum equitare non possum, lauandum mihi est
frequentius, edendum delicatius, diuitiae me iam dudum ab usu militiae retraxerunt. **8** Iuuenes aliqui sunt
quaerendi, nec unus sed duo uel tres fortissimi, qui
ex diuersis partibus orbis humani rem publicam re-

usurpante *P DChv* : -pare *X* ‖ debere *P DX* : -rem *Chv* ‖ quidem
P XChv : -dam *D* ‖ **4** uoluntas *P DX* : uoluptas *Chv* ‖ **5** talis *P* :
is *X om. DChv* ‖ **6** tuis *P corr. Σ* : tui *P ante corr.* ‖ uoles uteris *P* :
uolueris (-ro *X*) ut eris *Σ* ‖ **7** consilium prudentis *Shackleton Bailey
p. 127* : imperium prudenti *codd.* ; *uide comm.* ‖ *ante uel post* est
add. recusandum *Watt* ‖ dimouere *P* : subm- *Σ* ‖ sed... hoc *P* : et...
haec *Σ* ‖ in *om. X* ‖ me *P* : meae *Σ* ‖ militiae *P* : -tari *Σ* ‖ **8** partibus
Σ : patri- *P* ‖ humani *codd. def. Gruterus Salmasius* : romani *codd.
aliquot deteriores classis Σ et inde edd. uett.* ; *uide comm.*

habité, ils ressuscitent l'État que Valérien par son destin, Gallien par sa manière de vivre, ont mené à sa perte. » **9** Après ces paroles, Ballista comprit qu'il manœuvrait de manière à paraître songer à ses fils, et il l'interpella précisément en ces termes : **10** « Nous remettons l'État à ta sagesse. Mets donc à disposition tes fils Macrianus et Quiétus, jeunes gens très courageux, élevés jadis au grade de tribun par Valérien, parce que, sous le règne de Gallien, du fait de leur valeur, ils ne peuvent pas rester à l'abri du danger. » **11** Lorsqu'il se fut rendu compte qu'il avait été compris, il dit : « Je capitule, je vais offrir aux soldats une double solde prise sur ma fortune. Pour ta part, borne-toi à mettre à ma disposition ton zèle de préfet et les fournitures aux endroits nécessaires. En ce qui me concerne, puissé-je sans délai faire en sorte que Gallien, le plus infâme de tous les efféminés, apprenne à connaître les généraux de son père. » **12** Il fut donc élevé à l'Empire en même temps que ses deux fils, Macrianus et Quiétus, avec l'accord unanime des soldats et entreprit immédiatement d'aller affronter Gallien après avoir laissé en plan vaille que vaille les affaires d'Orient. **13** Mais, bien qu'emmenant avec lui quarante-cinq mille hommes, s'étant heurté en Illyricum ou dans les parties les plus éloignées des provinces de Thrace à Auréolus, il fut vaincu et tué avec son fils. **14** Trente-cinq mille hommes passèrent en fin de compte sous le commandement d'Auréolus. Or ce fut Domitien qui le vainquit, un général très courageux et très énergique d'Auréolus, qui prétendait être le descendant de Domitien et de Domitilla. **15** À propos de Macrianus, il me paraît impie

stituant, quam Valerianus fato, Gallienus uitae suae
genere perdiderunt.» **9** Post haec intellexit eum Ballista sic agere ut de filiis suis uideretur cogitare, atque
adeo sic adgressus est : **10** «Prudentiae tuae rem publicam tradimus. Da igitur liberos tuos Macrianum et
Quietum, fortissimos iuuenes, olim tribunos a Valeriano factos, quia, Gallieno imperante, quod boni sunt,
salui esse non possunt.» **11** Tunc ille, ubi intellectum
se esse comperit : «Do, inquit, manus, de meo sti-
pendium militi duplex daturus. Tu, tantum praefecti
mihi studium et annonam in necessariis locis praebe.
Iam ego faxim ut Gallienus, sordidissimus feminarum
omnium, duces sui parentis intellegat.» **12** Factus est
igitur cum Macriano et Quieto duobus filiis, cunc-
tis militibus uolentibus, imperator ac statim contra
Gallienum uenire coepit, utcumque rebus in Oriente derelictis. **13** Sed cum quadraginta quinque milia
militum secum duceret, in Illyrico uel in Thraciarum
extimis congressus cum Aureolo uictus et cum filio
interemptus est. **14** Triginta denique milia militum
in Aureoli potestatem concessere. Domitianus autem
eundem uicit, dux Aureoli fortissimus et uehementis-
simus, qui se originem diceret a Domitiano trahere
atque a Domitilla. **15** De Macriano autem nefas mi-

fato *P corr. XChv* : facto *P ante corr. D* || **10** fortissimos *P corr.*
Σ : -mus *P ante corr. teste B* || olim *P* : solum *Σ* || quia (qui a *Σ*)
PΣ Hohl : qui *Erasmus* || **11** ubi *P corr. Σ* : tibi *P ante corr. teste*
B || praebe *P corr. Σ* : -bet *P ante corr. teste B* || faxim *P* : fassim
X -sum *DChv* || parentis *P* : pereuntem *Σ* || intellegat *P* : -gant *Σ* ||
12 oriente *Σ* : -tem *P* || **13** extimis *P* : extremis *Σ* || cum — cum filio
om. Σ || **14** concessere *P corr. Σ* : -sare *P ante corr. teste B* || et *P* :
uel *Σ* || *post* domitiano *add.* imperatore *al. m. in P* || **15** macriano *Σ* :
-rino *P*.

de laisser de côté le jugement formulé par Valérien dans le discours qu'il adressa au Sénat du territoire perse. Extrait du discours du divin Valérien : **16** « C'est moi, pères conscrits, qui, occupé par la guerre contre les Perses, ai confié l'ensemble de l'État à Macrianus, y compris même les affaires militaires. Cet homme remarquable est envers vous fidèle, envers moi dévoué, le soldat l'aime et le redoute, chaque fois que la situation l'exigera, il passera à l'action avec les armées. **17** Cela, pères conscrits, n'est du reste pas nouveau ou surprenant pour nous : dans sa tendre jeunesse, il a prouvé son courage en Italie, comme adolescent en Gaule, dans la force de l'âge en Thrace, en Afrique étant déjà mûr, au seuil de la vieillesse enfin en Illyricum et en Dalmatie, donnant l'exemple en combattant avec courage dans divers affrontements. **18** À cela s'ajoute qu'il a de jeunes fils, dignes de faire partie du collège romain, lui-même étant digne de notre amitié, » etc.

MACRIANUS LE JEUNE

XIII. 1 De nombreux détails à son sujet ont été déjà évoqués dans le récit du règne de son père ; il ne serait jamais parvenu au pouvoir suprême s'il n'eût semblé confié à la sagesse de son père. **2** On rapporte assurément à son sujet bien des détails étonnants de nature à attester son audace, propre au jeune âge ; mais en vue de hauts faits ou à la guerre, que vaut l'audace d'un individu isolé ? **3** En effet, ce jeune homme plein d'allant,

hi uidetur iudicium Valeriani praeterire, quod ille in
oratione sua quam ad senatum e Persidis finibus miserat posuit. Inter cetera ex oratione diui Valeriani :
16 « Ego, patres conscripti, bellum Persicum gerens
Macriano totam rem publicam credidi, <et> quidem
a parte militari. Ille uobis fidelis, ille mihi deuotus,
illum et amat et timet miles, ille, utcumque res exe-
gerit, cum exercitibus ag*e*t. **17** Nec, patres conscripti,
noua uel inopina nobis sunt : pueri eius uirtus in
Italia, adulescentis in Gallia, iuuenis in Thracia, in
Africa iam prouecti, senescentis denique in Illyrico et
Dalmatia comprobata est, cum in diuersis proeliis ad
exemplum fortiter faceret. **18** Huc accedit quod habet
iuuenes filios Romano dignos collegio, nostra dignus
amicitia », et reliqua.

MACRIANVS IVNIOR

XIII. 1 Multa de hoc in patris imperio praelibata
sunt; qui numquam imperator factus esset, nisi prudentiae patris eius creditum uideretur. **2** De hoc plane
multa miranda dicuntur quae ad fortitudinem perti-
neant iuuenalis aetatis; sed ad facta aut quantum in
bellis unius ualet fortitudo ? **3** Hic enim uehemens cum

---

16 persicum *P* : persarum *DChv* -sano *X* || credidi *P* : tradidi *Σ* ||
et *add. Peter²* *Hohl* || et *ante* amat *om. Σ* || utcumque *P* : utcum *Σ* ||
aget *Salmasius Watt* : agit *codd.* || **17** inopina *P* : ignota *Σ* || in *ante*
illyrico *om. P* || **18** dignos *B corr. XChv* : -gnus *P* -no *D* || et reliqua
om. Chv || **XIII. 2** pertineant *P corr. B corr.* : -neat *P ante corr. teste*
B ante corr. -nent *Σ* || iuuenalis *P* : -nilis *Σ ; uide comm.* || post sed
add. quid *Helm Hohl* || facta *P Σ* : fata *Obrecht* || aut *P* : autem *Σ*
del. B corr. at *Petschenig* || quantum *post* bellis *transp. Salmasius ; uide*
comm. || unius *P* : minus *Σ*.

avec son père très précautionneux, grâce aux mérites
duquel il avait accédé à l'Empire, fut vaincu par Domitien et privé, comme je l'ai dit plus haut, de trente mille
hommes ; sa mère était noble, son père n'était que courageux, compétent pour faire la guerre, et il s'était hissé
du rang le plus humble au sommet grâce à l'éclat propre
au rang le plus élevé de général.

QUIÉTUS

XIV. 1 Ce personnage était, comme nous l'avons
dit, le fils de Macrianus. Avec son père et son frère,
à l'instigation de Ballista, il fut élevé à l'Empire. Cependant, lorsque Odénat, qui avait depuis longtemps
l'Orient en sa possession, apprit que Macrianus, le père
de Quiétus, ainsi que le frère de ce dernier, Macrianus,
avaient été vaincus par Auréolus et que leurs soldats
avaient passé sous le commandement de ce dernier,
comme s'il vengeait le parti de Gallien, il mit à mort
l'adolescent en même temps que Ballista, de longue date
préfet. **2** Cet adolescent lui aussi était tout à fait digne
du pouvoir impérial romain, puisqu'il semblait vraiment
être le fils Macrianus, et aussi le frère de Macrianus, qui
tous deux auraient été capables de diriger l'État dans
une situation catastrophique. **3** Il ne me semble pas devoir omettre, concernant la famille des Macriani, qui
prospère aujourd'hui encore, de préciser une particularité qu'ils ont toujours eue. **4** Les hommes ont toujours
eu sur leurs anneaux et leur argenterie, les femmes et sur
leurs résilles, et sur leurs bracelets, et sur leurs anneaux,
et sur toute la variété de leurs bijoux une reproduction

prudentissimo patre, cuius merito imperare coeperat,
a Domitiano uictus, triginta, ut dixi superius, mili-
bus militum spoliatus est; matre nobilis, patre tantum
forte et ad bellum parato atque ab ultima militia in
summum perueniente ducatus splendore sublimi.

QUIETVS

XIV. 1 Hic, ut diximus, Macrini filius fuit. Cum
patre et fratre Ballistae iudicio imperator est factus.
Sed ubi comperit Odenatus, qui olim iam Orientem tenebat, ab Aureolo Macrianum, patrem Quiet*i*,
cum eius fratre Macriano uictos, milites in eius potestatem concessisse, quasi Gallieni partes uindicaret,
adulescentem cum Ballista praefecto dudum interemit.
2 Idem quoque adulescens dignissimus Romano imperio fuit, ut uere Macriani filius, Macrian*i* etiam frater,
qui duo, adflictis rebus, potuerunt rem publicam gerere, uideretur. **3** Non mihi praetereundum uidetur de
Macrianorum familia, quae hodieque floret, id dicere
quod speciale semper habuerunt. **4** Alexandrum Magnum Macedonem uiri in anulis et argento, mulieres et
in reticulis et dextrocheriis et in anulis et in omni or-

---

3 ut *om. Hohl in ed. a. 1927 defendit Klotz p. 308* || dixi *post* superius
transp. Σ || ab ultima militia *P* : ad -mam -am Σ || ducatus *B corr.* :
-tu *P ante corr. teste B ante corr.* -tum *P corr.* Σ || **XIV. 1** *post* et *iter.*
cum *X* || ubi *P DXCh* : ut *v* || orientem *P* : in oriente Σ || *post* tenebat
add. imperium Σ || macrianum *P DX* : -ni *Chv* || quieti *Salmasius* : qui
et *P* quietum Σ || cum *P* : et Σ || potestatem *P* : -ate Σ || **2** dignissimus
— macriani filius *P* : dignus et Σ || macriani etiam *Salmasius* : -nus
etiam *P* || *post* gerere *dist.* Σ || uideretur *P* : uidetur Σ || **3** praetereundum
P DChv : praeferendum *X* || uidetur *om.* Σ || **4** anulis *P* : auro Σ || et
in *P DX* : etiam in *Chv* || *ante* dextrocheriis *add.* in *X* || in *ante* anulis
om. Σ.

gravée d'Alexandre le Grand de Macédoine, au point
que, aujourd'hui encore, il y a dans la famille de Macrianus des tuniques, des vêtements à liséré et des manteaux
de matrones qui portent une effigie d'Alexandre grâce
à la polychromie des fils. **5** Nous avons vu récemment
Cornélius Macer, un membre de la même famille, alors
qu'il offrait un banquet dans le temple d'Hercule, présenter au pontife une coupe d'électrum qui portait en
son centre le visage d'Alexandre et reproduisait sur son
pourtour toute son histoire réduite en reproductions mi-
niaturisées ; cette coupe, il ordonna de la faire circuler
parmi tous les assistants qui se passionnaient pour ce si
grand homme. **6** Si j'ai ajouté ce détail, c'est qu'on dit
que ceux qui portent une effigie d'Alexandre ou en or ou
en argent passent pour en tirer bénéfice dans tous leurs
actes.

ODÉNAT

XV. 1 Si Odénat, le prince des Palmyréniens, ne s'était
pas emparé du pouvoir impérial après la capture de Valérien, les forces de l'État romain étant épuisées, l'Orient
eût été perdu. **2** C'est la raison pour laquelle, après avoir
tout d'abord pris le titre de roi, en compagnie de son
épouse Zénobie, de son fils aîné, qui s'appelait Hérode,
et de ses cadets Hérennianus et Timolaus, il réunit son
armée et partit en guerre contre les Perses. **3** Il reprit
tout d'abord Nisibis et la plus grande partie de l'Orient
avec la Mésopotamie entière, puis il contraignit le roi
lui-même, vaincu, à la fuite. **4** Finalement, il poursui-

namentorum genere exculptum semper habuerunt, eo
usque ut tunicae et limbi et paenulae matronales in
familia eius hodieque sint quae Alexandri effigiem de
liciis uariantibus monstrent. **5** Vid*i*mus proxime Cor-
nelium Macrum, ex eadem familia uirum, cum cenam
in templo Herculis daret, pateram electrinam quae in
medio uultum Alexandri haberet et in circuitu omnem historiam contineret signis breuibus et minutulis
pontifici propinare, quam quidem circumferri ad omnes tanti illius uiri cupidissimos iussit. **6** Quod idcirco
posui, quia dicuntur iuuari in omni actu suo qui Alexandrum expressum uel auro gestitant uel argento.

ODENATVS

XV. 1 Nisi Odenatus, princeps Palmyrenorum, capto Valeriano, fessis Romanae rei publicae uiribus,
sumpsisset imperium, in Oriente perditae res essent.
2 Quare, adsumpto nomine primum regali, cum uxore Zenobia et filio maiore, cui erat nomen Herodes,
minoribus Herenniano et Timolao, collecto exercitu, contra Persas profectus est. **3** Nisibin primum et
Orientis pleraque cum omni Mesopotamia in potestatem recepit, deinde ipsum regem uictum fugere coegit.
4 Postremo Ctesifonta usque Saporem et eius libe-

---

exculptum *P* : excultum *Σ* || et limbi *om. Σ* || **5** uidimus *edd.* : -demus
P Σ || circuitu *Σ* : -tum *P* || propinare *P* : -ret *Σ* || quam quidem *P corr.* :
q. quiem *P ante corr.* quamque *DChv* quamquam *X* || circumferri *P*
DChv : -ferret *X* || iussit *P Chv* : iuxit *D* iunxit *X* || **6** quia *P DX* :
quare *Chv* || qui *P* : per *Σ* || gestitant *P DChv* : gestiant *X* || **XV. 1**
perditae res *P DX* : -tores *Chv* || **2** timolao (thi- *DChv*) *Σ* : ati- *P* || *post*
timolao *add* relictis *Hohl in ed. a. 1955, fortasse recte ; uide comm.* || **4**
ctesifonta *P* : thesifontem *Σ*.

vit Sapor et ses fils jusqu'à Ctésiphon, s'empara de ses concubines, s'empara aussi d'un important butin et revint sur ses pas vers l'Orient dans l'espoir de pouvoir abattre Macrianus, qui s'était arrogé le pouvoir suprême en se dressant contre Gallien ; mais comme Macrianus était déjà parti en campagne contre Auréolus et contre Gallien et qu'il avait péri, il mit à mort son fils Quiétus, cependant que Ballista, au témoignage de la majorité, occupait le pouvoir suprême pour éviter le risque d'être à son tour tué. **5** Après avoir donc remis de l'ordre dans la plus grande partie de l'Orient, il fut mis à mort par son cousin Maeonius — qui lui aussi s'était emparé du pouvoir suprême — en même temps que son fils Hérode, qui lui aussi avait été proclamé empereur en compagnie de son père après leur retour de Perse. **6** Je crois que les dieux étaient en colère contre l'État, eux qui, après la mort de Valérien, n'ont pas voulu garder en vie Odénat. **7** Cet homme remarquable eût assurément, avec l'aide de son épouse Zénobie, remis en ordre non seulement l'Orient, qu'il avait déjà rétabli dans son état antérieur, mais aussi absolument toutes les parties du monde entier ; c'était un homme énergique à la guerre et, à ce que racontent des auteurs en très grand nombre, toujours célèbre grâce à de mémorables chasses : dès sa première jeunesse, il dépensa la sueur de son engagement viril à attraper des lions, des panthères, des ours et tous les autres animaux de la forêt, et il vécut continuellement dans les bois et les montagnes, endurant la chaleur, les pluies et tous les inconvénients que comportent les plaisirs de la

ros persecutus, captis concubinis, capta etiam magna
praeda, ad Orientem uertit, sperans quod Macrianum, qui imperare contra Gallienum coeperat, posset
opprimere ; sed illo iam profecto contra Aureolum et
contra Gallienum, eo interempto, filium eius Quietum interfecit, Ballista, ut plerique adserunt, regnum
usurpante, ne et ipse posset occidi. **5** Composito igitur magna ex parte Orientis statu, a consobrino suo
Maeonio, qui et ipse imperium sumpserat, interemptus est cum filio suo Herode, qui et ipse post reditum
de Perside cum patre imperator est appellatus. **6** Iratos
fuisse rei publicae deos credo, qui, interfecto Valeriano, noluerint Odenatum reseruare. **7** Ille plane cum
uxore Zenobia non solum Orientem, quem iam in
pristinum reformauerat statum, sed et omnes omni-
no totius orbis partes reformasset, uir acer in bellis
et, quantum plerique scriptores loquuntur, uenatu memorabili semper inclitus, qui a prima aetate capiendis
leonibus et pardis, ursis ceterisque siluestribus anima-
libus sudorem officii uirilis impendit quique semper in
siluis ac montibus uixit, perferens calorem, pluuias et
omnia mala quae in se continent uenatoriae uolup-

macrianum *P DX* : -ni *Chv* ‖ quietum *P corr.* *Σ* : qui etiam *P ante
corr.* ‖ ballista *P ante corr. teste B* : balista *P corr. om.* *Σ* ‖ usurpante
P : -tem *Σ* ‖ **5** composito *P corr.* *Σ* : -ta *P ante corr.* ‖ sumpserat *B corr.*
DX : sumserat *P corr. Chv* sumiperat *P ante corr. teste B ante corr.* ‖ **6**
iratos... deos *Σ* : -tum... deum *P ; cf. comm.* ‖ interfecto *P* : inter tot
prefectos *Σ* ‖ noluerint *DXCh* : noluit *P* uoluerunt *v* ‖ **7** *post* ille *add.*
enim *Σ* ‖ *post* uxore *add.* sua *Σ* ‖ quem *P DX* : quod *Chv* ‖ sed et
P corr. : sedes *P ante corr.* sed *Σ* ‖ et quantum — memorabili *om.* *Σ* ‖
pardis *P corr.* *Σ* : parthis *P ante corr.* ‖ *post* ursis *add.* ceruisque *Σ* ‖
ac *P* : et *Σ* ‖ perferens *P DXCh* : praef- *v*.

chasse. **8** Endurci par ces efforts, il supporta le soleil et la poussière durant les combats contre les Perses ; son épouse aussi n'était pas moins entraînée ; au témoignage de nombreux auteurs, elle passe pour avoir été encore plus courageuse que son mari ; elle était la plus noble de toutes les femmes de l'Orient et, à ce que prétend Cornélius Capitolinus, la plus belle.

HÉRODE

XVI. 1 Hérode, né non pas de Zénobie, mais d'une épouse antérieure, reçut l'Empire en même temps que son père ; c'était le plus raffiné des hommes, avec un goût pour le luxe tout à fait oriental et grec : il avait des tentes ornées de figures, des pavillons dorés et tous les objets précieux des Perses. **2** En fin de compte, tirant profit de son penchant naturel, Odénat lui remit tout ce qu'il avait pris de concubines royales, de richesses et de pierres précieuses dans un mouvement de tendresse paternelle. **3** Mais Zénobie éprouvait envers lui des sentiments de marâtre, ce par quoi elle l'avait rendu encore plus précieux pour son père. Il n'y a rien de plus à dire au sujet d'Hérode.

MAEONIUS

XVII. 1 Maeonius était le cousin d'Odénat, et c'est inspiré exclusivement par un coupable sentiment de ja-

tates. **8** Quibus duratus solem ac puluerem in bellis
Persicis tulit, non aliter etiam coniuge adsueta, quae
multorum sententia fortior marito fuisse perhibetur,
mulier omnium nobilissima Orientalium feminarum
et, ut Cornelius Capitolinus adserit, speciosissima.

HERODES

XVI. 1 Non Zenobia matre sed priore uxore genitus,
Herodes cum patre accepit imperium, homo omnium
delicatissimus et prorsus Orientalis et Graecae luxuriae, cui erant sigillata tentoria et aurati papiliones et
omnia Persica. **2** Denique ingenio eius usus, Odenatus
quicquid concubinarum regalium, quicquid diuitiarum
gemmarumque cepit eidem tradidit, paternae indul-
gentiae adfectione permotus. **3** *Sed* erat circa illum
Zenobia nouercali animo, qua re commendabiliorem
patri eum fecerat. Neque plura sunt quae de Herode
dicantur.

MAEONIVS

XVII. 1 Hic consobrinus Odenati fuit nec ulla re
alia ductus nisi damnabili inuidia imperatorem op-

---

8 solem... puluerem *P corr.* : sole... puluere *P ante corr. teste B Σ* ||
etiam *P DChv* : et   *X* || mulier *X* : -rum *P* -rem *DChv* || nobilissima
P corr. : -mam *P ante corr. Σ* || speciosissima *edd.* : -mam *Σ* saepedissi-
mam *P ante corr.* se expde- *P corr.* sapientissima *Ellis p. 7* || **XVI. 1** non
zenobia — genitus *post* herodes *transp. Σ* || graecae *X* : -ciae *P DChv* ||
2 *post* gemmarumque *add.* fecit et *Σ* || cepit *P DChv* : conc- *X* || **3** sed
Salmasius : et *P Σ* || zenobia nouercali *P corr. Σ* : -ano uelcali *P ante
corr.* || qua re *P corr. Ch* : qua rem *P ante corr.* quare *DXv* || dicantur
P : -cuntur *Σ* || **XVII. 1** hic — *17,3* interemptus est *om. Chv* || ulla *om.*
DX.

lousie qu'il tua un excellent empereur, alors qu'il n'avait aucun reproche à lui faire sinon son fils Hérode. **2** Or, on dit que, dans un premier temps, il avait agi de connivence avec Zénobie, qui ne pouvait supporter que son beau-fils Hérode eût comme prince la préséance sur ses deux fils Hérennianus et Timolaus. Mais Maeonius aussi était un personnage immonde. **3** C'est pourquoi, après avoir été proclamé empereur par méprise, il fut bientôt mis à mort par les soldats en châtiment mérité de son luxe.

BALLISTA

XVIII. 1 À son sujet, quant à savoir s'il a exercé le pouvoir impérial, les auteurs divergent entre eux. Nombreux sont, en effet, ceux qui prétendent que, après la mise à mort de Quiétus par Odénat, Ballista fut pardonné, mais que néanmoins il a assumé le pouvoir suprême afin de ne remettre son sort ni à Gallien, ni à Auréolus, ni à Odénat. **2** D'autres soutiennent qu'il fut mis à mort, étant simple particulier, dans le domaine qu'il s'était acquis près de Daphnis. **3** Beaucoup ont affirmé qu'il a et revêtu la pourpre, afin de régner selon les formes romaines, et dirigé une armée, et fait à son propre sujet de nombreuses promesses, mais qu'il a été mis à mort par ceux qu'Auréolus avait dépêchés pour arrêter Quiétus, le fils de Macrianus, dont il disait que c'était une proie à lui réservée. **4** C'était un homme remarquable, habile à diriger l'État, passionné dans ses projets, glorieux dans ses campagnes militaires, sans pareil pour faire suivre

timum interemit, cum ei nihil aliud obiceret praeter
fili*um* Herode*m*. **2** Dicitur autem primum cum Zenobia consensisse, quae ferre non poterat ut priuignus
eius Herodes priore loco quam filii eius, Herennianus et Timolaus, principes dicerentur. Sed hic quoque
spurcissimus fuit. **3** Quare imperator appellatus per
errorem, breui a militibus pro suae luxuriae meritis
interemptus est.

BALLISTA

XVIII. 1 De hoc, utrum imperauerit, scriptores inter
se ambigunt. Multi enim dicunt, Quieto per Odenatum occiso, Ballistae ueniam datam et tamen eum
imperasse, quod nec Gallieno nec Aureolo nec Odenato se crederet. **2** Alii adserunt priuatum eum in agro
suo, quem apud Dafnidem sibi compararat, interemptum. **3** Multi et sumpsisse illum purpuram, ut more
Romano imperaret, et exercitum duxisse et de se plura promisisse dixerunt, occisum autem per eos quos
Aureolus miserat ad conprehendendum Quietum, Macriani filium, quem praedam suam esse dicebat. **4** Fuit
uir insignis, eruditus ad gerendam rem publicam, in
consiliis uehemens, in expeditionibus clarus, in proui-

obiceret *P* : -retur *DX* || filium herodem *Salmasius* : filii herodes *P*
f. -dis *DX def. Hallén p. 76 sq. Helm Hohl* luxuriem *addentes Soverini,
Problemi..., p. 122-126* sordes *addens* || **XVIII. 1** de hoc *om. Σ* bali-
sta *post* utrum *addens* || ballistae *P X* : -tam *DChv* || *post pr.* nec *add.*
a *P ante corr. Σ* || odenato *P X* : -tus *DChv* || se *P* : est *Σ* || crederet
P DChv : occisus *X* || **2** adserunt *P* : dicunt *Σ* || compararat *P corr.*
DX : compererat *P ante corr. teste B* -rarat *Chv* || **3** ut — imperaret
om. Σ || et *post* imperaret *om. P* || plura *P* : plurima *Σ* || *post* dixerunt
dist. Σ || occisum *P* : -sus *Σ* || macriani *Σ* : -rini *P* || suam *Σ* : suum *P*.

l'intendance, apprécié à tel point par Valérien que celui-
ci l'a honoré du témoignage que voici dans une lettre :
5 « Valérien à Ragonius Clarus, préfet d'Illyricum et des
Gaules. S'il y a en toi quelque vertu — et je sais qu'il y
en a —, Clarus, mon père, conforme-toi aux décisions
de Ballista. 6 Organise l'État conformément à celles-là.
Vois-tu comment il ménage les habitants des provinces,
comment il retient les chevaux là où il y a du fourrage,
procède à la levée de l'annone militaire là où il y a du
blé, n'oblige ni l'habitant des provinces, ni le proprié-
taire à fournir du blé là où ils n'en ont pas, à faire paître
les chevaux là où c'est impossible ? » 7 Et il n'y a pas
de meilleure mesure que de percevoir les produits naturels là où ils poussent, pour éviter qu'ils n'accablent
l'État par des frais de transport. 8 La Galatie abonde
en blé, la Thrace en déborde, l'Illyricum en est plein :
qu'on y cantonne les fantassins, bien que les cavaliers
puissent hiverner en Thrace aussi sans accabler les habitants de cette province. On y récolte, en effet, beaucoup
de foin dans les champs. 9 Désormais le vin, le lard, désormais toutes les autres denrées doivent être distribuées
dans les régions où elles sont disponibles en quantités
suffisantes. 10 Toutes ces dispositions appartiennent à
Ballista, qui a ordonné qu'une seule denrée soit fournie
par une province donnée, parce qu'elle y est disponible

sione annonaria singularis, Valeriano sic acceptus ut
eum quibusdam litteris hoc testimonio prosecutus sit :
5 « Valerianus Ragonio Claro, praefecto Illyrici et Gal-
liarum. Si quid in te bonae frugis est, quam esse
scio, parens Clare, dispositione*s* t*u* Ballistae perse-
quere. **6** His rem publicam informa. Videsne ut ille
prouinciales non grauet, ut illic equos contineat ubi
sunt pabula, illic annonas militum mandet ubi sunt
frumenta, non prouincialem, non possessorem cogat
illic frumenta ubi non habet dare, illi*c* equum ubi
non potes*t* pascere ? **7** Nec est ulla alia prouisio melior
quam ut in locis suis erogentur quae nascuntur, ne aut
*u*ehiculis aut sumptibus rem publicam grauent. **8** Ga-
latia frumentis abundat, referta est Thracia, plenum
est Illyricum : illic pedites conlocentur, quamquam in
Thracia etiam equites sine noxa prouincialium hie-
mare possint. Multum enim ex campis feni colligitur.
9 Iam *uinum*, laridum, iam ceterae species in his dan-
dae sunt locis in quibus adfatim redundant. **10** Quae
omnia sunt Ballistae consilia, qui ex quadam prouincia unam tantum speciem praeberi iussit, quod ea

5 in te *P corr.* : inter *P ante corr. Σ* || dispositiones *Baehrens, Noua
aduersaria p. 221 Lessing Hohl* : -ne *codd.* -nem *pars edd. vett.* || tu *Peter
Hohl* : ti *P om. Σ* || persequere *P* : pros- *Σ* || **6** uidesne *Salmasius* : uides
nec *P Σ* || ut ille *Σ* : utile *P* || contineat *X* : continuant *P ante corr.
teste B* contineant *P corr. DChv* || non prouincialem — frumenta *om.
v* || possessorem *DXCh* : -rum *P* || illic equum *edd. ab Erasmo* : illis e.
P Σ || potest *edd.* : -tes *P Σ* || **7** ut *P* : quod *DChv om. X* || erogentur *P
DChv* : -gent *X* || ne *B corr. edd. ab ed. Ven. 1489* : nec *P Σ* || uehiculis
edd. ab ed. Ven. 1489 : ere- *P* reitulis *DChv* ratulis *X* || **8** frumentis *Σ* :
-ta *P* || illyricum *Σ* : inhyllir- *P* || **9** uinum *Peter Hohl* : in *P* ibi *Σ* ||
laridum *P* : lardum *Σ* || **10** quadam *P* : quaque *Σ ; uide comm.* || quod
ea *codd.* : eam quae *Watt p. 342 ; uide comm.*

en abondance, et que les soldats en soient éloignés. Cette mesure a été décrétée officiellement. » **11** Il existe aussi une autre lettre de lui, par laquelle il exprime sa reconnaissance à Ballista, dans laquelle il révèle que les principes du gouvernement de l'État lui ont été enseignés par cet homme, en se réjouissant du fait que, grâce à ses conseils, il n'avait aucun tribun surnuméraire — c'est-à-dire sans fonction —, aucun garde du corps qui n'eût un véritable rôle, aucun soldat qui n'allât véritablement au combat. **12** C'est donc cet homme qui fut, dit-on, tué, couché dans sa tente, par un simple soldat pour s'attirer les bonnes grâces d'Odénat et de Gallien. **13** Si je n'ai pas recueilli moi-même à son sujet des renseignements authentiques en nombre suffisant, c'est que les auteurs de son époque ont abondamment parlé de sa préfecture, peu de son règne.

VALENS

XIX. 1 Cet homme expérimenté à la guerre, mais également influent grâce à la notoriété que lui valaient ses vertus civiles, occupait alors le proconsulat d'Achaïe, honneur qui lui avait été conféré par Gallien. **2** Macrien le redoutait beaucoup, d'une part parce qu'il était au courant de son excellente réputation dans tous les domaines de sa vie, d'autre part aussi parce qu'il le savait dans des dispositions hostiles envers lui-même du fait qu'il jalousait ses capacités ; ayant dépêché Pison, un homme issu d'une famille de la haute noblesse et de rang consulaire, il ordonna qu'il fût mis à mort. **3** Valens, qui

redundaret, atque ab ea milites submoueri. Id quod
publicitus est decretum.» 11 Est et alia eius epistola,
qua gratias Ballistae agit, in qua docet sibi praecepta gubernandae rei publicae ab eodem data, gaudens
quod eius consilio nullum adscripticium — id est ua-
cantem — haberet [et] tribunum, nullum stipatorem
qui non uere aliquid ageret, nullum militem qui non
uere pugnaret. 12 Hic igitur uir in tentorio suo cu-
bans a quodam gregario milite in Odenati et Gallieni
gratiam dicitur interemptus. 13 De quo ipse uera non
satis comperi, idcirco quod scriptores temporum de
huius praefectura multa, de imperio pauca dixerunt.

VALENS

XIX. 1 Hic uir militaris, simul etiam ciuilium uirtutum gloria pollens, proconsulatum Achaiae, dato a
Gallieno tunc honore, gubernabat. 2 Quem Macrianus
uehementer reformidans, simul quod in omni genere
uitae satis clarum norat, simul quod inimicum sibi esse inuidia uirtutum sciebat, misso Pisone, nobilissimae
tunc et consularis familiae uiro, interfici praecepit.
3 Valens, diligentissime cauens et prouidens, neque

---

submoueri *codd.* : sustentari *Watt ibid.* || 11 agit Σ : ait P || gu-
bernandae rei publicae P DChv : -di rempub. X || adscripticium P :
-tum Σ || est *om. Xv* || et *del. Cornelissen Petschenig Hohl* || tribunum
P : militum Σ || aliquid ageret — non uere *om. v* || 13 temporum P
DChv : semper X || **XIX. 1** etiam P : et etiam DX et in Chv || proconsu-
latum *edd.* : -tu *codd.* || honore Σ : honere P || 2 norat P : nouerat Σ ||
simul quod P DChv : simulque X || sibi esse *om.* Σ || 3 prouidens P :
praeu- Σ.

était extrêmement prudent et prévoyant, et convaincu que c'était pour lui la seule voie de salut, s'empara du pouvoir suprême et fut peu après exécuté par les soldats.

VALENS l'ANCIEN

XX. 1 Et il me vient opportunément à l'esprit, puisque nous parlons de ce Valens-là, de dire aussi un mot de ce Valens, qui fut mis à mort à l'époque des précédents empereurs. **2** On rapporte en effet qu'il était le grand-oncle du Valens qui accéda à l'Empire sous Gallien ; d'autres disent qu'il était simplement son oncle. **3** Cependant l'un et l'autre eurent la même destinée. En effet, Valens l'Ancien lui aussi, après avoir commandé peu de jours l'Illyricum, fut tué.

PISON

XXI. 1 Lorsque ce Pison, qui avait été dépêché par Macrianus pour mettre à mort Valens, eut appris que ce dernier, prévoyant ce qui allait arriver, occupait le pouvoir suprême, il se replia en Thessalie et, avec quelques complices, s'y empara de l'Empire, prit le nom de Thessalique et fut mis à mort ; c'était un homme d'une droiture exceptionnelle — il avait la réputation d'être le Frugi de son temps — et passait pour être un descendant de l'illustre famille des Pisons, avec laquelle Cicéron avait établi un lien familial pour se donner le lustre de la noblesse. **2** Il était très bien vu de tous les princes. Fi-

aliter sibi posse subueniri aestimans, sumpsit imperium et breui a militibus interemptus est.

VALENS SUPERIOR

XX. 1 Et bene uenit in mentem ut, cum de hoc
Valente loquimur, etiam de illo Valente qui superiorum principum temporibus interemptus est aliquid
diceremus. **2** Nam huius Valentis qui sub Gallieno
imperauit, auunculus magnus fuisse perhibetur; alii
tantum auunculum dicunt. **3** Sed par in ambobus fuit
for*tun*a. Nam et ille, cum paucis diebus Illyrico imperasset, occisus est.

PISO

XXI. 1 Hic a Macriano ad interficiendum Valentem missus, ubi eum prouidum futurorum imperare
cognouit, Thessaliam concessit atque illic, paucis sibi
consentientibus, sumpsit imperium Thessalicusque appellatus [ui] interemptus est, uir summae sanctitatis et
temporibus suis Frugi dictus et qui ex illa Pisonum
familia ducere originem diceretur cui se Cicero nobi-
litandi causa sociauerat. **2** Hic omnibus principibus

---

interemptus *P* : interfectus *Σ* || **XX. 1** ualens superior *nullo modo ut
cetera uniuscuiusque tyranni uitarum initia distinguitur in codd. praeter
Chv, tantum spatio ante* u. s. *in eadem linea posito DX* || ut *Σ* : et *P* ||
hoc *P DXCh corr.* : halente *Ch ante corr.* homine *v* || **2** *post* huius *add.*
parentes *Σ* || **3** par *om. Chv* || fortuna *Salmasius* : forma *codd.* || ille cum
edd. : ille *P* cum ille *Σ* || **XXI. 1** prouidum *P* : -dus *Σ* || *post* appellatus
add. ui *P* || sanctitatis *P* : societatis *Σ* || ducere *P corr. Σ* : -ret *P ante
corr.* || diceretur *P DChv* : duc- *X* || cicero *post* causa *transp. Σ cursum
restituens* || nobilitandi *P* : militandi *Σ* || sociauerat *P* : sociarat *DX*
-ret *Chv.*

nalement Valens lui-même, qui, à ce qu'on dit, lui avait
dépêché des assassins, passe pour avoir déclaré que ses
comptes n'étaient pas apurés avec les dieux infernaux du
fait que, quand bien même il fût son ennemi, il avait malgré tout donné l'ordre de faire mourir Pison, un homme
qui n'avait pas son pareil dans l'État romain. **3** C'est bien
volontiers que je cite le sénatus-consulte adopté concernant Pison pour faire connaître sa grandeur : le septième
jour des calendes de juillet, quand eut été annoncé que
Pison avait été mis à mort par Valens et que Valens
lui-même avait été tué par les siens, Arellius Fuscus, le
consulaire qui avait le droit de préopinion, ayant succédé dans cette fonction à Valérien, déclara : « Consul,
consulte. » **4** La consultation une fois faite, il dit : « Je
décrète des honneurs divins pour Pison, Pères conscrits,
avec la conviction que nos empereurs Gallien, Valérien
et Salonin approuveront cette mesure. Il n'y a en effet pas
eu d'homme meilleur ni plus ferme. » **5** Consultés après
lui, tous les autres décrétèrent pour Pison une statue à
placer parmi celles des triomphateurs et un char à quatre
chevaux. **6** Or sa statue est visible, tandis que le quadrige
qui avait été décrété, comme s'il devait être transféré à
un autre <endroit>, a été déposé et n'a jusqu'à maintenant pas été rétabli. **7** Il se trouvait en effet à l'endroit

acceptissimus fuit. Ipse denique Valens, qui ad eum percussores misisse perhibetur, dixisse dicitur non sibi apud deos inferos constare rationem, quod quamuis hostem suum Pisonem tamen iussisset occidi, uirum cuius similem Romana res publica non haberet. **3** Senatus consultum de Pisone factum ad noscendam eius maiestatem libenter inserui : die septimo kalendarum Iuliarum, cum esset nuntiatum Pisonem a Valente interemptum, ipsum Valentem a suis occisum, Arellius Fuscus, consularis primae sententiae, qui in locum Valeriani successerat, ait : « Consul, consule.» **4** Cumque consultus esset, « Diuinos, inquit, honores Pisoni decerno, patres conscripti, Gallienum et Valerianum et Saloninum imperatores nostros i*d* pr*ob*aturos esse confido. Neque enim melior uir quisquam fuit neque constantior.» **5** Post quem ceteri consult*i* statuam inter triumphales et currus quadriiugos Pisoni decreuerunt. **6** Sed statua eius uidetur, quadrigae autem quae decretae fuerant quasi transferendae ad alium <locum> *de*positae sunt nec adhuc redditae. **7** Nam

2 denique *P* : enim *Σ* || qui *P DX* : quid *Chv* || misisse *P* : misit *Σ* || dicitur *om. Σ* || tamen *fort. delendum ; uide comm.* || cuius *P DChv* : cui *X* || *post* romana *add.* tunc *Σ* || 3 noscendam *P D* : -dum *XChv* || septimo *P DChv* : octauo *X* || interemptum *P* : interfectum *Σ* || a *P DChv* : in *X* || occisum *P DXCh* : interfectus est *v* || arellius fuscus *P* : aurelius su(f)fuscus *Σ* || 4 et saloninum *om. X* || id probaturos *Salmasius* : imperaturos *P om. Σ* || 5 ceteri *Σ* : citer *P* || consulti *edd. ab Erasmo* : -tum *codd.* || currus quadriiugos *P* : iugos et currus quadri *Σ* || 6 uidetur *P D* : u. et *X* uester *Chv* || autem *P* : ad *Σ* || transferendae *P* : -dum *Σ* || ad alium locum *Richter Hohl* : ad alium *P Σ def. Soverini, Scrittori..., I p. 118* ad balneum *Gruter* alibi *Peter* || depositae *Shackleton Bailey p. 127* : p. *P Σ ; uide comm.*

où ont été édifiés les thermes de Dioclétien, nom aussi
éternel que vénérable.

ÉMILIEN

XXII. 1 Il est coutumier au peuple des Égyptiens de
se laisser emporter comme des enragés et des fous pour
tous les motifs les plus futiles jusqu'à mettre très gravement en péril l'État. **2** Souvent dans ce pays, pour une
salutation omise, pour n'avoir pas cédé une place aux
bains, pour le vol d'un morceau de viande, de légumes,
de chaussures d'esclave et de tout autre objet de cette
sorte, des séditions en sont arrivées à une mise en danger extrême de l'État, au point qu'on équipât contre eux
des armées. **3** Par l'effet donc de la rage qui leur est cou-
tumière, un jour qu'un esclave du curateur qui dirigeait
alors Alexandrie avait été taillé en pièces par un militaire pour cette raison qu'il prétendait que ses sandales
étaient meilleures que celles du soldat, un rassemble-
ment de foule se dirigea vers la maison du duc Émilien
et s'en prit à lui avec rage en recourant à toutes les manifestations d'émeute : il fut la cible de jets de pierres, il fut
menacé par des épées, aucune des armes offensives dont

in his locis fuerunt in quibus thermae Diocletianae
sunt exaedificatae, tam aeterni nominis quam sacrati.

AEMILIANVS

XXII. 1 E*s*t hoc familiare populi Aegyptiorum, ut
uelut furiosi ac dementes de leui*ssimi*s quibus usque
ad summ*a* rei publicae pericula perducantur. **2** Saepe illi*c* ob neglectas salutationes, locum in balneis
non concessum, carnem et olera sequestrata, calcia-
menta seruilia et cetera talia usque ad summum rei
publicae periculum seditiones, ita ut armarentur contra eos exercitus, peruenerunt. **3** Familiari ergo sibi
furore, cum quadam die cuiusdam seruus curatoris
qui Alexandriam tunc regebat militar*i* ob hoc caesus
esset, quod crepidas suas meliores esse quam militis diceret, collecta multitudo ad domum Aemiliani
*d*ucis uenit atque eum omni seditionum instrumento
et furore persecuta est : ictus est lapididus, petitus

---

7 *pr.* in *om. D* || exaedificatae *P* : (h)ed- *Σ* || **XXII. 1** est *huc transp.*
Peter Hohl, post familiare *add. Σ* : et *P def. Hartke, Kinderkaiser p. 159*
n. 2 fort. recte, uide comm. sed *Σ* || familiare *P DX* : -res *Chv* || populi *P* :
-lo *Σ edd. uett. uide comm.* || uelut *D Baehrens 1871 p. 660 Peter Hohl* :
uel *PXChv def. Hartke loc. cit. supra ; uide comm.* || ac *PXChv* : ad *D* ||
de leuissimis *Salmasius Peter Hohl* : deleuimus *P* de leuibus *Σ* || quibus
P X : quibusque *DChv Peter* rebus *Salmasius ; uide comm.* || usque *om.*
DChv || summa *Peter Hohl* : -me *P* usum et *Σ* || **2** saepe *P* : si *Σ* ||
illic *Peter[1] Holmes Mnemosyne 54 2001 p. 586* : illi *codd.* || sequestrata
P : -rate *Σ* || talia *P* : uilia *Σ* || summum *P DX* : surram *Chv* || *post*
periculum *add.* in *Petschenig Hohl* || seditiones *P Σ* : -nis *ed. pr.* -nibus
Salmasius -ne *Peter del. Baehrens 1871 p. 660 ; uide comm.* || ita *om.*
Σ || **3** sibi *P DX* : si *Chv* || furore *P* : -ori *Σ* || curatoris *Σ* : -tores *P* ||
militari *Salmasius* : -re *P* -ris *Σ* || ob *P* : ad *Σ* || meliores *P* : mulieres
X -ris *DChv* || ducis *B corr. edd.* : aucis *P* anceps *Σ* || seditionum *P* :
-ne *Σ* || instrumento *P* : insistere *Σ* || petitus *Σ* : peditus *P*.

se sert l'émeute ne fit défaut. **4** Contraint par cette circonstance, Émilien s'empara du pouvoir suprême, bien qu'il sût qu'il était condamné à périr d'une manière ou d'une autre. **5** L'armée d'Égypte fit cause commune avec lui, surtout par haine envers Gallien. **6** Cependant l'énergie pour diriger l'État ne lui fit pas défaut ; en effet, il sillonna la Thébaïde ainsi que toute l'Égypte et, dans la mesure où il en fut capable, il en chassa les peuplades barbares par sa courageuse initiative. **7** Finalement, il reçut le nom d'Alexandre ou d'Alexandrin — en effet, cela aussi passe pour incertain — eu égard à ses vertus. **8** Puis, tandis qu'il préparait une campagne contre les habitants de l'Inde, il fut châtié sur l'ordre de Gallien, qui avait dépêché le duc Théodote, et de fait il passe pour avoir été étranglé en prison à la manière des détenus de l'ancien temps. **9** Je ne crois pas devoir passer sous silence — puisque je parle de l'Égypte — un détail qu'ont suggéré l'histoire ancienne tout comme aussi une décision de Gallien. **10** Comme ce dernier voulait conférer un pouvoir proconsulaire à Théodote, il en fut empêché par les prêtres, qui déclarèrent qu'il était illicite que les faisceaux consulaires entrassent dans Alexandrie. **11** On sait bien que Cicéron aussi évoque cela dans son discours contre Gabinius ; bref, le souvenir de cette particularité fort connue subsiste aujourd'hui. **12** C'est pourquoi

est ferro, nec defuit ullum seditionis telum. **4** Qua re coactus Aemilianus sumpsit imperium, cum sciret sibi undecumque pereundum. **5** Consenserunt ei Aegyptiacus exercitus, maxime in Gallieni odium. **6** Nec ei ad regendam rem publicam uigor defuit, nam Thebaidem totamque Aegyptum peragrauit et, quatenus potuit, barbarorum gentes forti auctoritate summouit. **7** Alexander denique uel Alexandrinus — nam incertum id quoque habetur — uirtutum merito uocatus est. **8** Et cum contra Indos pararet expeditionem, misso Theodoto duce, Gallieno iubente, dedit poenas e*t* quidem strangulatus in carcere captiuorum ueterum more perhibetur. **9** Tacendum esse non credo quod, cum de Aegypto loquor, uetus suggessit historia, simul etiam Gallieni factum. **10** Qui cum Theodoto uellet imperium proconsulare decernere, a sacerdotibus est prohibitus, qui dixerunt fasces consulares ingredi Alexandriam non licere. **11** Cuius rei etiam Ciceronem, cum contra Gabinium loquitur, meminisse satis nouimus; denique n*un*c extat memoria rei frequentatae. **12** Quare scire oportet Herennium Celsum, uestrum

---

defuit *Jordan* : desiit *Σ* de *P* || ullum *P* : illum *Σ* || **4** coactus *Σ* : coatus *P* || **5** consenserunt — 22,6 nec ei ad *om. Chv* || consenserunt *P D* : -sensit *X* || aegyptiacus *P DX* : aegypti totius *Kellerbauer p.* 644 || **6** ei *Baehrens 1871 p. 660* : eius *P DX ; uide comm.* || regendam *P* : -dum *Σ* || **7** alexander *distinguitur ut initium uitae in codd.* || quoque habetur *P* : queque habentur *Σ* || **8** expeditionem *P* : exercitum *Σ* || et *Baehrens 1871 p. 660 edd. recc.* : sed *P* si *Σ Soverini, Scrittori... I p. 118* || carcere *P* : -rem *Σ* || captiuorum *P DX* : capanorum *Chv* || more *P* : mori *Σ* || **9** de *om. P* || suggessit *edd.* : successit *P* succedit *Σ* || **10** theodoto *L, post* proconsulare *transp. Σ* : ehe- *P* || **11** nunc *Petschenig Peter Hohl* : non *codd.* || extat *P* : existit *Σ*.

votre parent Hérennius Celsus doit savoir, <lorsqu'>il souhaite le consulat, que ce qu'il désire est illicite. **13** On rapporte que, en effet, près de Memphis, il est écrit en lettres égyptiennes sur une colonne dorée que l'Égypte ne sera libre que le jour où les faisceaux romains et la prétexte des Romains auront pénétré dans son territoire. **14** Cette information se trouve chez le grammairien Proculus, l'homme le plus savant de son temps, quand il parle des pays étrangers.

SATURNINUS

XXIII. 1 Saturninus fut le meilleur des généraux de l'époque de Gallien, mais c'était Valérien qui l'avait distingué. **2** Comme lui non plus ne pouvait supporter le laisser-aller de Gallien, qui passait ses nuits dehors, et qu'il commandait ses soldats en se conformant non à l'exemple de son empereur, mais au sien propre, il assuma le pouvoir suprême que lui offrirent les armées ; c'était un homme d'une circonspection exceptionnelle, d'une gravité remarquable, qui menait une vie digne d'estime, dont en outre les victoires sur les barbares étaient partout connues. **3** Le jour où il fut revêtu par les soldats du manteau impérial, ayant convoqué une assemblée, il fit, dit-on, la déclaration suivante : « Camarades, vous avez perdu un bon général et proclamé un mauvais prince ». **4** Finalement, bien qu'il eût témoigné d'un grand zèle durant son règne, du fait qu'il était très exigeant et très ferme avec les soldats, il fut mis à mort par ceux-là mêmes qui l'avaient proclamé. **5** On note comme digne d'éloges à son sujet qu'il ordonna aux

parentem, <cum> consulatum cupit, hoc quod deside-
rat non licere. **13** Fertur enim apud Memfim in aurea
columna Aegyptiis esse litteris scriptum tunc demum
Aegyptum liberam fore, cum in eam uenissent Romani
fasces et praetexta Romanorum. **14** Quod apud Procu-
lum grammaticum, doctissimum sui temporis uirum,
cum de peregrinis regionibus loquitur, inuenitur.

SATVRNINVS

XXIII. 1 Optimus ducum Gallieni temporis, sed Valeriano dilectus Saturninus fuit. **2** Hic quoque, cum
dissolutionem Gallieni, pernoctantis in publico, ferre
non posset et milites non exemplo imperatoris sui,
sed suo regeret, ab exercitibus sumpsit imperium, uir
prudentiae singularis, grauitatis insignis, uitae amabilis, uictoriarum barbaris etiam ubique notarum. **3** Hic
ea die qua est amictus a militibus peplo imperatorio,
contione adhibita, dixisse fertur : « Commilitones, bonum ducem perdidistis et malum principem fecistis. »
4 Denique cum multa strenue in imperio fecisset, quod
esset seuerior et grauior militibus, ab isdem ipsis a
quibus factus fuerat interemptus est. **5** Huius insigne
est quod conuiuio discumbere milites, ne inferiora de-

---

12 cum *add. Peter Hohl, dissentientibus Hallén p. 112 Soverini, Scrit-
tori... I p. 118* : dum *add. edd. uett.* si in ea terra *Baehrens 1886 p. 221* ||
13 *post* in *habet* a *P* || tunc *Pv* : tum *DXCh* || **14** regionibus *codd.* : relig-
Casaubonus || **XXIII. 1** optimus — dilectus *post* saturninus *transp. Σ* ||
temporis *P* : -ribus *Σ* || *post* sed *add.* a *Σ* || **2** *post* regeret *add.* coac-
tus *Baehrens 1886 p. 222, haud absurde* || etiam *om. Σ* ; *uide comm.* || **3**
adhibita *P* : habita *Σ* || ducem *P corr. Σ* : dacem *P ante corr. teste B* || **4**
in *om. Σ* || et grauior *P* : grauiorque *Σ* || **5** ne *Σ* : nec *P* || denudarentur
Σ propter cursum : nud- *P*.

soldats, pour qu'ils ne dénudent pas la partie inférieure
de leur corps, de s'étendre dans les banquets avec leurs
casaques, en hiver épaisses, en été légères.

TÉTRICUS L'ANCIEN

XXIV. 1 Après la mise à mort de Victorinus et de son
fils, sa mère Victoria, ou Vitruvia, après avoir exhorté
le sénateur du peuple romain Tétricus, qui exerçait le
pouvoir en Gaule en qualité de gouverneur, d'assumer
le pouvoir suprême — du fait que, à ce que prétendent
beaucoup de gens, il était son parent —, elle le fit proclamer Auguste et nomma son fils César **2** Après que
Tétricus eut et accompli — avec quel succès ! — beaucoup d'exploits, et régné longtemps, il fut vaincu par
Aurélien et, comme il ne pouvait supporter l'arrogance
et l'insolence de ses soldats, il se rendit volontairement à
ce prince très austère et très sévère. **3** Pour tout dire, on
rapporte un vers de lui qu'il avait d'emblée écrit à Aurélien : « Arrache-moi, toi qui es invaincu, à ces maux ».
4 C'est pourquoi Aurélien, du fait qu'il n'imaginait aisément rien de simple, ni de débonnaire, ni de paisible,
fit défiler dans son triomphe ce sénateur du peuple romain, qui était aussi ancien consul, qui avait dirigé en
qualité de gouverneur toutes les Gaules, en même temps
que Zénobie, l'épouse d'Odénat, en compagnie des fils
cadets d'Odénat, Hérennianus et Timolaus. **5** Cédant
cependant au sens des convenances, cet homme extrêmement sévère nomma celui qu'il avait conduit dans
son triomphe au poste de correcteur de toute l'Italie,
c'est-à-dire de la Campanie, du Samnium, de la Lucanie - Bruttium, de l'Apulie - Calabre, de l'Étrurie et de

nudarentur, cum sagis iussit, hieme grauibus, aestate perlucidis.

TETRICVS SENIOR

XXIV. 1 Interfecto Victorino et eius filio, mater eius Victoria — siue Vitruuia — Tetricum, senatorem populi Romani, praesidatum in Gallia regentem, ad imperium hortata, quod eius erat, ut plerique loquuntur, adfinis, Augustum appellari fecit filiumque eius Caesarem nuncupauit. **2** Et cum multa Tetricus feliciterque gessisset et diuque imperasset, ab Aureliano uictus, cum militum suorum impudentiam et procacitatem ferre non posset, uolens se grauissimo principi et seuerissimo dedit. **3** Versus denique illius fertur quem statim ad Aurelianum scripserat : «Eripe me his, inuicte, malis». **4** Quare, cum Aurelianus nihil simplex neque mite aut tranquillum facile cogitaret, senatorem populi Romani eundemque consularem, qui iure praesidali omnes Gallias rexerat, per triumphum duxit, eodem tempore quo et Zenobiam, Odenati uxorem, cum filiis minoribus Odenati, Herenniano et Timolao. **5** Pudore tamen uictus, uir nimium seuerus eum quem triumphauerat correctorem totius Italiae fecit, id est Campaniae, Samni, Lucaniae Brittiorum, Apuliae Calabriae, Etruriae atque Vmbriae,

---

XXIV. 1 uitruuia *P* : uicturina (uictor- *X*) *Σ* || tetricum *L corr.* *Σ* : ettricum *P* || augustum *P corr. Σ* : -tu *P ante corr.* || **2** feliciterque *P* : feliciter *Σ* || gessisset et *B corr. F corr.* : gessit et *P* egisset *Σ ; uide comm.* || aureliano *P corr. Σ* : auril- *P ante corr. teste B* || *post* aureliano *add.* principe *Σ* || **3** scripserat *P* : conscrip- *DChv* conscripsit *X cursum restituentes* || **4** gallias *P* : -los *Σ* || duxit *P* : duxerit *Σ* || **5** id est *P* : idem *Σ* || samni *P* : -nii *Σ* || umbriae atque *transp. Σ.*

l'Ombrie, du Picénum et de la Flaminie, et de toute la région annonaire, et il souffrit que Tétricus non seulement restât en vie, mais encore continuât à bénéficier des plus grands égards ; à preuve, il lui donnait souvent le titre de collègue, à l'occasion de camarade, parfois même d'empereur.

TÉTRICUS LE JEUNE

XXV. 1 Ce jeune garçon reçut le titre de César de Victoria lorsqu'elle avait été nommée mère des camps par l'armée. **2** Lui aussi, après avoir été conduit en triomphe avec son père, revêtit par la suite tous les honneurs sénatoriaux sans qu'il fût touché à son patrimoine, qu'il transmit à ses descendants, à ce que dit Arellius Fuscus, car il resta un personnage toujours en vue. **3** Mon grand-père racontait qu'il avait été son ami intime, et que personne ne lui avait été préféré par Aurélien ni plus tard par les autres princes. **4** La maison des Tetrici existe encore aujourd'hui sur le Célius entre les deux bois sacrés, en face du temple d'Isis construit par Métellus : elle est très belle ; on y voit représenté Aurélien accordant à l'un et l'autre la toge prétexte et la dignité de sénateur, recevant de leurs mains un sceptre, une couronne — il s'agit d'un médaillon en mosaïque. Lorsqu'ils l'avaient inaugurée, les deux Tetrici avaient, dit-on, invité Aurélien en personne à un banquet.

Piceni et Flaminiae omnisque annonariae regionis, ac Tetricum non solum uiuere, sed etiam in summa dignitate manere passus est, cum illum saepe collegam, nonnumquam commilitonem, aliquando etiam imperatorem appellaret.

TETRICVS IVNIOR

XXV. 1 Hic puerulus a Victoria Caesar est appellatus, cum illa mater castrorum ab exercitu nuncupata esset. **2** Qui et ipse cum patre per triumphum ductus, postea omnibus senatoriis honoribus functus est inlibato patrimonio, quod quidem ad suos posteros misit, ut A*r*ellius Fuscus dicit, semper insignis. **3** Narrabat auus meus hunc sibi familiarem fuisse neque quemquam illi ab Aureliano aut postea ab aliis principibus esse praelatum. **4** Tetricorum domus hodieque extat in monte Caelio inter duos lucos contra Isium Metellinum pulcherrrima; in qua Aurelianus pictus est utrique praetextam tribuens et senatoriam dignitatem, accipiens ab his sceptrum, coronam — cycli*ca* pictura e*st* de museo. Quam cum dedicassent, Aurelianum ipsum dicuntur duo Tetrici adhibuisse conuiuio.

---

etiam *om.* *Σ* || **XXV. 2** *post* patre *add.* et *X* || ut *P DChv* : ubi *X* || arellius *Salmasius dubitanter* : dagel- *P* gel- *Σ ; uide comm.* || **3** fuisse *P* : esse *Σ* || *post* quemquam *add.* quam *P ; uide comm.* || esse *P* : fore *Σ* || **4** inter *om.* *X* || lucos *P* : locos *Σ* || sceptrum *om.* *Σ* || cyclica *Süssenbach (cf. p. 225)* : cycli *P* ciuicam *Σ* cyclum *Salmasius* cycladem *Peter Hohl* || pictura est *Peter Hohl* : -riae *P* -rata (-ratam *X*) *Σ* picta omina *Salmasius ; uide comm.* || dedicassent *Peter Hohl* : -set *codd.*

TRÉBELLIANUS

XXVI. 1 J'ai désormais honte d'énumérer les nombreux usurpateurs qui surgirent sous Gallien, conséquence désastreuse de ce poison, puisque aussi bien il y avait chez lui un tel goût du luxe que cela lui valait de nombreux rebelles, et une telle cruauté qu'on le redoutait à bon droit. **2** C'est pourquoi on <guerroya> aussi contre Trébellianus, désigné comme prince en Isaurie, les Isauriens eux-mêmes se cherchant un chef. D'autres l'ayant nommé chef des pirates, il prit lui-même le titre d'empereur. Il prescrivit aussi de battre monnaie. **3** Il établit un palais dans la citadelle de l'Isaurie ; s'étant porté dans les secteurs retirés et sûrs des Isauriens, protégé par la difficulté du terrain et par les montagnes, il exerça pendant un certain temps le pouvoir suprême chez les habitants de la Cilicie. **4** Attiré cependant en plaine par Camsisoleus, un général de Gallien, Égyptien d'origine, frère du Théodote qui avait fait prisonnier Émilien, il fut vaincu et tué. **5** Par la suite néanmoins, la crainte que Gallien ne se déchaînât contre eux resta impuissante, quelle que fût la générosité des princes, à amener les Isauriens à composition. **6** En fin de compte, depuis Trébellianus, on les compte au nombre des Barbares ; bien que située au milieu d'un territoire soumis à la domination romaine, leur région est encerclée par un nouveau type de fortifications, telle un secteur frontalier, défendue par la topographie, non par les hommes.

TREBELLIANVS

XXVI. 1 Pudet iam persequi quanti sub Gallieno fuerint tyranni uitio pestis illius, si quidem erat in eo *e*a luxuria ut rebelles plurimos mereretur et ea crudelitas ut iure timeretur. **2** Quare et in Trebellianum <bellatum>, factum in Isauria principem, ipsis Isauris sibi ducem quaerentibus. Quem cum alii archipiratam uocassent, ipse se imperatorem appellauit. Monetam etiam cudi iussit. **3** Palatium in arce Isauriae constituit. Qui quidem cum se in intima et tuta Isaurorum loca, munitus difficultatibus locorum et montibus, contulisset, aliquamdiu apud Cilicas imperauit. **4** Sed per Gallieni ducem Camsisoleum, natione Aegyptium, fratrem Theodoti qui Aemilianum ceperat, ad campum deductus uictus est et occisus. **5** Neque tamen postea Isauri timore ne in eos Gallienus saeuiret, ad aequalitem perduci quauis principum humanitate potuerunt. **6** Denique post Trebellianum pro barbaris habentur; et cum in medio Romani nominis solo regio eorum nouo genere custodiarum quasi limes includi-

---

XXVI. 1 pudet iam *D edd.* : pudentiam *P ante corr. teste B X* -ntia est *P corr.* -ncia *Ch* -ntia *v* || ea *edd.* : a *P om. Σ* || **2** quare *codd.* Peter Soverini, Scrittori I *p. 118* : qua erat *Eyssenhardt Hohl* || bellatum *add.* Soverini, *Problemi p. 130-132 ; uide comm.* || *post* factum *add.* est *X* || *post* principem *lac. ind.* Peter || ducem *P* : principem *Σ* || uocassent *P* : -arent *Σ* || etiam cudi *P* : incudi *DXCh* includi *v* || **3** qui *P DX* : quod *Chv* || **4** camsisoleum *P DX* : cansi- *Chv* || **5** saeuiret *P corr. Σ* : seuire *P ante corr.* || perduci *P* : -ducti *Σ* || quauis *P* : quamuis *Σ* || principum *P* : -pis *X* pr... *D* patri *Chv* || potuerunt *P* : paruerunt *Σ* || **6** trebellianum *P DXCh* : rebellionem *v* || et cum *codd. edd. plerique* : etenim *Petschenig Hohl* || *post* eorum *add.* sit *edd. praeter* Hohl praeeunte Petschenig ; *uide comm.* || limes *codd.* : limite Peter ; *uide comm.*

7 Ils ne sont en effet pas imposants par leur taille, pas dignes de considération par leur vertu, pas formés au maniement des armes, pas avisés dans leurs desseins, mais protégés du seul fait que, installés sur leurs hauteurs, ils sont inaccessibles. Le divin Claude les avait pourtant pratiquement amenés à s'installer en Cilicie, loin de leurs repaires écartés, avec l'intention de confier à l'un de ses très bons amis tous les biens des Isauriens pour éviter que quelque rébellion ne surgisse à l'avenir de là.

HÉRENNIANUS

XXVII. 1 À sa mort, Odénat laissa deux jeunes enfants, Hérennianus et son frère Timolaus, au nom desquels, après avoir usurpé pour son compte le pouvoir impérial, Zénobie dirigea l'État plus longtemps qu'il ne sied à une femme en exhibant les jeunes enfants vêtus de pourpre à la manière d'un empereur romain et en les ayant à ses côtés dans les assemblées, auxquelles elle participa comme un homme, en proclamant que, à l'origine de sa famille, il y avait notamment Didon, Sémiramis et Cléopâtre. L'incertitude cependant règne quant à leur fin. **2** Nombreux sont, en effet, ceux qui prétendent qu'ils ont été mis à mort par Aurélien, nombreux, qu'ils sont morts de mort naturelle, puisque aussi bien des descendants de Zénobie subsistent aujourd'hui encore à Rome parmi les nobles.

tur, locis defensa, non *hom*inibus. **7** Nam sunt non
statura decori, non uirtute graues, non instructi armis,
non consiliis prudentes, sed hoc solo securi, quod in
editis positi adiri nequeunt. Quos quidem diuus Claudius paene ad hoc perduxerat, ut a suis semotos locis
in Cilicia conlocaret, daturus uni ex amicissimis omnem Isaurorum possessionem, ne quid ex ea postea
rebellionis oreretur.

HERENNIANVS

XXVII. 1 Odenatus moriens duos paruulos reliquit, Herennianum et fratrem eius Timolaum, quorum nomine Zenobia, usurpato sibi imperio, diutius
quam feminam decuit rem publicam obtinuit, paruulos Romani imperatoris habitu praeferens purpuratos
eosdemque adhibens contionibus quas illa uiriliter fre-
quentauit, Didonem et Semiramidem et Cleopatram
sui generis principem inter cetera praedicans. Sed de
horum exitu incertum est. **2** Multi enim dicunt eos ab
Aureliano interemptos, multi morte sua esse consump-
tos, si quidem Zenobiae posteri etiam nunc Romae
inter nobiles manent.

hominibus *P corr.* : omnibus *P ante corr. Σ* || **7** nam sunt *P* : sunt
autem *Σ* || statura *DChv* : -rae *P X* || semotos *P* : -tis *Σ* || omnem *P
DXCh corr.* : -nes *Ch ante corr. v* || oreretur *P* : oriretur *Σ edd. ante
Eyssenhardt* || **XXVII. 1** *uitae Herenniani et Timolai post uitam Celsi
in Σ insertae sunt* || feminam *P* : -na *Σ* || semiramidem *Σ* : samir- *P* ||
de *om. P ante corr. X* || **2** enim *om. Σ* || eos... interemptos *P DChv* :
eas... interemptas *X* || consumptos *P* : -tas *Σ* || manent *F corr. Σ* :
maneat *P*.

TIMOLAUS

XXVIII. 1 À son sujet, nous considérons comme méritant d'être connus les détails fournis sur son frère. **2** Il y a cependant une particularité qui le distingue de son frère, à savoir qu'il s'adonna avec un tel enthousiasme aux études romaines que, en peu de temps, il passe pour avoir réalisé ce que son maître de grammaire avait dit, avoir été capable de <se> transformer < en rhéteur>, bien plus, en très grand rhéteur parmi les Latins.

CELSE

XXIX. 1 Alors que des parties de la Gaule et de l'Orient, et en outre du Pont, des Thraces et de l'Illyricum étaient occupées, cependant que Gallien hantait les cabarets et consacrait sa vie aux bains ainsi qu'aux entremetteurs, les Africains à leur tour, à l'instigation de Vibius Passiénus, proconsul d'Afrique, et de Fabius Pomponianus, duc de la frontière libyenne, proclamèrent Celse empereur après l'avoir orné du manteau de la déesse Caelestis. **2** Ce personnage, ancien tribun, installé en Afrique, vivait en simple particulier dans son domaine de campagne ; cependant sa probité et la prestance de sa taille étaient telles qu'il paraissait digne du pouvoir suprême. **3** Proclamé pour cette raison, il fut mis à mort par une femme nommée Galliéna, cousine de Gallien, le septième jour de son règne, et de ce fait c'est même à peine s'il fut mis au nombre des princes obscurs. **4** Son corps fut dévoré par les chiens sur l'insistance des habitants de Sicca, qui étaient restés fidèles à Gallien,

TIMOLAVS

XXVIII. 1 De hoc ea putamus digna notione quae
de fratre sunt dicta. **2** Vnum tamen est quod eum a
fratre separat, quod tanti fuit ardoris ad studia Romana ut breui consecutus quae insinuauerat grammaticus
esse dicatur, potuisse <se rethorem>, quin etiam summum Latinorum rhetorem facere.

CELSVS

XXIX. 1 Occupatis partibus Gallicanis, Orientali-
bus, quin etiam Ponti, Thraciarum et Illyrici, dum
Gallienus popinatur et balneis ac lenonibus deputat
uitam, Afri quoque, auctore Vibio Passieno, proconsule Africae, et Fabio Pomponiano, duce limitis
Libyci, Celsum imperatorem appellauerunt peplo deae
Caelestis ornatum. **2** Hic priuatus ex tribunis in Africa
positus in agris suis uiuebat, sed ea iustitia et corporis magnitudine ut dignus uideretur imperio. **3** Quare
creatus per quandam mulierem, Gallienam nomine,
consobrinam Gallieni, septimo imperii die interemptus est atque *i*deo etiam inter obscuros principes uix
relatus est. **4** Corpus eius a canibus consumptum est,
Siccensibus qui Gallieno fidem seruauerant perurgen-

XXVIII. 1 notione *P corr.* : notio *P ante corr.* notatione *L* memo-
riae *Σ* || **2** fratre *LFΣ* : fratae *in* fretae *ipsius scriptoris manu corr. P
inde B* || dicatur *P* : dicitur *Σ* || se rhetorem *addidi* : eum rh. *add.
Watt p. 342 ; uide comm.* || facere *P* : -ret *Σ* || **XXIX. 1** deputat *ex*
diputat *ipsius scriptoris manu corr. P* : disputat *Σ* || pomponiano *P* :
pompani- *D* pompini- *Chv* pompi- *X* || deae *Σ* : -a *P* || caelestis *P
D* : colosio *XChv* || **2** positus *P* : -tis *Σ* || **3** ideo *Kellerbauer p. 644* :
adeo *codd. ; uide comm.* || **4** eius *P DX* : enim *Chv* || siccensibus *P
DChv* : sic omnibus *X* || gallieno *P* : -ni *Σ* || seruauerant *P* : -erunt *Σ*.

et par l'effet d'une forme nouvelle d'outrage, son effigie fut mise en croix, tandis que la populace se déchaînait, comme si Celse en personne parût être cloué au gibet.

ZÉNOBIE

XXX. 1 Toute honte est désormais bue, puisque, du fait de l'épuisement de l'État, on en est arrivé au point que, sous le règne pernicieux de Gallien, même des femmes, et qui plus est étrangères, **2** ont excellemment régné. C'est en effet une étrangère, nommée Zénobie — dont nous avons déjà abondamment parlé —, laquelle se vantait de descendre de la famille des Cléopâtres et des Ptolémées, qui, après son mari Odénat, s'étant jeté sur les épaules le manteau impérial, ornée à la manière de Didon, ayant aussi reçu le diadème, régna au nom de ses fils Hérennianus et Timolaus plus longtemps qu'il n'était admissible pour une personne du sexe. **3** Et en réalité, alors que Gallien dirigeait encore l'État, cette femme orgueilleuse occupa la fonction royale ; du fait que Claude était retenu par la guerre contre les Goths, c'est à peine si, en fin de compte, vaincue et menée en triomphe, elle se soumit à la juridiction romaine. **4** Il existe une lettre d'Aurélien qui porte témoignage sur cette femme faite prisonnière. En effet, ayant encouru de certains des reproches parce que lui, un homme très courageux, avait triomphé d'une femme comme s'il s'était agi de quelque général, il écrivit une lettre au Sénat et au peuple romains et se défendit en s'expliquant de la manière que voici : **5** « J'apprends, pères conscrits, qu'on me reproche de n'avoir pas accompli une tâche digne d'un homme en

tibus, et nouo iniuriae genere imago in crucem sublata, persultante uulgo, quasi patibulo ipse Celsus uideretur adfixus.

ZENOBIA

XXX. 1 Omnis iam consumptus est pudor, si quidem, fatigata re publica, eo usque peruentum est ut, Gallieno nequissime agente, optime etiam mulieres imperarent, et quidem <peregrinae>. **2** Peregrina enim nomine Zenobia, de qua multa iam dicta sunt, quae se de Cleopatrarum Ptolemaeorumque gente iactaret, post Odenatum maritum, imperiali sagulo perfuso per umeros, habitu *Di*donis ornata, diademate etiam accepto, nomine filiorum Herenniani et Timolai diutius quam femineus sexus patiebatur imperauit. **3** Si quidem, Gallieno adhuc regente rem publicam, regale mulier superba munus obtinuit et, Claudio bellis Gothicis occupato, uix denique ab Aureliano uicta et triumphata concessit in iura Romana. **4** Extat epistola Aureliani quae captiuae mulieri testimonium fert. Nam cum a quibusdam reprehenderetur quod mulierem ueluti ducem aliquem uir fortissimus triumphasset, missis ad senatum populumque Romanum litteris, hac se adtestatione defendit : **5** «Audio, patres conscripti, mihi obici quod non uirile munus

---

persultante *P* : persal- *Σ* || celsus *P Chv* : caesus *X* dessus *D* || **XXX. 1** *ante* omnis *add.* zenobie *Σ* || peregrinae *add. Petschenig* || **2** enim *om. Σ ; uide comm.* || ptolemaeorumque *edd.* : ptole meorum quae *P* ptolomeorum *Σ* || gente *P DCh* : genere *Xv* || didonis *L corr. Salmasius* : donis *P Σ* || **3** *post* quidem *add.* et *DChv* || regale *P DXCh* : -li *v* || ab *om. X* || **4** adtestatione *P* : contes- *Σ* || **5** uirile *P* : uiriliter *Σ*.

menant Zénobie dans mon triomphe. Assurément, ceux qui me critiquent n'auraient pas assez d'éloges s'ils savaient de quelle femme il s'agit, combien elle est avisée dans ses choix, combien ferme dans ses décisions, combien sévère envers les soldats, combien généreuse quand la nécessité l'impose, combien austère quand la fermeté l'exige. **6** Je puis affirmer que c'est à elle qu'Odénat doit d'avoir vaincu les Perses et d'être parvenu, après avoir mis Sapor en fuite, jusqu'à Ctésiphon. **7** Je puis soutenir que cette femme a inspiré une telle crainte aux peuples de l'Orient et de l'Égypte que ni les Arabes, ni les Sarrasins, ni les Arméniens n'ont bougé. **8** Du reste je ne lui aurais pas garanti la vie sauve si je n'avais pas été convaincu qu'elle avait rendu de grands services à l'État romain en assurant la sauvegarde de la partie orientale de l'Empire pour elle et ses enfants. **9** Qu'ils gardent donc pour eux le venin de leur langue, ces gens à qui rien ne plaît. **10** En effet, s'il n'est pas honorable d'avoir vaincu une femme et de l'avoir conduite en triomphe, que disent-ils de Gallien, pour la honte duquel cette femme a bien dirigé l'Empire ? **11** Que disent-ils du divin Claude, ce général vertueux et irréprochable, qui, à ce qu'on dit, a admis qu'elle exerce le pouvoir suprême parce qu'il était lui-même accaparé par ses campagnes contre les Goths ? Cette décision, il l'a prise avec précaution et sagesse, afin d'achever lui-même en toute sécurité ce qu'il avait entrepris, tandis qu'elle garantissait la sauvegarde des frontières orientales de l'Empire. » **12** Ce

impleuerim Zenobiam triumphando. Ne illi qui me reprehendunt satis laudarent si scirent quae illa *sit* mulier, quam prudens in consiliis, quam constans in dispositionibus, quam erga milites grauis, quam larga cum necessitas postulet, quam tristis cum seueritas poscat. **6** Possum dicere illius esse quod Odenatus Persas uicit ac, fugato Sapore, Ctesifonta usque peruenit. **7** Possum adserere tanto apud Orientales et Aegyptiorum populos timori mulierem fuisse ut se non Arabes, non Saraceni, non Armenii commouerent. **8** Nec ego illi uitam conseruassem, nisi eam scissem multum Romanae rei publicae profuisse, cum sibi uel liberis suis Orientis seruaret imperium. **9** Sibi ergo habeant propriarum uenena linguarum hi quibus nihil placet. **10** Nam si uicisse ac triumphasse feminam non est decorum, quid de Gallieno loquuntur, in cuius contemptu haec bene rexit imperium? **11** Quid de diuo Claudio, sancto ac uenerabili duce, qui eam, quod ipse Gothicis esset expeditionibus occupatus, passus esse dicitur imperare? idque *cons*ulte atque prudenter, ut, illa seruante Orientales fines imperii, ipse securius quae instituerat perpetraret.» **12** Haec oratio indicat

---

triumphando *P* : -di *Σ* || scirent *B corr.* *Σ* : -ret *P* || quae *P Chv* : qualis *DX* || illa sit *Peter Hohl* : illas *P ante corr. teste B* illa *P corr.* illa est *Σ* || **6** ctesifonta *P* : thesifontem *Σ* || **7** aegyptiorum *P* : -os *Σ* || timori *P DChv* : -ris *X* || mulierem *P DX* : -rum *Chv* || **8** eam *om. Σ* || romanae *DX* : -ne *P* -num *Chv* || uel *P* : et *Σ* || **10** feminam triumphasse *transp. Σ* || **11** diuo *Σ* : dicio *P* || quod *om. X* || *post* esset *add.* in *v* || idque *P* : id quod *Σ* || consulte... prudenter *Paucker Cornelissen Zernial, Akzentklausel und Textkritik... p. 54* : occultae... prudenter *P* prudenter... occulte *Σ* || atque *Σ* : ac *P ; uide comm.* || seruante *P* : -uaret *Σ* || orientales fines *Σ* : -le -nis *P* -lis -nis *edd. recc.* || instituerat *P* : statu- *Σ*.

discours révèle quelle opinion Aurélien avait de Zénobie. On rapporte qu'elle était tellement chaste qu'elle ne
connaissait même son mari que dans l'intention de pro-
créer. En effet, après avoir couché une fois avec lui, elle
restait continente en attendant ses règles, au cas où elle
aurait été enceinte ; si tel n'était pas le cas, elle consentait
à rendre derechef possible une conception. **13** Elle vivait au sein d'un appareil royal. Elle recevait l'adoration
plutôt à la manière perse. **14** Elle organisait des repas à
la manière des rois perses. À la manière des empereurs
romains, elle paraissait casquée devant les assemblées,
avec un vêtement à liséré pourpre et des pierres précieuses qui pendaient au bas de la frange, sanglée au
moyen d'une gemme en forme d'escargot placée au milieu en fonction de fibule de femme, le bras souvent nu.
15 Elle avait un visage foncé, de couleur basanée, avec
des yeux noirs extraordinairement vifs, une intelligence
digne d'un dieu, un charme incroyable. Telle était la
blancheur de ses dents que la plupart des gens croyaient
qu'elle avait des perles, non pas des dents. **16** Sa voix
était claire et virile. Sa sévérité, quand les circonstances
l'exigeaient, était celle d'un tyran, sa bienveillance celle
des bons princes, quand le sens du devoir l'imposait.
Elle était généreuse avec circonspection, économe des
finances publiques plus qu'on ne l'attend d'une femme.
17 Elle se déplaçait en chariot, rarement dans une voiture de dame, le plus souvent à cheval. On dit par ailleurs
que, fréquemment, elle marchait à pied trois ou quatre
milles avec les fantassins. **18** Elle chassait avec la passion
des Espagnols. Elle buvait souvent avec les généraux,

quid iudicii Aurelianus habuerit de Zenobia. Cuius ea
castitas fuisse dicitur ut ne uirum suum quidem scierit nisi tempt*and*is conceptionibus. Nam cum semel
concubuisset, exspectatis menstruis, continebat se, si
praegnans esset; sin minus, iterum potestatem quae-
rendis liberis dabat. **13** Vixit regali pompa. More
magis Persico adorata est. **14** Regum more Persarum conuiuata est. Imperatorum more Romanorum
ad contiones galeata processit cum limbo purpureo,
gemmis dependentibus per ultimam fimbriam, media
etiam coclide ueluti fibula muliebri adstricta, brachio
saepe nudo. **15** Fuit uultu subaquilo, fusci coloris,
oculis supra modum uigentibus nigris, spiritus diuini,
uenustatis incredibilis. Tantus candor in dentibus ut
margaritas eam plerique putarent habere, non dentes.
16 Vox clara et uirilis. Seueritas, ubi necessitas postulabat, tyrannorum, bonorum principum clementia, ubi
pietas requirebat. Larga prudenter, conseruatrix then-
saurorum ultra femineum modum. **17** Vsa uehiculo
carpentario, raro pilento, equo saepius. Fertur autem
uel tria uel quattuor milia frequenter cum peditibus
ambulasse. **18** *V*enata est Hispanorum cupiditate. Bi-

12 scierit *P DXCh* : sciret *v* siuerit *absurde Cornelissen* || temptandis
Cornelissen : -ptatis *P DX* -ptis *Chv* || **13** pompa *Σ* : -pae *P* || **14** *post* est
add. more regum seu *Σ* || muliebri adstricta *om. Σ* || **15** supra modum
P DX : su(b)postmodum *Chv* || uigentibus *LF Σ* : ing- *PB* || nigris *P
DChv* : magnis *X* || non *P* : in *Σ* || **16** requirebat *F Σ :* requer- *P* || **17**
usa *om. Σ* || pilento *Σ* : pilemto *P* || milia *P* : -aria *Σ* || cum *om. X* ||
peditibus *P D* : pedibus *X* militibus *Chv* || **18** uenata *Kiessling Neues
Schweizerisches Museum V p. 327 Peter*[2] *Hohl* : nata *P Salmasius* enata
Σ cenata *Casaubonus Gruter Eyssenhardt* || hispanorum *P* : -niorum *Σ*.

bien que, dans les autres circonstances, elle fût sobre ; elle buvait aussi avec les Perses et les Arméniens, au point de l'emporter sur eux. **19** Pour les banquets, elle utilisait une vaisselle d'or ornée de pierres précieuses, elle utilisait une vaisselle à la manière de Cléopâtre. Comme serviteurs, elle avait des eunuques d'âge rassis, de très rares jeunes filles. **20** Elle avait ordonné à ses fils de parler latin, si bien qu'ils ne s'exprimaient que difficilement et rarement en grec. **21** Elle-même ne savait pas très bien le latin, néanmoins elle le parlait, non sans quelque inhibition ; elle parlait aussi le copte à la perfection. **22** Elle était si compétente en histoire alexandrine et orientale qu'on dit qu'elle en avait rédigé un résumé ; pour ce qui concerne l'histoire romaine, elle l'avait lue en grec. **23** Quand Aurélien, après s'être emparé d'elle, l'avait fait comparaître devant lui et l'avait interpellée en ces termes : « Qu'est-ce à dire, Zénobie, tu as eu l'audace de braver des empereurs romains ? », on dit qu'elle répondit : « Je sais que tu es un empereur, toi qui remportes des victoires, quant à Gallien, à Auréolus et à tous les autres, je n'ai pas estimé qu'ils fussent des princes. La supposant semblable à moi, j'ai souhaité que Victoria fût associée à mon règne, si la proximité des lieux l'avait rendu possible. » **24** Elle fut donc conduite en triomphe dans un tel appareil que rien ne parut plus somptueux au peuple romain : en premier lieu, elle était ornée de pierres précieuses énormes, si bien qu'elle pliait sous le poids de ses parures. **25** On rapporte, en effet, que cette femme très courageuse s'arrêta fort souvent, disant qu'elle n'arrivait

bit saepe cum ducibus, cum esset alias sobria; bibit et
cum Persis atque Armeniis, ut eos uinceret. **19** Vsa est
uasis aureis gemmatis ad conuiui*a*, usa Cleopatranis.
In ministerio eunuchos grauioris aetatis habuit, puel-
las nimis raras. **20** Filios Latine loqui iusserat, *ita*
ut Graece uel difficile uel raro loquerentur. **21** Ipsa
Latini sermonis non usquequaque gnara, sed ut lo-
queretur pudore cohibita; loquebatur et Aegyptiace
ad perfectum modum. **22** Historiae Alexandrinae atque Orientalis ita perita ut eam epitomasse dicatur;
Latinam autem Graece legerat. **23** Cum illam Aurelianus cepisset atque in conspectum suum adductam
sic appellasset : «Quid est, Zenobia? Ausa es insul-
tare Romanis imperatoribus?», illa dixisse fertur :
«Imperatorem te esse cognosco, qui uincis, Gallienum et Aureolum et ceteros principes non putaui.
Victoriam mei similem credens in consortium regni uenire, si facultas locorum pateretur, optaui.» **24** Ducta
est igitur per triumphum ea specie ut nihil pompabi-
lius populo Romano uideretur, iam primum ornata
gemmis ingentibus, ita ut ornamentorum onere la-
boraret. **25** Fertur enim mulier fortissima saepissime
restitisse, cum diceret se gemmarum onera ferre non

19 conuiuia usa *Helm Hohl Soverini* : conuiuicimus a *P* conuiuia
cuius et *Σ* || cleopatranis *Salmasius* : cleopatra nisi *P* cleopatra. usa
(est *add. X*) *Σ del. Eyssenhardt* || eunuchos *P* : -chis *Σ* || grauioris
aetatis *P* : graues (-uibus *X*) aetate *Σ* || raras *DX* : -ra *P Chv* || **20** ita
Peter edd. recc. : id *P Σ* adeo *edd. uett.* || loquerentur *F X* : -retur *P
DChv* || **21** latini sermonis *Casaubonus* : -nis -nibus *P Σ* || gnara *P Σ* :
ignara *edd. uett.* || cohibita *P Σ edd.* : -to *Peter fort. recte* || **22** legerat *P
DChv* : -ret *X* || **23** appellasset *P DX* : -sent *Chv* || quid est *Σ* : quides
ex quide *P* || regni *P DX* : regis *Chv* || **24** ducta est — nihil... populo
romano *om. v* || ut *P* : qua *DXCh* || pompabilius *P* : -palius *Σ* || onere
P DX : ho- *Ch* honore *v*.

pas à supporter le poids des pierres précieuses. **26** En outre ses pieds étaient chargés d'entraves en or, ses mains également de chaînes dorées, un collier doré ne manquait pas à son cou, qu'un garde du corps perse portait devant elle. **27** Aurélien lui laissa la <vie> sauve, et on dit qu'elle vécut avec ses enfants, désormais à la manière d'une matrone romaine, une propriété lui ayant été offerte à Tivoli, laquelle se nomme aujourd'hui encore Zénobie, non loin du palais d'Hadrien et de l'endroit qu'on appelle la Conque.

VICTORIA

XXXI. 1 Il ne vaudrait pas tellement la peine de mettre par écrit également la vie de Vitruvia, ou Victoria, si les mœurs de Gallien n'avaient pour effet que même des femmes parussent dignes qu'on se souvînt d'elles. **2** Victoria, en effet, quand elle eut constaté que son fils et son petit-fils avaient été mis à mort par les soldats, que Postumus, puis Lollianus et Marius également — que les soldats avaient désigné comme prince — avaient été tués, incita Tétricus, dont il a été question plus haut, à s'emparer du pouvoir suprême, de manière à toujours agir avec l'audace d'un homme. Elle reçut en outre un titre honorifique lui permettant de se qualifier de mère des camps. **3** Des monnaies de cuivre, d'argent et d'or ont été frappées à son nom, dont il existe aujourd'hui encore le coin à Trèves. **4** Quant à Victoria, elle ne vécut pas longtemps. En effet, sous le règne de Tétricus, selon la majorité des témoins, elle fut mise à mort, selon d'autres, elle mourut de mort naturelle. **5** Voilà ce qui semblait devoir être dit au sujet des trente tyrans. Je les ai pour

posse. **26** Vincti erant praetera pedes auro, manus
etiam catenis aureis, nec collo aureum uinculum dee-
rat, quod scurra Persicus praeferebat. **27** Huic <uita>
ab Aureliano concessa est, ferturque uixisse cum liberis matronae iam more Romanae, data sibi possessione
in Tiburti, quae hodieque Zenobia dicitur, non longe
ab Hadriani palatio atque ab eo loco cui nomen est
Concae.

VICTORIA

XXXI. 1 Non tam digna res erat ut etiam Vitruuia
siue Victoria in litteras mitteretur, nisi Gallieni mo-
res hoc facerent, ut memoria dignae etiam mulieres
censerentur. **2** Victoria enim, ubi filium ac nepotem a
militibus uidit occisos, Postumum, deinde Lollianum,
Marium etiam, quem principem milites nuncupaue-
rant, interemptos, Tetricum, de quo superius dictum
est, ad imperium hortata est, ut uirile semper facinus
auderet. Insignita est praeterea hoc titulo, ut castrorum se diceret matrem. **3** Cusi sunt eius nummi aerei,
aurei et argentei, quorum hodieque forma extat apud
Treuiros. **4** Quae quidem non diutius uixit. Nam Tetrico imperante, ut plerique loquuntur, occisa, ut alii
adserunt, fatali necessitate consumpta. **5** Haec sunt
quae de triginta tyrannis dicenda uidebantur. Quos

---

26 uincti *P corr. Σ* : uicti *P ante corr.* || **27** huic *P Σ* : uita Peter ||
uita *huc transp. Walter Hohl post* aureliano *add. F corr.* || *post* aureliano
add. uiuere *ed. pr.* || concessa est *P* : -sum erat *Σ* || hodieque *P DChv* :
hodie *X* || zenobia *P* : -ana *Σ Shackleton Bailey p. 128* || concae *P* :
conche *Σ* || **XXXI. 1** litteras *P* : -ris *Σ* || **2** deine *om. Σ* || **3** *post* sunt
add. etiam *X* || hodieque *P DChv* : hodie *X* || **4** *alt.* ut *om. X.*

ma part réunis en un seul livre, pour éviter que, <si>
je racontais chaque détail sur chacun d'eux, ne naissent
des longueurs qu'ils ne méritent pas et que le lecteur ne
pourrait supporter. **6** J'en viens maintenant à l'empereur
Claude. Il me paraît judicieux à son sujet de publier un
livre à part, encore que bref, du fait que sa vie le mérite, en ajoutant son frère, homme remarquable, afin que
quelques détails pour le moins soient fournis au sujet de
cette famille si vénérable et si noble. **7** J'ai intentionnellement inséré des femmes pour me moquer de Gallien,
l'homme le plus monstrueux qu'ait subi l'État romain ;
je vais maintenant ajouter en outre deux usurpateurs
pour ainsi dire surnuméraires, du fait qu'ils ont appartenu à une autre époque, l'un au temps de Maximin,
l'autre à celui de Claude, afin que trente hommes fussent
réunis dans ce volume des usurpateurs. **8** Je t'en prie, toi
qui avais reçu mon livre déjà achevé, montre-toi bienveillant et ajoute de bonne grâce à ton volume ces deux
personnages, que j'avais eu, pour ma part, l'intention
d'ajouter, comme je l'ai fait pour Valens l'Ancien dans le
présent volume, après Claude et Aurélien parmi ceux qui
ont surgi entre Tacite et Dioclétien. **9** Mais l'exactitude
de ton savoir, parfaitement informé de l'histoire, a corrigé mon erreur. **10** Je suis donc reconnaissant que ta
bonté éclairée ait rendu pleinement correct mon titre.
Personne, dans le temple de la Paix, ne va prétendre
que j'ai placé des femmes au milieu des usurpateurs,

ego in unum uolumen idcirco contuli, ne, de singulis
<si> singula quaeque narrarem, nascerentur indigna
fastidia et ea quae ferre lector non posset. **6** Nunc
ad Claudium principem redeo. De quo speciale mihi
uolumen quamuis breue merito uitae illius uidetur
edendum, addito fratre, singulari uiro, ita ut de familia tam sancta et tam nobili saltim pauca referantur.
7 Studiose in medio feminas posui ad ludibrium Gallieni, quo nihil prodigiosius passa est Romana res
publica, duos etiam nunc tyrannos quasi extra numerum, quod alieni essent temporis, additurus, unum
qui fuit Maximini temporibus, alterum qui Claudii,
ut triginta uiri hoc tyrannorum uolumine tenerentur.
8 Quaeso, qui expletum iam librum acceperas, boni
consulas atque ho*s* uolumini tuo uolens addas, quos
ego, quem ad modum Valentem superiorem huic uolumini, sic post Claudium et Aurelianum his qui inter
Tacitum et Diocletianum fuerunt, addere destinaueram. **9** Sed errorem meum memor historiae diligentia
tuae eruditionis auertit. **10** Habeo igitur gratiam, quod
titulum meum prudentiae tuae benignitas impleuit.
Nemo in templo Pacis dicturus est me feminas inter

5 si *huc transp. Peter Hohl post* ne *add. L corr. F corr. edd. uett. secl.*
Petschenig || narrarem *P* : narrantem *Σ* narrante me *prop. Petschenig* ||
fastidia *P* : -idio *DX* -igio *Chv* || **6** *31,6* nunc — referantur *post 33,8*
hab. Σ || nunc *P DXCh* : hunc *v* || *supra* singulari *add.* quintillo *a.*
m. in P || saltim (-tem *v corr*) *Σ* : saluti *P* saltem *L corr. edd. ante*
Eyssenhardt || **7** alieni *P* : gallieni *Σ* || uiri *P Σ edd. plerique* : uitae *Peter*
Magie ; uide comm. || tyrannorum *huc transposui ; uide comm.* : *ante*
triginta *habent P Σ* || **8** acceperas *P* : -ris *Σ* || hos *edd.* : hoc *P* huic *Σ* ||
fuerunt *X edd.* : -rant *P DChv Eyssenhardt* || **9** memor *B Σ* : meror
P memoris *Baehrens 1871 p. 660* || diligentia *DChv* : -ae *P X* || **10**
benignitas *P DX* : benitas *Chv*.

à savoir des « tyrannes » ou des « tyrannides », comme eux-mêmes ont l'habitude, en riant et en plaisantant, de le proclamer à mon sujet. **11** Ils ont en main le nombre complet, transféré des réserves secrètes de l'histoire dans mes écrits. **12** En effet, Titus et Censorinus <sont rajoutés> ; parmi eux, le premier, comme je l'ai dit, a surgi sous Maximin, l'autre sous Claude ; ils ont tous les deux été mis à mort par les mêmes soldats qui les avaient revêtus de la pourpre.

TITUS

XXXII. 1 Dexippe nous l'apprend, et Hérodien ne le dissimule pas plus que tous ceux qui ont transmis à la postérité ce genre de renseignements, Titus, tribun des Maures, qui avait été laissé par Maximin au nombre des simples particuliers, par peur d'une mort violente, comme disent certains, contre son gré assurément et contraint par les soldats, à ce qu'affirme la majorité, a exercé le pouvoir suprême et, dans l'intervalle des quelques jours après qu'eut été châtiée la défection qu'avait fomentée contre Maximin le consulaire Magnus, fut mis à mort par ses soldats ; on dit qu'il régna pendant six mois. **2** Ce personnage fut tout particulièrement digne d'éloges quant à sa politique intérieure et extérieure, mais il n'eut guère de chance durant son règne. **3** D'autres disent qu'il fut élevé au pouvoir par les archers arméniens, que Maximin détestait et avait of-

tyrannos, tyrannas uidelicet uel tyrannides, ut ipsi de
me solent cum risu et ioco iactitare, posuisse. **11** Habent integrum numerum ex arcanis historiae in meas
litteras datum. **12** Titus enim et Censorinus <inserun-
tur>, quorum unus, ut dixi, sub Maximino, alter sub
Claudio fuit, qui ambo ab isdem militibus a quibus
purpura uelati fuerant interempti sunt.

TITVS

XXXII. 1 Docet Dexippus nec Herodianus tacet
omnesque qui talia legenda posteris tradiderunt Titum, tribunum Maurorum, qui a Maximino inter
priuatos relictus fuerat, timore uiolentae mortis, ut
ali*qui* dicunt, inuitum uero et a militibus coactum,
ut plerique adserunt, imperasse atque hunc intra pau-
cos dies post uindicatam defectionem quam consularis
uir Magnus Maximino parauerat a suis militibus interemptum; imperasse autem dicitur mensibus sex.
2 Fuit hic uir de primis erga rem publicam domi
forisque laudabilis, sed in imperio parum felix. **3** Alii
dicunt ab Armeniis sagittariis, quos Maximinus ut

---

ante tyrannas *add.* inter *Σ* || uidelicet uel *om. D in lac.* || uel *om.*
XChv || cum risu et ioco *huc transp. Peter Hohl post* tyrannos habent *P*
Σ post dicturus est *transp. Casaubonus* || iactitare *P DChv* : iactara *X* ||
12 inseruntur *add. Soverini, Scrittori I p. 119 ; alii alio modo textum*
mancum sanant || maximino *P corr. Σ* : -miano *P ante corr. teste B* ||
fuerant *P* : erant *Σ* || **XXXII. 1** *ante* docet *add.* titus ut *Σ titulum in*
textum inserens || relictus *P Σ* : relegatus *Rühl RhM 62, 1907, p. 7* ||
timore *Σ* : -rem *P* || uiolentae *P corr. Σ* : uolente *P ante corr.* || aliqui
Shackleton Bailey p. 128 : alii *P Σ edd. uett. Soverini, Scrittori I p. 119*
Chastagnol illi *B pars edd. recc. ; uide comm.* || consularis *P DX* :
-rem *Chv* || uir *P DXCh* : ut *v* || interemptum *F corr. edd.* : -pto
P Σ || dicitur *om. P* || sex *P DX* : septem *Chv* || **2** in *om. Σ edd. ante*
Salmasium || parum *Σ* : rarum *P*.

fensés à cause de leur attachement à Alexandre Sévère. **4** On ne s'étonnera du reste pas qu'une pareille incertitude règne au sujet d'un personnage dont le nom est à peine connu. **5** Il avait pour épouse Calpurnia, une femme irréprochable et digne du plus grand respect ; elle était issue de la famille des Caesonii, c'est-à-dire des Pisons ; nos ancêtres l'ont vénérée en sa qualité de prêtresse qui n'avait eu qu'un seul époux, au nombre des plus saintes femmes ; nous avons vu actuellement encore dans le temple de Vénus sa statue dont les extrémités sont en marbre, tandis que le reste est doré. **6** Elle passe pour avoir possédé de grosses perles à la manière de Cléopâtre, et aussi un plat de cent livres d'argent, évoqué par de nombreux poètes, sur lequel était représentée en relief l'histoire de ses ancêtres. **7** Il me semble m'être aventuré plus loin que ne le comportait mon sujet. Mais que faire ? Le savoir, par disposition naturelle, est bavard. **8** C'est pourquoi je vais en venir à Censorinus, noble personnage qui, cependant, dit-on, a régné pendant sept jours non pas tant pour le bonheur que pour le malheur de l'État.

CENSORINUS

XXXIII. 1 C'était un homme vraiment capable comme général et d'une antique dignité à la curie, deux fois consul, deux fois préfet du prétoire, trois fois préfet de la Ville, quatre fois proconsul, trois fois consulaire, légat prétorien pour la seconde fois, quatre fois édilicien, trois fois questorien, chargé en outre d'une ambassade extraordinaire chez les Perses, et aussi chez les Sarmates.

Alexandrinos et oderat et offenderat, principem factum. **4** Nec mireris tantam esse uarietatem de homine
cuius uix nomen agnoscitur. **5** Huius uxor Calpurnia
fuit, sancta et uenerabilis femina de genere Caesonino-
rum, id est Pisonum, quam maiores nostri uniuiriam
sacerdotem inter sacratissimas feminas adorarunt,
cuius statuam in templo Veneris adhuc uidimus acro-
li*th*am sed auratam. **6** Haec uniones Cleopatranos
habuisse perhibetur, haec lancem centum librarum
argenti, cuius plerique poetae meminerunt, in qua ma-
iorum eius expressa ostenderetur historia. **7** Longius
mihi uideor processisse quam res postulabat. Sed quid
faciam? Scientia naturae facilitate uerbosa est. **8** Quare ad Censorinum reuertar, hominem nobilem sed qui
non tam bono quam malo rei publicae septem diebus
dicitur imperasse.

CENSORINVS

XXXIII. 1 Vir plane militaris et antiquae in curia dignitatis, bis consul, bis praefectus praetorii, ter
praefectus Vrbi, quarto proconsule, tertio consularis,
legatus praetorius secundo, quarto aedilicius, tertio
quaestorius, extra ordinem quoque legatione Persica

---

4 nec *P DChv* : ne *X* || **5** et *P DXv* : ac *Ch* || caesoninorum *P edd.
a Grutero et Salmasio* : censori- *Σ* || id *P* : hoc *Σ* || sacratissimas *P
D* : sanct- *XChv* || uidimus *P Σ edd. recc.* : uidemus *ed. pr. Desbordes
dubitanter sec. Pesc. 6,8 ; trig. tyr. 21,6 ; Claud. 3,3 ; Aurelian. 24,3 ; cf.
Cic. leg. agr. 2,89 Tusc. 2,51* || acrolitham *Salmasius* : acrolicam (arco-
Σ) *P Σ* || **6** lancem *P* : -ceam *Σ* || maiorum *P DX* : maior *Chv* || **7**
ante* scientia *add.* omnis *Σ* || **8** *post* quam *add.* non *Shackleton Bailey
p. 128* || **XXXIII. 1** urbi *P DChv* : -bis *B corr. X* || proconsule *P* : -sul
B corr. Σ || legatus *P corr. Σ* : lag- *P ante corr.*

2 Cependant, après avoir géré toutes ces hautes fonctions, alors que, devenu vieux, il vivait dans son domaine
de campagne, boitant d'un pied à cause d'une blessure
qu'il avait reçue durant la campagne contre les Perses à
l'époque de Valérien, il fut élevé à l'Empire et, par l'effet
d'une plaisanterie des bouffons, appelé Claude. **3** Du fait
qu'il se montrait très sévère et qu'il était insupportable
aux soldats à cause de sa discipline digne d'un censeur, il
fut mis à mort par ceux-là mêmes à qui il avait dû son élévation. **4** Subsiste son tombeau près de Bologne ; toute
sa carrière y est gravée en grandes lettres ; à la dernière
ligne cependant, il y a l'ajout suivant : « Chanceux à tous
égards, très malchanceux comme empereur. » **5** Subsiste
sa famille, bien connue grâce au nom des Censorini ;
certains de ses représentants ont gagné la Thrace par
haine du monde romain, d'autres la Bithynie. **6** Subsiste aussi une très belle maison, accolée aux « Familles
Flaviennes », dont on dit qu'elles ont jadis appartenu à
l'empereur Titus. **7** Tu as le nombre complet de trente
usurpateurs, toi qui formulais des objections, en accord
certes avec des gens malveillants, mais dans une bonne
intention. **8** Donne maintenant à qui tu veux ce petit
livre, rédigé non pas tellement avec éloquence qu'avec
respect de la vérité. Du reste il ne me semble pas avoir
promis de belles paroles, mais des faits, moi qui n'écris
pas ces petits volumes que j'ai publiés sur la vie des empereurs, mais les dicte, et les dicte avec cette précipitation
que tu m'imposes à tel point — soit que je t'aie fait moi-
même une promesse, soit que tu me l'aies extorquée —
que je n'arrive pas à reprendre mon souffle.

functus, etiam Sarmatica. **2** Post omnes tamen honores, cum in agro suo degeret senex atque uno pede
claudicans uulnere quod bello Persico Valeriani temporibus acceperat, factus est imperator et scurrarum
ioco Claudius appellatus est. **3** Cumque se grauissime
gereret neque a militibus ob disciplinam censoriam
ferri posset, ab his ipsis a quibus factus fuerat interemptus est. **4** Extat eius sepulchrum circa Bononiam,
in quo grandibus litteris incisi sunt omnes eius honores; ultimo tamen uersu adscriptu*m* est : « felix
omnia, infelicissimus imperator ». **5** Extat eius familia
Censorinorum nomine frequentata, cuius pars Thra-
cias odio rerum Romanarum, pars Bithyniam petit.
6 Extat etiam domus pulcherrima adiuncta gentibus
Flauiis, quae quondam Titi principis fuisse perhibetur. **7** Habes integrum triginta numerum tyrannorum,
qui cum maleuolis quidem sed bono animo causaba-
ris. **8** Da nunc cuiuis libellum non tam diserte quam
fideliter scriptum. Neque ego eloquentiam mihi uideor
pollicitus esse, sed rem, qui hos libellos quos de uita
principum edidi non scribo sed dicto, et dicto cum
ea festinatione quam, si quid uel ipse promisero uel
tu petieris, sic perurgues ut respirandi non habeam
facultatem.

post functus *add.* et *Σ* || **2** imperator et *om. P ante corr.* || **3** ferri *P* :
flecti *Σ* || **4** circa bononiam *post* sepulchrum *transp. Eyssenhardt edd.*
recc. : *post* litteris *habent P Σ* || incisi *P DX* : insi *Chv* || adscriptum
est *Eyssenhardt Hohl* : adseripest *P ante corr.* adseri potest *P corr.*
Peter asscriptus (ascr- *X*) est *Σ* || *post* felix *add.* ad *P corr.* per *X* ||
5 romanarum *X ed. Ven. 1489* : -norum *P DChv* || **6** flauiis *om. D* ||
7 maleuolis *Egnatius Casaubonus* : male uobis *P* maliuolis *Σ* || **8** tam
P : enim *Σ* || fideliter *L corr. Σ* : feliciter *P* || quam *codd.* : qua
me *prop. Baehrens 1871 p. 660* || perurgues (-ges *Σ*) *P Σ* : -gueo *Hohl*
Chastagnol || *Nullam subscriptionem habent P Σ.*

COMMENTAIRE DES *TYRANNI TRIGINTA*

1. Préface (chap. 1)

1.0 (1) Pour les problèmes généraux concernant les préfaces dans l'*Histoire Auguste*, cf. le vol. V 1, p. 61-62. Dans l'ordre de la collection, c'est la dernière préface relativement brève et se maintenant essentiellement dans le domaine de thématiques déjà précédemment abordées. Dès *Claud.*, les préfaces sont notablement plus longues, et de contenu nettement plus varié. Ici, l'auteur indique son sujet en soulignant qu'il n'a pas l'ambition d'écrire un ouvrage de haut niveau stylistique, puis il justifie le regroupement dans un seul *libellus* d'un grand nombre de personnages parce qu'on ne sait pas grand-chose d'eux ; ils méritent cependant d'être spécifiquement mentionnés, bien qu'il ait déjà été question d'eux dans les deux *uitae* précédentes, car beaucoup d'historiens les ont complètement passés sous silence.

1.1.1 (1,1) Désignant les biographies précédentes avec le terme *libri*, « Pollio » oppose son propre style, qualifié de *pedester*, à un autre style plus élevé, qualifié de *historicus*. *Pedester* ne désigne donc pas ici un niveau de diction poétique par rapport à un autre, ou bien la prose par rapport à la poésie, mais un niveau stylistique de prose par rapport à un autre[1]. *Historicus* est moins facile à définir exactement.

---

1. Cf. *ThlL* X 1, 971,35-65 (R. L. Stewart, 1992), et ma brève étude *Jérôme, l'*Histoire Auguste *et l'emploi figuré de* pedester..., MH 63, 2006, p. 154-161.

La doctrine des *genera elocutionis* distingue trois niveaux, *humilis, mediocris, grauis*. *Pedester* désigne incontestablement le niveau *humilis*; c'est celui qui est propre à la biographie suétonienne, modèle de l'*Histoire Auguste*. La grande histoire, celle de Tite-Live et de Tacite par exemple, se situe en revanche, selon les thèmes abordés, soit au niveau *mediocris*, soit au niveau *grauis*. Ce sont, me semble-t-il, ces deux niveaux propres à la grande histoire qui sont ici désignés par *historicus*[1]. En *Aurelian.* 2,6, identiquement, Tite-Live, Salluste, Tacite et Trogue sont qualifiés de *historicae eloquentiae... auctores*. Selon *ibid.* 1,6, il existerait sur Aurélien des *bella charactere historico digesta*; là encore, « Vopiscus » désigne sans doute ainsi des ouvrages d'un niveau stylistique élevé[2]. *eloquio* : cf. app. crit.; *adloquium* (acte d'adresser la parole) n'apparaît qu'ici dans l'*HA*; le contexte exige *eloquium* (style, niveau de style), terme utilisé par l'*HA* en *Prob.* 2,6 et *Car.* 21,2, dans des passages où il est, comme ici, question de niveau de style. Les prétendus parallèles d'*adloquium* dans le sens d'*eloquium* (HEGES. 5,14,5; FVLG. *serm. ant.* 11, citant Varron) ne sont pas convaincants : dans les deux passages, il s'agit d'une prise de parole orale, ce qui n'est pas le cas ici. Cf. aussi Fele, p. 121, qui cite AGROEC. *gramm.* VII p. 124,18-19 *loqui hominis est, obloqui obtrectatoris,... alloqui suadentis..., eloqui oratoris.* — *contemptui* : dans l'*HA*, terme utilisé exclusivement par « Pollio » en relation avec Gallien; outre le présent passage, cf. *Gall.* 5,1; 5,7; 21,1; *trig. tyr.* 11,1; 30,10; *Claud.* 7,4. Dans la succession actuelle des biographies de l'*HA*, c'est la première fois qu'apparaît un commentaire de l'auteur sur son propre style. Il va y revenir plusieurs fois par

---

1. Pour plus de détails sur ce problème complexe, cf. mes deux études *Biographie und Panegyricus : wie spricht man vom lebenden Kaiser?* dans : K. Vössing (Hrsg.), *Internationales Kolloquium zum 65. Geburtstag von Anthony R. Birley*, Historia-Einzelschrift 178, Stuttgart, 2005, p. 103-118, et *Ammien 31,16,9 : une recusatio?*, REL 82, 2004, p. 238-248, ainsi que den Hengst, *The Prefaces...*, p. 72-75.

2. Cf. le vol. V 1, p. 66.

la suite, soulignant à chaque coup qu'il ne se préoccupe pas d'*ornatus* et privilégie délibérément l'exactitude des faits plutôt que la mise en forme littéraire : cf. *trig. tyr.* 11,6 ; 33,8 ; *Prob.* 1,6 ; 2,6-7 ; 21,1 ; *Car.* 21,2 (cf. mes commentaires *infra* et, pour les deux derniers passages, dans le vol. V 2). Sur ce motif, cf. aussi Fele, p. 131-132, sur Rvf. Fest. 1,1, qui cite notamment Itin. Alex. 7 (3). Hartke et Schlumberger[1] pensent que, lorsque « Pollio » précise, en conclusion du présent *libellus* (33,8), qu'il dicte à toute vitesse, son intention est notamment d'alléguer ainsi une excuse expliquant l'absence de mise en forme littéraire de son œuvre. Malgré ses réitérées affirmations de s'en tenir à un style simple, l'auteur de l'*HA* se laisse assez souvent aller à sacrifier à la rhétorique ; cf., par ex., *quatt. tyr.* 10, avec mon commentaire. Ici même, toute la présente introduction est rédigée en un style périodique plein d'ampleur, avec colométrie soignée, mise en évidence par un respect systématique des règles du *cursus*[2] ; pour son manque de logique, cf. *infra*, p. 50-51.

1.1.2 (1,1) Fidèle à la fiction clairement exprimée en *Aurelian.* 2,1 concernant « Trebellius Pollio »[3], *qui a duobus Philippis usque ad diuum Claudium et eius fratrem Quintillum imperatores tam claros quam obscuros memoriae prodidit*, notre auteur affirme ici avoir déjà rédigé des livres en grand nombre. Quelques lignes plus loin, en 1,2, il prétend avoir déjà fourni des détails sur toute une série d'usurpateurs dont il va traiter désormais systématiquement. Tel n'étant pas le cas dans ce que nous pouvons lire dans la *uita Valeriani* et la *uita Gallieni*, nous avons là aussi un renvoi à une partie prétendument perdue de l'œuvre. Parmi les princes évoqués dans ces *plures libri*, outre Valérien et Gallien, il devait y avoir en tout cas les

---

1. Cf. Hartke, *Geschichte und Politik...*, p. 159 et n. 3 ; Schlumberger, Non scribo..., p. 232 et n. 61.

2. Cf. Zernial, compléments dans le Historiae Augustae Colloquium Maceratense, Bari, 1995, p. 315.

3. Sur le choix de ce nom fictif, cf. vol. V 2, p. xix-xxi, et accessoirement den Hengst, *The prefaces...*, p. 68-69.

biographies des deux Philippes, de Dèce, peut-être aussi de Trébonien Galle, de Volusien et d'Émilien. Mais en fait tout cela est irréel, car de nombreux indices ont rallié aujourd'hui bon nombre d'interprètes à la conviction que la lacune qui semble s'ouvrir de la fin de la *uita Maximi et Balbini* jusque vers la fin de la *uita Valeriani* est fictive[1].

1.1.3 (1,1) « Pollio » prend bien soin de marquer la différence qu'il y a entre Valérien et Gallien au niveau de la responsabilité de chacun dans l'apparition de multiples usurpateurs. Celle du premier est excusable, car il n'a rien pu faire tout simplement parce qu'il était paralysé en Orient par sa campagne contre les Perses. Celle du second, en revanche, ne l'est pas, car elle résulte exclusivement de sa mollesse. En outre, presque tous les usurpateurs surgissent sous le règne de Gallien. C'est sans doute pour ces deux raisons que les deux empereurs sont nommés ici en ordre chronologique inverse.

1.2.1 (1,2) Le thème de ce paragr. est celui du regroupement en un seul *libellus* d'un grand nombre d'usurpateurs. La problématique du traitement séparé d'une biographie de corégent ou bien du traitement collectif de plusieurs princes dans un seul « livre » est un thème fréquent dans l'*HA*. Le choix de consacrer des biographies spécifiques à des corégents ou à des usurpateurs est évoqué en *Ael.* 1,1 ; 7,5 ; *Auid.* 3,3 ; le principe du regroupement est défendu en *Maximin.* 1,1-3 ; *Gord.* 1,1-5. Ces lignes manquent de cohérence, car leur articulation suggère que quatre raisons justifient le regroupement (formulé expressément entre la troisième et la quatrième raison) : *quoniam...., deinde..., postremo... (in unum eos libellum contuli)..., maxime cum...*, alors qu'en réalité tel n'est pas le cas. La première raison est l'*obscuritas*, le manque de sources. Du fait qu'il a pour conséquence la brièveté, laquelle justifie le regroupement, elle est ici évoquée conjointement à lui, mais apparaît aussi ailleurs séparément : cf. *Auid.* 3,1 ; *Pesc.* 1,1-2 ; *Geta* 1,2 ; *Opil.* 1,1-5 ; *trig. tyr.* 2,4 ; *quatt. tyr.* 1,1. La seconde

---

1. Cf. le vol. V 1, p. XXVIII-XXIX et 200, renvoyant à la bibliographie antérieure, et Ratti, p. XXIII-XXVIII.

raison ne justifie pas le regroupement, mais donne le motif
de ce manque de sources : on ne sait pas grand-chose des
corégents et des usurpateurs, car beaucoup d'historiens les
ont laissés de côté ou bien se sont bornés à ne les mentionner que très brièvement. Le mot clé est ici *praeterire* : c'est
ce que font les historiens en question, mais pas l'auteur de
l'*HA* (cf. par ex. *Auid.* 3,3) ; outre le présent passage, cf. en
particulier *quatt. tyr.* 1,1. Ce même verbe apparaît ailleurs
fréquemment concernant des détails que l'auteur ne se résout pas à omettre[1]. La troisième raison, elle non plus, ne
justifie pas le regroupement des biographies, mais explique
pourquoi l'auteur parle des usurpateurs : les renseignements
qu'on a sur eux sont contradictoires. La quatrième raison,
en revanche, justifie à nouveau le regroupement : bien des
données les concernant ont déjà été fournies dans les biographies précédentes (cf. *Valer.* 8,5 ; *Gall.* 19,7 ; allusion à des
passages apparemment perdus, cf. *supra*, p. 49-50). De toute
évidence, « Pollio » n'a pas ici les moyens de son ambition : il
prétend construire une période, mais celle-ci, sans même être
syntaxiquement particulièrement harmonieuse[2], viole par son
contenu l'élémentaire logique.

1.2.2 (1,2) À propos des mots *ex diuersis orbis partibus*,
Peter (*Die sogenannten...*, p. 197-198) fait observer que, dans
la succession des dix-sept premiers usurpateurs, une certaine
classification géographique peut être décelée. Après Cyriades,
qui est à part parce qu'il appartient entièrement au règne de
Valérien, viennent six Gaulois (3-8), cinq tyrans apparus dans
le secteur danubien (9-13), et cinq autres surgis en Orient (14-
18). Par la suite, aucun groupement géographique n'est plus
décelable (cf. *supra*, p. xxx). Peter voit là un argument en

---

1. Cf. le *Lexicon...* de Lessing, p. 471, et p. 472 pour le synonyme
praetermittere.
2. Il faut en outre noter que rien ne justifie le subjonctif *praeterean-*
tur (Saumaise et Lessing suggèrent du reste de corriger en *praetereuntur*),
et que, à la dernière ligne, *tamen* est superflu (Casaubon suggère de
l'athétiser).

faveur de son hypothèse, selon laquelle « Pollio » aurait eu ini-
tialement l'intention de parler de vingt tyrans (mais il n'y en a
que dix-sept dans cette première partie !) et que l'idée d'arriver
au nombre de trente ne lui serait venue qu'ultérieurement.
Cf. l'introduction de la présente *Vie*, p. XXXII-XXXIII, et *infra*, p. 137. Il est incontestable que les personnages inventés
sont plus nombreux dans le dernier tiers du *libellus* et que
leur origine géographique pourrait constituer une variation
par rapport au regroupement régional qu'on observe en 3-
18 : en effet, Pison se révolte en Thessalie (21), Émilien en
Égypte (22), Trébellianus en Isaurie (26) et Celse en Afrique
(29). On arrive ainsi pratiquement à avoir au moins un usurpateur dans chacune des grandes régions de l'Empire. Une
interprétation assez différente de la répartition géographique
des usurpateurs est proposée par Zecchini, qui semble douter
de l'influence sur Pollion du motif des trente tyrans d'Athènes
et se fonde sur un modèle de concaténation des sources im-
précis et peu convaincant[1].

2. VIES DES TRENTE USURPATEURS ET USURPATRICES (CHAP. 2-31,4)

2.1 (2) Les problématiques complexes relatives au personnage auquel est consacré *trig. tyr.* 2 ont été l'objet d'une
étude récente de U. Hartmann[2]. L'*HA* est, avec un obscur texte rabbinique (cf. *infra*), la seule source antique à

---

1. Sur la question des vingt ou trente tyrans, cf. aussi
l'introduction, p. XXXIII-XXXIV.
2. *Mareades — ein sasanidischer Quisling ?*, dans J. Wiesehöfer -
Ph. Huyse (edd.), *Ērān und Anērān : Studien zu den Beziehungen
zwischen dem Sasanidenreich und der Mittelmeerwelt : Beiträge des
internationalen Colloquiums in Eutin, 8-9 Juni 2000*, Stuttgart, 2006,
p. 105-142. — Il convient de préciser que Quisling est un Norvégien
qui a collaboré avec l'occupant nazi durant la Seconde Guerre Mon-
diale ; Quisling est devenu un nom commun désignant un traître ou un
collaborateur.

mentionner un dénommé Cyriades. D'autres sources parlent
en revanche d'un Mareades, ou Mariades, ou Mariadnes,
tout en fournissant suffisamment d'éléments convergeant avec
l'*HA* pour qu'il soit évident qu'il s'agit du même individu.
Les formes fournies par les sources parallèles constituent
l'original du nom en araméen (« mon seigneur reconnaît »),
celle de l'*HA* constitue une traduction grecque partielle de
l'araméen, complétée par un suffixe grec typique : cf. A. Stein,
RE XIV 1744-1745 (1930) ; Hartmann, p. 105, n. 2. Ammien
23,5,3 raconte que, *Gallieni temporibus*, les Perses s'étaient
emparés d'Antioche, avaient pillé et incendié la ville, puis
étaient rentrés chez eux sains et saufs, *Mareade uiuo exusto, qui
eos* (sc. *Persas*) *ad suorum interitum ciuium duxerat inconsulte*.
L'*Anonymus post Dionem* (*Frg.* 1 Müller [IV, p. 192] ; *Frg.* 157,
Excerpta de sententiis p. 264,5-9 Boissevain) mentionne très
brièvement un Mariadnès qui accompagne les Perses durant leur avancée vers Antioche ; les plus avisés des habitants
s'enfuirent, mais une partie resta sur place, certains parce
qu'ils étaient des partisans de Mariadnès. Le récit le plus circonstancié se lit dans Malalas (p. 295,20-296,10 Bonn, 12,26,
p. 228,53-65 Thurn) : sous le règne de Valérien, Mariadès,
magistrat d'Antioche, convaincu d'escroquerie, fut expulsé de
la ville : il alla trouver Sapor et lui proposa de livrer sa ville
aux Perses. Sapor envahit toute la région, s'empara de la ville
et l'incendia, puis mit à mort le traître. Un développement
des *Oracles Sibyllins* (13,89-130) ne nomme pas notre personnage, mais parle d'un déserteur romain (122), expression qui
désigne vraisemblablement Cyriadès. Il faut, pour finir, mentionner la *Genesis Rabba*, un commentaire rabbinique du ve s.
qui, comme l'*HA*, nomme notre personnage Cyriadès à la fin
d'une liste avec Odénath, Macrien et Quiétus (cf. Hartmann,
p. 120-122). On le constate, il n'est pas aisé de réduire sous
un dénominateur commun toutes ces données. Pour ce qui
concerne spécifiquement l'*HA*, elle tait certaines informations
fondamentales qu'on lit dans les sources parallèles, mais par
ailleurs elle donne des précisions qu'on ne trouve nulle part
ailleurs. Le détail et la chronologie des campagnes de Sapor

contre Rome sont difficiles à établir. On admet en général aujourd'hui, en se fondant essentiellement sur les *Res Gestae Diui Saporis*, complétées par les données par ailleurs disponibles, que Sapor a lancé trois campagnes vers l'Occident, la première en 253, la dernière en 260 ; cf. Hartmann, p. 106-108, avec renvois détaillés à la bibliographie. La controverse porte surtout sur le point de savoir s'il s'est emparé d'Antioche une seule fois, ou bien deux fois, voire trois fois. Zosime 1,27,2 ne mentionne qu'une seule prise d'Antioche ; tel est aussi le cas pour Zonaras 12,24 (III, p. 141,2-6 Dindorf). Cependant les contextes de ces deux récits semblent différents ; cf. mon commentaire à Zosime, vol. I², p. 151-152. Pour les étapes plus anciennes du débat, cf., outre l'article de A. Stein dans la *RE* cité ci-dessus : Kerler, p. 164-167 ; X. Loriot, *Les premières années de la grande crise du* IIIe *s. De l'avènement de Maximin le Thrace (235) à la mort de Gordien III*, ANRW II 2 (1975), p. 657-787, ici p. 764-765 ; Barnes, *The Sources...*, p. 65-66. Hartmann défend la thèse d'une double prise d'Antioche par Sapor, en 253 et en 260 : cf. p. 108-109 et n. 18, énumérant les diverses prises de position plus récentes des spécialistes qui se sont occupés de cette question. Celle-ci n'est pas indifférente pour la bonne intelligence du déroulement de l'équipée de Cyriadès et sa datation. Sur ce dernier point, les données des sources qui mentionnent ce personnage sont peu claires et même contradictoires : *HA* (2,3) : Cyriadès meurt au moment où commencent les campagnes orientales de Valérien, en 254/5. Ammien : *Gallieni temporibus* (donc à partir de 260). L'*Anonymus post Dionem* parlant dans le fragment suivant de l'usurpateur italien Aemilius Aemilianus, qui règne en été 253, on en déduit que cet auteur situe Cyriadès avant cette date. Malalas fournit des données contradictoires : il le situe « sous le règne de Valérien..., en l'an 314 de l'ère d'Antioche [265/6] », et mêle des éléments des campagnes de 253 et de 260 ; selon Hartmann (p. 113-114), le contexte le plus vraisemblable est celui de 253. Des données chronologiques peuvent en outre être déduites des *Orac. Sib.* : la prise de Césarée de Cappadoce par les Perses (mentionnée par l'*HA* en 2,2) est confirmée par cette source en 13,93, qui désigne cette ville sous son ancien nom, Mazaka. Si l'on s'en tient au récit des *Orac. Sib.*, la prise de Césarée devrait se situer sous le règne de Dèce : en effet, en 13,103-105, il est question d'un nouvel empereur romain, qui doit être Trébonien Galle, la mort de Dèce étant mentionnée en 100-102. Mais on ne peut se fier à ces déductions, car les *Res Gestae Diui Saporis* (texte grec, § 27-28, lignes 31-34 dans l'éd. Ph. Huyse, vol. I, p. 40-41, London, 1999) placent la prise de Césarée (nommée Μηιακαριρη) dans la troisième campagne de Sapor vers l'Occident, celle de 260. Précisions sur les données du livre 13 des *Oracles Sibyllins* dans U. Hartmann, *Orientalisches Selbstbewusstsein im 13. Sibyllinischen Orakel*, dans M. Blömer - M. Facella - E. Winter, edd., *Lokale Identität im römischen Nahen Osten*, Stuttgart, 2009, p. 75-98 ; on trouvera une traduction anglaise et un commentaire de ce livre 13 dans D. S. Potter, *Prophecy and History in the Crisis of the Roman Empire*, Oxford, 1990. Le texte rabbinique suggère le contexte de 260. Il apparaît donc que les sources inscrivent l'épisode dans le contexte tantôt de la campagne de 253, tantôt de celle de 260 (cf. Hartmann, p. 124-125). Il est cependant évident que l'*HA* fait intervenir Cyriadès dans deux campagnes : 2,2 *primum, deinde*. Son rôle semble donc plus complexe que ne le suggèrent à première vue les sources, et paraît s'inscrire aussi bien en relation avec la campagne de 253 qu'avec celle de 260.

2.2 (2,1-4) Comme déjà précisé p. 53-54, le chapitre de « Pollio » sur Cyriadès se caractérise par l'omission de données importantes et l'ajout de détails inventés. Il n'y est pas question de l'origine antiochaine du prétendu usurpateur ni de sa position dans cette ville. Grâce à Malalas, nous savons que Cyriadès était magistrat municipal à Antioche, qu'il jouait un rôle important dans l'organisation des courses de chevaux, qu'il avait détourné de l'argent destiné à l'achat de chevaux, et que, pour cette raison, il avait été démis de ses fonctions officielles. Tel est le véritable motif de sa fuite chez les Perses. L'*Anon. p. D.* nous apprend en outre que, malgré ses malversations, il avait gardé des partisans dans sa

ville, évidemment ceux qui avaient profité de ses détourne-
ments. Ce qui est narré en 2,1 concernant Cyriadès père, la
brouille entre le père et le fils et la cause de celle-ci, qui aurait provoqué la fuite du fils chez les Perses, n'est qu'une pure
invention (cf. Hartmann, p. 127-130)[1]. Le paragr. 2, pour sa
part, comporte, de façon assurément peu limpide, une donnée
historique sans doute authentique : la participation de Cyriadès à deux campagnes des Perses contre les Romains. La
première est celle de 253, dirigée par le personnage que l'*HA*
nomme Odomastès, qu'il faut corriger en Oromastès, variante
de la latinisation du nom perse Ormizd, plus fréquemment
rendu par Hormisdas (les anciennes éditions lisaient *Odenatum*). Il s'agit du fils et successeur de Sapor Ier ; seule l'*HA*
nous apprend ainsi que Cyriadès a eu un rôle important
dans cette première campagne des Perses contre Rome. La seconde est celle de 260, dirigée par Sapor ; au cours de celle-ci,
le roi perse s'empare notamment d'Antioche et de Césarée,
comme précisé par « Pollio ». Celui-ci instrumentalise cette
prise de Césarée pour en tirer, de manière hautement fantaisiste, l'affirmation qu'elle valut à Cyriadès le *Caesareanum
nomen*. L'expression désigne à plusieurs reprises dans l'*HA*
la dignité de César : *Alb.* 2,1 ; 3,3 ; 6,4 ; 13,4 et 9 ; *Alex.* 8,1 ;
Prob. 12,8 ; cf. le vol. V 2 de la présente édition, p. 99. Comme
l'accession à l'augustat est mentionnée immédiatement après,
cette première promotion semble constituer une étape vers le
pouvoir suprême. Le début du paragr. 3 enregistre l'accession
de Cyriadès à la dignité d'Auguste. Il est bien évidemment
impensable qu'un transfuge romain ait reçu dans les formes,
de la part des Perses, des fonctions spécifiquement romaines.
Nous sommes ici tout simplement en présence d'un subterfuge fort grossier, par lequel « Pollio » augmente le nombre
de ses « tyrans » ; cf. Hartmann, p. 122-124. Dans le galima-
tias qui suit (reste du paragr. 3 et paragr. 4), le seul élément
intéressant concerne la variante spécifique de l'*HA* relative à
la mort de Cyriadès. Il n'est pas impossible de construire un

---

1. Déjà Peter, p. 207, avait qualifié les données de 2,1 de fictives.

scénario cohérent à partir des données disparates des sources.
Sapor n'avait aucune raison de ménager un traître qui gardait
des intelligences à Antioche (les complices de ses détour-
nements) ; les *sui* de « Pollio » peuvent désigner aussi bien
les complices d'Antioche de Cyriadès que les Perses, béné-
ficiaires de sa trahison, et il n'est aucunement exclu qu'il ait
été brûlé vif, comme le dit Ammien ; cf. Hartmann, p. 36.
Pour la donnée chronologique, cf. ci-dessus, p. 54-55. Au vu
des sources qui nous renseignent sur Cyriadès-Mariadnès, il
n'est pas trop risqué de conjecturer que les éléments authentiques fournis ici par « Pollio » dérivent de la tradition de
la *Chronique* de Dexippe, dont proviennent aussi en partie
les sources parallèles (pour la question de savoir si « Pollio »
utilise Dexippe directement ou non, cf. *infra*, p. 60). Leurs
témoignages semblent, en effet, constitués par des choix divers, réalisés à partir des données non contradictoires d'une
source plus détaillée, les inventions de « Pollio » devant bien
sûr être mises à part[1]. On peut même aller jusqu'à déduire de
cette conjoncture que Dexippe citait les deux noms du traître
d'Antioche. Hartmann, qui incline aussi à voir en Dexippe
la source de l'*HA* (p. 112), conclut son étude très fouillée par
une reconstruction de toute l'histoire de Cyriadès, qui ne viole
pas la vraisemblance, mais fait une large part à l'hypothèse
(p. 136-138). — *dignum memoratu* : tic d'écriture de l'auteur
de l'*HA* ; cf. vol. V 2, p. 166-167, et le *Lexicon...* de Lessing,
p. 340. — *esse uideatur* : la célèbre clausule cicéronienne, laquelle apparaît aussi ailleurs dans l'*HA*, quand bien même elle
ne forme pas de « cursus » ; cf. vol. V 1, p. 23, n. 1. Il est frappant qu'on retrouve ensemble en *Diad.* 6,1 *digna memoratu* et
esse uideantur.

---

1. A. Rzach (*RE* II A, 2159,4-49, s. u. *Sibyllinische Orakel* [1923])
souligne que, dans les segments des *Orac. Sib.* consacrés à Mariadnès,
celui-ci est présenté comme un nouveau Néron. Il me paraît hautement
douteux que les affabulations de « Pollio » puissent avoir été imaginées
pour s'inscrire dans un tel schéma, comme semble le suggérer Rzach
(par ex. Cyriadès assassin de son père serait le pendant de Néron assassin de sa mère).

3.0 (3-8) Une section de six chapitres est consacrée à tout autant d'usurpateurs gaulois, dont deux — Postumus le Jeune et Victorinus le Jeune — sont inventés. Aux chapp. 24 et 25, « Pollio » mentionnera encore deux autres usurpateurs gaulois, Tétricus père et fils, et, au chap. 31, l'improbable « tyranne » Victoria. Dans l'*HA*, ces personnages se succèdent dans l'ordre Postumus, Lollianus (en réalité Laelianus), Victorinus, Marius, Tétricus (cf. aussi 5,3). Les abréviateurs donnent à peu près la même succession, si ce n'est que, dans Aurélius Victor (33,8-14) et Eutrope (9,9,1-10,1), Marius est inséré entre Laelianus et Victorinus ; quant à l'*Epitome* (32,3 ; 34,3, 35,7), elle ignore son existence. Le témoignage des monnaies confirme la succession proposée par Victor et Eutrope. En outre, Ausone (163,9-10) semble suggérer que Tétricus a succédé immédiatement à Victorinus, mais ce témoignage n'a pas grand poids, car le poète peut avoir simplement omis le très bref règne de Marius. On pourrait penser que c'est par l'effet de sa négligence que « Pollio », peu soucieux de chronologie et ne disposant certainement pas de données très précises à cet égard, s'écarte légèrement pour un tyran éphémère de la tradition des abréviateurs latins[1]. En fait, il a apparemment un motif bien précis de le faire ; cf. p. 76-77. On notera que, en 24,1, Tétricus est présenté correctement comme le successeur immédiat de Victorinus.

3.1.1 (3,1-3) Le nom complet de Postumus, attesté par les inscriptions, est M. Cassianus Latinius Postumus. Les sources littéraires le nomment simplement Postumus, à l'exception de l'*HA trig. tyr.* 6,6 (Iulius P.), et de l'*Epitome* (32,3), qui fournit des données supplémentaires à moitié fausses : Cassius Labienus Postumus. « Pollio » propose deux versions de l'accession de Postumus au pouvoir suprême. La première, exposée aux paragr. 1-2, se retrouve en gros avec quelques variantes et plus de détails chez Zosime 1,38,2, et surtout chez Zonaras 12,24 (III, p. 143,27-144,18 Dindorf). Postumus occupait alors un

---

1. Pour la chronologie des usurpateurs gaulois, cf. König, *Die gallischen Usurpatoren...*, p. 2-3 ; Kienast, p. 243-249.

haut commandement militaire sur la frontière rhénane[1]. Cependant Gallien, au moment de quitter la frontière du Rhin, avait laissé à Cologne, en le confiant à un dénommé Silvanus (Zosime), ou Albanus (Zonaras), son second fils, tout jeune encore, César depuis 258, Auguste en 260, Saloninus. Dans l'*HA*, c'est Postumus qui assume le rôle de tuteur du jeune détenteur de la pourpre impériale en Gaule, certainement une invention de sa part[2]. À la suite d'une querelle entre Postumus et Silvain-Albain concernant une affaire de butin, le premier bloqua le second dans Cologne. Cédant à la contrainte du siège, dit Zosime, la garnison de Cologne livra Saloninus et son chaperon à Postumus, qui les mit à mort. La seconde version est exposée au paragr. 3. Certains lui confèrent quelque authenticité du fait qu'elle contient une donnée — Postumus n'aurait pas pris l'initiative d'usurper le pouvoir suprême ; celui-ci lui aurait été offert par les Gaulois — qu'on retrouve non seulement dans *Gall.* 4,3 (élément sans grande valeur de preuve !), mais aussi dans l'*Anonymus post Dionem* (*Frg.* 6 Müller, *Exc. de sent. Frg.* 165, p. 265-266 Boissevain). Je pense cependant que Lécrivain (p. 327) a raison de considérer cette seconde version comme une invention visant à disculper Postumus. Toute sa brève biographie est, en effet, caractérisée par une tonalité hagiographique, évidemment fonctionnelle, puisque Postumus, à l'instar de beaucoup

1. Cf. W. Eck, *Die Statthalter der germanischen Provinzen vom 1.-3. Jahrhundert*, Bonn, 1985, p. 222-224.
2. Cf. à ce sujet Bleckmann, *Reichskrise...*, p. 244-246. Je n'ai pas à entrer ici dans la controverse relative aux deux fils de Gallien, Valérien le Jeune, l'aîné, César depuis 257, et Saloninus. Sur la base de l'*Epitome*, mentionnant en 32,3 la révolte de Postumus après l'assassinat d'un fils de Gallien et en 33,1 Saloninus, certains ont pensé que le prince assassiné au moment de la révolte de Postumus était le fils aîné, Valérien le Jeune. En réalité, on est ici tout simplement confronté à une maladresse de composition de l'auteur anonyme de l'*Epitome*, qui mentionne la mort de Saloninus avant d'enregistrer son élévation à la dignité d'Auguste : cf. Festy, p. 153 et 155, Kienast, p. 220-222, et, pour l'ensemble des détails sur les deux fils de Gallien, *RE* XIII, 236-245 (L. Wickert, 1926). Le fils aîné, Valérien le Jeune, était mort en 258.

d'autres usurpateurs de son époque, a comme principale fonction chez « Pollio » de servir de repoussoir à l'infâme Gallien.
Même tonalité *infra* 3,4 ; 5,1 et 5 ; 6,1 ; 8,9 et 13, et aussi chez
Eutrope 9,9,1. L'impression que « Pollio » cède ici à l'une de
ses marottes est confirmée par l'apparition, dans la suite du
même paragr. 3, d'une autre de ses obsessions, la haine des
princes enfants ; cf. le célèbre passage de *Tac.* 6, avec mon
commentaire, vol. V 1, p. 265-273. Il convient du reste de relever que la seconde version n'est pas totalement incompatible
avec la première. Au vu de la situation et, apparemment, des
succès de Postumus contre les Barbares, la garnison assiégée
de Cologne peut avoir cédé facilement à l'assiégeant et pris
l'initiative, ensuite largement approuvée en Gaule, de faire
passer par profits et pertes le jeune prince qu'elle était censée protéger ainsi que son chaperon, et d'élever Postumus au
pouvoir suprême. Le motif d'un jeune prince confié à Postumus — évidemment déjà faux ici, puisque Saloninus a été
en fait confié au dénommé Silvain-Albain, comme le disent
les sources grecques plus précises et plus claires — est repris
et varié dans un faux document inséré dans la *uita Aureliani*
8,2-4, une lettre de Valérien où cet empereur déclare qu'il a
confié son fils Gallien à Postumus plutôt qu'à Aurélien ; cf.
mon commentaire dans le vol. V 1, p. 80-81.

    3.1.2 (3,1-3) Selon Lécrivain (p. 327), c'est Dexippe qui se
cacherait sous les *plerique* du paragr. 2. Pour *trig. tyr.* 3,1-3,
les parallèles frappants de Zosime, de l'*Anonymus post Dionem* et de Zonaras (cf. p. 58-59) prouvent clairement que
« Pollio » exploite dans ces lignes la tradition de Dexippe[1].
Celle-ci devait fournir le nom complet de Postumus (connu de
l'auteur de l'*Epitome*) et tous les détails transmis par Zonaras, et sans doute d'autres encore, à partir desquels « Pollio »
construit un résumé librement arrangé à son goût. — *Plerique* : le même terme apparaissant aux paragr. 2 et 3, il

---

1. Concernant la raison pour laquelle je parle de la « tradition de
Dexippe », et non pas de « Dexippe » tout court, cf. l'introduction du
présent vol., p. VIII-IX.

convient sans doute de traduire par « les uns... les autres ».
Un cas semblable se présente en *Prob.* 19,8, où ma traduction devrait être modifiée et commentée, comme le présent
passage, à la lumière de l'article *plerusque* du *ThlL*, paru tout
récemment : X1, 2428-2437 (F. Spoth, 2007) ; cf. en particulier 2430,16-34, notamment Tac. *hist.* 1,34,1 ; 2,81,1 ; Vlp.
dig. 24,1,32,10 ; Serv. *georg.* 2,394 ; *gramm.* IV 405,4 ; Pomp.
gramm. V 251,26. Cet adjectif substantivé désigne fréquemment dans l'*HA* des historiens, le pluriel camouflant sans
doute le plus souvent un seul auteur, ou bien des sources fictives ; cf. par ex. *Ver.* 1,1 ; *Alex.* 64,4 ; *Max. Balb.* 1,2 ; 16,2 ;
18,1 ; *trig. tyr.* 1,2 ; *quatt. tyr.* 1,1 ; etc. ; ailleurs, dans un emploi
voisin, on trouve *multi, diuersi, plurimi*.

3.1.3 (3,4) La donnée d'une durée de sept ans du règne de
Postumus est reprise de *Gall.* 4,5 ; elle est encore répétée en 5,4.
Eutrope (9,9,1) et Orose (*hist.* 7,22,10), reflétant évidemment
la tradition latine, le font régner pendant dix ans. Les sept ans
de « Pollio » semblent donc dériver de la tradition de Dexippe.
La date du début de l'usurpation de Postumus, longtemps
controversée, a été maintenant précisée par une découverte
épigraphique : elle se situe peu avant le 11 septembre 260[1].
Postumus meurt en 269, sans doute en été, comme l'attestent
notamment ses monnaies. Le premier souverain de l'Empire
séparé des Gaules a donc régné assez exactement neuf ans[2].

---

1. Cf. L. Bakker, *Raetien unter Postumus — Das Siegesdenkmal
einer Juthungenschlacht im Jahre 260 n. Chr. aus Augsburg*, Germania 71,
1993, p. 369-386, ici p. 378-379. Parmi les nombreuses études consacrées
à ce nouveau document, cf. par ex. I. König, *Die Postumus-Inschrift
aus Augsburg*, Historia 46, 1997, p. 341-354 ; M. Christol - X. Loriot,
À propos de l'inscription d'Augsbourg : remarques liminaires, Cahiers
Glotz 8, 1977, p. 223-227. J. F. Drinkwater, *The Alemanni and Rome
213-496*, Oxford, 2007, p. 53 sqq. tend, sur la base de cette inscription,
à descendre l'accession de Postumus en 261.

2. Pour le détail de la chronologie de Postumus, cf. König, *Die
gallischen Usurpatoren...*, p. 57-66, et plus précisément p. 59-60, donnant
la liste des émissions monétaires ; Kienast, p. 243-244.

Il est intéressant de relever que les mots *ut Gallias instauraue-rit* évoquent l'un des slogans du règne apparaissant comme légende monétaire sous la forme RESTITVTOR GALLIAR (cf. König, *Die gallischen Usurpatoren...*, p. 77-79). Le paragr. se conclut par une invective contre Gallien. Ce motif avait déjà été un thème très présent dans la *uita Gallieni* (cf. Ratti, p. XXVIII-XXXVI). Dans les *Trente Tyrans*, cette ritournelle va réapparaître un bon nombre de fois : 5,5 ; 8,9 ; 9,1 ; 9,3 ; 10,16-17 ; 11,1 ; 22,5 ; 23,2 ; 26,1 ; 29,1 ; 30,1 ; 31,7. La mention de l'amante barbare (bien sûr aussi un élément comportant une connotation négative) est reprise de *Gall.* 21,3 ; cette femme, Pipa ou Pipara, prétendument fille d'un roi des Marcomans (*Epitome* 33,1), est ici associée au motif des *popinae*, un lieu commun dans les invectives contre les débauchés (cf., par ex., Cic. *Phil.* 2,69 ; *HA Comm.* 2,7 ; *Pesc.* 3,10, démarquant Ci-céron) ; le terme surgit dans *Gall.* quelques lignes plus loin, en 21,6. Il est important de relever que la femme barbare et les *popinae* apparaissent aussi ensemble dans Aurélius Victor 33,6. Il y a là évidemment communauté de source. Chastagnol (*Histoire Auguste...*, p. 864, n. 2) pense à une influence directe d'Aurélius Victor. Cependant Schlumberger (*Die Epitome...*, p. 152) fait observer que, à propos de la maîtresse barbare, Aurélius Victor (33,6) et l'*Epitome* (33,1) fournissent des don-nées assez semblables, mais aussi tous deux au moins un détail absent chez l'autre. De toute évidence, l'histoire de la femme barbare remonte en dernière analyse à la « Kaisergeschichte » d'Enmann. « Pollio » exploite-t-il ici directement cette source ou bien en connaît-il les données à travers Aurélius Victor ? Il est parfois possible de prouver que l'*HA* s'inspire directe-ment de l'*EKG*[1]. Ici, il est difficile de trancher, car l'association de la femme barbare avec les *popinae* peut provenir aussi bien de l'*EKG*, reprise par Victor, que de Victor lui-même. Dans ce cas, la prudence suggère de dire que les données de

---

1. Cf. le vol. V 2 de la présente édition, p. 301-302, et *supra*, l'Introduction, p. IX-X.

« Pollio » concernant la femme barbare dérivent de la tradition de l'*EKG*. — Le groupe *quo interfecto* se retrouve en tête de phrase en *Did.* 2,4 et en *Aurelian.* 37,1. L'adverbe *gratanter* est propre à « Capitolinus » (*Opil.* 7,1 ; *Maximin.* 14,4 ; *Gord.* 9,7) et à « Pollio » (*Valer.* 2,1 ; *Gall.* 12,1) ; dans les six occurrences, il est accouplé au verbe *accipere*.

3.1.4 (3,5-6) « Pollio » ne dit ici pas grand-chose sur le règne de Postumus, et notamment sur son conflit avec Gallien et ses succès contre les barbares sur la frontière du Rhin. Le contenu des paragr. 5-6 ne fait que répéter avec quelque amplification ce qu'on lit déjà en *Gall.* 4,4-5. En *Gall.* 7,1 et dans la suite des *Trente Tyrans*, « Pollio » revient cependant à plusieurs reprises sur son affrontement avec Gallien, auquel prirent part d'autres usurpateurs, Victorinus (6,1) et Auréolus (11,3). Contrairement à l'impression que peut donner le récit défectueux de *Gall.* 4,5-6, il n'y eut qu'une seule guerre entre Gallien et Postumus, difficile à dater exactement, en 263 ou 265, ou même plus tard. Après diverses péripéties, Gallien retourna en Italie sans être parvenu à réduire son concurrent[1]. Conformément à sa myopie, « Pollio » n'enregistre qu'un seul détail, anecdotique, dont il omet le contexte, comme en *Gall.* 4,4. Zonaras 12,24 (III, p. 144,26-31 Dindorf) précise que l'épisode de la blessure de Gallien par une flèche se produit au cours du siège d'une ville gauloise non nommée dans laquelle Postumus s'est enfermé ; cette blessure incita Gallien à renoncer à son entreprise. Le parallèle de Zonaras prouve que cet élément provient de la tradition de Dexippe. Tel est aussi le cas pour la donnée du paragr. 6 (Postumus sauveur de la Gaule), puisqu'elle se retrouve chez l'*Anonymus post Dionem Frg.* 6 Müller, *Exc. sent. Frg.* 165, p. 266,5-9 Boissevain (cf. Bleckmann, *Zu den Quellen...*, p. 78).

---

1. Pour plus de précisions sur ce point, cf. le chapitre très circonstancié de König, ; *Die gallischen Usurpatoren...*, p. 102-111, qui discute notamment en détail la question controversée de la chronologie. Sur l'usurpation de Postumus, cf. en dernier lieu A. Luther dans Johne, *Soldatenkaiser...*, p. 327-333.

Les campagnes de Postumus sur la frontière du Rhin contre les Barbares sont difficiles à dater ; vers 261-264 ? cf. König, *Die gallischen Usurpatoren...*, p. 96-102.

3.1.5 (3,7) Les considérations générales sur les caractères ethniques spécifiques de certains peuples constituent un lieu commun dans la littérature antique. On en trouve par exemple de très frappantes dans l'*HA* concernant les Égyptiens : cf., *infra*, le chap. 22. Celles qui concernent les Gaulois remontent à César, et surgissent chez divers auteurs, surtout dans l'antiquité tardive, et notamment dans plus d'un passage de l'*HA*. Cf. le vol. V 2, p. 234, concernant *quatt. tyr.* 7,1. Outre les passages et les ouvrages mentionnés là, cf. *Sept. Seu.* 4,1 ; *Alb.* 1,2 ; *Car.* 7,2. Dans le présent contexte apparaît bien l'ambiguïté des jugements portés sur ce peuple : Postumus incarne par sa sévérité une vertu gauloise typique, mais il est victime de l'emportement et du goût de ses frères de race pour les aventures politiques. — Le personnage nommé, ici et ailleurs dans l'*HA*, Lollianus, s'appelait en fait Laelianus, et le rôle qui lui est attribué dans la chute de Postumus n'est pas exact. Pour plus de détails, cf., *infra*, le commentaire au chap. 5, consacré à ce personnage. La version correcte de la fin de Postumus se lit chez Aurélius Victor (33,8) et Eutrope (9,9,1) : après avoir abattu la révolte de Laelianus dressé contre lui, il périt victime d'une sédition de ses troupes provoquée par son refus de leur laisser piller Mayence, qui avait pris le parti de Laelianus ; cf. König, p. 136. — *se gereret* : une série de parallèles jutifie cette correction ; cf. *Aur.* 12,7 ; *Pesc.* 3,5 ; *Alex.* 60,3 ; *trig. tyr.* 33,3 ; *quatt. tyr.* 13,1 ; E. Löfstedt, *Coniectanea*, Uppsala-Stockholm, 1950, p. 107.

3.1.6 (3,8-11) Pour confirmer son jugement positif sur Postumus, « Pollio » introduit ici le premier document inventé de *trig. tyr.* — Paragr. 8. La transition vers la fiction est marquée par l'adverbe *sane*, cf. par ex. *Maximin.* 29,6 ; *trig. tyr.* 9,5 ; *Prob.* 24,2, Lécrivain, p. 397, n. 8. Valérien, empereur hautement estimé par « Pollio » (cf. *Valer.* 5-6), se voit attribuer toute une série de lettres de recommandation concernant des personnages qu'il promeut avec une telle clairvoyance qu'ils accèdent ensuite tous à l'Empire : cf. *Valer.* 10,15 et, outre le présent passage, *trig. tyr.* 10,14-17 ; 12,15 ; 18,4 ; *Claud.* 14,2 ; *Aurelian.* 8,1 ; 9,1 ; *Prob.* 4,3. Une recommandation de Valérien équivaut donc à un certificat de mérite éminent ; il est ici surtout campé comme un défenseur de l'ordre social établi. — Paragr. 9. Les fonctions attribuées à Postumus sont fantaisistes. Le *Transrhenanus limes* réapparaît en *Tac.* 3,4, les *Transrhenani* en *Prob.* 14,1. L'expression suggère l'existence d'une ligne de défense sur la rive droite du Rhin à l'époque de Gallien, qui est fictive[1]. Cela dit, Postumus était effectivement chargé de la défense de la frontière du Rhin (cf. Zonaras 12,24 [III, p. 144,4-7 Dindorf]), mais son titre ne peut pas avoir été *Galliae praeses*, car celui-ci n'existe pas. Chastagnol (*Histoire Auguste...*, p. 864, n. 6) pense à une déformation volontaire ou négligente d'Aurélius Victor (33,8) : *Postumus, qui forte barbaris per Galliam praesidebat* ; il aurait commandé des troupes d'origine barbare en Gaule. König (p. 53) suggère avec réserve qu'il aurait pu avoir un commandement strictement militaire en qualité de *praeses* de Germanie Inférieure ; cf. W. Eck, *Köln in römischer Zeit*, Köln, 2004, p. 562. Le groupe *prae ceteris* se retrouve en *Hadr.* 16,10 ; *Aur.* 6,9 ; *Opil.* 12,1 ; *trig. tyr.* 11,6 ; *Prob.* 12,1. La construction transitive de *stupeo* est d'abord exclusivement poétique (dès Verg. *Aen.* 2,31), mais elle apparaît en prose avec Plin. *paneg.* 31,6. Il est fréquent dans l'*HA* que la proposition infinitive soit remplacée par une construction introduite par *quod*, généralement suivi du subjonctif ; *Sept Seu.* 11,9 et le présent *spero quod* sont les seuls cas où apparaît l'indicatif ; cf. den Hengst (p. 106). — Paragr. 11. La fonction de tribun des Voconces n'existe pas davantage que le personnage censé l'assumer (cf. le commentaire du chap. suivant). Les Voconces sont un peuple de Narbonnaise, entre le Rhône et la Durance, autour de *Vasio*, Vaison-la-Romaine. Ce peuple a donné son nom exclusivement, du moins à notre

---

1. Cf. les vol. V 1, p. 258-259, et V 2, p. 112, A. Reintjes, p. 51-52, et K-P. Johne, *Zum Begriff* Germania *in der* Historia Augusta, Historiae Augustae Colloquium Bambergense, Bari, 2007, p. 245-258, ici p. 255.

connaissance, à deux *alae*, c'est-à-dire à des unités de cavalerie, qui n'étaient pas commandées par un tribun, mais par
un préfet ou un *praepositus*[1]. La fiction se double donc d'un
anachronisme. Le motif « tel père, tel fils » apparaît déjà, pour
être nié, en *Carac.* 2,3 ; 9,3.

3.2 (4) Aucune source littéraire autre que l'*HA* ne mentionne Postumus le Jeune, il n'existe le concernant ni
inscription ni monnaie. Aussi est-il aujourd'hui à juste titre
considéré comme entièrement inventé[2]. « Pollio » semble ici
suggérer l'apparition d'une notion de dynastie postumienne,
mais celle-ci est contredite en 6,1, où Postumus, en difficulté,
choisit un corégent avec lequel il n'entretient aucun lien familial. Ainsi surgissent avec incohérence des motifs opposés
chers à notre auteur, ceux de succession dynastique et de
choix du meilleur (cf. Hartke, *Kinderkaiser...*[3]). « Pollio » le
confesse du reste aussitôt, il n'a rien à dire sur ce personnage.
On retrouve pratiquement la même affirmation au chap. 7,
concernant un autre fils inventé d'usurpateur, Victorinus le
Jeune. Usurpateurs et fils peu connus d'empereurs légitimes
suscitent encore ailleurs dans l'*HA* d'identiques remarques
sur l'inexistence de données les concernant : cf. *Auid.* 3,1 ;
Pesc. 1,1-2 ; 9,1-4 ; *Geta* 1,2 ; *Valer.* 8,2 ; *Gall.* 19,1 ; *quatt.
tyr.* 1,1 ; 15,9. En l'absence de toute donnée, « Pollio » in-
vente une activité de nature littéraire. Même procédé en 28,2,
concernant Timolaus, fils sans doute fictif de Zénobie, et en
Car. 11,1, concernant Numérien, dont on nous dit qu'il a ex-
cellé dans l'art de la déclamation. Le thème de la formation
littéraire des empereurs et de leur talent dans ce domaine est

----

1. Cf. E. Birley, *True and False : Order of Battle in the HA*,
Historia-Augusta-Colloquium 1977/1978, Bonn, 1980, p. 35-43, ici
p. 43.
2. Cf. déjà Peter, *Die sogenannten...*, p. 30-31, et en outre König,
Die gallischen Usurpatoren..., p. 136, Kienast, p. 244, et PLRE I, p. 720.
3. P. 98 et 191-192. Cf. aussi J. Burian, *Das dynastische Denken in
der Historia Augusta*, AArchSlov 28, 1977, p. 446-454.

très souvent abordé dans l'*HA*[1]. Sur Lollianus, en fait Laelianus, cf. p. 64. Postumus le Jeune s'adonne, nous dit-on, à
l'art de la déclamation (comme Hadrien, cf. *Hadr.* 16,5, Macrin, cf. *Opil.* 4,3, Gordien Ier, cf. *Gord.* 3,4, et Numérien,
cf. *Car.* 11,1). Comme Hadrien et Gordien Ier, il pratique
plus précisément l'un des exercices de l'école de rhétorique, la
controverse, discours *pro* ou *contra* qu'est censé rédiger l'élève
sur un scénario comportant un dilemme juridique proposé par
le maître. Ses discours auraient été d'une qualité telle qu'ils
auraient été placés parmi les controverses de Quintilien. Nous
possédons deux séries de controverses attribuées à Quintilien,
dix-neuf grandes et cent quarante-cinq petites[2]. Ce sont des
discours ou des esquisses de discours sur des thèmes donnés,
compilés tardivement et abusivement attribués à Quintilien.
L'expression *prima statim fronte* est cependant directement
empruntée à cet auteur (*inst.* 12,7,8 ; cf. le commentaire de
R. G. Austin, Oxford, 1948, p. 115) ; cf. *ThlL* VI 1365,28-43
(M. Bacherler, 1922). Pour *memoratu dignum*, cf. *supra*, p. 57.

   3.3.1 (5,1-2) L'*HA* nomme systématiquement ce personnage Lollianus : *Gall.* 21,5 ; pour les occurrences dans *trig. tyr.*
et *Claud.*, cf. l'index des noms propres du présent vol. Son véritable nom, connu grâce aux monnaies, est Ulpius Cornelius
Laelianus. La forme Lollianus se retrouve dans une partie des
mss d'Eutrope 9,9,1, dans la traduction grecque de Capito
de ce passage et dans Jean d'Antioche (*Frg.* 152,1 Müller,
230 Roberto), qui dérive d'Eutrope (le reste de la tradition
grecque ignore cet usurpateur). Le nom correct de Laelianus
se lit chez Aurélius Victor (33,8) et Polémius Silvius (*chron.* I,

---

1. Cf. le vol. V 2, p. 365-366, et Rösger, *Herrschererziehung...*
2. Je comprends mal comment St. Ratti, *Nicomaque Flavien Senior
et l'Histoire Auguste, la découverte de nouveaux liens*, REL 85, 2007,
p. 204-219 (ici p. 211 *sq.*), peut déduire de *trig. tyr.* 4,2 que « Pollio »
savait que les collections de déclamations attribuées à Quintilien étaient
apocryphes. Dans la même étude (p. 211), Ratti relève comme un phénomène digne de mention que *disertus* est employé en *trig. tyr.* 4,2 in
bonam partem. D'après le *ThlL* V 1376-1380 (I. Lackenbacher, 1915),
c'est toujours le cas.

p. 521,45), et sous une forme légèrement altérée, Aelianus dans l'*Epitome* (32,4), L. Aelianus dans d'autres mss d'Eutrope — suivis par le traducteur grec Paeanios — et Aemilianus dans le reste des mss d'Eutrope et Orose (*hist.* 7,22,11). Cette situation invite à supposer que, en ce passage, et ailleurs quand il nomme ce personnage, « Pollio » se fonde directement sur un des mss d'Eutrope portant la forme Lollianus. L'apparition de la forme correcte du nom chez Aurélius Victor et Polémius Silvius rend, en effet, moins vraisemblable, sinon exclue, l'hypothèse que la faute « Lollianus » se soit déjà trouvée dans quelque branche de la tradition manuscrite de l'*EKG*[1]. Ce n'est pas Laelianus qui a abattu Postumus, mais une révolte des troupes de ce dernier : cf. *supra*, p. 64. La condamnation de Gallien comme destructeur de la Gaule apparaît déjà en *Gall.* 5,6 et 6,6. — *in ueterem statum* : des expressions de ce type sont assez fréquentes dans l'*HA* : *Auid.* 14,6 ; *Valer.* 4,2 ; 6,3 ; *trig. tyr.* 5,4 ; 15,7 ; *Tac.* 12,1 ; *Prob.* 6,1. — *intuitu* : emploi tardif de l'ablatif figé quasi en fonction de postposition ou de prépostion gouvernant le génitif (avec le sens « en ce qui concerne », « eu égard à ») : cf. *Claud.* 1,1 et *ThlL* VII 2, 97,46-98,14 (A. Hugenschmidt, 1956). — *de suis uiribus* : cf. app. crit ; Watt renvoie au *ThlL* V 1, 64,34-68 (A. Gudeman, 1909) et à Hofmann-Szantyr, p. 112 : à partir du IVe s., on trouve des emplois de la préposition *de* après un comparatif et avant un ablatif de comparaison comme équivalent de *quam*. — Le verbe *fuit* en tête de phrase au début du paragr. 2 est un tic d'écriture assez fréquent dans l'*HA* : cf. Lécrivain, p. 267, n. 3, et le vol. V 2, p. 183, n. 8 ; dans la partie finale, *Gall.* 11,6 ; 12,2 ; *trig. tyr.* 10,8 ; 18,4 ; *quatt. tyr.* 4,1.

3.3.2 (5,3-4) « Pollio » se contredit à quelques lignes de distance à propos des circonstances de la mort de Laelianus : ici, il prétend qu'il a été tué par Victorinus, au paragr. 4 qu'il

---

1. Le genèse de faute — avec le stade intermédiaire *Lœlianus* — est expliquée par Schmid, *Eutropspuren...*, ici 132-133. Il démontre aussi que la forme « Lollianus » ne peut pas s'être réintroduite dans la tradition manuscrite d'Eutrope à partir de l'*HA*.

a été tué par ses soldats à cause de ses exigences excessives (un peu comme Postumus ; cf. 3,7). Dans le chap. consacré à Victorinus, la mort de Laelianus est enregistrée, mais sans aucun détail sur ses circonstances : cf. 6,3. En fait, Laelianus a été abattu par Postumus : cf. *supra*, p. 64 ; cf. Aurélius Victor 33,8. Selon *Gall.* 21,5, Gallien aurait combattu contre lui. La chronologie exacte de cette usurpation n'est pas bien établie : février-mars à mai-juin 269 selon König, *Die gallischen Usurpatoren...* (p. 132-136) et Kienast (p . 244-245) ; peut-être a-t-elle cependant déjà commencé à la fin de 268[1]. Sur Victorinus, Victoria ou Vitruvia, Marius, Tétricus et son fils, cf. les chapitres qui leur sont consacrés (6 ; 31,1-4 ; 8 ; 24-25), avec le commentaire de ces passages. L'existence même de Victoria-Vitruvia est douteuse ; en tout cas, elle n'a pas été Augusta, contrairement à ce que prétend « Pollio » (seulement ici). La succession des usurpateurs gaulois, telle qu'elle est présentée ici, n'est pas exacte : cf. *supra*, p. 58. On notera dans ces lignes la présence de la composante dynastique : Victorinus est le fils de Victoria, Tétricus a lui aussi un fils, comme Postumus (chap. 4) et Victorinus (chap. 7). Au paragr. 4, la donnée fausse sur la durée du règne de Postumus est répétée ; cf. *supra*, p. 61. Les exploits de Postumus contre les Barbares sont ici à nouveau soulignés, comme déjà en 3,4. Qu'il ait construit des points fortifiés en territoire ennemi sur la rive droite du Rhin est objet de controverse ; il s'agit peut-être d'une invention à la gloire de cet usurpateur, toujours dans une intention polémique envers Gallien ; cf. König, *Die gallischen Usurpatoren...,* p. 97-98. De telles constructions sont la manifestation d'une conception stratégique de défense de la frontière par l'établissement de têtes de pont sur la rive droite du Rhin. Avec l'expression *in solo barbarico* apparaît le thème à connotation impérialiste qui va être développé aux paragr. 5-7, celui

---

1.   Cf. W. Eck, *RE* Suppl. XIV 936-939 (1974), se fondant sur Lafaurie, *La chronologie...*, p. 114 sqq. Cf. en dernier lieu A. Luther, dans Johne, *Soldatenkaiser...*, p. 33 et n. 62, qui retarde l'usurpation jusque dans la seconde moitié de 269.

du territoire et du nom romains opposé à la domination des
ennemis sur des secteurs disputés. Ce développement continue à refléter la notion fausse, ici plus ou moins implicite, que
Laelianus a occupé le pouvoir suprême après Postumus : cf.
supra, p. 64[1]. *Subita inuasione Germanorum* : une telle invasion
eut effectivement lieu en 269, affaiblissant l'Empire séparé des
Gaules.

3.3.3 (5,5-8) Le développement des paragr. 5-7 commence
par reprendre des thèmes déjà abordés dans les pages ou lignes
précédentes : invective contre Gallien et mérites de Postumus et des autres usurpateurs gaulois qui sauvent l'Empire,
alors que l'empereur légitime le laisse périr (cf. 3,4 et *supra*,
p. 62) ; énumération de ces usurpateurs dans un ordre incorrect, Marius étant ici mentionné par prétérition seulement
(car on ne sait presque rien de lui ; cf. 8,2) après Tétricus
(cf. 5,3 et p. 69). Ces personnages ne sont d'ailleurs pas campés en usurpateurs, mais ornés du titre glorieux d'*adsertores
Romani nominis*, ce qui les hisse au niveau de Probus, qualifié dans une acclamation d'*adsertor rei publicae* (11,7). Leur
intervention est providentielle, c'est un cadeau des dieux :
cf. *Avid.* 2,2 ; *Claud.* 10,1 ; *Prob.* 15,7. Ils défendent la terre
de la patrie, le *solum Romanum*, expression assez fréquente
dans l'*HA*, surtout dans sa partie finale : cf. *Aur.* 24,3 ; *Maximin.* 13,2 ; *Gall.* 13,6 ; *trig. tyr.* 2,2 ; 5,7 ; 26,6 (*Romani nominis
s.*) ; *Claud.* 6,2 ; 7,3 ; *Prob.* 13,7 ; 18,1. « Pollio » s'évade ensuite vers l'histoire hypothétique : que serait-il arrivé si... ?
On trouve assez fréquemment la mise en œuvre de ce procédé dans l'*HA* : cf. le vol. V 1, p. 313-314. Il imagine une
collusion des Germains, des Goths et des Perses pour effacer
le *nomen Romanum* par leurs propres noms, *Germania* (cf.,
par ex., 8,11), *Gothia* (cf. *Maximin.* 1,5), *Persis* (cf. 12,15). Ce
passage est peut-être inspiré par Eutrope 9,8,2-9,9,1 ; cf. aussi,

---

1. Au paragr. 4, la leçon *in statum* de Σ s'impose : le *in*, qui manque
dans *P*, a été victime de la correction abusive d'un scribe qui aura
imaginé éliminer un élément prothétique ; cf. E. Löfstedt, *Beiträge zur
Kenntnis der späteren Latinität*, Diss. Stockholm, 1907, p. 94, n. 1.

dans un autre contexte, *Epitome* 47,3. On se rappellera à ce sujet qu'Athaulf jeune avait rêvé de transformer la *Romania* en *Gothia* : cf. Oros. *hist.* 7,43,5. — Paragr. 8. Le motif de l'obscurité d'une série de princes et d'usurpateurs est l'un des poncifs de l'*HA* : cf. *Opil.* 1,1 et 3 ; *trig. tyr.* 1,2 ; 29,3 ; *Aurelian.* 2,1. Il en va de même pour le thème *uirtus nobilitat* : cf. *Maximin.* 20,1 ; *Max. Balb.* 2,7 ; 16,2 ; *Aurelian.* 3,3-5 ; 4,1. Par *uita priuata*, « Pollio » désigne l'existence des deux souverains avant leur accession au pouvoir suprême ; leur valeur s'est manifestée progressivement, et surtout une fois qu'ils eurent revêtu la pourpre.

3.4.1 (6,1-3) Le nom complet de Victorinus est M. Piavonius Victorinus (*CIL* XIII 9040). Il était vraisemblablement issu d'une famille distinguée de Trèves, qui y possédait une belle maison. Soldat de valeur, Victorinus fut le *tribunus praetorianorum* de Postumus, c'est-à-dire le chef de sa garde (*CIL* XIII 3679, *ILS* 563). Il fut consul avec Postumus en 267 (*CIL* II 5736). Grâce aux monnaies, on peut déterminer qu'il accède au pouvoir suprême peu avant le 10 décembre 269, date du début de sa seconde puissance tribunicienne. Il meurt assez longtemps après le 10 décembre 270, date du début de sa troisième puissance tribunicienne. Postumus étant mort en été 269, l'affirmation isolée de l'*HA* que Victorinus aurait été associé à l'Empire par Postumus est donc fausse. Il ne doit pas non plus être compté au nombre des usurpateurs surgis sous Gallien, puisque son règne en Gaule est contemporain de ceux de Claude II et d'Aurélien (cf. Polémius Silvius, *chron.* I, p. 521,49). La guerre de Postumus contre Gallien se situant en 263-265 (cf., *supra*, p. 63), Victorinus peut tout au plus y avoir participé comme sous-ordre (l'*HA* répète ici une affirmation qu'on lit déjà en *Gall.* 7,1). Cf., sur tout cela, König, *Die gallischen Usurpatoren...*, p. 102 ; 107 ; 141-147 ; Kienast, p. 246 ; Ratti, p. 121 ; A. Luther dans Johne, *Soldatenkaiser...*, p. 334-335. Les sources littéraires parallèles sont peu nombreuses et peu explicites : Aurélius Victor 33,12 et Eutrope 9,9,3 s'intéressent surtout à ses exploits extra-conjugaux. l'*Epitome* 34,3 le mentionne en cinq mots.

Les sources grecques l'ignorent, excepté Jean d'Antioche (*Frg.* 152,1 Müller, 230 Roberto), qui dérive d'Eutrope. Ici, Victorinus semble préférer le choix du meilleur, alors que l'élévation à la pourpre de Victorinus Junior (paragr. 3 et chap. 7) répond à un choix dynastique. Que Postumus et Victorinus aient lutté contre Gallien *adhibitis ingentibus Germanorum auxiliis* est aussi affirmé, en d'autres termes, en *Gall.* 7,1 : *cum multis auxiliis Postumus iuuaretur Celticis*[1] *atque Francicis, in bellum cum Victorino processit.* Cette affirmation est douteuse ; cf. König, *Die gallischen Usurpatoren...*, p. 92 et 94 ; Id., article cité p. 61, n. 1, p. 353 ; J. Lafaurie, *L'Empire gaulois : l'apport de la numismatique*, ANRW II 2 (1975), p. 853-1012, ici p. 982. Ici de nouveau, l'insertion de la mention de la mort de Lollianus-Laelianus est chronologiquement inexacte ; elle est antérieure à celle de Postumus : cf., *supra*, p. 64. Comme Aurélius Victor et Eutrope (passages mentionnés ci-dessus), et donc comme l'*EKG*, l'*HA* s'intéresse surtout au Victorinus coureur de jupons, un goût qui lui est, en fin de compte, fatal. On peut noter que, selon Aurélius Victor (39,11-12) et l'*Epitome* (38,7-8), Carin avait les mêmes penchants et connut le même sort. — *participatum* : *participatus, -us*, m. est un synonyme de *participatio, -onis*, f., qui n'apparaît pas avant le IVe s. ; cf. *ThlL* X 1, 499,68-500,26 (C. G. van Leijenhorst, 1988). L'*HA* n'utilise que deux fois *participatio* (*Aur.* 16,1 ; mais cf. 6,10 ; *Did.* 6,9 ; mais cf. 8,3), mais neuf fois *participatus* ; le présent emploi est cependant le seul chez « Pollio » et « Vopiscus ». — *militarium* : le sens de « supérieur » s'impose dans certains passages à cause du contexte ; cf. *ThlL* VIII 956,55-59 (H. Rubenbauer, 1952), qui cite, outre notre passage, cinq autres attestations, toutes chez Ammien (14,5,3 ; 15,5,12 ; 15,6,1 ; 21,6,3 ; 25,8,8), qui doit donc sans doute être à l'origine du présent emploi. —

---

1. L'adjectif *Celticus* semble ici synonyme, à la manière grecque, de *Germanicus*. Cf. B. Bleckmann, *Die Germanen*, München, 2009, p. 188-189.

Pour *actuarius*, cf. Daremberg-Saglio I, p. 60 ; Reintjes, p. 9-10 ; il s'agit d'une fonction intermédiaire entre un soldat et un fonctionnaire civil, car l'*actuarius* dépend aussi bien de la hiérarchie militaire que des préfets du prétoire chargés de l'annone ; il est responsable de la distribution de la nourriture à l'armée ; cela correspond donc aujourd'hui à la fonction de commissaire des guerres. Aurélius Victor 33,12 a conservé à la postérité le nom de celui à qui Victorinus avait fait pousser des cornes : Atticianus, et en profite en 33,13 pour dire beaucoup de mal de ces fonctionnaires. — Sur Agrippina = Cologne, cf. le vol. V 2, p. 134. — Sur Victorinus fils, cf. chap. 7, sur Vitruvia ou Victoria, cf. chap. 31,1-4, avec les commentaires correspondants. — *est interemptus* : cf. une ligne plus loin *esset occisus* ; c'est la nécessité du « cursus » qui impose l'interversion du participe et de l'auxiliaire ; cf. *Comm.* 6,12 ; *Gall.* 14,9 ; etc. — L'ensemble du chap. 6 est soigneusement clausulé selon les règles du cursus ; cf. Zernial, *Über den Satzschluss...*, p. 96-97.

3.4.2 (6,4-8) Au moment d'insérer un faux document pour étoffer sa notice sur Victorinus, et le camper en homme plein de qualités, hormis son penchant pour les femmes, « Pollio » commence par alléguer des sources, d'abord nombreuses et anonymes, et ensuite le dénommé Julius Athérianus. On connaît un grammairien nommé Julius Hatérianus, cité à quatre reprises par les *Scholia Veronensia* sur l'*Énéide* (7,337 ; 9,362 et 397 ; 10,243) et une fois par Macrobe (*Sat.* 3,8,2 ; les mss varient sur l'orthographe de la seconde partie du nom). Il doit s'agir d'une citation inventée prêtée à un personnage peut-être réel. On a donc éventuellement ici un cas parallèle à celui de Gargilius allégué comme source en *Alex.* 37,9 et comme biographe en *Prob.* 2,7 ; cf. le vol. V 2, p. 59. Sur *ponere* dans le sens de « citer », cf. le vol. V 1, p. 243, n. 13. Dans le faux document lui-même, après la mention d'un nom — Julius — que Postumus n'a jamais porté (cf., *supra*, p. 58), on tombe sur la mise en œuvre d'un procédé d'*inuentio* très fréquent dans l'*HA*, consistant à dresser des listes de bons ou de mauvais empereurs, mis entre eux en parallèle ou en opposition : cf. le vol. V 1, p. 197-200. Le souci de mise en forme rhétorique se manifeste par une suite de cinq cola avec anaphore de *non*, un chiasme et un dernier élément plus long que les précédents. La présente liste appelle quelques observations. Elle est, avec six noms, relativement brève, et ne respecte pas l'ordre chronologique. Auguste, généralement présent en tête des listes de bons empereurs, manque ici, peut-être parce qu'il était, comme Victorinus, un « womanizer » ou « Suitier » : cf. Svet. *Aug.* 69-70,1 ; *Epitome* 1,22-24. Elle commence par deux empereurs du IIe s., fréquents dans ces listes, Trajan et Antonin le Pieux. Puis viennent deux princes du Ier s., Vespasien, nommé cinq fois, et Nerva, deux fois. Elle se termine par la mention de deux empereurs des années 192 et suivantes nommés ensemble et parés conjointement d'une double vertu, Pertinax et Sévère ; le second apparaît deux fois dans ces listes, le premier seulement ici. On voit surgir une fois de plus ici un jeu de mots facile sur le nom de l'empereur, la sévérité de Sévère ; sur ce type de procédé, qu'on peut éventuellement aussi déceler de manière indirecte ici dans le nom de Pertinax, cf. les vol. V 1, p. 268 et 313, et V 2, p. 67. L'énumération des vertus alléguées est aussi topique que les listes d'empereurs. La *clementia* est régulièrement louée chez Antonin le Pieux : *Pius* 2,1 et 7 ; 13,3 ; Amm. 16,1,4 ; 30,8,12. Le terme *censura* est ici employé au sens non technique de « sévérité » (du reste le terme *seueritas* suit immédiatement) ; cf. *ThlL* III 806,10-49 (H. Hoppe, 1908) ; *Aur.* 22,10 ; *Alex.* 41,2 ; *Gall.* 3,9 ; *trig. tyr.* 33,3 (il s'agit de l'usurpateur Censorinus, qui porte un nom éloquent). Les termes du présent passage, *in censura totius uitae*, ont un parallèle très proche chez Pline le Jeune (*paneg.* 45,6), *uita principis censura est eaque perpetua.* Pour l'expression *in litteras mittere*, qu'on ne trouve que dans l'*HA*, cf. le vol. V 1, p. 14, n. 2. Pour les clausules, cf. p. 73.

3.5 (7) L'*HA* est seule à mentionner Victorinus Junior. Une tentative de donner quelque réalité à ce fantôme n'a pas convaincu (cf. König, *Die gallischen Usurpatoren...*, p. 157) ; aujourd'hui, ce personnage est unanimement considéré comme une invention de « Pollio » pour compléter son nombre de trente tyrans. Il est donc un frère de Postumus Junior (cf. chap. 4). Sur Victoria, déjà plusieurs fois mentionnée plus haut, cf. le chap. 31,1-4, avec mon commentaire. Pour l'expression *in litteras referre*, cf. le vol. V 1, p. 14, n. 2. *Sub eadem hora* : noter que la préposition est ici suivie d'un terme désignant un moment, un instant précis : cf. *Hadr.* 5,5 ; 25,8 ; *Aur.* 21,3 ; *Sept. Seu.* 23,6 ; *Carac.* 4,9. Le motif de l'usurpateur mis à mort par les mêmes soldats qui l'ont auparavant proclamé revient souvent dans les *Trente Tyrans* : 2,3 ; 3,7 ; 5,4 ; 6,3 ; 8,6 ; 10,2, 17,3 ; 19,3 ; 23,4 ; 31,2 et 12 ; 32,1 ; 33,3. — Paragr. 2. *Extant* : ce verbe est souvent employé dans l'*HA* pour exprimer l'idée que des monuments anciens subsistent à l'époque où écrit le biographe ; bien évidemment, il s'agit le plus souvent de monuments fictifs : cf. le *Lexicon...* de Lessing, p. 192 *s. u. extare*, lettre c). C'est ce que Hartke (*Kinderkaiser...*, notamment p. 34-51) nomme « vergegenwärtigende Angaben » ; cf. aussi Treucker, p. 285-286. *Sepulchra* : l'*HA* s'intéresse aux tombeaux des empereurs et des usurpateurs, et souvent aussi aux inscriptions qu'ils portent : cf. *Gord.* 34,2-3 ; *Valer.* 8,3 ; *trig. tyr.* 11,4-5 ; 33,4-5 ; *Tac.* 15,1 ; *Prob.* 21,4. On notera que cette curiosité se manifeste exclusivement dans la seconde partie de l'œuvre. Sur les inscriptions (toutes fausses !) dans l'*HA*, cf. le vol. V 2, p. 152). *Circa* : indique ici un point précis aux alentours d'une ville : cf. *Valer.* 8,3 ; *Gall.* 14,9 ; *trig. tyr.* 33,4 ; *Prob.* 18,8 ; de même dans les parages d'une région : *Gall.* 13,6. *In quibus* eqs. : les mss portent *unus* tout court, ce qui ne donne pas de sens, à moins qu'on considère, comme E. Löfstedt[1], *inscriptus* comme le nominatif d'un substantif *inscriptus, -us*, m., ce qui est aventureux, car celui-ci n'est attesté nulle part ailleurs : cf. *ThlL* VII 1, 1850,81-84 (W. Klug, 1958). Casaubon avait suggéré de lire *titulus* ou *unus uersus* ; il avait bien vu que « Pollio » voulait dire qu'il n'y avait qu'une seule et même inscription pour les deux tombeaux. Cette interprétation semble juste, encore

---

1. *Vermischte Studien zur lateinischen Sprachkunde und Syntax*, Lund, 1936, p. 127-128.

qu'on se représente mal la disposition de cette inscription,
dont le latin précise bien qu'elle se trouve sur les tombeaux,
et non sur la plaque de marbre. Mais les corrections suggérées par Casaubon ne rendent pas cette idée. C'est pourquoi
Shackleton Bailey et Soverini (cf. app. crit.) ont proposé simultanément et indépendamment l'un de l'autre *unus titulus.*
Cette conjecture comporte l'attrait supplémentaire de créer
un «cursus uelox», comme l'a fait remarquer Zernial (*Akzentklausel...*, p. 95) dans une page où il montre que le chap. 7
n'est pas seulement entièrement clausulé selon les règles du
cursus, mais encore présente une colométrie soigneuse, elle
aussi améliorée par la conjecture *titulus.* Quant à l'inscription
elle-même, elle est évidemment inventée sans aucun souci de
la vraisemblance : comment peut-on imaginer qu'on grave
sur une pierre tombale un qualificatif aussi péjoratif que *tyrannus*? et que des empereurs légitimes successifs aient laissé
subsister une telle pierre, conservant la mémoire d'un usurpateur?

   3.6.1 (8,1) Ce bref paragr. soulève deux problèmes,
l'insertion de Marius dans la succession des usurpateurs gaulois, la durée de son règne (un autre usurpateur Marius,
mentionné par Malalas, n'entre pas ici en ligne de compte :
cf. Bleckmann, *Reichskrise...,,* p. 323). a) Insertion. Sur les
sources parallèles et la nécessité de placer Marius avant, et
non pas après Victorinus, cf., *supra*, p. 58. La succession
proposée par « Pollio » ne semble pas résulter d'une bévue.
A. Chastagnol[1] a montré qu'il existe un lien logique entre
l'affirmation (fausse ! cf. 5,1 ; 6,1 et 3, ainsi que, *supra*, p. 71 ;
elle est reprise de *Gall.* 7,1) que Victorinus aurait été associé
au pouvoir impérial par Postumus d'une part et le déplacement de Marius après Victorinus d'autre part : en effet, s'il
n'y pas de solution de continuité entre les règnes de Postumus

---

1. *L'empereur gaulois Marius dans l'Histoire Auguste*, Historia-
Augusta-Colloquium 1971, Bonn, 1974, p. 51-58. Cf. aussi B. Bleck-
mann, *Überlegungen zur Enmannschen Kaisergeschichte...*, Historiae
Augustae Colloquium Bonnense, Bari, 1997, p. 11-37, ici p. 14, n. 19.

et de Victorinus, qui exercent même le pouvoir ensemble pendant un certain temps, il est impossible de placer Marius entre eux, et donc indispensable de glisser son règne après celui de Victorinus. L'erreur provient peut-être du fait que « Pollio » savait que Postumus et Victorinus avaient géré ensemble le consulat en 267, alors que Victorinus n'était encore en réalité qu'un simple particulier (cf. König, *Die gallischen Usurpatoren...*, p. 143). En fait Marius, dont le nom complet, fourni par les monnaies, est Marcus Aurelius Marius, doit avoir régné un certain temps vers le milieu de l'année 269, après la mort de Laelianus et avant l'élévation de Victorinus. Son usurpation se situe donc sous le règne de Claude et non pas sous celui de Gallien. Cf. König, *Die gallischen Usurpatoren...*, p. 137-140 ; Kienast, p. 244-246. b) Durée du règne. Les sources parallèles sur Marius ne surabondent pas : l'*Epitome*, Zosime et Zonaras ne le mentionnent pas. Aurélius Victor (33,9-12) le qualifie de *ferri quondam opifex neque etiam tum militiae satis clarus* et précise qu'il fut mis à mort *post biduum*, après quoi il s'indigne que le pouvoir impérial soit échu à un personnage d'aussi basse extraction et considère cette situation comme l'indice d'une extrême décadence. Il enchaîne ensuite ainsi : *hinc denique ioculariter dictum nequaquam mirum uideri, si rem Romanam Marius reficere contenderet, quam Marius eiusdem artis auctor stirpisque ac nominis solidauisset.* König suggère que ce type de fariboles (C. Marius, le héros républicain, ancêtre de l'usurpateur et, comme lui, forgeron) peut provenir de l'entourage du nouvel élu, exploitant la similitude de nom pour justifier une élévation à l'Empire apparemment peu défendable. Si tel est vraiment le cas, on aurait ici un élément authentique transmis par l'*EKG*. Sinon, il faudrait croire que c'est Victor en personne qui aurait imaginé tout cela, ce qui serait quand même plutôt étonnant. Quant à Eutrope (9,9,2), il dit simplement *post eum* (sc. *Laelianum*) *Marius, uilissimus opifex, purpuram accepit et secundo die interfectus est* (repris par Jean d'Antioche, *Frg.* 152,1 Müller, 230 Roberto). Orose (*hist.* 7,22,11) ne parle pas de l'origine sociale de Marius et dit simplement *continuo interfectus est*. Polémius Silvius (*chron.*

I, p. 521,45) cite *Marius ex fabro* parmi les usurpateurs surgis
sous Gallien. La donnée concernant un règne de deux (Victor
et Eutrope) ou trois (*HA*) jours est en tout cas fausse, car la
relative abondance du monnayage de Marius prouve qu'il a
régné au moins quelques mois. Mais d'où tombent la donnée des sources latines et la divergence de l'*HA*? Kellerbauer
s'était simplifié la vie en corrigeant le *triduo* de l'*HA* en *biduo*
(cf. app. crit. ; noter l'emploi de l'ablatif au lieu de l'accusatif
pour la question *quamdiu*, très fréquent à l'époque tardive).
Lafaurie (*La chronologie...*, p. 97, 107 et 115-116) pensait que
Marius avait été proclamé du vivant de Postumus, avant la
révolte de Laelianus. Après une brève période durant laquelle
les trois usurpateurs auraient gouverné ensemble, Laelianus,
puis Postumus disparaissent, et Marius reste seul au pouvoir
pendant trois jours. L'*EKG* aurait confondu cette brève survie
avec la durée totale du règne. Chastagnol (*op. cit.* ci-dessus)
a modifié cette explication. Il pense que le texte de Victor
33,12 doit être ponctué ainsi : *hoc* (sc. *Mario*) *iugulato, post
biduum Victorinus deligitur* : les deux jours deviennent un bref
interrègne après la mort de Marius. Eutrope aurait par erreur
rattaché *post biduum* à *hoc iugulato* et provoqué ainsi la bévue de « Pollio ». Celui-ci aurait en outre ajouté un jour pour
l'avènement, s'additionnant aux deux jours de règne, ce qui
aboutit à son *triduo*. Tout cela est bien compliqué, et plaque
sur le texte de Victor une interprétation peu naturelle. La démarche de Chastagnol lui est inspirée par son souci d'imposer
comme source de l'*HA* Aurélius Victor, qui écrit vers 360, et
non pas l'*EKG*, datant du premier tiers du siècle, cette relation
entre Victor et l'*HA* constituant pour lui la preuve principale
que l'*HA* n'a pas été rédigée à l'époque de la tétrarchie et à
celle de Constantin (cf. le vol. V 1, p. 11). Aujourd'hui, les
preuves d'une rédaction postérieure à 395 sont si nombreuses
que le lien Victor-*HA* a perdu de son importance, et on peut
résoudre la difficulté relative à la durée du règne de Marius
plus simplement. Pour une raison qui nous échappe, l'*EKG*
attribuait un règne de deux jours à Marius. Victor et Eutrope
s'en tiennent à cette durée. « Pollio » qui, en 8,2, mentionne un

jour pour l'avènement, un jour pour le règne et un jour pour la mise à mort, transforme de sa propre autorité les deux jours de sa source en trois jours. Sur le problème spécifique soulevé par la fin du paragr. 8,2, cf., *infra*, p. 80.

3.6.2 (8,2) La formule d'entrée en matière de ce paragr. révèle que « Pollio » n'a pas trouvé grand-chose d'autre dans sa source sur Marius ; tout le reste du chap. va donc relever de l'affabulation. Un premier élément d'*inuentio* est fourni par la brièveté du règne de Marius, qui évoque pour notre érudit un texte de Cicéron[1] : dans *fam.* 7,30,1, celui-ci se gausse d'un personnage qui n'a été consul que très peu de temps. Il s'agit de C. Caninius Rebilus, qui fut désigné par César comme consul suffect le dernier jour de l'année 45 : *consulem hora septima renuntiauit qui usque ad K. Ian. esset, quae erant futurae mane postridie. Ita Caninio consule scito neminem prandisse. Nihil tamen eo consule mali factum est ; fuit enim mirifica uigilantia, qui suo toto consulatu somnum non uiderit.* Proclamé à la septième heure, c'est-à-dire vers une heure de l'après-midi, ce consul ne resta donc en charge que jusqu'à minuit, c'est-à-dire en tout onze heures (cinq heures diurnes et deux veilles de trois heures chacune). Cette parabole du consul de la septième heure est souvent évoquée dans nos sources : PLIN. *nat.* 7,181 ; TAC. *hist.* 3,37,2 ; SVET. *Iul.* 72,2 ; *Nero* 15,2 ; MACR. *Sat.* 2,2,13 (plaisanterie sur *consul dialis*, par analogie au *flamen dialis*, attribuée à Cicéron en 7,3,10) ; PLVT. *Caes.* 58,2 ; CASS. DIO 43,46,2. Cicéron, conformément aux détails qu'il donne, déclare que Caninius n'a rien fait de mal étant consul, qu'il n'a ni déjeuné, ni dormi. « Pollio » ne rapporte pas fidèlement les mots de Cicéron. Il ajoute les mots *tam seuerum tamque censorium* et, quand bien même il précise auparavant que Caninius a été consul *sex meridianis horis* (en réalité seulement cinq !), il fait dire à Cicéron que Caninius n'a non seulement ni déjeuné, ni dormi étant consul, mais encore

---

1. Sur Cicéron et les citations de Cicéron dans l'*HA*, cf., *infra*, p. 152.

qu'il n'a pas dîné, ce qui est évidemment faux. Ces aménagements, peut-être dus à une source intermédiaire, aggravent encore l'inadéquation du parallèle proposé par « Pollio » entre un personnage qui a été au pouvoir cinq heures diurnes, plus une première moitié de nuit, et un autre qui l'a été pendant trois jours, puisqu'il focalise son attention non pas sur l'élément commun de la brève durée, mais sur différents actes qui n'ont pas été accomplis durant une demi-journée, ou trois jours, lesquels ne peuvent évidemment pas être les mêmes, sauf à supposer que tout le monde a fait la grève de la faim pendant les trois jours du règne de Marius et que personne n'a fermé l'œil pendant deux nuits ! Je reste dès lors sceptique face aux corrections proposées pour améliorer la logique du texte de « Pollio » : cf. l'app. crit. Kellerbauer, avec son *ita de hoc*, « de même », aggrave l'incohérence entre le cas de Caninius et celui de Marius. Quant à Shackleton Bailey. il remplace *qui* par *quod*, qu'il rattache à *dici posse uideatur...*, « il semblerait qu'on puisse dire que... »[1] ; il rompt certes ainsi un enchaînement peu logique, mais rend dès lors la comparaison avec Caninius oiseuse. Je préfère donc ne rien toucher au texte traditionnel et considérer que « Pollio » propose, sans s'en gêner, un parallèle sans doute séduisant à première vue, et qui lui donne l'occasion d'introduire un tricolon avec anaphore de *nemo* et rime en *-erit*, mais assez boiteux, si l'on regarde les choses de près. — *aspersus est ioco* : même « iunctura » dans l'*Epitome* 35,7. — *posse uideatur* : variante de la célèbre clausule cicéronienne *esse uideatur* ; cf. *supra*, p. 57.

3.6.3 (8,3-5) Tout le reste du chap. est occupé par un second élément d'*inuentio*, soit des variations sur le thème du métier de forgeron de Marius et sur la force physique que celui-ci implique. — Paragr. 3. « Pollio » commence par contredire une affirmation de Victor : Marius s'était fait un nom dans

---

1. La construction par *quod* en substitution de la proposition infinitive n'est pas rare dans l'*HA*, notamment après le verbe *dicere* ; cf. le *Lexicon...* de Lessing, p. 538 ; le verbe y paraît cependant plutôt au subjonctif qu'à l'indicatif ; cf., *supra*, p. 65.

l'armée grâce à sa valeur et avait gravi l'échelle des grades
avant de parvenir à l'Empire ; il était *strenuus* [1]. Il est remarquable que « Pollio » n'exploite pas ici le motif développé par
Aurélius Victor, selon lequel le héros républicain C. Marius,
lui aussi forgeron, serait l'ancêtre du tyran. Je me demande
cependant si C. Marius n'est pas quand même présent ici en
« texte caché ». Au paragr. 8 commence un discours du tyran
Marius évoquant un discours de C. Marius chez Salluste (cf.
infra, p. 85) ; C. Marius est l'un des personnages principaux
du *Bellum Iugurthinum* ; le jeu consistant à faire parler le tyran Marius à la manière de Salluste peut être venue à l'esprit
de l'auteur de l'*HA* par une association d'idées « C. Marius (motif soufflé par l'*EKG* ou Victor) — Salluste ». Pour
l'omniprésence, dans l'*HA*, des associations d'idées comme
élément générateur d'*inuentio*, cf. les passages énumérés dans
les index de matières des vol. V 1, p. 328, et V 2, p. 415, sous
la rubrique « associations d'idées ». Ce qu'il y a de sûr, c'est
que « Pollio » ne parle pas de C. Marius, mais de Mamurius
Veturius ; on notera au passage que « Mamurius » — « -mu- »
= « Marius » : autre association d'idées possible, d'autant que
Mamurius, contrairement à C. Marius, est vraiment forgeron.
Mamurius Veturius est l'artisan légendaire qui, à l'époque de
Numa Pompilius, forgea les onze faux *ancilia* pour protéger
du vol l'*ancile* authentique, un bouclier sacré tombé du ciel, et
confié aux Saliens, qui perpétuèrent la mémoire du forgeron
dans leur chant ; cf. Ov. *fast.* 3,373-392 ; Varro *ling.* 6,49 ;
Pavl. Fest. p. 117,13-22 Lindsay ; Dion. Hal. *ant.* 2,71,2 ;
Plvt. *Numa* 13. — Paragr. 4. L'auteur déclare qu'il en a déjà
trop dit pour en dire aussitôt davantage. Plus fréquemment,
après s'être répandu en détails futiles, il s'en excuse : cf., par
exemple, 32,7 ; *Aurelian.* 3,3-5 ; 6,6 ; *quatt. tyr.* 3,4 ; 6,3-4. Il

---

1. Ce mot est employé dix-sept fois par Salluste dans son œuvre
restreinte, et seulement onze fois dans l'immense *corpus* cicéronien (cf. le
commentaire au *Catilina* de K. Vretska, Heidelberg, 1976, vol. 2, p. 535).
Sur l'importance de cette tonalité sallustienne ici, cf. ce même § , *infra*.

met en évidence la force physique de Marius et, plus précisément, celle de ses doigts, ce par quoi il ressemble à Tibère (cf. Svet. *Tib.* 68,1) et à Claude II (cf. *Claud.* 13,5). L'auteur de l'*HA* se répand volontiers en détails fictifs sur les exploits physiques extraordinaires de ses héros : *Maximin.* 2,6 ; 3,5 ; 6,8 ; *Aurelian.* 6,4 ; 50,4 ; *quatt. tyr.* 4,3-4 ; 12,7 ; etc. Dans ce type de passages, l'auteur de l'*HA* peint des surhommes qui parodient dans des domaines triviaux, voire obscènes, les capacités hors du commun des ascètes chrétiens dans le domaine des macérations et des miracles ; cf. les renvois énumérés dans le vol. V 2, p. 416, entrée « biographie arétalogique ». — Paragr. 5. Noter l'emploi du neutre pluriel *carra* ; ce terme, peu fréquent, ressenti comme vulgaire, est utilisé anciennement au masculin — plus rarement, une fois dans le *Bellum Hispaniense* 6,2, puis, à partir de la *Vetus Latina*, au neutre ; cf. *ThlL* III 499,36-46 (B. Maurenbrecher, 1907).

3.6.4 (8,6-7) Après cette première digression, « Pollio » enregistre la mort de Marius, dans des circonstances évidemment inventées *ad hoc* en harmonie avec son métier de forgeron, avec une première brève phrase en discours direct, puis l'introduction d'une seconde digression. Sur le motif de l'usurpateur tué par ses propres soldats, cf. *supra*, p. 75. Je n'ai pas cru devoir suivre tous les éditeurs qui, à la suite de Saumaise, ont corrigé *uerbo* en *uero*. E. Löfstedt[1] a, en effet, allégué quelques passages tardifs où *uerbo*, ou bien *uerbis*, précède pléonastiquement le verbe *dicere* ou d'autres verbes de sens voisin, si bien qu'il convient de ne pas le traduire : outre notre passage, *Maximin.* 22,6 *uerbis... rogare* ; Amm. 16,12,28 *uerbis hortabatur*, corrigé par Novák, qui ajoute *et gestu*[2] ; Romvl. *fab.* 17,3 *cornix laudauit aquilam uerbis* ; *Hist.*

---

1. *Syntactica* II, Lund, 1933, p. 186-188.
2. Clark, Rolfe et Fontaine suivent Novák ; Pighi, de Jonge et Seyfarth suivent Löfstedt (cf. le commentaire de de Jonge, Groningen, 1972, p. ; 228). Il convient de relever que le texte de *V* offre une clausule anomale quant au « cursus » (mais avec trois spondées de suite), alors que la correction de Novák crée un « cursus planus ». Löfstedt fait cepen-

Miscella 20,22 (reprise de la traduction de Théophane due à Anastase le Bibliothécaire, vol. II, p. 192,27 de Boor) *uerbis hos exhortatus est.* Dans notre passage, qui précède une citation en discours direct, la formule correcte eût été *his uerbis* ; la chute du pronom provoque le pléonasme. Aux exemples cités par Löfstedt, on peut ajouter une partie de la formule répétée trois fois par les fidèles dans la liturgie latine tridentine : *dic uerbo, et sanabitur anima mea.*

3.6.5 (8,8-13) « Pollio » conclut sur Marius en citant sa prétendue première *contio* adressée à ses soldats. C'est à R. Syme[1] que revient le mérite d'avoir le premier décelé que le tyran Marius commence son discours par le même mot qu'utilise C. Marius s'adressant aux citoyens dans Salluste (*Iug.* 85,1) : *scio ego, Quirites...* ; cf. *supra*, p. 81. Certes, des débuts de phrase avec *scio* ne sont pas rares dans l'*HA* : *Ver.* 1,1 ; *Carac.* 8,1 ; *Geta* 1,1 ; *Alex.* 48,6 ; 64,4 ; 67,1. Tout ce discours n'est qu'une longue variation sur le métier du fer, agrémentée des habituelles invectives contre Gallien, avec les *mulierculae* et les *popinae*, et l'opposition entre la fausse noblesse héréditaire et la vraie noblesse, fille des mérites propres : cf. *supra*, 3,4 et p. 62 ; 5,8 et p. 71. On notera à ce propos que l'opposition entre mérites personnels et noblesse est le thème central longuement développé du discours de C. Marius chez Salluste. Il convient de rappeler ici que Salluste est, avec Cicéron, Térence et Virgile, l'un des quatre auteurs scolaires typiques de l'enseignement à l'époque tardive. Il n'est donc pas outre mesure étonnant que l'auteur de l'*HA* connaisse bien cet historien ; en outre, il pouvait compter sur une familiarité identique chez ses lecteurs. Pour la problématique *Alamannia-Germania*, cf. *supra*, p. 70-71, et le vol. V 2, p. 274-275. Comme

dant remarquer que, chez Ammien, des clausules du type x---x-, tout en étant rares, ne sont pas inexistantes ; cf. par exemple 21,5,8 (*exemplis uirtutum peruulgatae*, formant une suite de cinq spondées !). Il n'y donc pas lieu d'étendre le texte d'Ammien sur le lit de Procruste d'une absolue régularité rythmique.

1. *Emperors and Biography*, Oxford, 1971, p. 252.

dans d'autres contextes de ce genre, on voit transparaître ici les conceptions impérialistes de l'auteur de l'*HA* ; cf. *supra*, p. 69-70 et le vol. V 2, p. 114-115. — *gladiorum atque armorum* : la juxtaposition de ces deux termes n'est pas rare : cf. le *ThlL* VI 3, 2015,49-54 (E. Koch, 1930), qui en cite une vingtaine d'occurrences. Cependant la nuance « armes offensives » et « armes défensives », adoptée dans la traduction, est souvent possible, mais n'apparaît guère de manière absolument explicite. C'est le cas dans le présent passage. Dans l'autre occurrence dans *l'HA, Maximin.* 6,2, *arma* semble englober une série d'armes énumérées auparavant. En LIV. 44,34,8, *arma* paraît désigner les cuirasses. La nuance mentionnée est admise pour TAC. *hist.* 1,80,2 par H. Heubner dans son commentaire (Heidelberg, 1963), p. 171. — *artifex* : ici dans le sens non pas d' « artiste », mais d' « artisan » ; pour les emplois de ce terme dans l'*HA*, cf. le *Lexicon...* de Lessing, p. 38.

4.0 (9-13) À la série des six usurpateurs gaulois succède une série de cinq usurpateurs des pays danubiens : Ingénuus, Régilianus (en réalité Régalianus), Auréolus, Macrianus père et Macrianus fils. Ils sont diversement attestés par d'autres sources, et donc tous les cinq bien réels ; Macrianus père n'a cependant pas porté la pourpre. Ils apparaissent dans une succession chronologique à peu près correcte, si ce n'est qu'Auréolus, le plus notable du groupe, devrait être inséré après les deux Macriani père et fils, car il ne revêt très vraisemblablement la pourpre que bien des années après la victoire qu'il remporte sur ces derniers. Il convient de rattacher à la série des usurpateurs danubiens le dénommé Valens, un quasi-inconnu auquel « Pollio » consacre les quelques lignes du chap. 19.

4.1.1 (9,1) Ingénuus est mentionné par les sources parallèles : AVR. VICT. *Caes.* 33,2 ; EVTR. 9,8,1 ; POL. SILV. *chron.* I p. 521,45 ; AMM. 21,16,10 ; OROS. *hist.* 7,22,10 ; *Anonymus post Dionem. Frg.* 5,1-2 Müller, *Exc. sent. Frg.* 162-163, p. 265,4-21 Boissevain ; ZON. 12,24 (III, p. 143,16-26 Dindorf). Aucune inscription ne le mentionne, et on ne possède pas de monnaies à son effigie. Cf. J. Fitz, *In-*

genuus et Regalianus, Collection Latomus 81, Bruxelles, 1966; A. Goltz - U. Hartmann dans Johne, *Soldatenkaiser...*, p. 262-263 (n. 203, discussion de la chronologie). En tête de ce chap. apparaît une date consulaire, une donnée qui relève plus de l'histoire annalistique que de la biographie. Suétone ne fournit des dates consulaires presque exclusivement, mais non systématiquement, que pour les années de naissance et de mort des empereurs : *Iul.* 1,1 ; *Aug.* 5 ; 100,1 ; *Tib.* 5 ; 73,1 ; *Cal.* 8,1 ; *Claud.* 2,1 ; 45 ; *Galba* 4,1 ; *Otho* 2,1 ; *Vit.* 3,2 ; *Vesp.* 2,1 ; 24 . Dans l'*HA*, du début jusqu'aux *Maximini duo*, il y a un certain nombre de dates consulaires, qui cependant concernent exclusivement des données biographiques relatives aux empereurs : naissance, mort, honneurs ou fonctions assumés. Toutes les biographies initiales suivent donc fidèlement la pratique suétonienne. Dans la section suivante, les dates consulaires concernent en revanche des événements qui ne sont pas en relation avec le *curriculum uitae* des empereurs : révoltes, campagnes militaires, tremblement de terre, etc. Il y a quatre de ces dates dans *Gord.* (23,4 et 5 ; 26,3 ; 29,1 ; années 240, 241, 242, 243), une dans *Valer.* (5,4, année 251), quatre dans *Gall.* (1,2 ; 5,2 ; 10,1 ; 12,1 ; années 261, 262, 264, 265), une dans *trig. tyr.* et une dans *Claud.* (11,3, année 270). À partir d'*Aurelian.* et jusqu'à la fin, il n'y en a plus aucune. Il est difficile de ne pas mettre en relation cette spécificité avec l'utilisation, directe ou indirecte, de la *Chronique* de Dexippe par l'auteur de l'*HA* pour les années 240-270. Sur cette problématique, on consultera W. Eck, *Zum Konsulat in der* Historia Augusta, Historiae Augustae Colloquium Genevense, Bari, 1994, p. 109-120, et mon étude *L'*Histoire Auguste *et Dexippe...*, p. 266-267. Il est dès lors assez délicat de déterminer si la date ici indiquée pour le début de l'usurpation d'Ingénuus, l'année 258, est exacte. On hésite en effet à rejeter une donnée dérivant évidemment d'un auteur sérieux comme Dexippe. Elle contredit cependant une affirmation explicite qui se lit chez Victor 33,2, confirmée implicitement par l'insertion de la mention d'Ingénuus chez Eutrope, Polémius Silvius et Zonaras : cet usurpateur aurait pris le pouvoir à l'annonce de la catastrophe de Valérien, laquelle se situe en 260. Cette précision, qui semble dériver de la *Kaisergeschichte* d'Enmann, est-elle fausse, ou bien convient-il d'incriminer Dexippe, ou bien encore de supposer que « Pollio » s'est trompé en suivant sa source ? J'hésite à trancher. Fitz (cité *supra*, p. 17-24) renonce à discuter de la foi qu'on peut attribuer aux deux sources en présence, question à son sentiment insoluble, et raisonne sur le contexte historique général, ce qui l'amène à préférer la date de 258. Mais ce contexte est lui aussi très incertain, et varie au gré de découvertes épigraphiques (cf. par exemple *supra*, p. 61). Ce qu'il y a en tout cas de sûr, c'est qu'il n'y a pas lieu d'identifier l'un des deux consuls authentiques de 258, Nummius Tuscus, avec le consul inventé dont le nom apparaît en *Aurelian.* 13,1, Nemmius Fuscus selon le ms. *P*, mais corrigé en Nummius Tuscus par Hohl ; cf. le vol. V 1, p. 94. Ingénuus, gouverneur de Pannonie, fut élevé au pouvoir suprême à Sirmium (Polémius Silvius) par les troupes stationnées en Mésie (confirmé par Zonaras) et en Pannonie. Le motif de la révolte aurait été la catastrophe de Valérien selon Victor, une attaque des Sarmates selon l'*HA* (9,1 semble confirmé par 10,1 et EVTR. 9,8,2, mais les mentions des Sarmates dans l'*HA* sont parfois quelque peu suspectes ; cf. le vol. V 2, p. 95). Selon un schéma qui se répète sans cesse dans les *Trente Tyrans*, « Pollio » met ici en contraste les mérites de l'usurpateur avec l'abjection de Gallien ; cf. *supra*, p. 62, concernant notamment le motif des *popinae* et des *meretrices*. — *fessis rebus* : l'expression se lit aussi en PANEG. 12,3,5 Galletier ; cf. *infra*, 15,1 *fessis... uiribus.*

4.1.2 (9,2-4) Paragr. 2. *arripiendi imperii* : l'expression n'est utilisée dans l'*HA* qu'en relation avec la prise du pouvoir par des usurpateurs : cf. den Hengst, p. 51 et 57, n. 24. *suspectus* : il s'agit là évidemment d'un motif inventé, développé dans la ligne de l'opposition Gallien-usurpateurs et, plus précisé-ment, Gallien-Ingénuus. Sur les véritables motifs de la révolte d'Ingénuus, cf., *supra*, p. 86. — *rei publicae necessarius* : expression chère à l'auteur de l'*HA* : cf. les vol. V 1, p. 175-176, et V 2, p. 261-262. — Paragr. 3-4. Ces lignes sont dominées par le motif de la cruauté de Gallien, qui va être ensuite développé, notamment dans le faux document qui constitue la seconde moitié du présent chapitre ; cf. paragr. 5-9. Il apparaît déjà en *Gall.* 18,1 et ressurgira en *trig. tyr.* 26,1. Il s'agit pour l'essentiel d'une invention de « Pollio ». La tradition grecque est toute différente, et allègue des preuves de la mansuétude de cet empereur : cf. Amm. 21,16,10 ; *Anonymus post Dionem Frg.* 5,2 Müller, 163 Boissevain ; Zonar. 12,25 (III, p. 148,20-24 Dindorf). Cette version divergente, favorable à Gallien, évidemment connue de « Pollio » à travers Dexippe, se manifeste du reste aussi parfois indirectement dans son récit. C'est notamment ici le cas en tête du paragr. 3 ; cf. aussi *Gall.* 7,2 ; 11,3-12,5, ainsi que Ratti, p. LXIX-LXXIV. La bataille au cours de laquelle Ingénuus fut abattu eut lieu à Mursa selon la *Kaisergeschichte*, dont Victor, Eutrope et Orose ont retenu ce détail supplémentaire. Le rôle primordial qu'y joua Auréolus n'est connu que par Zonaras, qui la situe dans le secteur de Sirmium, comme Polémius Silvius (références précises *supra*, p. 84). La précision fournie au paragr. 4 sur la mort d'Ingénuus, du reste en un passage au texte douteux (cf. app. crit.), n'est connue d'aucune autre source, et doit résulter d'une invention de « Pollio », destinée évidemment à souligner encore la cruauté de Gallien ; la ville dont il y est fait mention est sans doute Mursa, laquelle n'est précisément pas nommée par l'*HA* ! Selon Zonaras, Ingénuus s'enfuit et fut tué par ses propres gardes du corps. — *Nequam* : cette forme ne se rencontre qu'ici dans l'*HA* ; cf. 30,1 *nequissime* ; *Tac.* 2,4 *nequissimi*. Noter l'asyndète *nequam perditus* ; cf. l'app. crit. — *conflictu habito* : la même expression périphrastique se retrouve à plusieurs reprises dans l'*HA* : *Alb.* 9,1 ; *Opil.* 8,2 ; *Gall.* 4,2 ; *trig. tyr.* 11,4 ; *Claud.* 5,1 ; cf. *Car.* 10,1 ; on la lit aussi chez Hégésippe 1,30,7, p. 55,6 Ussani ; *Chronica Gallica, chron. min.* I, p. 646,9 Mommsen ; cf. Veg. *mil.* 1,16,4, p. 31,417-418 Önnerfors ; Avg. *ciu.* 19,4, p. 359 DK. — Le mot *sane*, en tête du paragr. 4 (comme aussi du paragr. 5 et souvent ailleurs), semble constituer un signal assez évident de début d'insertion fictive : cf., *supra*, p. 64.

4.1.3 (9,5-9) La fin du chap. est entièrement occupée par un faux document (paragr. 6-9), introduit par le paragr. 5 ; c'est une longue variation sur la cruauté de Gallien, sous forme d'une lettre adressée par cet empereur à un dénommé Celer Vérianus, unanimement considéré comme un personnage fictif. — Paragr. 5. L'auteur de l'*HA* parle fréquemment à la première personne du singulier, notamment quand il s'agit de textes qu'il a décidé de citer ; cf. le *Lexicon...* de Lessing, p. 161-162, et en particulier *Diad.* 7,4 ; *trig. tyr.* 10,9 ; 11,6 ; *Aurelian.* 17,1 ; *Tac.* 15,5 ; *quatt. tyr.* 15,5 ; *Car.* 9,1. *Si necessitas postulet* : cf. *Alex.* 41,3 ; *trig. tyr.* 30,5 et 16. — Paragr. 7. *Perimendus est* : le contexte impose ici le sens d'un irréel du présent. C'est pourquoi la conjecture de Casaubon, reprise par Eyssenhardt, *esset*, est séduisante. On peut éventuellement conserver le texte des mss en admettant que la forme de l'adjectif verbal, comportant une nuance de nécessité, implique, même suivie de l'indicatif *est*, une nuance d'irréalité. — Paragr. 8. *quicum* : peut être maintenu ici dans le sens de *quicumque* ; le latin tardif connaît *quis* pour *quisque*, *ubicum* pour *ubicumque*, etc. ; cf. Hofmann-Szantyr, p. 202. *tot principum patrem, fratrem* : il faut sans doute ici maintenir l'asyndète, grâce à laquelle on a dans ce paragr. une isocolie 5+10+10+10. Gallien exagère : il est certes fils d'Auguste (Valérien), mais frère d'un seul Auguste (cf. *Valer.* 8,1), et père aussi d'un seul Auguste (cf. *supra*, p. 59 et n. 2).

4.2.1 (10,1-2) L'usurpateur que « Pollio » nomme Régilianus portait en réalité le nom de P. C. Regalianus, attesté par les monnaies ; cf. *RE* IA, 462-464 (A. Stein, 1914) ; Kienast, p. 223-224 ; *PIR*² R 36. Pourquoi « Pollio » le nomme-t-il Régilianus ? Est-ce par négligence, par erreur, ou bien une intention se cache-t-elle derrière cette variante ? L'apparition de la forme Régalianus à la fin du paragr. 5 dans le ms. *P* résulte d'une intervention inspirée par certaines sources parallèles, en contradiction avec la forme attestée partout ailleurs dans ce ms. (également en *Gall.* 9,1 ; *Claud.* 7,4). Ces sources parallèles nomment en effet ce personnage, comme les monnaies, Régalianus (Avr. Vict. *Caes.* 33,2 *Gallienus... deuicit moxque Regalianum qui, receptis militibus, quos Mursina labes reliquos fecerat* [cf. *supra*, p. 87], *bellum duplicauerat* ; Pol. Silv. *chron.* I p. 521,45). Cependant Ps. Avr. Vict. *epit.* 32,3 donne aussi la forme Régilianus (restitution certaine à partir de diverses fantaisies dans les mss). Dans Eutrope 9,8,1, on lit les mots *occiso apud Mursam Ingenuo, qui purpuram sumpserat, et Trebelliano.* Anne le Fèvre, la future Madame Dacier, dans son édition d'Eutrope de 1683, qui fait partie des classiques latins *Ad usum Delphini*, avait sans autres formes de procès corrigé *Trebelliano* en *Regaliano* (cette correction est souvent attribuée par erreur à Saumaise) ; cette intervention a été considérée comme opportune par C. Santini dans l'apparat de son édition Teubner de 1979. E. Hohl[1] a proposé d'athétiser le nom *Trebelliano* du fait que le verbe *occiso* est au singulier. Quand ce savant se fut rallié à la date de rédaction de l'*HA* proposée par Norman Baynes — soit peu après 363 — il considéra comme vraisemblable que le Trébellianus d'Eutrope était une interpolation inspirée par le faux usurpateur de même nom auquel « Trebellius Pollio » consacre *trig. tyr.* 26, en lui donnant un nom dérivant du sien propre[2]. Ce débat a été repris d'une manière très détaillée par W. Schmid[3]. Il admet à juste titre que la combinaison imaginée par Hohl en 1934 est exclue, puisque aussi bien il est aujourd'hui évident qu'Eutrope est antérieur à l'*HA*. La bizarrerie syntaxique du texte d'Eutrope n'est pas telle qu'elle impose l'athétèse suggérée par Hohl en 1915 ; une corruption progressive de *regalianus* en *trebellianus* n'est pas inimaginable. L'influence entre Eutrope et l'*HA* ne s'est pas produite dans le sens que

1. *Kennt Eutrop einen Usurpator Trebellianus ?*, Klio 14, 1915, p. 380-384.

2. *Zur Historia-Augusta-Forschung*, Klio 27, 1934, p. 149-164, ici p. 158.

3. *Eutropspuren...*, p. 126-132.

supposait Hohl. C'est « Pollio » qui n'a été que trop heureux
de trouver chez Eutrope un Trébellianus inconnu par ailleurs
au régiment pour en faire son héros du chap. 26 des *trig. tyr.*,
recrue bienvenue dans sa difficultueuse quête de trente tyrans.
Reste à savoir pourquoi « Pollio » nomme Régalianus Régilianus. Est-ce pour rendre possible le laborieux jeu de mots
grammatical développé aux § 3-7 ? C'est très vraisemblable,
mais il faut sans doute également tenir compte du fait que la
forme *Regilianus* est aussi attestée par l'*Epitome*. Il n'est donc
pas exclu que « Pollio » ait eu entre les mains des mss où ap-
paraissait déjà une fluctuation entre *rega-* et *regi-*, et que ce
soit précisément cette fluctuation qui lui ait inspiré l'idée du
jeu de mots grammatical et, par conséquent, une préférence
marquée pour la forme *regi-*. Régilianus est un nom rare, cependant porté par un ami de Symmaque[1]. Un consul suffect
de 202 porte le nom de C. Cassius Regallianus (cf. *AE* 2001,
2161) ; est-ce le grand-père de notre usurpateur ? Des monnaies conservent le nom d'une Sulpicia Dryantilla qui aurait
été son épouse (*PLRE* I, p. 273 ; *PIR*² S 1028). La fonction de
dux Illyrici que lui confère « Pollio » (cf. aussi paragr. 9) est un
anachronisme reflétant l'organisation de l'Empire postérieure
à Dioclétien ; il n'est guère possible de déterminer exactement
la fonction qu'il occupait au moment de son usurpation[2] ; selon M. Christol, *Essai sur l'évolution des carrières sénatoriales
dans la 2ᵉ moitié du* III*ᵉ s. ap. J.-C.*, Paris, 1986, p. 147-149, Ré-
galien aurait été légat de Pannonie Supérieure. Sur le rôle du
fatum dans l'*HA*, cf. les passages cités dans l'index du vol. V
2, p. 421. La mention du *fatum* sert ici une fois de plus à
une invective indirecte contre Gallien, dont l'indignité suscite
sans cesse de nouvelles usurpations. La révolte de Régalianus suit évidemment celle d'Ingénuus (cf. 9,1-3) ; la date de
celle-là dépend donc de la date de celle-ci ; cf. la discussion *supra*, p. 84-86. Cf. Fitz (cité *ibidem*), p. 43-48, et en dernier lieu

1. Cf. *epist.* 5,72, et R. Syme, *Ammianus...*, Oxford, 1968, p. 157.
2. Cf. A. Stein, *RE* I A, 462-464 ; Reintjes, p. 49-51.

A. Goltz - U. Hartmann, dans Johne, *Soldatenkaiser...*, p. 264-265, pour une synthèse des données concernant l'usurpation de Régalianus. Sa prétendue campagne contre les Sarmates semble poursuivre celle d'Ingénuus, quelque peu douteuse (cf. *supra*, p. 86). À suivre « Pollio », c'est peut-être une attaque des Roxolans qui a causé, ou hâté, sa chute, qu'a contribué à provoquer la dureté de la répression après celle d'Ingénuus (cf. 9,3). Selon Aurélius Victor et Eutrope (cités *supra*), en revanche, Régalianus aurait été tué dans un combat par les troupes de Gallien, comme Ingénuus.

4.2.2 (10,3-7) *Capitali* : le sens de cet adjectif dans le présent contexte est éclairé par Ovide (*fast.* 3,839-840) ; s'interrogeant sur l'origine du nom de *Minerua capta*, le poète cite plusieurs possibilités, notamment celle-ci : *nominis in dubio causa est : « capitale » uocamus/ ingenium sollers — ingeniosa dea est.* Le *capitalis iocus* qui aurait propulsé Régilianus — et non pas Régalianus — au pouvoir suprême fonctionne exactement comme celui par lequel le tyran Proculus connaît la même promotion : cf. *quatt. tyr.* 13,1-2, et mon commentaire vol. V 2, p. 273-274. Il vaut la peine de relever qu'il est dit de Régilianus en 10,8 *fuit, quod negari non potest, uir...* ; de Proculus, qu'il est dit en *quatt. tyr* 12,5 *homo, quod negari non potest...* (cette formule est un tic d'écriture de l'auteur de l'*HA* : cf. le vol. V 2, p. 22, n. 9). Ces similitudes constituent l'une des preuves principales que « Trebellius Pollio » et « Flauius Vopiscus » ne sont qu'un seul et même individu. Du reste le goût pour les jeux de mots plus ou moins spirituels, équivoquant notamment sur les noms des empereurs et des usurpateurs, se retrouve peu ou prou partout dans l'*HA*, et avait été allégué par Dessau comme l'un des motifs suggérant que toute la collection était due au même biographe. Cf. les nombreux passages auxquels renvoient les *indices* des vol. V 1, p. 332, et V 2, p. 424, sous l'entrée « jeux de mots », ainsi que *supra*, p. 56, sur *Caesareanum nomen*. On relèvera dans ce développement, qui fait dériver le nom *Regilianus* du datif de *rex*, que les termes *regnum* (qui annonce le jeu au paragr. 4, utilisé dans le sens d'*imperium*), *rex* (paragr. 5

et 6), *regere* (paragr. 6), puis encore *regnare* (paragr. 16; cf. *Alex.* 51,3, *regina* dans le sens d' « impératrice ») sont utilisés sans aucun scrupule : « Pollio » semble admettre de ses lecteurs que, contrairement aux vieux Romains, le termes de la famille *rex* ne suscitent plus chez eux de réactions instinctivement négatives. L'idée implicite de tout le passage, c'est que le nom *Regilianus* fonctionne comme un *omen imperii* ; sur ce motif, cf. le vol. V 1, p. 314-315. Chastagnol (*Histoire Auguste...*, p. 876, n. 2) évoque à ce propos le slogan publicitaire « Dubo, Dubon, Dubonnet », varié, ajouterai-je, par le slogan politique « com comme communiste ». Sur le grade de *uicarius tribuni* (en équivalent moderne de lieutenant-colonel), cf. vol. V 1, p. 79. Le peu de sympathie de l'auteur de l'*HA* pour les soldats s'exprime une fois de plus ici quand il souligne leur tendance de passer à l'action sans prendre le temps de peser le pour et le contre de leurs impulsions (l'expression est brachylogique, d'où la conjecture de Baehrens enregistrée dans l'apparat). À la fin du paragr. 6, la leçon de *Σ imposuit*, forme « cursus », contrairement au *posuit* de *P* ; elle s'impose donc ; même groupe verbal en *Sept. Seu.* 19,2. *Nomen imponere* est du reste l'expression normale en latin pour exprimer l'idée de « donner un nom » : cf. *ThlL* VII 1, 658,46-69 (J. B. Hofmann, 1938). L'expression *quid multa* réapparaît au paragr. 12, et en *Aurelian.* 21,7 et 43,4 ; cf. le vol. V 1, p. 31, n. 37. *a principiis* : le mot *principium* désigne en latin tardif les hauts gradés de l'armée ; cf. *ThlL* X 2,1318,47-61 (F. Spoth, 1996). Le terme est employé en ce sens par Ammien 15,5,16 ; 22,3,2 ; 25,8,16 ; l'*HA* ne l'utilise dans cette acception qu'en ce présent passage.

4.2.3 (10,8-13) « Pollio » continue ici à étoffer sa notice sur Régalianus par diverses inventions, notamment une fausse lettre du futur empereur Claude, sans beaucoup renouveler les éléments de sa fantaisie. — Paragr. 8. Sur *fuit* en tête de phrase, cf. *supra* p. 68. Sur *quod negari non potest*, cf., *supra*, p. 91. L'éloge de Régalianus se poursuit ici, avec, comme toujours, en filigrane, des éléments d'invective contre Gallien. Ce qui est dit de l'origine et de la parenté de Régalianus n'est évidemment que pure invention. L'auteur de l'*HA* est friand de

parentés fictives, de généalogies ; cf. le vol. V 2, p. 63-65 et 93.
La mention de la Dacie provoque par association d'idées celle
de Décébale, le célèbre roi des Daces vaincu par Trajan. Plusieurs personnages nommés Décébale, autres que le célèbre
roi, sont attestés épigraphiquement : cf. *ThlL*, Onomasticon
III 67,68-72 (F. Reisch, 1914). — Paragr. 9. Pour la fonction
du *dux Illyrici*, cf. *supra*, p. 90 et n. 2. Pour l'emploi de *ego*
en relation avec des citations, cf. *supra*, p. 83 et surtout 88. —
Paragr. 11. Bonitus et Celsus sont tous deux des personnages
inventés. Il y a toute une série de Celsus dans l'*HA* (dont l'un
des *Trente Tyrans* : cf. *infra*, le chap. 29), la plupart fictifs. Bonitus en revanche est un nom rarissime, mais il est porté par le
père de l'usurpateur Silvain, nommé par Ammien en 15,5,33,
où sans doute « Pollio » est allé le pêcher. En outre, le nom
est attesté une fois par Grégoire le Grand, une fois dans des
actes conciliaires, et dans une poignée d'inscriptions ; cf. *ThlL*
II 2076,77-2077,2 (M. Ihm, 1906). Pour *stipator*, qui apparaît
six fois dans l'*HA*, et qui semble signifier « garde du corps »,
cf. Lippold, *Kommentar...*, p. 319-321. Scupi correspond à la
ville moderne de Skopje ; cf. l'Atlas Barrington, carte 49, secteur D1. Aucune bataille de Scupi n'est attestée ailleurs que
dans l'*HA*, où il s'agit assurément d'une invention. *Si antiqua tempora exstarent* : avec l'institution du régime impérial,
le triomphe est réservé aux empereurs ; les *antiqua tempora*
dont parle ici « Pollio » correspondent donc à l'époque républicaine. — Paragr. 12. *Cuiusdam hominis* : de qui s'agit-il ?
Selon Chastagnol (*Histoire Auguste...*, p. 876, n. 5), il y aurait là une allusion à Hannibal, à qui, selon Tite-Live 22,51,4,
Maharbal aurait dit *uincere scis, Hannibal, uictoria uti nescis*.
Il me semble que ce passage fait plutôt allusion à Gallien, qui
se méfiait de tous ses sous-ordres valeureux, du moins selon
« Pollio » ; cf. paragr. 8. En somme, Claude conseillerait à Régalianus de remporter des victoires moins visibles, pour ne pas
provoquer la jalousie de Gallien. Le *sagum* est un manteau militaire romain, attaché sur l'épaule droite par une fibule ; il est
représenté sur la Colonne Trajane ; cf. Marquart-Mau, vol. II,
p. 297-298. Selon le *ThlL* VI 1,645,66-76 (J. Lackenbacher,

1915), le présent passage serait le seul à attester l'existence de l'adjectif *fiblatorius, -a, -um*; le substantif *fiblatorium, -ii*, n. (ou *fibula-*) existe aussi, mais il est très rare; cf. le vol. V 2, p. 68.

4.2.4 (10,14-17) Dans un dernier effort pour enrichir la biographie de Régalianus — on dirait qu'il accorde à ses usurpateurs une place inversement proportionnelle à leur importance! —, « Pollio » ajoute quelques considérations sur la capacité de Valérien à choisir de bons généraux et sur la perfidie du destin qui écarte des souverains de valeur au profit du très médiocre Gallien, ici implicitement de nouveau cible d'invectives. Comme c'est le cas pour le jeu de mots des paragr. 3-7, le motif du choix des généraux a un pendant très proche chez « Vopiscus », en *Prob.* 22,3; cf. le vol. V 2, p. 154-155. L'authenticité de toutes les promotions énumérées n'est évidemment confirmée par aucune source parallèle, mais elles ne sont pas en soi invraisemblables. Le développement 10,14-17 est l'un des assez nombreux passages de la fin de l'*HA* qui brossent un portrait très flatteur de Valérien, lequel n'a nullement son pendant dans les sources parallèles : l'Anonyme éprouve de toute évidence une vive sympathie pour ce prince persécuteur des chrétiens, laquelle motive aussi la lacune artificielle entre *Max. Balb.* et *Valer.*[1]. L'excellence du jugement de Valérien est aussi mise en évidence dans sa *uita* : 5,4-6; 6,2-6; cf. *trig. tyr* 23.1. Implicitement, ce passage reprend en outre une des idées favorites de l'*HA*, la supériorité du choix du meilleur (ici par un empereur attaché aux anciens cultes) sur la succession dynastique, qui confère le pouvoir à un Gallien et le lui conserve trop longtemps. Comme ailleurs, le recours aux termes *fataliter* et *Fortuna* souligne la coloration païenne de ces lignes; cf. le vol. V 2, p. 73. — Paragr. 14. *in imperio* : noter qu'ici le terme comporte la nuance de durée de

---

1. Cf. A. Birley, *The lacuna in the Historia Augusta*, Historia-Augusta-Colloquium 1972/1974, Bonn, 1976, p. 55-62 et, plus spécialement, p. 59-60.

l'exercice du pouvoir suprême ; cf. *Pius* 11,1 ; *Did.* 9,1 et, surtout, *Claud.* 18,4. — Paragr. 15. L'emploi du terme *duces* est un anachronisme ; cf. le vol. V 1, p. 82-83. — Paragr. 16. *qui arripuerant imperia* : cf. *supra*, p. 86.

4.3.0 (11) Les données des sources sur Auréolus sont dispersées, nombreuses, confuses, voire contradictoires. Dans ce § 4.3.0, je me borne à les énumérer en les résumant, à mettre en évidence certaines de leurs divergences et à fournir quelques repères bibliographiques. Comme il ne saurait être question ici de discuter tous les problèmes relatifs à Auréolus, je commenterai *infra* dans les § 4.3.1-4 les seuls éléments mentionnés dans *trig. tyr.* 11. Bien qu'Auréolus soit l'un des usurpateurs les plus importants de l'époque de Gallien, ce chap. des *Trente Tyrans* ne lui consacre que peu de place. Sur les sept paragr. qui le constituent, les trois derniers sont de la fiction et les quatre premiers sont peu clairs, comme du reste les très nombreux autres passages de l'*HA*, antérieurs et postérieurs au présent chap., où il est question de ce personnage. « Pollio » fait évidemment allusion à ces passages en 11,3, quand il dit *quorum pleraque et dicta sunt et dicenda*. En voici la liste : en *Gall.* 2,6-3,3, il est à quatre reprises question d'Auréolus, présenté comme *imperator qui contra Gallienum imperium sumpserat* en Illyricum en 261. Il y remporte la victoire contre Macrianus et son fils, et se rallie leur armée. En 4,6, Gallien se réconcilie avec Auréolus pour lutter contre Postumus. Les données de *Gall.* 2,6-3,3 et 4,6 sont reprises dans notre chap. en 11,1-3. En 5,6, il est question de la menace constituée par Auréolus pour Gallien ; apparemment un doublet de 3,3. En 7,1, Auréolus et Claude soutiennent Gallien dans sa lutte contre Postumus. En 9,1, lors de la *pompa* de Gallien pour ses *decennalia*, certains parmi les Romains moqueurs témoignent de leur faveur à Auréolus (comme s'il était le héros de la fête). En 14,6-7, double mention assez obscure du rôle d'Auréolus dans le complot destiné à éliminer Gallien en 268. En 21,5, la réconciliation d'Auréolus avec Gallien est située après les *decennalia* de ce dernier. *Trig. tyr.* 10,14 : Auréolus est promu général par Valérien. 12,2 : Auréolus usurpe le pouvoir suprême lors de l'accession à l'Empire de Macrianus. 12,13-14 : rôle d'Auréolus dans la défaite de Macrianus. 14,1 : rappel du même épisode. 15,4 : idem. 18,1 : Ballista ne fait pas confiance à Auréolus. 18,3 : certains disent que Ballista fut liquidé par les sbires d'Auréolus. 30,23 : Zénobie n'a pas considéré Auréolus comme un empereur. *Claud.* 4,4-5,4 : Claude repousse une tentative de négociation d'Auréolus et le fait exécuter sur les instances de ses propres soldats ; mot élogieux de Gallus Antipater sur cet usurpateur. *Aurelian.* 16,1-2 : certains auteurs grecs disent que c'est Aurélien qui mit à mort Auréolus, lequel s'était réconcilié avec Gallien. Les sources parallèles n'aident qu'en partie à clarifier ce salmigondis. Aurélius Victor 33,17-19 dit qu'Auréolus commandait en Rhétie (en Illyricum selon notre passage, en 11,1) ; il s'empare du pouvoir *socordia tam ignaui ducis* (sc. *Gallieni* ; cela rejoint notre passage, qui, en 11,1, exprime la même idée en termes différents). Alors qu'il se dirigeait sur Rome, il est battu par Gallien près du pont nommé ensuite *pons Aureoli* ; enfermé dans Milan, il est tué par ses partisans[1]. L'*Epitome* 33,2 confirme ces données, mais sans parler d'une marche sur Rome ; l'usurpation d'Auréolus à Milan est déjà mentionnée en 32,4 ; les circonstances de sa mort sont répétées en 34,2. On constate donc que « Pollio », en 11,4, dans le double dessein d'abaisser Gallien et d'exalter Claude, attribue à ce dernier le mérite d'avoir abattu Auréolus, et simplifie le déroulement de l'épisode en ne disant rien d'un siège de Milan et en faisant déjà mourir Auréolus près du pont. Sous son hypostase « Vopiscus », il imagine en *Aurelian.* 16,1-2 une autre version encore, qui fait d'Aurélien le responsable de l'élimination d'Auréolus ; cf. le vol. V 1, p. 109-110. Ni Eutrope, ni Orose ne mentionnent ce personnage. Polémius Silvius (*chron.* I, p. 521,45) se borne à enregistrer

---

1. En 33,20-22, Aurélius Victor donne, lui seul, encore d'autres détails concernant Auréolus : désespérant, de pouvoir s'échapper de Milan, il fit parvenir dans le camp de Gallien une prétendue liste contenant les noms des hauts commandants que cet empereur voulait faire mettre à mort ; sur l'instigation d'Aurélien, Gallien fut alors assassiné.

Auréolus parmi les usurpateurs surgis à l'époque de Gallien. Zosime parle à trois reprises d'Auréolus : en 1,38,1, il mentionne sa révolte, plus durable que celle d'autres usurpateurs ; en 1,40,1, Auréolus, qualifié de commandant de toute la cavalerie, songe à se révolter au moment même où il est chargé de guetter l'arrivée en Italie de l'usurpateur Postumus ; enfin, en 1,40,3-41,1, Auréolus assassine Gallien, tente de s'accorder avec Claude, mais est mis à mort par les soldats de ce dernier ; cf. mes notes dans de vol. I 1² de mon édition, p. 158-159 et 161-162. Zonaras est la source la plus riche concernant Auréolus, mais son récit est discontinu et peu clair : en 12,24 (III, p. 143-145 Dindorf), il parle de son origine très humble, de sa brillante carrière militaire, qui fait de lui le commandant du corps mobile de cavalerie ; il est le seul à mentionner son rôle dans la chute de l'usurpateur Ingénuus (cf. *supra*, p. 87) ; il parle ensuite de sa lutte contre Postumus, qu'il laisse cependant échapper, et de sa campagne contre Macrianus et son fils. En 12,25, p. 147,4-12, il est question de l'usurpation d'Auréolus, finalement bloqué dans Milan par Gallien. Plus loin, p. 148,25-149,5, Zonaras rapporte une version alternative de la mort de Gallien : Auréolus, arrivant de Gaule, approche de Milan, cependant qu'Héraclien tue Gallien. En 12,26, p. 149,24-27, Auréolus se soumet à Claude, puis se révolte une fois de plus ; il est alors tué par les soldats. Cette abondance confuse de données sur Auréolus a bien évidemment suscité de nombreux commentaires modernes. Désespérant d'y voir clair, Lenain de Tillemont, dans une note intitulée « Embaras sur l'histoire d'Aureole » (*Histoire des Empereurs*, vol. 3, Paris, 1702, p. 525-526), renonce à trancher. Cf. en outre A. Alföldi, *Der Usurpator Aureolus und die Kavalleriereform des Gallienus*, ZN 37,1927, p. 197-212, repris dans *Studien...*, p. 1-15 ; Damerau, p. 44-48 ; Barnes, *Some Persons...*, p. 149 ; König, *Die gallischen Usurpatoren...*, p. 125-131 ; E. Birley, « *Trebellius Pollio* » *on Aureolus*, Historia-Augusta-Colloquium 1984/1985, Bonn, 1987, p. 61-69 ; M. Christol, *Auréolus et l'Histoire Auguste*, Historiae Augustae Colloquium Argentoratense, Bari, 1998, p. 115-135 ;

le commentaire de Ratti aux passages mentionnés de la *uita Gallieni* (surtout p. 99-100); A. Goltz - U. Hartmann, dans Johne, *Soldatenkaiser...*, p. 278; 288-289; 292. Pour ce qui concerne la question des sources, examinée de près par Christol, il est évident qu'il n'est pas aisé de démêler les fils de l'écheveau plein de nœuds que nous propose « Pollio » pour Auréolus, d'autant plus qu'il y mêle ses propres inventions. La donnée relative au *pons Aureoli* dérive clairement de la tradition de l'*EKG*, la mention du rôle d'Auréolus dans la chute de Macrianus se rattache à Zonaras, donc à la tradition grecque de Dexippe. Les données de l'*HA* sur Auréolus dérivent donc de ces deux veines qui alimentent l'ensemble des *trig. tyr.* ; Le chapitre entier est soigneusement pourvu de clausules du « cursus » : cf. Zernial, *Weitere Akzentklauseln...*, p. 316-317.

4.3.1. (11,1-3) Auréolus est présenté comme généralissime d'un groupe d'armées en Illyricum, c'est-à-dire stationné dans un secteur précis. Cette donnée est implicitement en contradiction avec les sources grecques, qui font de lui le commandant du grand corps mobile de cavalerie. Le contexte est celui de la lutte contre l'usurpateur Macrianus, qui s'avance d'Orient en Occident pour venir combattre Gallien. Que le théâtre des opérations soit l'Illyricum est vraisemblable; la date probable est 261, cf. Christol (cité, *supra*, p. 97), p. 122-124; *infra*, en 12,13, on retrouve la même version de la lutte d'Auréolus contre Macrianus et de son issue, sans cependant le détail relatif aux soldats corrompus. Ce récit est plus ou moins confirmé par Zonaras, p. 145,10-146,3; cf., *infra*, p. 104. Le motif d'une usurpation quasi spontanée résultant de l'incapacité de Gallien apparaît aussi chez Victor 33,17; il comporte une fois de plus l'élément traditionnel d'invective contre Gallien : cf., *supra*, 62. Ce qui fait en revanche problème, c'est l'affirmation que, dans le contexte illyrien de 261, Auréolus aurait usurpé une première fois le pouvoir suprême avant de se réconcilier avec Gallien pour lutter contre Postumus. « Pollio » présente déjà les choses de cette façon en *Gall.*, notamment 2,6-3,3 et 4,6. C'est cependant éventuellement dans un autre contexte que pourrait s'inscrire une première usurpation d'Auréolus, sa poursuite (volontairement?) peu énergique de Postumus enregistrée par Zonaras (p. 144,19-26), ce qui lui permet lui s'échapper; l'épisode — en admettant qu'il soit réel — n'est pas facile à localiser et à dater. En Gaule, dans la première moitié des années 260? C'est ce que semble supposer Lenain de Tillemont (cité, *supra*, p. 97, p. 343). Un élément supplémentaire vient mettre la confusion à son comble: T. O. Mabbott, *Eine Münze des Aureolus, 262 n. Chr.*, GNS 6, 1956, p. 49-51, mentionne un antoninien de style barbare en sa possession, qui semblerait attester une usurpation d'Auréolus au début des années 260. Cette donnée paraît inconnue à la plupart de ceux qui se sont occupés d'Auréolus depuis un demi-siècle. À ma connaissance, seuls Barnes (*Some Persons...*, p. 149), Kienast, p. 229, et Bleckmann, *Die Reichskrise...*, p. 255, n. 136, la mentionnent, le second précisant: « Die Echtheit wird von R. Göbl (briefl.) bestritten », le troisième exprimant son scepticisme sur la datation de la pièce, fondée uniquement sur l'*HA*. En l'état actuel des choses, il me semble impossible d'apercevoir dans tout cela la moindre cohérence. — Paragr. 1. *in contemptu*: cf. *supra*, p. 48; on trouve ce mot dans l'*HA* au datif (*trig. tyr.* 1,1), ou bien à l'ablatif, précédé (*Gall.* 5,1; *trig. tyr.* 30,10) ou non (*Gall.* 5,1 et 7; 21,1; *Claud.* 7,4) de *in*; la leçon de *P* s'impose donc ici. — Paragr. 2. Pour le nom du fils de l'usurpateur Macrianus, il convient d'adopter le texte de Σ, les monnaies attestant clairement le nom de Macrianus pour le fils. — Paragr. 3. La phrase finale renvoie aux nombreux autres passages où « Pollio » parle d'Auréolus; cf. *supra*, p. 95-96. *pugnaturus*: l'emploi du participe futur actif en attribut du sujet est attesté à l'époque classique, mais ne devient fréquent qu'à partir de Tacite et à l'époque tardive; cf. Hofmann-Szantyr, p. 390.

4.3.2 (11,4) Sur les versions divergentes de la mort d'Auréolus, cf. *supra*, p. 96. Selon la reconstitution vraisemblable de König (*Die gallischen Usurpatoren...*, p. 127-129), Auréolus, qui se trouve en 268 au nord de l'Italie, fait alors alliance avec Postumus (ce qu'attestent les monnaies examinées par Alföldi, cité *supra*, p. 97). Il est vaincu par Gallien

sur l'Adda, sur le site nommé dès lors *pons Aureoli*[1], et se
retire dans Milan. C'est alors que se situe sa brève usurpation, attestée par une monnaie (discutée par Alföldi). Bloqués
dans une situation sans issue, ses soldats le mettent à mort
(version de Zosime et de Zonaras, reprise par « Pollio » en
Claud. 5,3). Le tombeau est évidemment inventé, et donc *a
fortiori* l'inscription qu'il est censé porter. Sur les tombeaux
et les inscriptions fictives, cf. vol. V 2, p. 152. — *Conflictu
habito* : cf. *supra*, p. 87.

4.3.3 (11,5) Pour la fréquence d'emploi du verbe *extare* introduisant un élément d'actualisation, cf., *supra*, p. 75. Pour
la mention de documents comme éléments d'actualisation,
cf., par exemple, *Ael.* 4,7 (*hodieque legitur*); *Alex.* 3,3 (*hodieque declamatae feruntur*); *Gord.* 20,6 (*extant dicta*); liste
complète des passages, le plus souvent sans adverbe, dans
le *Lexicon...* de Lessing, p. 192, *s. u. extare*, lettre c) (monuments) et d) (documents); plus généralement, cf. Hartke,
Kinderkaiser..., p. 13, et Treucker, p. 273-292. Sur les inscriptions (fausses!) citées dans l'*HA*, cf. le vol. V 2, p. 152. Les
citations en vers ne sont pas rares dans l'*HA* ; cf. B. Baldwin, *Verses in the* Historia Augusta, BICS 25, 1978, p. 50-58 ;
F. M. Clover, *The Historia Augusta and the Latin Anthology*,
Historia-Augusta-Colloquium 1986/1989, Bonn, 1991, p. 31-
39. Déjà Dessau (*Über Zeit...*, p. 383-384) avait relevé que,
contrairement à l'habitude des prosateurs latins, et notamment de Suétone, l'*HA* ne cite qu'en traduction latine, le plus
souvent en vers, les prétendus vers grecs qu'il mentionne :
outre le présent passage, cf. *Pesc.* 8,6 ; 12,6 ; *Opil.* 11,4 ; 14,2 ;
Diad. 7,3 ; *Alex.* 14,4 ; 38,6 ; *Maximin.* 9,4. Cette pratique si
particulière, absente des vies principales de la première partie,
qu'on constate mise en œuvre par différents prétendus auteurs de l'*HA*, révèle évidemment la main d'un auteur unique.

---

1. La localité se nomme aujourd'hui Canonica d'Adda, anciennement Pontirolo Vecchio, à quelques km à l'ouest du bourg nommé
Pontirolo Nuovo. Cf. l'Atlas Barrington, carte 39, F2. Pontirolo est évidemment une déformation de *pons Aureoli*.

Il s'agit exclusivement d'inventions libres, et non pas de véritables traductions, encore que, pour notre texte, il existe un prétendu original grec : cf. *CIG* III 6761 ; *CIL* V 2, 645. C'est évidemment un faux de six vers, pieusement cité dans son commentaire *ad loc.* par Casaubon, qui trouve ce texte peu clair et propose une formulation nouvelle en huit vers grecs. Quant à Saumaise, tout en recourant aux qualificatifs les plus flatteurs pour son prédécesseur (par exemple ὁ πάνυ), il le censure durement pour n'avoir compris correctement ni le grec, ni la traduction latine de l'inscription. Les huit vers latins sont d'une syntaxe extraordinairement embarrassée et maladroite, clairement expliquée par Saumaise. Sa correction, *dono*, s'impose pour le sens, mais elle est évidemment amétrique avec son *-o* final d'ablatif bref. On peut hésiter sur le sens exact de *munere... mortali.* Le génitif *Aureoli* du dernier vers dans *P* est aussi embarrassant ; le datif *Aureolo* de *Σ* me paraît préférable[1].

4.3.4 (11,6-7) De toute évidence, « Pollio » rit ici sous cape en suggérant que ses propres vers, qu'il vient de citer, auraient pu être mieux traduits (en fait composés), et en désignant comme coupable un malheureux grammairien, alors qu'il en est peut-être lui-même un, ou qu'en tout cas il témoigne en maint passage d'une mentalité de grammairien. Sur sa lancée, notre menteur patenté proclame sa fidélité privilégiée à la vérité historique. C'est le mérite d'A. Birley[2] d'avoir décelé l'astuce la mieux camouflée de ce passage. Asinius Pollio semble avoir inspiré à l'auteur de l'*HA* l'un de ses faux noms,

---

1. Sur la provenance de cette fausse inscription grecque, cf. J.-P. Callu, *À la frange de l'histoire : cinq textes ou paratextes de l'antiquité tardive*, NAC 26, 1997, p. 365-384, ici p. 375-379, repris dans Idem, *Culture profane et critique des sources de l'antiquité tardive*, Rome, 2006, p. 697-701.

2. *'Trebellius Pollio' and 'Flavius Vopiscus Syracusius'*, Historiae Augustae Colloquium Perusinum, Bari, 2002, p. 33-47, et plus précisément p. 36-41 ; cf. le vol. V 2, p. xxi-xxiii. Cf. aussi J. Burian, Fides historica *als methodologischer Grundsatz der* Historia Augusta, Klio 59, 1977, p. 285-298.

« Pollio » (cf. le vol. V 1, p. 68). Asinius Pollio, tribun du peuple en 47 av. J.-C., a eu comme collègue un dénommé L. Trebellius. Il apparaît donc que le prétendu auteur des vies de Valérien à Claude II est un hybride né de deux tribuns du peuple contemporains de Cicéron. L'affaire se corse quand Cicéron suggère humoristiquement (*Phil.* 6,11) que L. Trebellius, un escroc qu'il déteste et dont il se moque, aurait adopté comme surnom *Fides*. La touche finale à ce montage humoristique est apportée ici : Trebellius Pollio, menteur qui a hérité la première moitié de son nom d'un menteur surnommé *Fides*, proclame, au moment où il vient de mentir, son souci de sauvegarder la *fides*, son attachement à la *fidelitas historica*. « Pollio » et « Vopiscus » font de nombreuses déclarations pour souligner leur fidélité à la vérité historique, à l'authenticité des faits qu'ils rapportent, notamment dans des passages où apparaît, comme ici, le mot *fides* (*Claud.* 11,5 ; *Aurelian.* 12,4 ; 17,1 ; 20,4 ; 35,1 ; *quatt. tyr.* 15,9) ou *fideliter* (*trig. tyr.* 33,8). T. D. Barnes[1] a repéré une curieuse similitude entre notre passage et un texte de Sulpice Sévère (*Mart.* praef. 3) : *ut* (sc. *lectores*) *res potius quam uerba perpendant.... quia regnum dei non in eloquentia, sed in fide constat.* Sur le refus de l'éloquence, cf. *supra*, p. 49. Sur l'emploi de *ego* et de verbes à la première personne du singulier, cf. *supra*, p. 81 et 88. Pour *ponere* dans le sens de « citer », cf. le vol. V 1, p. 243, n. 13. *Vobis* : « Pollio » s'adresse à plusieurs dédicataires, ou à la rigueur à un seul à la forme de politesse ; cf. *Valer.* 7,1 ; 8,5 ; *trig. tyr.* 22,12 ; mais il interpelle aussi le dédicataire au singulier, cf., par exemple, *Claud.* 3,1 et 5,5 ; cf., *infra*, 153. *Tanta rerum copia* est l'une de ces formules sans verbe où l'on peut hésiter à voir soit un ablatif absolu (il faut alors sous-entendre un participe inexistant du verbe *esse*), soit un ablatif circonstanciel.

4.4.0 (12) Le chap. consacré à Macrianus comporte les caractéristiques inverses de celui qui est consacré à Auréolus : il

---

1. *The* Historia Augusta *and Christian Hagiography*, Historiae Augustae Colloquium Genevense, Bari, 1999, p. 33-41, ici p. 39.

s'agit d'un personnage qui a joué un rôle assez discret, mais sa biographie est, du point du vue de sa longueur (69 lignes), la seconde des *Trente Tyrans*, immédiatement après celle de Zénobie. Ce sont surtout plusieurs faux documents qui étoffent ses 18 paragr : 1-2, circonstances provoquant l'usurpation de Macrianus; 3-6, discours de Ballista, préfet (sans doute du prétoire; cf., *infra*, p. 132), exhortant Macrianus à assumer le pouvoir suprême après la capture de Valérien; 7-8, réponse de Macrianus, qui refuse, prétextant son âge; 9-10, réplique de Ballista, suggérant à Macrianus de confier le pouvoir à ses deux fils; 11, duplique de Macrianus, qui accepte cette solution; 12-14, Macrianus élevé à l'Empire avec ses deux fils Macrianus Junior et Quiétus; il marche vers l'Occident, où il périt dans une bataille où un sous-ordre d'Auréolus, Domitianus, joue le rôle principal; 15-18, jugement de Valérien sur Macrianus. Il est abondamment question de Macrianus dans les premières pages de la *uita Gallieni* : en 1,2-5 sont narrées les circonstances de l'arrivée au pouvoir de Macrianus et de ses deux fils de manière identique à celle qui est présentée en *trig. tyr.* 12. Le chap. 2 narre les circonstances de la chute de Macrianus, avec des données supplémentaires concernant les rôles de Pison et de Valens, auxquels « Pollio » consacre des biographies spécifiques en *trig. tyr.* 21 et 19. En 3,1-6, le nom de Macrianus apparaît encore à plusieurs reprises, mais ce sont de simples allusions aux récits précédents ou bien à des données qui sont fournies en *trig. tyr.* 13-14, chapitres qui constituent les biographies des deux fils de Macrianus. En *trig. tyr.*, le nom de Macrianus est déjà apparu en 10,14 (il a été promu par Valérien) et en 11,2 (rôle d'Auréolus dans la chute de Macrianus); il resurgit dans la biographie de son fils Quiétus (14,1), puis dans celles d'Odénath, (15,4), de Ballista (18,3), de Valens (19,2) et de Pison (21,1); ce ne sont là que de simples allusions ne comportant aucune donnée supplémentaire. On n'a pas conservé d'inscription concernant Macrianus. On possède en revanche des monnaies et des papyrus de ses deux fils, dont on déduit leurs noms : T. Fulvius Iunius Macrianus (ou Quietus). Son épouse était d'origine noble (*trig. tyr.* 13,3); elle portait peut-être le nom de Iunia. Les sources occidentales latines sont pratiquement muettes sur Macrianus; seul Polémius Silvius (*chron.* I, p. 521,45) cite son nom (sous la forme Macrinus; mais il s'agit plutôt du fils). Bien que Zosime ne parle pas non plus de cet usurpateur, des sources grecques sont assez loquaces à son sujet. On en déduit que les informations que « Pollio » possède sur Macrianus dérivent de la tradition de Dexippe. Zonaras (12,24 [III, p. 144,32-146,3 Dindorf]) parle de la guerre de Gallien contre Macrianus, lequel, infirme, refusa le pouvoir suprême, mais le fit obtenir à ses deux fils. Laissant en Syrie Ballista avec son second fils, Quiétus, il part pour l'Occident avec son aîné, Macrianus le Jeune. Auréolus s'oppose à eux. Après diverses péripéties, les troupes de l'usurpateur rallient le parti de l'empereur légitime et mettent à mort les deux Macriani. L'*Anonymus post Dionem* (*Frg.* 3 Müller [IV, p. 193]; *Frg.* 159, *Excerpta de sententiis* p. 264,13-25 Boissevain) qualifie Macrianus de κόμης τῶν θησαυρῶν καὶ ἐφεστὼς τῇ ἀγορᾷ τοῦ σίτου[1] et précise qu'il reste à Samosate après la capture de Valérien et refuse de le rejoindre. Eusèbe de Césarée, citant Denys d'Alexandrie (*hist. eccl.* 7,10,4-9), mentionne aussi Macrianus, persécuteur des chrétiens, son infirmité, et l'élévation, sur son conseil, de ses deux fils à l'Empire. Cf. *RE* VII 259-262 (A. Stein, 1910); *PIR*[2] F 549; *PLRE* I, p. 528; Chastagnol, *Histoire Auguste...*, p. 846-847, les commentaires de Ratti aux passages de la *uita Gallieni* mentionnés ci-dessus, notamment p. 93-100, et A Goltz - U. Hartmann, dans Johne, *Soldatenkaiser...*, p. 241; 259-261.

4.4.1 (12,1-2) C'est la capture de Valérien qui projette sur le devant de la scène Macrianus et ses deux fils. Il est donc logique que la biographie de Macrianus père mentionne ce

---

1. Cette désignation prête à discussion; le premier élément est clairement anachronique, car il suggère la fonction de *comes sacrarum largitionum*, qui n'existe pas à l'époque. Macrianus devait être *rationalis summae rei* et *praepositus annonae*; cf. Bleckmann, *Zu den Quellen...*, p. 80-81.

fait. Qu'un éloge de Valérien y soit ajouté est en harmonie avec la ligne idéologique générale de l'*HA* : cf., *supra*, p. 64-65 et 94. Sur les trois versions de la capture de Valérien (en 260), cf. Bleckmann, *Die Reichskrise...*, p. 97-106, Ratti, p. 47 et A Goltz - U. Hartmann, dans Johne, *Soldatenkaiser...*, p. 250-251. Par l'expression *princeps ciuitatis*, « Pollio » désigne certainement le *princeps senatus*, fonction vraisemblablement occupée par Valérien avant son accession au pouvoir suprême ; cf. *Gord.* 9,7, Kienast, p. 214, et le vol. V 1, p. 125-126. Sur la fin de vie de Valérien, cf. *Valer.* 4,2 (*consenescente*) ; Evtr. 9,7 ; Rvf. Fest. 23,1 Arnaud-Lindet ; *Epitome* 32,5. Ces trois derniers textes utilisent la forme verbale *consenuit* (comme le présent passage), ce qui suggère que ce même verbe figurait dans la *Kaisergeschichte* d'Enmann[1]. Les descendants indignes de Valérien sont Gallien et son frère Valérien, *cos.* 265 (cf. *PLRE* I, p. 939, n° 14). Le motif des fils indignes apparaît fréquemment dans l'*HA*, qui préfère en principe le choix du meilleur à la succession dynastique, quitte, le cas échéant, à valoriser néanmoins celle-ci, comme par exemple aux paragr. 8 et 10 du présent chapitre ; cf. le vol. V 1, p. 269-272, et V 2, p. 336-337. *uel... uel* : le sens « et..., et, d'une part..., d'autre part » est propre au latin tardif : cf. Hofmann-Szantyr, p. 502. La notion exprimée par *contemnendum* est aussi, pour Gallien, rendue par le substantif *contemptus* ; cf. *supra*, p. 48. Pour Ballista, cf. le commentaire du chap. 18, qui lui est consacré (*infra*, p. 132-137 ; selon l'*HA*, il est préfet du prétoire, selon Zonaras préfet des cavaliers ; cf. *infra*, p. 132). L'expression non technique *primus ducum* qualifie Macrianus de plus important des généraux. L'*Anonymus post Dionem* et Eusèbe de Césarée le définissent clairement comme un fonctionnaire civil. À cette époque cependant, les fonctions civiles

---

1. Cf. W. Hartke, *De saeculi quarti exeuntis historiarum scriptoribus quaestiones*, Diss., Berlin, 1932, p. 57 (qui pense que l'*HA* a puisé dans Festus) ; B. Baldwin, *Festus the Historian*, Historia 27, 1978, p. 197-217, ici p. 210.

et militaires ne sont pas encore clairement séparées. Macrianus était, comme chevalier de haut rang, le plus élevé en grade des dignitaires du régime qui fût encore libre après la capture de Valérien et de son entourage immédiat ; cf. Chastagnol (*Histoire Auguste...*, p. 846 et n. 2). Il peut donc très bien avoir aussi exercé des fonctions militaires. Au moment de la capture de Valérien, Gallien résidait effectivement fort loin de la frontière perse, en Italie : cf. Kienast, p. 218. Dans ce même temps, Auréolus n'avait très vraisemblablement pas usurpé le pouvoir suprême ; cf. *supra*, p. 98-99. *concesserunt* : emploi ancien, mais peu fréquent, de ce verbe en un sens propre, local, avec indication de la direction ; cf. *ThlL* IV 7,75-8,25 (O. Hey, 1906). Même emploi en 21,1. Le sens figuré apparaît en revanche en 12,14 et 14,1. La formulation de la fin du paragr. 2 est paradoxale. Alors qu'il y a déjà un usurpateur (Auréolus), Ballista et Macrianus estiment indispensable de choisir un *princeps* pour éviter que surgisse un *tyrannus*, alors même que tout personnage qu'ils décideraient d'élever à l'Empire serait nécessairement aussi un *tyrannus*, puisque cette proclamation serait faite sans l'accord du seul détenteur légitime de la pourpre à ce moment-là, à savoir Gallien. Cf. L. Wickert, *s.u. Princeps* (*RE* XXII 2125-2126, [1954]), et le vol. V 2, p. 105 et 207.

4.4.2.1 (12,3) Dans leur majorité, les prétendues citations textuelles incorporées dans l'*HA* proviendraient de documents écrits, publics ou accessibles dans des archives. Dans le cas présent, en revanche, « Pollio » nous rapporte une conversation privée et confidentielle. Il est donc obligé d'inventer un témoin. L'adverbe *quantum*, dans un sens proche de *ut*, est l'une des formes d'introduction aux allégations ou citations par lesquelles l'auteur transfère à sa source la responsabilité quant à la donnée fournie : cf. *Alex.* 29,2 ; *Gord.* 28,1 ; *trig. tyr.* 3,2 ; *Prob.* 5,1. Le témoin ici allégué, bien sûr inventé, est doublement homérique, d'abord parce que Astyanax, le fils d'Hector et d'Andromaque, est un personnage de l'*Iliade*, ensuite parce que la Maeonia (Lydie) est la patrie d'Homère : *Maeonius... Homerus* (HOR. *carm.* 4,9,5-6). Selon une tra-

dition enregistrée par Apollodore (*Epitome* 5,23), Astyanax
aurait été jeté du haut des murs de Troie. Or, en *Gall.* 3,2,
« Pollio » affirme que le corps de Quiétus, le second fils de
Macrianus, subit le même sort. Cette donnée, inconnue des
sources parallèles, semble suspecte. J. Schwartz[1] la considère
cependant comme authentique et l'attribue à Dexippe. En
tout état de cause, il semble y avoir un lien au niveau de
l'*inuentio*, difficile à établir exactement, entre la précision fournie en *Gall.* 3,2 et le nom donné au témoin de l'entretien
mentionné dans notre passage ; cf. Ratti, p. 101-102. Un autre
Maeonius apparaît en 15,5 et en 17,1 ; cf. *infra*, p. 129.

4.4.2.2 (12,4-6) Les arguments que Ballista allègue pour
montrer qu'il ne possède aucune des qualités nécessaires pour
accéder au pouvoir impérial n'ont pas grand poids face à Macrianus. Ce dernier, lui aussi, est âgé (pour ce motif, cf. *infra*,
p. 109). Lui aussi n'est que chevalier, tout comme Ballista, vu
sa *professio* de préfet du prétoire (selon l'*HA*). Pour l'emploi
du verbe *negare* ou *negari* en liaison avec le verbe *posse*, cf. le
vol. V 2, p. 22, n. 9. Il n'est pas sans intérêt de relever qu'il
s'agit d'un tic d'écriture spécifique des deux dernières incarnations, « Pollio » et « Vopiscus », de l'auteur de l'*HA*. Parmi
les facteurs qui rendent Macrianus tout particulièrement pré-
destiné au pouvoir suprême, Ballista mentionne à juste titre la
fortune personnelle. Sur ce motif, en général et plus particulièrement dans l'*HA*, cf. 14,3-6 ; *Opil.* 5,8 ; *Max. Balb.* 7,4 et
7 ; *Gall.* 1,4 ; *Aurelian.* 43,1, ainsi que L. Wickert, *s.u. Princeps* (*RE* XXII 2048 [1954]) et J. Béranger, Provisis etiam
heredum in rem publicam opibus : *fortune privée impériale et
État*, Mélanges G. Bonnard, Lausanne, 1966, p. 151-160, repris dans Idem, *Principatus*, Genève, 1973, p. 353-366. Ballista
insiste ensuite sur les mérites personnels de Macrianus, bien
sûr implicitement opposés aux privilèges dynastiques ; cf., *supra*, p. 91 et 102, et plus bas, paragr. 10. Pour l'expression
orbis Romanus, cf. *Valer.* 2,2 ; *Gall.* 5,6, et *infra*, p. 105.

---

1. *Noms apocryphes dans l'Histoire Auguste*, Historia-Augusta-
Colloquium 1984/1985, Bonn, 1987, p. 197-202, ici p. 201.

4.4.3 (12,7-8) L'expression *imperium prudenti non frustra est* soulève un sérieux problème d'interprétation. Le groupe *frustra esse* a un sens tout à fait clair, illustré par les passages que cite le *ThlL* VI 1430,22-73 (J. Rubenbauer, 1922) : appliqué à une personne, il signifie « être trompé, se tromper », emploi attesté dès Plaute ; appliqué à une chose, il signifie « être inutile », emploi attesté dès Salluste. Cf. Avr. Vict. *Caes.* 37,3. C'est à cette seconde catégorie qu'appartient l'emploi dans notre passage, où il est accompagné d'un datif, comme en Tac. *hist.* 1,75,1 *insidiatores ab Othone in Germaniam, a Vitellio in Vrbem missi ; utrisque frustra fuit.* Des hommes de main furent envoyés par Othon et Vitellius pour éliminer leur rival, mais la mesure se révéla pour l'un et l'autre inutile. Le sens indiqué par le *ThlL* s'applique donc fort bien dans ce passage. Tel n'est, en revanche, nullement le cas pour notre passage de *trig. tyr.* cité par le *ThlL* immédiatement après (1430,61). Dans le contexte, une traduction « le pouvoir suprême, pour un homme avisé, n'est pas une chose inutile » ne donne pas un sens satisfaisant. Les traducteurs ne traduisent du reste pas ainsi : Magie (vol. III, p. 97) « is no light thing » ; Soverini (vol. II, p. 949) « non è cosa di poco conto » ; Chastagnol (p. 881) « n'est pas une mince affaire ». Il n'est donc pas étonnant que Shackleton Bailey (p. 127) et Watt (p. 341) aient tiqué (cf. l'app. crit.). Le premier propose *consilium prudentis non frustra est* « le conseil d'un homme avisé n'est pas chose inutile », le second *imperium prudenti non frustra recusandum est* (ou bien *est r.*) « le pouvoir suprême, pour un homme avisé, ne doit pas être refusé en vain ». Il est évident que c'est la conjecture de Shackleton Bailey qui donne le sens le plus satisfaisant ; par ailleurs, elle est plus économique. Pour appuyer sa suggestion, il allègue Vlp. *dig.* 48,18,1,27 et Dict. 2,15, enregistés par le *ThlL* 1430,55-56. Il me semble qu'il y a un parallèle encore plus convaincant, parce que plus ancien et provenant d'un auteur bien connu de « Pollio », cité lui aussi par le *ThlL* (1430,46), Sall. *Iug.* 7,6 *cuius* (sc. *Iugurthae*) *neque consilium neque inceptum ullum frustra erat.* Il m'a donc paru judicieux d'adopter la conjecture de Shackleton Bailey. Des expressions voisines de *a legum gubernaculis dimouere* se retrouvent ailleurs dans l'*HA* et chez d'autres auteurs dès Cicéron ; cf. *Car.* 1,2, le *Lexicon... de Lessing*, p. 229, le *ThlL* VI 2343,3-56 (S. Häfner, 1934), et le vol. V 2, p. 331, n. 17. La question de l'âge que doit avoir un empereur romain est plus d'une fois abordée dans l'*HA*, tout particulièrement en *Tac.* 4-6 ; cf. *Did.* 8,3, le vol. V 1, p. 263-271, ainsi que Hartke, *Kinderkaiser...*, p. 148-153, H. Brandt, Aetas et senectus. *Gibt es einen Generationen- und Altersdiskurs in der* Historia Augusta *?*, Historiae Augustae Colloquium Bambergense, Bari, 2007, p. 63-71, et plus généralement Idem, *Wird auch silbern mein Haar. Eine Geschichte des Alters in der Antike*, München, 2002. Il est intéressant de noter que, dans ce contexte où il est question d'âge, « Pollio » ne mentionne pas l'infirmité de Macrianus, qui lui est certainement connue par sa source, puisque l'*Anon. p. D.* en parle (cf., *supra*, p. 104), utilisant le verbe πηρόω. Eusèbe (cf. *ibidem*) — sans doute inconnu de « Pollio » — recourt à l'adjectif ἀνάπηρος . S'agit-il d'une paralysie, d'une boiterie, ou bien Macrianus était-il estropié, c'est-à-dire mutilé ? S'il était mutilé, il y avait un obstacle formel à ce qu'il devînt empereur. « Pollio » est seul à soutenir que Macrianus accéda au pouvoir suprême (il devait compléter son effectif de trente usurpateurs ! cf. *infra*, p. 111). On peut se demander s'il ne tait pas intentionnellement un défaut rédhibitoire de Macrianus pour ne pas compromettre sa fiction relative à l'accession de ce personnage à l'Empire. La capacité de monter à cheval (pour servir d'exemple au subordonné) est considérée comme indispensable pour un empereur ; cf. *Tac.* 4,6 et Veg. *mil.* 3,6,36 Önnerfors. Contrairement aux vieillards débiles, Zénobie monte régulièrement à cheval : cf. 30,17. Le surhomme Firmus, quant à lui, chevauche des hippopotames et des autruches : cf. *quatt. tyr.* 6,2, avec mon commentaire à ce passage dans le vol. V 2. Les baignades fréquentes passent dans l'*HA* pour un indice répréhensible de mollesse : cf. *Avid.* 5,5 ; *Comm.* 11,5 ; *Heliog.* 30,5 ; *Gall.* 17,4 ; *Tac.* 11,3 ; *Car.* 17,5, ainsi que E. Merten, *Bäder und Badegepflogenheiten in der Darstellung der Historia*

Augusta, Bonn, 1983, notamment p. 114-117. Pour le motif du refus du pouvoir, cf. le vol. V 1, p. 263 et n. 29 (où il convient de corriger la pagination indiquée pour le travail de Wickert : 2258-2264, et non 2158-2164). Au paragr. 8, l'expression *orbis humani* a des parallèles en *Valer.* 6,2 et *Claud.* 4,1. Saumaise, dans son commentaire au présent passage, pense que l'impérialisme universel de Rome a pour effet de rendre synonymes les expressions *orbis humanus* et *orbis Romanus*, de même que *humanum genus* et *Romanum genus*. Mais dans le présent contexte, il est clairement question de l'État romain. Sur l'emploi de *fatum* dans *l'HA*, cf., *supra*, p. 90.

4.4.4 (12,9-11) Sur le sens de *tribunus*, cf. le vol. V 1, p. 75-76. Que Macrianus le fils et son frère Quiétus aient été promus au grade de tribun par Valérien n'est attesté nulle part ailleurs et constitue certainement une invention de « Pollio ». L'éloge des deux fils de Macrianus implique une approbation de la succession dynastique en contradiction avec la tonalité générale de *l'HA* ; cf. *supra*, p. 105. — *daturus* : cf. *supra*, p. 99. Étant donné le sens spécifique de l'expression *dare manus*, qui implique une traduction bien précise, le polyptote *do daturus* ne peut pas être rendu en français. *L'HA* présente plus d'une fois le préfet du prétoire dans l'exercice de ses responsabilités annonaires : cf. *Avid.* 5,6 ; *Gord.* 28,2 ; *trig. tyr.* 18,4-7 ; *Prob.* 10,7 . Ce secteur d'activité ayant déjà relevé des compétences du préfet du prétoire avant les réformes de Constantin, les notations de ce type ne constituent pas des anachronismes ; cf. F. Carlà, Tu tantum praefecti mihi studium et annonam in necessariis locis praebe *: prefettura al pretorio e* annona militaris *nel III secolo d. C.*, Historia 56, 2007, p. 82-110. — *faxim* : forme archaïque à nuance optative ; cf. A. Ernout, *Morphologie historique du latin*, Paris, 1953[3], p. 165-166, § 244 ; on a ici la seule attestation littéraire à ne pas appartenir à l'époque archaïque ; cf. *ThlL* VI 83,40-44 (O. Hey, 1912). — *feminarum* : ici dans le sens de « femmelette, efféminé », pour désigner un homme ; cf. *ThlL* VI 462,16-26 (G. Bannier, 1915) ; ainsi s'explique la rencontre insolite de l'adj. au masc. *sordidissimus* suivi du gén. *feminarum*.

4.4.5 (12,12-14) Macrianus père n'a pas accédé au pouvoir suprême en même temps que ses deux fils et il n'a jamais porté la pourpre. Aucune source autre que l'*HA* ne l'affirme (cf. aussi *Gall.* 1,3 et 14,1), Zonaras (p. 145,2-4 Dindorf) et Eusèbe (*hist. eccl.* 7,10,8) sont parfaitement clairs à cet égard, et du reste il n'existe ni inscription, ni papyrus, ni monnaie pour Macrianus père. On est donc en présence ici d'une pure invention de « Pollio », dont le motif n'est que trop clair : *tantae molis erat triginta tyrannos inuenire !* Le reste du paragr. 12 est en revanche confirmé par Zonaras (p. 145,5-9) avec plus de détails. L'élévation de Macrianus fils et de Quiétus à l'Empire a lieu, selon *Gall.* 1,2, en 261. Cette date, qui provient certainement de Dexippe, n'est pas tout à fait exacte : des papyrus nous apprennent que l'usurpation des deux jeunes gens commence en septembre 260 et dure jusqu'à la fin de 261. Le décalage d'une année chez Dexippe peut provenir d'une erreur dans l'harmonisation des années consulaires romaines et des années des archontats athéniens, qui servent sans doute de base à la chronologie de l'historien grec[1]. Sur tout cela, cf. Ratti, p. 95 et 100-101. Dans leur marche vers l'Occident, les deux Macriani sont arrêtés dans les Balkans par Auréolus, vaincus et mis à mort. Récit à peu près identique en *Gall.* 2,5-7. Auréolus y est qualifié (tel n'est pas le cas ici) d'*imperator* (sur cette difficulté, cf., *supra*, p. 99-100). Les rebelles auraient eu une armée de 30 000 hommes. *Supra*, en 11,2, le même épisode est égalementi évoqué, sans données chiffrées concernant l'armée des rebelles et des transfuges, mais aussi avec les affirmations que, à ce moment-là, Auréolus avait usurpé le pouvoir et qu'une partie des troupes rebelles aurait été corrompue. Le récit de cet épisode est plus détaillé chez Zonaras (p. 145,10-146,3 Dindorf), mais sans contradictions notables avec l'*HA*. La localisation fournie ici est assez vague et comporte un anachronisme, car le pluriel

---

1. Cf. Barnes, *The Sources...*, p. 72.

Thraciae n'est pas attesté avant Ammien : cf. le vol. V 1, p. 87-88 et 135. Noter que, *infra*, au paragr. 17, le même nom apparaît au singulier. L'intervention dans cette affaire d'un dénommé Domitianus (qualifié de *dux Aureoli*, conformément à l'idée que, au moment de ces événements, Auréolus usurpe le pouvoir suprême) est aussi enregistrée en *Gall.* 2,6, et répétée en *trig. tyr.* 13,3. Il est vraisemblable qu'il convient d'identifier ce général avec un usurpateur très obscur dont parle Zosime 1,49,2 : cf. *RE* V 311-1312 (A. Stein, 1903), et qui est attestée par une monnaie, objet d'une longue controverse sur son authenticité, aujourd'hui confirmée. Cf. S. Estiot - G. Salaün, *L'usurpateur Domitianus*, RN 160, 2004, p. 201-218 (une seconde monnaie a maintenant surgi, cf. R. Abdy, *ibid.*, p. 219-221). L'affirmation que le général Domitianus est un descendant de l'empereur Domitien est évidemment une fiction (sur les parentés fictives, cf. le vol. V 2, p. 63-65, et Johne, *Kaiserbiographie...*, p. 148) ; quant à Domitilla, elle n'est pas l'épouse de Domitien, comme on pourrait le croire d'après le présent passage ; ce nom a été porté par l'épouse de Vespasien, ainsi que par la fille et la petite-fille de celle-ci.

4.4.6 (12,15-18) Après trois paragraphes fournissant des données historiques authentiques, « Pollio » conclut son long chapitre sur Macrianus par un faux document supplémentaire. La haute opinion de Valérien sur Macrianus a déjà été signalée *supra*, en 10,14-15, où Macrianus est mis au nombre des généraux promus par Valérien, qui avait décelé leurs qualités éminentes. Sur ce motif qui exalte les mérites des divers personnages impliqués, cf. *supra*, p. 94. Le qualificatif de *diuus* accordé à Valérien est cohérent avec une notation en *Gall.* 10,5 *quem (*sc. *Valerianum) ne inter deos quidem nisi coactus rettulit (*sc. *Gallienus)*, mais cette donnée, qui n'est confirmée par aucune autre source, constitue assurément une invention de « Pollio ». La mention des compétences militaires de Macrianus est cohérente avec sa désignation comme *primus ducum* au paragr. 1 : cf., *supra*, p. 105. *Deuotus* et *deuotio* sont utilisés exclusivement par « Pollio » et « Vopiscus » pour qualifier des individus : cf. *Gall.* 14,1 ; *Claud.* 14,2 ; 16,3 ; 18,2 ; *Aure-*

lian. 9,2. Le groupe *amat et timet* fait penser à *Aurelian.* 50,5.
La carrière militaire de Macrianus est encore évoquée en 13,3.
L'expression *Romanum collegium* est ambiguë. Saumaise pensait que « Pollio » désignait ainsi le *consilium principis*. Dans
le Cod. Theod., le terme *collegium* peut désigner le Sénat, le
corps des sénateurs : 6,4,22,3 ; 8,5,32 ; 12,1,93. Ailleurs, dans
l'*HA, collegium* est utilisé pour désigner des collèges sacerdotaux ou des corporations professionnelles.

4.5 (13) Ce bref chapitre ne fournit pratiquement rien de
neuf sur le fils aîné de Macrianus père, de son nom complet
T. Fulvius Iunius Macrianus, bien attesté comme Auguste par
une inscription, des papyrus et des monnaies. Cf. *Gall.* 2,7-
3,1 et, surtout, *trig. tyr.* 12,10-14 ; *supra*, p. 104 (sources
parallèles) et 111 ; A. Stein, *RE* VII 253-257 (1910) ; *PIR*[2]
F 546 et vol. III, p. xv ; *PLRE* I, p. 528, n° 3 ; Kienast,
p. 225 ; A. Goltz - U. Hartmann, dans Johne, *Soldatenkaiser...*, p. 260-261. Ici encore, « Pollio » prend des positions
contradictoires dans le débat « succession dynastique et mérites personnels ». — Paragr. 2. *plane* : cet adverbe ne se lit
dans l'*HA* que dans *Avid.*, puis chez « Pollio » et « Vopiscus » ;
cf. le *Lexicon...* de Lessing, p. 447. *Fortitudinem* : les deux fils
de Macrianus père sont déclarés *fortissimi* en *Gall.* 1,5. *iuuenalis* : cf. app. crit. Selon le ms. *P*, l'*HA* utilise la forme *-alis* ;
mais il n'y a en tout que trois attestations : outre la présente,
Alex. 58,3 et *Gord.* 4,6. Les deux formes ne présentent aucune nuance de sens, *-alis* est plutôt propre à la poésie, *-ilis*
à la prose ; cf. *ThlL* VII 2,728,8-13 et 732,79 (W. Claassen,
1970). La fin du paragr. soulève un problème d'établissement
du texte : cf. l'app. crit. Je crois qu'il convient de suivre Soverini, vol. I, p. 117 (cf. aussi p. 94) et de conserver le texte de *P* ;
l'adverbe *quantum* y est construit ἀπὸ κοινοῦ avec *ad facta* et
in bellis, et inséré avant le second terme, selon une pratique attestée dans l'*HA* en *Alex.* 9,7 ; cf. Hofmann-Szantyr, p. 835. —
Paragr. 3. *Cuius merito* : forme d'ablatif figée en fonction de
postposition gouvernant le génitif (personne ou chose) ; cf.
Ael. 7,2 ; *Heliog.* 6,2 ; *trig. tyr.* 22,7, et *infra*, p. 202. Noter la
forme en *-e* pour l'ablatif de *fortis*, attestée ici et là et l'époque

impériale et tardive : cf. *ThlL* VI 1145,50-55 (O. Hey, 1920) ;
mais il peut ne s'agir que d'une simple erreur des mss. La fin
de ce paragr. ; est d'une construction embarrassée, et n'est pas
rendue de manière correcte dans les diverses traductions récentes. Le mot *summum* doit être compris comme un adjectif
substantivé (c'est ainsi que l'entend Lessing, *Lexicon...*, p. 645,
haut de la première colonne) ; le génitif *ducatus* dépend de
l'ablatif de moyen *splendore sublimi*. « Pollio » reprend ici pour
Macrianus père la notion d'une fonction militaire de généralissime, déjà formulée en 12,1 (*primus ducum*), et celle d'une
longue carrière de simple soldat à « maréchal » (12,17). Le
substantif *ducatus, -us*, m., est assez fréquent à l'époque tardive ; il apparaît pour la première fois dans Suétone (*Tib.* 19) :
cf. *ThlL* V 1,2129,30-2131,42 (O. Hey, 1932). Dans le présent
passage, il n'a pas de valeur technique ; sur celle-ci, qui serait
ici anachronique, cf. le vol. V 1, p. 82-83.

5.0 (14-18) Après six usurpateurs occidentaux et cinq usurpateurs danubiens, « Pollio » insère les biographies de cinq
« tyrans » orientaux : Quiétus, Odénat, Hérodès, Maeonius et
Ballista. Si ces cinq personnages sont bien réels, et si Odénat est un acteur de premier plan des événements en Orient
durant les années 260, il est néanmoins évident que Quiétus
est le seul parmi eux qui a véritablement usurpé le pouvoir
suprême. Si le destin de ce dernier est lié aux tribulations de
Macrien père, comme c'est aussi le cas pour Ballista, Hérodès et Maeonius sont en revanche liés à Odénat, le premier
étant son fils, le second son cousin. Il convient en outre de
signaler immédiatement que Hérodès est une déformation, et
Maeonius apparemment une invention de « Pollio » pour un
personnage néanmoins réel.

5.1.1 (14,1-2) Le nom complet du second fils de Macrianus
père est T. Fulvius Iunius Quietus. Il est bien attesté comme
Auguste par des monnaies, des papyrus et une inscription. Cf.
Gall. 3,1-4 et *trig. tyr.* 12,10-12 (à quoi renvoie *ut diximus*),
15,4 et 18,1-3 ; *supra*, p. 104 (sources parallèles) et 110-111 ;
A. Stein, *RE* VII 257-258 (1910) ; *PIR*[2] F 547 ; *PLRE* I, p. 757-
758 ; Kienast, p. 226. Odénat, qui a joué un rôle notable dans

la *uita Gallieni*, apparaît ici pour la première fois dans les *Trente Tyrans*. Il est qualifié ici d'entrée de jeu de maître de l'Orient, et il sera présenté expressément comme usurpateur en 15,1 ; cf. sur cela, *infra*, p. 120-122. Sur la chute de Macrianus père et fils, cf. *supra*, 12,13-14 avec le commentaire p. 111. Odénat s'étant loyalement engagé à défendre le pouvoir légitime de Gallien (cf. *infra*, p. 121-122), les mots *quasi Gallieni partes uindicaret* sont évidemment un ajout de « Pollio », cohérent avec la fiction d'une usurpation de la pourpre par Odénat. Il y a dans l'*HA* plusieurs versions contradictoires de la fin de Quiétus. Selon le présent passage, Ballista et Quiétus auraient été tués par Odénat. *Gall* 3,2 : *sed hi, qui erant cum filio Macriani, Quieto nomine, consentientes Odenato, auctore praefecto Macriani Ballista, iuuenem occiderunt missoque per murum corpore, Odenato se omnes statim dediderunt* ; 3,4 *idem Ballista multos Emisenos... cum Quieto... interfecit*. Selon *trig. tyr.* 18,1 et 3, en revanche, Ballista, épargné par Odénat, aurait été tué par les sbires d'Auréolus qui avaient pour mission de liquider Quiétus, lequel avait déjà été éliminé par Odénat. On admet en général comme plus vraisemblable la version qu'on lit chez Zonaras 12,24 (III, p. 146,4-15 [Dindorf]) : Quiétus (que Zonaras nomme *Quintus*) a sous sa domination, en collaboration avec Ballista, tout l'Orient ; à la demande de Gallien, Odénat les affronte ; la nouvelle de la défaite de Macrianus père et fils dans les Balkans a pour conséquence que beaucoup de villes de l'Orient abandonnent le parti de Quiétus ; Odénat attaque Quiétus et Ballista enfermés dans Émèse ; vainqueur, Odénat met à mort Ballista, tandis que Quiétus est tué par les habitants d'Émèse. Cf. Ratti, p. 100-103 ; A. Goltz - U. Hartmann, dans K.-P. Johne, *Soldatenkaiser...*, p. 260-262. « Pollio » se permet donc un grand déploiement de fantaisie en relation avec Quiétus et surtout Ballista, ce dernier étant tantôt victime, tantôt assassin ; ces variations sont sans doute liées à la fiction de son accession à la pourpre[1]. Sur la fonction exacte de Ballista, cf. *infra*, p. 132.

---

1. Cf. Bleckmann, *Zu den Quellen...*, p. 79-80.

5.1.2.1 (14,3-4) « Pollio » complète ses notices sur Macrianus et ses deux fils par une fantaisie actualisante révélant
le rôle d'Alexandre le Grand de Macédoine dans la tradition familiale des Macriani. Sur l'ensemble de ce passage,
cf. A. Bravi, « *Romano more* » *: tradizione e trasgressione di
modelli culturali nell'*Historia Augusta, Historiae Augustae
Colloquium Bambergense, Bari, 2007, p. 73-82, ici p. 75-78.
Pour le procédé de l'actualisation dans *l'HA*, cf., *supra*, p. 75 et
les renvois dans l'index du vol. V 2, p. 413, *s. u.* actualisation.
Les mots typiques de ce type de développement dans l'*HA*
sont *hodieque*[1] et *uidimus* (au paragr. 5 ; cf. Hartke, *Kinderkaiser...*, p. 12-13). L'entrée en matière au paragr. 3 *non mihi
praetereundum uidetur* est proche de celle de 22,9 *tacendum
esse non credo*. Le paragr. 6 se termine par une justification
quod idcirco posui proche de celle de 11,6 *hos ego uersus...ita
posui* (cf. vol. V 1, p. 243, n. 13). Selon son habitude, l'auteur
de l'*HA* reprend sans cesse des expressions toutes faites. Pour
la spécificité de la présente actualisation dans le contexte des
autres développements de ce genre, cf. Treucker, p. 286-287.
La personne d'Alexandre le Grand est assez souvent évoquée dans l'antiquité tardive, et notamment l'*HA* (liste des
passages dans l'édition de Hohl, vol. II, p. 251). L'épithète
Magnus est elle aussi fréquente durant toute l'époque impériale, notamment chez Ammien (par ex. 14,11,22) et dans
l'*HA* (par ex. *Carac.* 2,2). Pour les diverses mises en œuvre
de l'évocation de ce personnage, cf. L. Cracco Ruggini, *Un
riflesso del mito di Alessandro nelle « Historia Augusta »*,
Historia-Augusta-Colloquium 1964/1965, Bonn, 1966, p. 79-
89 ; J. Béranger, *L'idéologie impériale dans l'Histoire Auguste*,
Historia-Augusta-Colloquium 1972/1974, Bonn, 1976, p. 29-
53, ici p. 45-46 ; J.-P. Callu, *Alexandre dans la littérature*

---

1. Ici deux fois, aux paragr. 3 et 4 ; liste dans le *Lexicon...* de Lessing, p. 238 ; l'expression est surtout fréquente dans la *Vita Alexandri
Seueri* et dans les *Trente Tyrans*, où elle apparaît encore en 25,4 ; 30,27
et 31,3. En tout, il y a une vingtaine d'emplois.

latine de l'Antiquité Tardive, dans L. Harf-Lancner *et alii*, edd., *Alexandre le Grand dans les littératures occidentales et proche-orientales*, Nanterre, 1999. p. 33-50, repris dans *Culture profane et critique des sources dans l'Antiquité tardive*, Rome, 2006, p. 565-582 ; A. Demandt, *Alexander der Grosse. Leben und Legende*, München, 2009, p. 416. La popularité de la personne d'Alexandre le Grand vers la fin du IVe s. est attestée par divers textes, le plus important étant une histoire romancée d'Alexandre le Grand adaptée du grec par Iulius Valerius (édité en dernier par M. Rosselini, Teubner, Stuttgart-Leipzig, 1993 ; traduction française de J.-P. Callu, Turnhout, 2010). On trouve son effigie sur des contorniates. L'expression insolite *quod speciale... habuerunt* se lit déjà en *Alb.* 5,6, également à propos d'une tradition familiale : *cum Caesareana familia hoc speciale habuerit...* Les autres attestations connues ne sont pas nombreuses : cf., par ex. AMBR. *sacr.* 6,2,8 ; CONSVLT. *Zacch.* 2,19, p. 91,30 Morin ; VEREC. *in cant.* 24. C'est une des manies de l'auteur de l'*HA* que d'insister sur la prétendue survie de grandes familles : cf. *Alb.* 4,2 (*hodie quoque*) ; *Gord.* 20,6 (*extant... hodie*) ; *Max. Balb.* 16,1 (*etiam nunc*) ; *Gall.* 19,8 ; *trig. tyr.* 25,2 ; 27,2 (*etiam nunc*) ; 33,5 (*extat*) ; *Aurelian.* 1,3 ; 42,1-2 (*etiam nunc*) ; 44,5 ; *Tac.* 16,4 ; *Prob.* 24,1 ; *quatt. tyr.* 13,5 (*etiam nunc*) ; il n'est pas indifférent de relever que ces précisions se trouvent exclusivement d'abord dans une vie secondaire, puis dans la seconde moitié de la collection. Le mot *reticulum* peut désigner un filet servant au transport de divers objets, ou bien, comme ici, un ornement à larges mailles enveloppant les cheveux, c'est-à-dire une résille ; cf. Daremberg-Saglio IV 2, p. 855 (E. Saglio). Le *dextrocherium* est à proprement parler un bracelet pour le bras droit. Le mot *limbus* désigne un liséré et, par synecdoque, un vêtement orné d'un liséré : cf. *ThlL* VII 2,1402,75-84 (W. Buchwald, 1975). La *paenula* est une pèlerine avec capuchon portée aussi bien par les hommes que par les femmes pour se protéger des intempéries, et qui s'enfilait par-dessus la tête ; il est plus d'une fois question de ce type de vêtement dans l'*HA* ; F. Kolb (*Die paenula...*) a cependant montré que le mot paraît exclusivement dans des passages inventés, dont le témoignage n'a donc aucune valeur pour la réalité archéologique de cet objet. Le *licium* est à proprement parler le cordon qui sert, dans le tissage, à séparer les fils de la trame ; ici, il est question des fils qui constituent un tissu ; l'expression utilisée ici par « Pollio » semble inspirée par Ammien 14,6,9 *fimbriae tunicaeque... uarietate liciorum effigiatae in species animalium multiformes.*

5.1.2.2 (14,5-6) La suite de l'insertion actualisante est introduite par *uidimus*, c'est-à-dire un verbe à la première personne, ce qui constitue une exception peu fréquente dans l'*HA*, où les passages de ce genre sont le plus souvent introduits part des expressions impersonnelles à la troisième personne. Il est intéressant d'observer que les passages cités par Hartke (*Kinderkaiser...*, p. 12, n. 5-6) apparaissent dans une vie secondaire (*Pesc.* 6,8), puis à partir d'*Heliog.* ; chez « Pollio », uniquement ici et *infra*, en 32,5. Cornelius Macer est un personnage inventé. E. Birley[1] a signalé qu'il prend place parmi ceux qui portent des noms d'amis d'Ovide. Il y a plusieurs temples d'Hercule à Rome. On peut supposer que « Pollio » pense ici au temple d'*Hercules Victor*, situé au Forum Boarium. En effet, à l'époque républicaine, un banquet était traditionnellement célébré lors d'un triomphe ; le général vainqueur y régalait ses concitoyens dans le temple d'Hercule : cf. Athénée 4, p. 153 c et 5, p. 221 f, d'après Posidonius, *FGrHist* 87, F 1, *Frg.* 53 Edelstein-Kidd. Mais « Pollio » brouille tout en ne parlant pas de triomphe et en introduisant Alexandre le Grand dans un contexte qui lui est parfaitement étranger. On est donc ici en présence d'un beau mélange d'érudition frelatée, d'anachronisme et de fiction. L'*electrum* (qui le plus souvent signifie « ambre ») désigne ici un métal, natif ou résultant d'un alliage, formé de quatre cinquièmes d'or et d'un cinquième d'argent ; cf. PLIN. *nat.* 33,80 et Daremberg-Saglio II 1, p. 535-536 (A. Jacob). La *patera*

---

1. *Some Names...*, p. 73 ; cf., p. 95, un autre Cornelius Macer, bien réel celui-là, attesté par *CIL* II 159 (*ILS* 1978) en Lusitanie.

est un vase, ou plutôt une coupe utilisée dans les cérémonies religieuses pour des libations. En 32,6, « Pollio » parlera d'un autre objet précieux avec décor figuré ; cf. vol. V 2, p. 71. De tels objets au somptueux décor ont existé dans l'antiquité tardive, on pense par exemple au célèbre plat qui fait partie du trésor de Kaiseraugst[1]. Que toute l'histoire d'Alexandre ait pu être représentée sur le pourtour d'une coupe est une fiction aisément admissible pour des lecteurs assidus de la fin du livre 8 de l'*Énéide*, contenant la description du bouclier d'Énée. L'utilisation d'une amulette à l'effigie d'Alexandre (paragr. 6) est aussi attestée — bien sûr avec l'indignation qui convient — par Jean Chrysostome (*catecheses ad illuminandos* 2,5, PG 49,240). Pour l'emploi spécifique du verbe *exprimere* dans le présent passage, cf. *ThlL* V 2,1788,59-1789,9 (I. Oellacher, 1950). Il est aussi question d'une amulette en *Ver.* 6,3. Sur la question des amulettes en général, cf. Friedländer, vol. II, p. 43, et Straub, *Geschichtsapologetik...*, p. 59-60.

5.2.0 (15) Odénat est certainement, avant même son épouse Zénobie, le personnage le plus important parmi ceux qu'a regroupés « Pollio » dans ses *Trente Tyrans*. Comme beaucoup de biographies qui y sont rassemblées, elle est constituée d'une première partie qui fournit des données authentiques (paragr. 1-5), laquelle est ensuite complétée par une partie fantaisiste (paragr. 6-8). Pour une fois, la partie historique est relativement consistante et digne de foi. Elle reprend, varie et complète les nombreuses autres allusions à ce personnage dans les biographies de Valérien et de Gallien, ainsi que dans les *Trente Tyrans* (pour la liste de ces passages, cf. l'index des noms propres dans les éditions de Hohl ou de Ratti, et celui du présent vol.). Les sources parallèles latines sont laconiques. Ni Aurélius Victor, ni l'*Epitome* ne mentionnent Odénat. Eutrope (9,10 [*bis*] ; 9,11,1 ; 9,13,2), Festus (23,2 Arnaud-Lindet), Jérôme (*chron.* p. 221,10-12 et 222,16 Helm) et Orose (*hist.* 7,22,12 [*bis*] et 23,4) fournissent sur

---

1. Cf. M. A. Guggisberg *et alii*, edd., *Der spätrömische Silberschatz von Kaiseraugst. Die neuen Funde*, August, 2003.

son compte des informations télégraphiques. Polémius Silvius (*chron.* I, p. 521,45) occupe une place à part et fournit des données qui recoupent celles de l'*HA* : il enregistre le nom d'Odénat parmi les *tyranni* d'Orient, confirmant ainsi la version de l'*HA* selon laquelle Odénat aurait usurpé le pouvoir impérial romain. En outre, *ibid.* 49, il mentionne Vabalat, le fils d'Odénat, seul parmi toutes les sources littéraires à l'exception de l'*HA* (*Aurelian.* 38,1). Les sources grecques sont plus loquaces : Zosime 1,39 (avec mon commentaire, p. 160-161), Jean d'Antioche (*Frg.* 152,2 Müller, 231 Roberto), Pierre le Patrice (*Frg.* 10 Müller [IV, p. 187]; *Frg.* 2, *Excerpta de leg. ad gentes* p. 3,11-21 de Boor), George le Syncelle (p. 466,23-467,1 Mosshammer), Zonaras (12,23-24, [III, p. 142,8-14 et 146,4-147,3 Dindorf]); Malalas 12,26. 28 et 30 (p. 297,8; 298,13; 299,4; 300,22 Bonn; p. 229,92; 229,14; 230,24; 231,64 Thurn). Pour un résumé des principales données, cf. *PLRE* I, p. 638-639; Kienast, p. 239-240, et surtout *PIR* III² S 472 (récent et très détaillé). Discussions circonstanciées des divers problèmes et bibliographie dans Bleckmann, *Die Reichskrise...*, p. 122-129; Hartmann, *Teilreich...*, Stuttgart, 2001, et U. Hartmann dans Johne, *Die Soldatenkaiser...*, vol. I, p. 346-357. L'accord est loin d'exister entre tous ceux qui se sont occupés de cette thématique, et les synthèses de Hartmann ne proposent qu'un des modèles possibles. Dans ce qui suit, je me borne à commenter les problèmes spécifiques soulevés par le récit de « Pollio ».

5.2.1 (15,1) L'ensemble des mentions d'Odénat dans l'*HA* constitue la pièce maîtresse d'un débat complexe : quels ont été les titres de ce personnage, a-t-il porté celui d'*imperator* et, surtout, a-t-il, comme le prétend l'*HA*, usurpé le pouvoir impérial romain? Cf. Hartmann, *Teilreich...*, p. 146-161, et mon étude Imperator Odenatus Augustus? *Titres d'Odénat, pièges d'une documentation trilingue, et perversité de l'*Histoire Auguste, MH 66, 2009, p. 141-149. Dès le troisième mot, « Pollio » crée l'équivoque en utilisant le terme *princeps* qui, dans l'écrasante majorité de ses très nombreuses occurrences, désigne — comment pourrait-on s'en étonner ? — l'empereur romain : cf. le *Lexicon...* de Lessing, p. 474-478. Les autres emplois, fort minoritaires, se répartissent selon une grande diversité de sens : *princeps senatus, iuuentutis, ciuitatis, officiorum*, etc. Didon, Sémiramis et Cléopâtre sont selon Zénobie les *principes* du sexe féminin. La présente occurrence, suivie du génitif *Palmyrenorum*, est sans parallèle dans l'*HA* et les autres sources concernant Palmyre, mais il existe quelques emplois classiques de *princeps* suivi d'un nom de peuple au génitif pluriel : cf. *ThlL* X 2, 1280,9 sqq. (J. Schwind, 1995). Cf. Zonaras, p. 146,7 ἡγεμονεύοντα τῶν Παλμυρηνῶν. « Prince » est la traduction qui s'impose. Elle comporte l'avantage d'être imprécise et ambiguë comme le latin, car la nuance « empereur » résonne nécessairement en harmonique, d'autant plus que, quelques mots plus loin, on lit les mots *sumpsisset imperium*, qui désignent très souvent dans l'*HA*, et notamment dans *trig. tyr.*, la prise de pouvoir par un usurpateur, voire par des personnages destinés à devenir des empereurs légitimes (*Maximin.* 18,1 ; *Prob.* 10,2) : cf. le *Lexicon...* de Lessing, p. 642, 2ᵉ col., lettre b). L'affirmation selon laquelle Odénat se serait emparé du pouvoir suprême en Orient se retrouve ailleurs dans l'*HA* : cf. *Gall.* 1,1 (*cum Odenatus iam Orientis cepisset imperium*) ; 3,3 (*Orientis factus est Odenatus imperator*) ; 10,1 (*Odenatus... optinuit totius Orientis imperium*) ; cf. 10,8 ; 13,1 et 16,1. En 12,1, « Pollio » affirme même que Gallien aurait de son propre chef associé Odénat au pouvoir impérial. Cf. Ratti, p. 90-91. Curieusement, J. Béranger[1] allègue le présent passage comme illustrant l'emploi du terme *imperium* pour désigner des royaumes étrangers, en citant en outre *Gord.* 26,6 ; *Gall.* 13,2 et *trig. tyr.* 16,1. Pour l'occurrence *Gord.* 26,6, le cas est clair, car *i.* est accompagné du gén. pl. *Persarum* ; dans les autres passages, en revanche, où il est question de l'*i.* tout court, on ne saurait douter, vu les innombrables parallèles, qu'il s'agisse du pouvoir impérial romain ;

---

1. *L'expression du pouvoir suprême dans l'Histoire Auguste*, Historia-Augusta-Colloquium 1971, Bonn, 1974, p. 21-49, ici p. 35 et n. 95.

cf. le *Lexicon...* de Lessing, p. 260-263. Le récit de « Pollio »
dans les paragr. 1-2 campe Odénat en sauveur de la partie
orientale de l'Empire, prenant l'initiative d'attaquer les Perses
après la capture de Valérien. On retrouve cette même version
plus clairement exprimée chez Festus 23,2. Selon le Syncelle
et Zonaras (p. 142,11-12), en revanche, Odénat poursuit les
Perses au moment où ils sont déjà en train de retourner dans
leur territoire. Cf. Bleckmann, *Die Reichskrise...*, p. 122-123.
Le mot *nisi* introduit une de ces hypothèses d'histoire fictive que l'auteur de l'*HA* insère volontiers dans son récit : cf.
vol. V 1, p. 313-314. Pour l'emploi de *fessus*, cf. *Gall.* 14,5 ; *trig.*
tyr. 9,1 ; même nuance avec *fatigatus*, *trig. tyr.* 30,1 ; *Claud.* 7,4.
L'expression *fessis... uiribus* se lit au nominatif en Ciris 448
et Val. Fl. 2,69, et à l'ablatif chez deux écrivains connus de
l'auteur de l'*HA*, Apvl. *met.* 7,28,2 et Amm. 27,2,8.

5.2.2 (15,2-3) Qu'Odénat ait pris le titre de roi (cf. déjà
Gall. 10,1 et, plus tardivement, de manière déformée, Malalas p. 298,12-14 Bonn, 12,26, p. 229 sq. Thurn) et même, plus
précisément, celui de roi des rois (en 260 ou 262-263) — par
quoi il se dressait en rival du shah de Perse — est confirmé par
des inscriptions en grec et en palmyrénien : cf. les n°s 12-15
dans *PIR*[2] S 472, p. 181-182 et 184, et Hartmann, *Teilreich...*,
p. 176-183. Les divers personnages de la famille d'Odénat
ici nommés bénéficient tous d'un chapitre dans la suite des
Trente Tyrans : 16 Hérodès ; 27 Hérennianus ; 28 Timolaus ;
30 Zénobie. Les détails à leur sujet sont fournis dans les commentaires à ces chapitres. Hohl a proposé dans son édition
de 1955 d'ajouter *relictis* après *Timolao* (cf. app. crit.) ; il faudrait dans ce cas traduire « Hérennianus et Timolaus ayant
été laissés en arrière ». Un cas identique de copule placée
entre le premier et le deuxième élément, et non pas entre le
deuxième et le troisième, se présente déjà en 8,1 ; cf. l'app.
crit. *ad locum.* Hohl témoigne d'une certaine inconséquence
en ne suivant pas Peter (édition) en 8,1, où il allègue Tidner,
puis en suggérant ici de corriger un passage présentant exactement la même particularité. La succession chronologique
des événements enregistrés aux paragr. 2-4 n'est pas correcte.

En 260, Odénat pourchasse les Perses qui se retirent au-delà de l'Euphrate ; en 262, il libère Nisibis[1] et la Mésopotamie, puis marche sur Ctésiphon ; la prise du titre de roi se situe soit après la première, soit après la seconde campagne ; cf. *Valer.* 4,2-4 ; *Gall.* 10,3-8 ; 12,1 ; Zosime 1,39,1, Hartmann, *Teilreich...*, p. 139-140 et 168-175 ; Idem, dans Johne, *Die Soldatenkaiser...*, p. 350-353.

5.2.3 (15,4) « Pollio » continue ici à énumérer des données dans un ordre chronologique incorrect, en escamotant certaines informations et en en falsifiant même délibérément d'autres. Odénat marcha en réalité deux fois sur Ctésiphon, en 262-263 et en 267. La date de la seconde expédition se déduit de deux circonstances conjointes : Odénat dut l'interrompre pour aller s'opposer aux Goths qui envahissaient le Pont ; il fut assassiné peu après : Zosime 1,39,2 ; Syncelle p. 467,7-14 Mosshammer ; *HA Gall.* 12,6-13,1 ; Hartmann dans Johne, *Die Soldatenkaiser...*, p. 353-356. Ctésiphon constitue dans l'imaginaire romain tel qu'il s'exprime dans l'*HA*, surtout après l'échec de Julien en 363, le but fantasmé et inatteignable de toute expédition romaine contre les Perses : cf. notamment *Car.* 8,1 et 9,1-3, avec mon commentaire, vol. V 2 de mon édition, ainsi que D. den Hengst, Verba, non res. *Über die Inventio in den Reden und Schriftstücken in der Historia Augusta*, Historia-Augusta-Colloquium 1984/1985, Bonn, 1987, p. 157-174, ici p. 164. L'abondante prise de butin semble faire suite aux opérations de 262-263, voire à celles de 260. *Valer.* 4,3 parle aussi de la prise du harem, détail qui manque en *Gall.* 10,4, qui, en revanche, parle de la capture de satrapes. « Pollio » se livre ici à son habituel petit jeu consistant à jongler avec des faits exacts, transformés ou frelatés au gré de chaque variation. Aucune autre source ne parle de satrapes faits prisonniers ; le détail semble donc inventé. En ce qui concerne les trésors et les concubines, deux sources grecques

---

1. Ce passage est le seul dans l'*HA* où le ms. *P* avant correction n'écrit pas Nitibis ; sur ce problème, cf. *RE* XVII 720,23-44 (J. Sturm, 1936).

attribuent cet exploit non pas à Odénat, mais à Ballista :
Syncelle, p. 466,19-21 Mosshammer, et Zonaras, p. 142,2-3
Dindorf (qui nomme Ballista Kallistos). Cf. Ratti, p. 62 et
144 ; Hartmann, *Teilreich...*, p. 135 ; 166-167 ; 172-173. Dans
tout cela, la réalité est difficile à distinguer de la fiction. Il
est évident que « Pollio » colore ici son récit pour ajouter
à la gloire d'Odénat. Il fera encore de même aux paragr. 6
et 7, avant de le déclarer inférieur à Zénobie au paragr. 8.
L'expression *ad Orientem uertit* prête à confusion. Hartmann
se trompe quand il prend ces mots au pied de la lettre et
parle d'une « kaum historische Notiz, dass Odaenathus von
Ktesiphon aus weiter nach Osten vorstiess, um Macrinus zu
besiegen » (*Teilreich...*, p. 166). Bleckmann (*Die Reichskrise...*,
p. 123) interprète correctement ce passage, assurément maladroit et ambigu, qui signifie qu'Odénat, après s'être avancé en
territoire perse jusque vers Ctésiphon, revient sur ses pas et
retourne dans la partie du territoire romain qui constitue le
diocèse d'Orient (notion évidemment anachronique sous Gallien). Phénomène de même type chez Cassius Dion (78,14,2) :
retour de Caracalla de « Germanie » dans la province de Germanie. Il y a donc ici un retour en arrière chronologique à
l'année 260, quand Odénat se prépare à affronter Macrianus
et ses fils, et que Macrianus père et fils partent pour l'Occident,
où ils sont battus par Auréolus : cf. *supra* 12,12-14 et p. 111,
ainsi que *Gall.* 3,1-5. Suit le rappel de l'élimination de Quiétus : cf. 14,1 et *supra*, p. 115. Sur Ballista, cf. *ibidem*, et, *infra*,
chap. 18. L'expression *regnum usurpante* est une simple variation d'expression par rapport à *sumere imperium* du paragr. 1.
Il convient néanmoins de souligner que *regnum*, mot peu
fréquemment utilisé par l'*HA*, désigne parfois des royaumes
étrangers, et, dans sept occurrences (dont quatre dans *trig.
tyr.* : 10,3 et 4 ; 30,23 et ici), le pouvoir impérial romain : cf. le
Lexicon de Lessing, p. 550-551. La synonymie est prouvée par
Tac. 2,3 : *discant qui regna cupiunt, non raptum ire imperia, sed
mereri.* De même, le verbe *usurpare*, dans le sens d' « usurper
le pouvoir impérial », n'apparaît que cinq fois dans l'*HA*, uniquement chez « Pollio » et « Vopiscus » : *trig. tyr.* 12,2 ; 27,1 et
ici ; *Prob.* 6,2 ; 11,4.

5.2.4 (15,5) Sept sources fournissent des versions plus ou moins différentes de la mort d'Odénat et font de cet épisode un problème extraordinairement embrouillé. 1) Le présent passage de l'*HA*, complété par les chap. 16-17, fait de ce meurtre une affaire familiale inspirée par la jalousie. 2) Zonaras (p. 146,16-147,3 Dindorf) fournit un récit assez proche, ne cite ni le nom du meurtrier ni celui du fils d'Odénat tué en même temps que son père, mais qualifie le meurtrier de neveu de la victime (l'*HA* en fait un cousin). Selon cette dernière, l'assassinat aurait été motivé par la jalousie (cf. 17,1) ; Zonaras, en revanche, raconte en détail un incident lors d'une chasse qui aurait ensuite tragiquement dégénéré au cours d'un banquet et qui se solde par la mort d'Odénat, de son fils et du meurtrier. 3) Zosime 1,39,2 dit qu'Odénat fut victime d'un complot à Émèse. 4) L'*Anonymus post Dionem* (*Frg.* 7 Müller [IV, p. 195] ; *Frg.* 166, *Excerpta de sententiis* p. 266,10-24 Boissevain) parle d'un dénommé Rufin qui tue Odénat « l'Ancien » coupable de visées politiques criminelles ; Odénat « le Jeune », fils de « l'Ancien », accuse Rufin devant Gallien ; Rufin se justifie, s'il l'avait pu, il aurait aussi éliminé Odénat « le Jeune ». 5) Selon Jean d'Antioche (*Frg.* 152,2 Müller, 231 Roberto), Odénat aurait été victime d'un complot organisé par Gallien. 6) Le Syncelle (p. 467,10-14 Mosshammer) dit qu'Odénat a été tué par ruse à Héraclée du Pont par un autre Odénat (aucun motif n'est indiqué), lequel fut à son tour mis à mort peu après. 7) Enfin Malalas (p. 298,12-14 Bonn, 12,26, p. 230 Thurn) dit qu'Odénat a été tué par Gallien[1]. Il y a donc au fond deux versions : Odénat a été victime soit d'un conflit familial, soit d'un complot politique dans lequel Gallien semble avoir quelque responsabilité. L'identification des divers Odénat, notamment de l'Ancien et du Jeune, est l'objet d'une controverse. La mort d'Odénat semble être intervenue

---

1. Dans l'édition de Bonn, Odénat est nommé Énatos ; Thurn corrige en Odénathos sur la base d'une vieille note reprise dans l'édition de Bonn, p. 590, renvoi à la p. 297,5.

à la fin de 267. Sur tout cela, cf. U. Hartmann, *Teilreich...*, p. 213-218 et 231-241 (date); 218-230 (circonstances); Idem, dans Johne, *Soldatenkaiser...*, p. 356-357. Bleckmann, plus attentif que Hartmann à la concaténation des sources, propose une interprétation en partie différente : cf. *Die Reichskrise...*, p. 129, n. 268, contesté par Hartmann, *Teilreich...*, p. 228-229; duplique de Bleckmann dans *Odainathos in der spätantiken Literatur*, Historiae Augustae Colloquium Bambergense, Bari, 2007, p. 50-61, ici p. 57-61. Ces divers travaux récents renvoient à la très abondante bibliographie. Il serait hors de propos d'entrer ici dans les diverses controverses qui se greffent sur l'épisode de la mort d'Odénat. Il suffira de faire observer que l'*HA* et Zonaras, relativement proches, proposent des versions dans lesquelles il est difficile de ne pas voir des éléments anecdotiques assez suspects. La version d'un complot politique — qui n'est pas incompatible avec des rivalités familiales — semble plus vraisemblable, la liquidation conjointe du fils suggère fortement une dimension dynastique (cf. Alföldi, *Studien...*, p. 196-198). On notera que, l'*HA* mise à part, toutes les sources qui mentionnent cet épisode sont grecques. Il est possible que l'origine première de tous ces récits se trouve chez Dexippe, chez qui l'on peut imaginer un canevas riche en informations, mais très concis dans son expression, que les traditions des récits conservés ont raccourci et déformé par négligence, mais aussi enrichi par l'imagination. Sur Maeonius et Hérodès, cf. le commentaire aux chap. 17 et 16.

5.2.5 (15,6-8) La biographie d'Odénat se conclut par un panégyrique du personnage : avec son épouse, s'il avait vécu, il aurait sauvé l'Empire romain entier, comme il l'a fait pour l'Orient. Cet éloge est cependant relativisé au paragr. 8 : Zénobie lui est encore supérieure (cf. *Gall.* 13,2-3; cette tonalité est conforme au contenu de la biographie de celle-ci, au chap. 30 — la plus longue de *trig. tyr.*! — , mais pas à la manière dont elle est présentée dans la *uita Aureliani*; cf. *infra*, p. 182-183). Ce type de variations désinvoltes est caractéristique des biographies de l'*HA* postérieures à *Opil.* —

Paragr. 6. La variante de *P iratum... deum*, est révélatrice
d'une tentative de christianisation du texte ; *iratos... deos* de
Σ est plus conforme à la coloration indubitablement païenne
de l'*HA*. La mise en évidence du caractère catastrophique
de la mort d'Odénat après celle de Valérien et la perplexité
du fidèle des anciens cultes face aux choix incompréhensibles
des dieux traditionnels peuvent être mises en parallèle avec le
chap. 1 de la *uita Cari*, qui décrit les conséquences de la mort
de l'excellent empereur Probus ; la situation à l'époque de Valérien et de Gallien y est expressément évoquée au paragr. 4.
Cf. aussi *supra*, 10,15-17. — Paragr. 7. Pour l'emploi de *plane*,
cf. *supra*, p. 113. *in pristinum reformauerat statum* : même idée
déjà au paragr. 5 : *composito... statu*. Le groupe *pristinus status*
se trouve aussi en *Valer.* 4,2 (cf. *trig. tyr.* 3,6 *in pristinam securitatem*) ; Caes. *Gall.* 7,54,4 ; Liv. 3,37,3 ; Qvint. *decl.* 263,6 ;
Schol. Ivv. 11,91 ; mais il est surtout très fréquent dans les
textes juridiques ; cf. *ThlL* X 2,1378,66-69 (M. Wild, 1996).
Cf. par ailleurs *trig. tyr.* 5,4 *in statum ueterem reformare*. Il
est frappant que « Pollio » mentionne en trois mots les vertus
guerrières d'Odénat, mais consacre six lignes à ses exploits
comme chasseur. On peut se demander si l'idée de ce développement, évidemment né de sa fantaisie, ne lui a pas
été inspiré par l'épisode de l'incident de chasse raconté par
Zonaras : cf. *supra*, p. 125. En tout état de cause, l'*HA* se
complaît volontiers à évoquer l'intérêt des souverains pour
la chasse et, plus généralement, leur endurance physique : cf.
Rösger, *Herrschererziehung...*, p. 91-92 ; Fündling, p. 270-271
et 832-834. Les passages concernant la chasse sont énumérés dans les entrées des mots de la famille *uenari* par Lessing
dans son *Lexicon...*, p. 714-715. — Paragr. 8. L'endurance
est un lieu commun dans les panégyriques : cf. par exemple
Claudien 7(*III cos. Hon.*), 39-50 ; 8 (*IV cos. Hon.*), 337-352.
Cornélius Capitolinus est un personnage inventé. On observera qu'il porte le nom d'un des six prétendus auteurs de l'*HA*.
Cf. E. Birley, *Some Names...*, p. 93 ; A. Chastagnol, *Le Capitole dans l'Histoire Auguste*, Historia-Augusta-Colloquium
1986/1989, Bonn, 1991, p. 21-29, ici p. 23-24.

5.3 (16) Les divers personnages qui constituent la famille d'Odénat soulèvent une série de problèmes qui ne le cèdent en rien à ceux que suscite le plus important des représentants de leur lignée. Seul « Pollio » mentionne un Hérodès (*Gall.* 13,1 ; *trig. tyr.* 15,2 et 5 ; 17,1 et 2), fils d'un premier lit d'Odénat, ayant assumé avec lui le pouvoir suprême, puis ayant été assassiné en même temps que lui. Il convient sans doute de l'identifier avec deux autres personnages attestés épigraphiquement, qui à leur tour ne constituent apparemment qu'un seul individu, nommés l'un Septimius Haeranes (le nom palmyrénien Hairan aurait comme équivalent grec Hérodès), l'autre Septimius Herodianus. De la combinaison des données de l'*HA* et de l'épigraphie, on peut avec un niveau acceptable de vraisemblance déduire l'existence d'un fils aîné d'Odénat issu d'un premier mariage, associé au pouvoir de son père comme exarque des Palmyréniens et roi des rois, puis assassiné en même temps que lui (confirmé par Zonaras, p. 146,27-147,2, qui cependant ne mentionne pas le nom du fils assassiné). Cf. Hartmann, *Teilreich...*, p. 114-116 ; *PIR*² S 456, 458 et 459. Les quelques bribes de vérité historique contenues dans ce chap. 16 doivent remonter en dernière analyse à Dexippe, qui peut même avoir fourni le nom de Hérodès (cf. chap. 2 le nom de Cyriadès). Le reste de ce que raconte « Pollio » sur Hérodès est très certainement inventé. Il n'a pas usurpé le pouvoir suprême. Le motif des courtisanes et des trésors, et ce qui s'y ajoute ici et en 17,1, est une excroissance de 15,4 (cf., *supra*, p. 124) ; celui de la prétendue jalousie de la marâtre Zénobie, repris et développé en 17,2, est en lui-même certes vraisemblable (ce qui explique la fiction), mais peut difficilement avoir joué un rôle dans un complot politique (cf. *supra*, p. 123). Pour le sens du terme *imperium* au paragr. 1, cf. *supra*, p. 121-122. *Sigillata*, « orné de figures » : le terme est rare, technique, mais néanmoins classique ; Cicéron l'utilise deux fois : *Verr.* II 4,32 ; *Att.* 1,10,3 ; cf. Cod. Theod. 15,7,11 ; Prudence (*ham.* 745) utilise cet adjectif de manière inattendue pour qualifier la forme du sel de la statue en laquelle est métamorphosée la femme de Loth. Le substan-

tif *papilio* désigne soit l'insecte (dès Ovide, *met.* 15,374), soit
une tente. Dans cette seconde acception, le terme appartient
au langage technique militaire ; il apparaît avec Hygin (*mun.
castr.* 1) ; les historiens l'évitent, mais Jérôme l'emploie à plusieurs reprises, et on le lit quatre fois dans l'*HA*, dans une vie
secondaire (*Pesc.* 11,1), puis dans *Alex.* (51,5 et 61,2) et ici ;
cf. J. Straub, *Scurra barbarus*, Historia-Augusta-Colloquium
1977/1978, Bonn, 1980, p. 233-253, ici p. 235, n. 9 ; *ThlL* X
1,252-254 (F. Hodges, 1984).

5.4 (17) Le nom de Maeonius n'apparaît que dans l'*HA*, en
trig. tyr. 15,5 et ici. Dans la version de l'assassinat d'Odénat la
plus proche de celle de « Pollio », celle de Zonaras — lequel
cependant parle non pas d'un cousin, mais d'un neveu —,
le nom de l'assassin ne figure pas ; dans les autres versions,
quand il est fourni, il est différent : cf. *supra*, p. 125. Ce qui
rend ce nom particulièrement suspect, c'est qu'il est attribué
à un personnage inventé en 12,3 ; cf. *supra*, p. 106. Maeonius pourrait à la rigueur être une adaptation grecque d'un
nom palmyrénien. Il y a un Paeonius parmi les connaissances
de Symmaque (*epist.* 2,45). Cf. Hartmann, *Teilreich...*, p. 222-
225 ; *PIR*² M 71. L'essentiel des quelques lignes que « Pollio »
consacre à Maeonius n'est qu'une reprise des fictions du
chap. 16 : l'accession de Hérodès, fils d'Odénat, au pouvoir
suprême, sa mollesse, les sentiments hostiles à son égard de
sa belle-mère Zénobie. À cela s'ajoutent ici comme inventions
additionnelles la propre accession de Maeonius à l'Empire par
erreur, son goût du luxe, motif de sa mise à mort par ceux-là
mêmes qui l'ont proclamé, selon un schéma fréquent dans les
trig. tyr : cf. *supra*, p. 75. Sur Hérennianus et Timolaus, cf. les
chap. 27 et 28 qui leur sont consacrés. Le seul élément historique de ces lignes est relatif à l'assassinat d'Odénat, simple
reprise de ce qui a déjà été indiqué en 15,5. — *damnabili* : Ce
terme n'apparaît qu'ici dans l'*HA* ; il s'agit d'un néologisme,
attesté pour la première fois chez Arnobe (*nat.* 5,31 [p. 289,5
Marchesi]) ; il est surtout employé par les auteurs chrétiens.
Cf. *ThlL* V 1, 8-9 (Th. Bögel, 1909).

5.5.0 (18) La biographie de Ballista est la quatrième en longueur de la collection des *Trente Tyrans*, après Zénobie, Macrianus et Régilianus. Consacrée à un personnage de second plan sur lequel les informations ne surabondent pas, elle s'étoffe surtout grâce à la fiction. Les trois premiers paragr. contiennent de prétendues données historiques, tout le reste n'est que pure invention : un faux document est cité (paragr. 4-10), un autre résumé (paragr. 11), deux paragr. conclusifs (12-13) reviennent sur la mort du personnage, puis commentent la nature des informations que « Pollio » a trouvées à son sujet. Ballista est l'un des prétendus usurpateurs sur lequel « Pollio » fournit le plus de données incertaines et — délibérément ! — contradictoires, réparties dans trois des quatre biographies qui circulent sous son nom : *Valer.* 4,4 Sapor se retire dans son royaume par crainte de Ballista et d'Odénat ; *Gall.* 1,2 Macrianus et Ballista délibèrent du choix d'un nouvel empereur après la capture de Valérien ; 3,2 et 4 c'est à l'instigation de Ballista, préfet de Macrianus, que Quiétus est mis à mort ; Ballista tue de nombreux habitants d'Émèse ; *trig. tyr.* 12,1 répète la donnée de *Gall.* 1,2 ; *trig. tyr.* 12,3-11 dialogue entre Ballista et Macrianus, celui-là tentant de convaincre celui-ci d'assumer le pouvoir suprême ou, du moins, de le donner à ses fils ; 14,1 Quiétus est élevé à l'Empire à l'instigation de Ballista, puis mis à mort en même temps que Ballista, son préfet, par Odénat ; 15,4 beaucoup soutiennent que Ballista s'est emparé du pouvoir suprême par crainte d'être assassiné. Dans les trois premiers paragr. de la biographie qu'il consacre à Ballista, « Pollio » énumère sans trancher d'autres informations qui s'excluent l'une l'autre. L'*HA* est la seule source latine qui mentionne Ballista ; deux sources grecques, en revanche, le connaissent. Le Syncelle (p. 466,15-21 Mosshammer) raconte que, au moment où Sapor s'apprêtait à retourner en Perse à la fin de son expédition de 260, Ballista l'attaqua, lui infligea une lourde défaite et s'empara de ses trésors ainsi que de son harem (cet exploit est ignoré par « Pollio » ; cf. *supra*, p. 124). Ce récit est confirmé par Zonaras (12,23 [p. 141,29-142,3 Dindorf]). Ce dernier mentionne encore notre personnage plus loin : 12,24,

p. 145,7-9, Macrianus, au moment de partir pour l'Occident pour combattre Gallien, charge Ballista de s'opposer aux Perses et le laisse en Orient avec son fils Quintus (en fait Quié-tus); p. 146,4-15, Ballista et Quintus tiennent tout l'Orient; Gallien envoie Odénat les combattre; la nouvelle de la défaite de Macrianus dans les Balkans a pour conséquence qu'une bonne partie de l'Orient abandonne Quintus et Ballista, qui se réfugient à Émèse; Odénat remporte la victoire, il met à mort Ballista (en 261; cf. *supra*, p. 115). Les données four-nies par le Syncelle et Zonaras remontent en dernière analyse à Dexippe, que « Pollio » a largement manipulé et élagué au gré de sa fantaisie. Deux difficultés concrètes surgissent ce-pendant de la confrontation des sources grecques avec l'*HA*. Zonaras (p. 141,30) nomme Ballista Kallistos. On a générale-ment admis que Kallistos était le vrai nom de ce général, et que Ballista était son *signum*, ou plutôt son sobriquet mili-taire. E. Birley[1] a cependant fait observer judicieusement que Ballista est bien attesté comme *cognomen* (*CIL* V 3357 et IX 376; Cels. *dig.* 36,1,33, ainsi qu'une inscription de la région de Skopje, publiée dans *Inscriptions de la Mésie Supérieure* VI, 213, attestant un chevalier P. Aelius Ballista, peut-être un parent de notre Ballista); cf. aussi *ThlL* II 1702,12-21 (H. Ja-cobsohn, 1905). En outre, alors que Dindorf, dans son édition du Syncelle dans le *corpus* de Bonn avait choisi la variante Kallistos, Mosshammer a tranché en faveur de Ballistos. Le Kallistos de Zonaras p. 141,30 semble donc issu d'une mau-vaise leçon d'un manuscrit du Syncelle utilisé par Zonaras. Ce même auteur, quand il ne suit plus le Syncelle (p. 145-146), utilise le nom de Ballista, qui est certainement le véritable *co-gnomen* de notre personnage. Autre divergence : « Pollio » fait de Ballista un préfet du prétoire de Valérien (*trig. tyr.* 12,1) et de Macrianus (12,11). Selon Zonaras p. 145,8, il est en revanche commandant de la cavalerie. Cette seconde don-née résulte assurément d'une déformation de ὕπαρχος en

---

1. *Ballista and « Trebellus Pollio »*, Historia-Augusta-Colloquium 1984/1985, Bonn, 1987, p. 55-60.

ἵππαρχος, facilitée par le iotacisme, qui a pour conséquence que les deux mots, à l'époque de Zonaras, se prononcent exactement de la même manière. Cf. ,sur tout cela, Bleckmann, *Die Reichskrise...*, p. 115-117 ; Hartmann, *Teilreich...*, p. 134-135 ; 144-145 ; *PIR*² B 41 ; Hartmann dans Johne, *Die Soldatenkaiser...*, p. 259-262. Sur l'écho de tous ces événements dans les *Oracles Sibyllins*, cf. *RE* II A, 2159-2160 (A. Rzach, 1923) ; Ballista y est désigné en 13,169 par les mots λοξοβάτης (ou τοξοβάτης) τράγος ; cf. Potter, cité *supra* p. 55, p. 343.

5.5.1 (18,1-3) Ce n'est, outre 15,4, que dans le présent passage, non sans expressions de doute et hésitations, que « Pollio » évoque la possibilité (évidemment fictive) que Ballista ait usurpé le pouvoir suprême. Il allègue des garants non nommés, *multi, alii*, encore d'autres *multi*, témoins, selon lui, de versions divergentes (*ambigunt*). Quiétus a apparemment été éliminé par les habitants d'Émèse, Ballista non pas grâcié, mais mis à mort par Odénat (Zonaras, p. 146,11-13). Ce n'est évidemment pas à l'instigation de Ballista que Quiétus a été mis à mort, Ballista et les siens n'ont pas massacré les habitants d'Émèse (contrairement à ce qui est dit en *Gall.* 3,2 et 4). 15,4 et 18,1 concordent pour soutenir que c'est uniquement pour assurer sa sécurité que Ballista aurait usurpé le pouvoir impérial (la conjonction *quod* a ici un sens final ; cf. le vol. V 2, p. 410). Cet élément apologétique, vraisemblable et réel dans beaucoup d'usurpations, est ici évidemment aussi fictif, tout comme la variante selon laquelle Ballista aurait été tué après s'être retiré dans un sien domaine, situé en lieu difficile à identifier, *Dafnidem*. Le faubourg d'Antioche se nomme *Daphne*, à l'accusatif *Daphnem, Daphnen* (cf. *Aur.* 8,12 ; *Ver.* 7,3 ; etc.) ou *Daphnim* ; le nom d'homme *Daphnis* prend à l'acc. la forme *Daphnim* ou *Daphnin* ; la forme *Dafnidem* est sans parallèle ; il est difficile de dire si elle désigne le faubourg d'Antioche ou un autre lieu ; cf. *ThlL*, Onomasticon III 38-40 (F. Reisch, 1914). Le paragr. 3 contient d'autres affirmations apologétiques : Ballista aurait régné en véritable empereur romain. Autre invention encore, Ballista aurait été exécuté par les sbires d'Auréolus chargés d'abattre Quiétus. Et comme si cela ne suffisait pas, par un ultime scrupule, au paragr. 12, à la fin du chap., « Pollio » revient sur la question de la mort de Ballista en alléguant encore une autre version. Cette multiplicité de variantes et de garants a évidemment pour motif de faire croire que « Pollio » a consulté de nombreuses sources — quitte à soutenir exactement le contraire au paragr. 13 —, et à noyer l'affirmation relative à l'usurpation dans un brouillard propre à rendre les pistes non identifiables. Cf., sur cela, B. Bleckmann, *Zu den Quellen der vita Gallieni duo*, Historiae Augustae Colloquium Maceratense, Bari, 1995, p. 75-103, ici p. 78-80. En réalité, « Pollio » ne puise que dans Dexippe, directement ou indirectement.

5.5.2 (18,4-5a) Ici commence l'éloge de Ballista par une phrase soigneusement mise en forme, avec anaphore de *in* et tricolon. Pour l'emploi de *fuit* en tête de phrase, cf. *supra*, p. 68. Cet éloge débouche sur la citation d'une fausse lettre de Valérien, connaisseur en hommes de qualité (cf. *supra*, 10,14-15), adressée à un personnage fictif, Ragonius Clarus, titulaire d'une charge qui n'a jamais existé, celle de préfet d'Illyricum et des Gaules. Il y a un autre Ragonius en *Pesc.* 3,9, tout aussi fictif, et destinataire d'une lettre tout aussi inauthentique. Les préfectures régionales n'apparaissent qu'au IVe s., après la mort de Constantin : cf. T. D. Barnes, *Regional Prefectures*, Historia-Augusta-Colloquium 1984/1985, Bonn, 1987, p. 13-23, P. Porena, *Le origini della prefettura del pretorio tardoantico*, Roma, 2003, ainsi que mon commentaire à Zosime, vol. I[2], p. 247-252. Quand elles ont existé, c'est la préfecture centrale qui englobait l'Illyricum, la préfecture occidentale qui englobait les Gaules ; en outre, ces deux secteurs ne sont pas contigus. « Pollio » veut-il suggérer un immense territoire comprenant tout l'Occident en ne citant que les territoires extrêmes ? Ragonius serait alors le pendant de Ballista, préfet de tout l'Orient. En 12,8, Galatie (Gaule ?) et Thrace semblent aussi faire partie du ressort de Ragonius ! Cf. Reintjes, p. 88.

5.5.3 (18,5b-10) Ce morceau, dont il a commenté plusieurs données, a été nommé par S. Mazzarino *Precetti del buon governo*[1]. Il a aussi été analysé, conjointement à *Claud.* 14 (cf. *infra*, p. 325-326) par F. Kolb, *Die Adäration...* et *Finanzprobleme...* A. Chastagnol[2] l'a rapproché de Végèce (*mil.* 3,3) et en a conclu que « Pollio » s'était inspiré de Végèce. Pour le passage ici en question, la conclusion me paraît excessive : les nombreuses rencontres de vocabulaire peuvent s'expliquer par l'identité des sujets abordés. Pour les responsabilités du préfet du prétoire dans le domaine de l'approvisionnement déjà au iiie s., cf. *supra*, p. 110. Le nom de *parens* est aussi donné dans un faux document par Valérien à un préfet de la Ville en *Aurelian.* 9,6 ; ce n'est pas forcément un anachronisme[3]. Le terme *dispositio* apparaît à plus d'une reprise dans l'*HA* : cf. le *Lexicon...* de Lessing, p. 144. Dans le sens de « mesure officielle décidée par un empereur ou un fonctionnaire impérial », ce mot n'est pas attesté avant les environs de l'an 300 et constitue donc un anachronisme dans un texte prétendument rédigé avant 260. Cf. *ThlL* V 1, 1433,23-1434,20 (O. Hey, 1915), et Lippold, *Kommentar...*, p. 416. Les conseils eux-mêmes, qui occupent les paragr. 6-10, visent tous à une organisation rationnelle de l'approvisionnement, qui tienne compte des productions locales, évite les transports inutiles sur de longues distances, et ménage au maximum les producteurs dans les provinces[4]. Un défenseur de l'écologie d'aujourd'hui pourrait les reprendre entièrement à son compte. L'annone militaire était l'occasion de toutes sortes de trafics et d'escroqueries (cf. par ex. Tac.

---

1. Dans son étude *Precetti del buon governo (*praecepta gubernandae ; rei p.*) e problemi di economia militare*, Historia-Augusta-Colloquium 1971, Bonn, 1974, p. 103-112.

2. *Végèce...*, p. 58-80.

3. Cf., à ce sujet, le vol. V 1, p. 83 ; F. Kolb, *Untersuchungen...*, p. 52-87, et, surtout, 77-78, et A. Lippold, *Principes pueri — parens principum. Timesiteus = Stilicho ?, Constantius ?, Aetius ?* Festschrift R. Werner, Konstanz, 1989, réimprimé dans Id., *Die Historia Augusta*, Stuttgart, 1998, p. 145-159.

4. Cf., par ex., aussi *Pius* 6,1 ; *Auid.* 14,8 ; *Sept. Seu.* 8,4 ; *Alex.* 15,3 ; *Aurelian.* 7,5 ; etc.

Agr. 19,4), notamment analysés dans les deux études de Kolb citées ci-dessus. La législation visait à éliminer ces abus; cf. par ex. Cod. Theod. 11,1,9-11. 21-22; Cod. Ivst. 11,60,1. L'un des moyens classiques pour les intermédiaires de faire des gains abusifs, l'*adaeratio*, consistait à racheter en espèces des impôts dus en nature; cf. *Claud.* 14,14, et aussi Chastagnol, *Histoire Auguste...*, p. clxv-clxix. Les formulations des paragr. 6 et 7 ont été rapprochées par Mazzarino (cité *supra*) de celles qu'on lit dans *l'Anonymus de rebus bellicis* 5. Les passages de *l'HA* concernant ces abus restent cependant très généraux et n'en révèlent guère la gravité[1]. — Paragr. 7 : *aut uehiculis aut sumptibus* : il me semble que, ici, on est en présence d'un emploi de *aut... aut...* dans le sens de *et... et...*, comme en *Alex.* 40,8 (cf. Hofmann-Szantyr, p. 500), et en outre d'un hendiadys; d'où ma traduction. — Paragr. 8. Sur l'emploi du nom *Thracia* au singulier et au pluriel, et souvent conjointement au nom *Illyricum*, cf. le vol. V 1, p. 87-88 et 135. Selon Columelle 2,9,16, il y a une sorte d'orge nommée Galate. Selon l'*Expositio totius mundi* 41, le pain de Galatie est divin. — Paragr. 9 : Dans ce genre de passages, et surtout dans les listes de dotation, il est régulièrement question de vin et de lard; cf. le vol. V 2, p. 69. *Adfatim* : pour l'emploi fréquent des adverbes en *-im* dans l'*HA*, cf. *ibidem*, p. 391. — Paragr. 10 : Ces lignes contiennent plusieurs bizarreries. La première s'explique par l'emploi de *quadam* avec le sens de *aliqua*; cf. Hofmann-Szantyr, p. 197, lettre d), Zusatz β). Les deux autres ont suggéré des conjectures assez séduisantes à Watt (cf. app. crit.). Le précepte de faire fournir une seule denrée par telle province parce qu'elle y surabonde est bizarrement formulé. Watt propose de remplacer *quod ea* par *eam quae*, « celle (la denrée) qui y est disponible en abondance ». Le précepte d'en éloigner les soldats est peu compréhensible. Watt propose de remplacer *submoueri* par *sustentari*, « et d'en

---

1. Cf. G. Alföldy, *Die römische Sozialordnung in der Historia Augusta*, Historia-Augusta-Colloquium 1975-1976, Bonn, 1978, p. 1-51, ici p. 40-42.

alimenter les soldats ». Dans ce cas, *ab ea* désigne la denrée, non la province.

5.5.4 (18,11-13) Après cette longue citation, « Pollio » conclut le chapitre par un appendice fournissant trois informations supplémentaires disparates. — Paragr. 11. Tout d'abord, le résumé d'une lettre de Valérien à Ballista le remerciant d'avoir été son maître en politique (voilà un type de lettre qu'un empereur ne devait pas souvent écrire à l'un de ses officiers !). *Adscripticius* est un mot très rare, utilisé uniquement ici dans l'*HA*, qui a le même sens que *adscriptus* ou *uacans*; cf. *Alex.* 15,3 *adscriptum, id est uacantiuum*. Il s'agit d'officiers maintenus dans le cadre, mais à disposition, c'est-à-dire momentanément sans commandement. L'expression *tribunus uacans* apparaît quatre fois chez Ammien : 15,3,10; 16,12,63; 18,2,2; 31,13,18; cf. aussi Cod. Theod. 6,27,23; Veg. *mil.* 3,17,1 Önnerfors (cf. 2,19,6 *accensi*). Les mots *id est* introduisent une glose. Il y en a onze dans l'*HA*. Elles ont été étudiées par J. Béranger[1]. Pour *stipator*, cf. *supra*, p. 93. Noter le tricolon avec anaphore de *nullum* et trois verbes se terminant en *-ret*, mais sans que la symétrie soit parfaitement respectée. — Paragr. 12. Ensuite est mentionnée une autre variante encore relative à la mort de Ballista, elle aussi évidemment inventée, qui serait beaucoup mieux à sa place à la fin des paragr. 1 ou 2. Ces rajouts désordonnés sont très typiques partout dans l'*HA*. *Dicitur interemptus* : même clausule *supra* en 4,1; l'emploi de *interemptus* donne un « cursus uelox », ce qui ne serait pas le cas avec *occisus*. — Paragr. 13. Pour finir, « Pollio » prend la pose du chercheur scrupuleux, avouant les lacunes de sa documentation, comme *supra*, en 1,2; cf. aussi *Prob.* 7,1; *quatt. tyr.* 2,1. Le lecteur critique ne s'étonne pas qu'il ait eu beaucoup d'informations sur Ballista comme préfet, puisqu'il a réellement revêtu cette fonction, et très peu sur Ballista comme usurpateur, puisqu'il n'a pas usurpé le pouvoir suprême. C'est peut-être une manière de nous dire que l'usurpation est une fiction !

---

1. *Des gloses...*, surtout p. 15.

6.0 (19-29) Après plusieurs séries d'usurpateurs classés géo-graphiquement s'insère un groupe important, mais disparate, de onze personnages qui se sont manifestés dans de multiples secteurs de l'Empire ; il comprend plusieurs individus inventés :

19 Valens : Achaïe
20 Valens l'Ancien : Illyricum (en réalité Rome)
21 Pison : Thessalie
22 Émilien : Égypte
23 Saturninus : non localisé
24 Tétricus l'Ancien : Gaule
25 Tétricus le Jeune : Gaule
26 Trébellianus : Isaurie
27 Hérennianus : Orient
28 Timolaus : Orient
29 Celse : Afrique

On constate ainsi que « Pollio » mentionne d'une part des personnages surgis dans les régions dont il a déjà traité (20, secteur danubien, 24-25 Gaule, 27-28 Orient), d'autre part des usurpateurs de diverses régions dont il n'a pas été question auparavant : Achaïe, Thessalie, Égypte, Isaurie, Afrique. On dirait un petit tour dans le sens des aiguilles d'une montre, si ce n'est que l'ordre de l'Isaurie et de l'Égypte est inversé. Et puis il y a même un personnage non localisé. Est-ce l'indice d'une étape ultérieure dans la composition du recueil ? C'est possible, mais nullement évident : cf. *supra*, p. 51-52.

6.1 (19) Il est déjà question de ce Valens en *Gall.* 2,2-4 avec plus de détails qu'ici : Valens attaque Pison, qui se retire en Thessalie, où il est tué par les soldats de Valens, qui est proclamé *imperator* et reçoit le surnom de *Thessalicus*. Il est encore mentionné en 20,1-2 et en 21,1-3, passages qui n'ajoutent rien de neuf. L'*Epitome de Caesaribus* 32,4 dit seulement qu'il usurpa le pouvoir en Macédoine. Ammien 21,16,10 le mentionne rapidement parmi les usurpateurs qui se sont dressés contre Gallien ; il aurait porté le surnom de

Thessalonicus[1]. Les autres sources ne connaissent pas ce personnage. « Pollio » exploite donc ici la tradition de Dexippe. On ne possède de ce Valens aucune monnaie. Ces événements appartiennent à l'année 261. Cf. *PIR*[1] V 7 ; *RE* VII A, 2138 (D. Sträussler, 1948) ; *PLRE* I, p. 929-930 ; Kienast, p. 227 ; Festy, p. 154 ; A. Goltz - U. Hartmann dans Johne, *Soldatenkaiser...*, p. 265-266. Ces données ne sont pas parfaitement cohérentes. On peut comprendre qu'un personnage qui a usurpé le pouvoir suprême en Macédoine (*Epitome*) puisse porter le surnom de *Thessalonicus* (Ammien), mais cela ne concorde pas avec une victoire en Thessalie ni avec le surnom *Thessalicus* (*Gall.* 2,3-4). Mais le fait que Pison soit affublé du surnom de *Thessalicus* en *trig. tyr.* 21,1 (non confirmé par une autre source) éveille la suspicion : on peut se demander si « Pollio » ne s'est pas tout simplement livré à un petit jeu de substitutions à partir des données simplifiées de sa source. Valens est ici qualifié de *uir militaris* ; ses soldats remportent une victoire sur Pison (*Gall.* 2,4), puis le tuent (ici paragr. 3). Tout cela est fort surprenant et douteux, car l'Achaïe est une province *inermis*. Selon *Gall.* 2,2, il détenait en Achaïe un *imperium proconsulare*, ici (paragr. 1), il détient le proconsulat d'Achaïe. L'Achaïe est à l'époque du Haut-Empire une province dite sénatoriale, de rang prétorien ; elle est brièvement gouvernée à l'époque de Dioclétien par des *praesides*. Le titre de *proconsul Achaiae* n'apparaît qu'au début du IVe s. Cf. *Der Kleine Pauly* I 38 (B. E. Thomasson, 1964) ; *PLRE* I, p. 1076-1077 et *infra*, p. 330. Sur Macrianus, cf. *supra*, 12,12-14 et p. 111. Sur Pison, cf. *infra*, chap. 21 et p. 140. Que Valens ait été tué par ceux-là mêmes qui l'avaient élevé au pouvoir suprême n'est confirmé par aucune source parallèle ; il s'agit d'un lieu commun dans les *trig. tyr.* ; cf. *supra*, p. 75. Globalement, ce chap. 19, à part l'existence même de Valens et son usurpation, ne contient rien qui soit vraiment digne de foi.

---

1. Barnes, *The Sources...*, p. 72, suggère que le *Thessalonicus* d'Ammien pourrait être une déformation de *Thessalicus*.

6.2 (20) Le dénommé *Valens Superior* est l'usurpateur Iulius Valens Licinianus. « Pollio » le mentionne encore une fois en 31,8 comme précédent dans un passage où il s'excuse d'ajouter dans ses *Trente Tyrans* deux personnages qui n'appartiennent pas à l'époque de Gallien. Il est aussi mentionné par Aurélius Victor 29,3 (qui le nomme Iulius Valens), l'*Epitome de Caesaribus* 29,5 (qui le nomme Valens Lucinianus) et Polémius Silvius (*chron.* I, p. 521,40). On ne possède de lui aucune monnaie. Cet usurpateur se manifeste vers 250-251, sous le règne de Dèce, non pas en Illyricum, mais à Rome. Vu l'état des sources parallèles, il est évident que « Pollio » le connaît grâce à la tradition de l'*EKG*. Cf. *RE* X 845 (A. Stein, 1918) et VII A, 2137-2138 (D. Sträussler, 1948); *PIR*[2] J 610; Kienast, p. 208; Festy, p. 148. A. Birley[1] mentionne le rôle que cet élément provenant de la période non traitée dans l'*HA* du fait de la lacune peut jouer dans la discussion sur le caractère artificiel de celle-ci. Les deux parentés alternatives qui existeraient entre les deux Valens sont purement imaginaires. Le contenu des deux paragr. 2 et 3 est donc entièrement fictif. — Paragr. 1 : *et bene uenit in mentem* : cette expression se retrouve en *Claud.* 10,1. Le groupe *uenire in mentem* est fréquent en latin dès Plaute et Cicéron : cf. *ThlL* VIII 723,52-724,18 (J. B. Hofmann, 1944); la construction avec *ut* est attestée dès Plaute (*Curc.* 558); cf. col. 724,16-18. — Paragr. 3 : *Illyrico imperasset* : les traducteurs disent « en Illyricum », mais il n'y a pas de *in* en latin. Le nom propre est au datif, comme régime attributif d'un emploi intransitif d'*imperare* ; cf. SALL. *Iug.* 13,2 *Iugurta... omni Numidiae imperare parat.* VITR. 2,8,10 *imperabat Cariae toti*; cf. le *Lexicon...* de Lessing, p. 255, 2e col., lettre b).

6.3.1 (21,1a) Cette biographie, relativement développée, est essentiellement constituée d'inventions. Sur ses trente lignes, à peine les cinq premières enregistrent des faits apparemment historiques, qui d'ailleurs ne font que répéter les données déjà

---

1. *The Lacuna in the Historia Augusta*, Historia-Augusta-Colloquium 1972/1974, Bonn, 1976, p. 55-62, ici p. 57-58.

fournies en *Gall.* 2,2-4 et *trig. tyr* 19,2. Aucune autre source littéraire ou documentaire ne mentionne ce personnage. On peut
dès lors se demander s'il a vraiment existé, encore qu'il soit in-
déniable que le contexte du récit où il surgit pour la première
fois — *Gall.* 2 — fournit, outre ce qui le concerne, des détails
exacts confirmés par les sources parallèles. Diverses positions
sont représentées. Les uns — tout en refusant d'admettre
qu'il a assumé la pourpre — ne mentionnent même pas que
le personnage a été considéré comme inventé : cf., par ex.,
J. Klass, *RE* XX 1803-1805 (1950); Kienast, p. 226. Pourtant de sérieux doutes avaient déjà été formulés en 1909 par
Peter (*Die sogenannten...*, p. 215-216), peu suspect de manifester un scepticisme systématique envers l'*HA* ! Dans la *PIR*^{2} P
428, la difficulté est signalée, mais non tranchée. De même
dans le *PLRE* I, p. 703. Syme a changé son fusil d'épaule :
après avoir pris Pison pour un personnage entièrement inventé, il l'a ensuite considéré comme un authentique général
de Gallien, tout en rejetant les nombreuses fariboles (usurpation comprise) que « Pollio » raconte à son sujet[1]. Barnes l'a
suivi dans cette voie (*Some Persons...*, p. 166). Au nombre des
sceptiques endurcis, on peut citer A. Alföldi (dans un compte
rendu, JRS 27, 1937, p. 259); F. Gilliam[2]; Pekáry[3]; Chastagnol, p. 850; Festy, p. 154. J'incline à partager leur avis, mais
il convient néanmoins de reconnaître que les éléments dont
nous disposons ne permettent pas de trancher la question de
l'existence réelle de Pison avec une certitude absolue. Ce qui
existe, en revanche, c'est une monnaie de Pison fabriquée par
un faussaire[4]. Pour l'emploi de *concedere*, cf. *supra*, p. 106.

6.3.2 (21,1b-2) Si le doute existe quant à l'authenticité des
données du début du paragr. 1, tout ce qui suit à partir des
mots *uir summae sanctitatis* jusqu'à la fin du chap. n'est que

---

1. *The Historia Augusta. A call of clarity*, Bonn, 1971, p. 54.
2. *Three Passages...*, p. 106.
3. *Statuen...*, p. 156-157.
4. Cf. S. Estiot, *Le tyran...*, p. 220-222.

pure invention, et pour commencer, la parenté avec les Pisones Frugi, d'où dérive la prétendue *sanctitas* du personnage. *Frugi* est un adjectif indéclinable qui signifie « sobre, frugal, honnête ». Il sert de second surnom (*agnomen*) à une branche de Calpurnii Pisones, qui faisaient partie de la plus haute noblesse romaine (cf. la Calpurnia de 32,5). Tullia, la fille de Cicéron, a effectivement épousé un C. Calpurnius Piso Frugi, qui fut questeur en 58, et mourut jeune l'année suivante : cf. *RE* III 1391 n° 93 (E. Groag, 1897). L'érudition dont témoigne ici « Pollio » est donc d'excellent aloi, et il a aussi raison de préciser que ce mariage constitua pour Cicéron, fils d'un modeste chevalier d'Arpinum, une importante promotion sociale. La seconde phrase du paragr. 2 n'est pas satisfaisante du point de vue logique : *quamuis* et *tamen* semblent tautologiques, et de fait les traducteurs laissent de côté *tamen*. Ce que « Pollio » veut préciser, c'est la raison pour laquelle Valens a mauvaise conscience d'avoir fait liquider Pison : bien qu'il fût un parangon de vertu, il a agi ainsi parce que c'était son ennemi. En omettant *tamen*, on perd donc une nuance, certes maladroitement exprimée. « Pollio » aurait dû écrire : *quod Pisonem, quamuis esset uir cuius similem Romana res publica non haberet, tamen iussisset occidi, quia hostis eius erat.*

6.3.3 (21,3-4) Sur les (faux !) sénatus-consultes insérés dans l'*HA*, cf. le vol. V 1, p. 124, et l'étude de Béranger citée n. 200, p. 43-44. Un autre sénatus-consulte *de Pisone* est heureusement plus authentique ! S'il était réel, l'épisode ici évoqué (résumant les faits narrés en 19,3 et 21,1) devrait s'insérer dans la chronologie de l'usurpation de Macrianus Junior telle qu'elle a été indiquée *supra*, p. 111 et, plus précisément, vers la fin de celle-ci, soit dans la seconde moitié de 261, quand la prétendue nouvelle de la mort de Pison serait parvenue à Rome. La date indiquée — le 25 juin — est donc l'invention gratuite d'un faussaire qui n'a aucune notion du contexte chronologique dans lequel il se meut. Pour le personnage inventé Arellius Fuscus, cf. le vol. V 1, p. 193. Pour la fonction de *consularis primae sententiae*, cf. *ibidem*, p. 125-126. Que le futur empereur Valérien ait précédemment occupé cette fonction a déjà été affirmé à deux reprises dans l'*HA*, une fois par « Capitolinus » (*Gord.* 9,7), une fois par « Pollio » (*Valer.* 5,4). Cette donnée, que ne confirme aucune source parallèle, résulte évidemment d'une invention. Par le simple mot *consule*, un membre du Sénat peut demander une délibération, qui ne peut être bloquée que par un autre sénateur disant *numera*, pour prouver que le quorum n'est pas atteint : cf. Cic. *Att.* 5,4,2 ; Fest. p. 174 Lindsay *s. u. numera senatum*. Le jeu de mots assez plat *consul, consule* peut être mis en parallèle avec une série de plaisanteries de même type insérées par l'auteur de l'*HA* sous ses diverses hypostases, ce qui avait constitué un des arguments allégués par Dessau dans son célèbre article fondateur : cf. le vol. V 1, p. 154. Une proposition au Sénat d'apothéose pour un usurpateur décédé est évidemment une énormité, comme l'idée que les empereurs pourraient l'approuver. Salonin est le second fils de Gallien, César depuis 258, mort en 260. Quant à Valérien, nommé après Gallien, il doit s'agir du fils de ce dernier, Valérien le Jeune, mort en 258, cf. *supra*, p. 59, n. 2.

6.3.4 (21,5-7) « Pollio » conclut sa fantaisie en évoquant deux œuvres d'art honorifiques, dont il prend soin de nous dire ce qu'elles sont devenues de son temps. C'est le procédé d'actualisation[1], fréquent dans l'HA, et notamment dans les *trig. tyr.* ; cf. *supra* p. 75, 100 et 118 : pour le présent passage, cf. Treucker, p. 287. Liste des monuments évoqués avec le verbe *extare* dans le *Lexicon...* de Lessing, p. 192, 1re col. au bas, lettre c). Une telle statue d'usurpateur ne peut pas avoir existé à Rome du vivant de Gallien : cf. Pekáry (*Statuen...*, p. 156-157), qui suggère de voir ici une allusion cachée à Nicomaque Flavien (Flavianus évoquant par contraste de couleurs [Arellius] Fuscus). — Paragr. 6. La fin de ces lignes soulève un problème d'établissement de texte embarrassant :

---

1. Actualisation marquée par le présent *uidetur* et par *adhuc*. Pour l'emploi de cet adverbe dans un contexte d'actualisation, cf. le *Lexicon...* de Lessing, p. 12, *s. u.*, chiffre 1).

cf. l'app. crit. La leçon des mss, *alium* tout seul, suggère, mais de manière incomplète ou ambiguë, une précision relative à la localisation, plus exactement à un déplacement du quadrige vers un autre endroit. C'est ce qu'expriment clairement les conjectures de Gruter, Richter-Hohl et Peter (édition). Soverini[1] relève cependant à juste titre qu'il faut dans ce cas donner à *positae* un sens que ce verbe ne comporte pas, « déplacer ». Il suggère, dès lors, une interprétation toute différente pour *ponere*, « dédicacer, consacrer », construit *ad alium* ἀπὸ κοινοῦ avec *transferendae* et *positae sunt*, et ne change rien au texte : « col pretesto che doveva essere trasferita, fu dedicato ad un altro (personaggio) ». Il y aurait ici une allusion au procédé fréquent consistant à réutiliser une statue ou un groupe sculpté en l'adaptant un peu pour honorer un personnage différent. L'emploi de *ponere ad* dans ce sens est effectivement attesté par Ovide (*epist.* 1,26 ; 12,128) et Nonius (p. 134 Lindsay). Cette solution ingénieuse me semble cependant exclue par les mots *nam in his locis* en tête du paragr. 7, qui impliquent nécessairement que la phrase précédente concerne un problème de localisation. Soverini avait précisé que, pour rendre la nuance locale possible, il faudrait corriger *positae* en *repositae*. C'est une solution très voisine qu'a proposée Shackleton Bailey : il lit *ad alium locum depositae*. C'est, à mon sentiment, la correction qui s'impose. — Paragr. 7. « Vopiscus » évoque aussi les thermes de Dioclétien (*Prob.* 2,1) : de son temps, la Bibliothèque Ulpienne y aurait été transférée. Ces allusions aux thermes de Dioclétien impliquent une impossibilité chronologique si l'on tient pour authentiques les données que fournissent « Pollio » et « Vopiscus » sur le moment où ils écrivent : cf. le vol. V 2, p. 53 et n. 39. Le présent passage semble attester, comme beaucoup d'autres, que l'auteur de l'*HA* connaît bien Rome ; cf. Lécrivain, p. 15, n. 1, et p. 397, n. 1. On notera l'extrême déférence avec laquelle « Pollio » mentionne Dioclétien ; cf. *Car.* 18,3-4.

---

1. *Problemi...*, p. 127-129, et *Scrittori...*, I, p. 118.

6.4.0 (22) La biographie d'Émilien, avec ses quarante-deux lignes dans l'édition Hohl, fait partie des six plus longs chapitres de *trig. tyr.*, mais — hormis l'existence du personnage principal — à peu près tout y est inventé. Les deux premiers paragr. alignent des généralités sur le caractère irascible des Égyptiens. Ce préambule explique les circonstances rocambolesques de l'accession au pouvoir d'Émilien. Les paragr. 3-8 narrent les débuts de l'usurpation (3-5), quelques épisodes du règne (6-7) et sa fin (8); dans tout cela, seul le ralliement de l'armée d'Égypte et les détails relatifs à la mort du rebelle correspondent à la réalité. Les paragr. 9-14 sont occupés par un appendice fantaisiste, mais contenant cependant quelques bribes d'informations authentiques (encore que fortement déformées), relatives à l'interdiction religieuse d'entrer en Égypte avec des faisceaux. Émilien lui-même, dont l'existence réelle a été jadis mise en doute (Peter, *Die sogenannten...*, p. 216), est néanmoins indubitablement un personnage historique. Son nom complet est L. Mussius Aemilianus *signo* Aegippius. Il apparaît ailleurs aussi dans l'*HA* : en *Gall.* 4,1-2, une partie des informations données ici sont déjà fournies, avec la précision supplémentaire que l'usurpateur bloqua les greniers pour affamer les villes, puis fut remis vivant à Gallien ; en 5,6 et 9,1, il y a de simples rappels de l'usurpation ; en 26,1, il y a un rappel de la chute d'Émilien. Il est mentionné comme usurpateur en Égypte, sans aucun détail supplémentaire, par l'*Epitome de Caesaribus* 32,4. La présence d'Émilien dans l'*Epitome* et son absence dans les autres sources latines suggèrent qu'il était évoqué dans la tradition de Dexippe. Émilien est attesté par des papyrus comme préfet d'Égypte du 24 septembre 258 au 17 mai 261 (*P.Oxy.* IX 1201 ; *P.Ryl.* II 110 ; *P.Oxy.* XXXIV 2710). Eusèbe de Césarée parle de lui comme persécuteur des chrétiens (*hist. eccl.* 7,11,6-14) . *CIL* XIV 170 (*ILS* 1433) donne le détail de sa carrière de chevalier : après les quatre milices équestres et un poste en Gaule, il fut vice-préfet d'Égypte en 256-258. Les dates fournies par les papyrus permettent de déduire qu'il fut impliqué dans l'usurpation de Macrianus Junior et de Quiétus (cf. *su-*

pra, p. 111). Durant une certaine période, jusqu'en été 261, il
fit frapper à leur nom des monnaies par l'atelier d'Alexandrie,
et en fut réduit à se révolter quand lui parvint la nouvelle de
la chute des deux frères usurpateurs. Il fut abattu avant le
30 mars 262 (*P.Stras.* I 7, l. 2) par Théodote, qui lui avait
succédé au plus tard à cette date dans la fonction de préfet
d'Égypte. Les données de *Gall.* 4,1-2 semblant de bon aloi,
on peut en déduire qu'Émilien affama Rome en interrompant
les livraisons de blé et que, après sa défaite, il fut envoyé vivant
à Rome et remis à Gallien. Cf. Alföldi, *Studien...*, p. 187-188 ;
PLRE I, p. 23 (cf. J. R. Martindale, Historia 23, 1974, p. 246-
247) ; Chastagnol, *Histoire Auguste...*, p. 850-851 ; Kienast,
p. 227-228 ; Ratti, p. 104-105 ; Hartmann, dans Johne, *Soldatenkaiser...*, p. 266-268 et 1084, qui pense que l'usurpation,
affirmée par les sources littéraires, mais non confirmée par des
monnaies et des papyrus, n'est pas assurée.

6.4.1 (22,1-2) L'Égypte est un thème chéri de l'auteur
de l'*HA* en ses deux dernières incarnations, « Pollio »
et « Vopiscus ». Le présent développement, avec ce qui
s'accroche aux paragr. 3 et 9-14, n'est cependant qu'un hors-
d'œuvre avant les deux passages « égyptiens » du *Quadrige
des tyrans*, 3,1 et, surtout, 7,2-8,9, avec mon commentaire
dans le vol. V 2, p. 213 et 235-258, où le lecteur trouvera
les nombreux passages parallèles anciens et des renvois bibliographiques. Le mot-clé est ici *furiosus*, qui annonce le
furor du paragr. 3. Ne reculant jamais devant les contradictions les plus évidentes, « Pollio » fera l'éloge des Égyptiens en
Claud. 11,1-2, célébrant leur ardeur à combattre les Palmyréniens et leur fidélité à Rome. La phrase initiale au présent
indique que nous sommes ici confrontés à une donnée ethno-
graphique actualisante ; cf. *Gall.* 4,3 et *trig. tyr.* 3,7 concernant
les Gaulois ; 26,5-7 concernant les Isauriens, ainsi que Treucker, p. 287. Les paragr. 1 et 2 comportent plusieurs problèmes
d'établissement du texte. — *est* : cf. app. crit. Hartke défend la
leçon de *P* en alléguant *Aurelian.* 44,1 ; *Tac.* 13,1 ; 18,1 ; mais
est en tête de phrase n'est pas rare non plus dans l'*HA* : cf. le
Lexicon... de Lessing, p. 171, 2ᵉ col., chiffre 2) : l'hésitation

est permise. — *populi* : cf. app. crit. ; la normalisation au datif dans *Σ* et les éditions anciennes peut s'appuyer sur *Geta* 5,4 ; *quatt. tyr.* 1,2 ; 13,4 (l'emploi en *trig. tyr.* 22,3 est différent) ; mais la construction avec le gén. est enregistrée sans hésitation par le *ThlL* VI 250,82 (O. Hey, 1913), avec le parallèle Mᴠᴛɪᴀɴ. *Chrysost. hom.* 28,1. — *uel* : cf. app. crit. ; aucune correction n'est nécessaire si l'on admet que l'adverbe signifie ici « du moins » ; cf. le vol. V 2, p. 398. Mais O. Desbordes (*Les abréviations, sources d'erreurs pour les copistes et... les éditeurs*, Historiae Augustae Colloquium Genevense, Bari, 1999, p. 109-120, surtout p. 109-110, a montré que *uel* ou *ut* peuvent constituer une haplographie pour *uelut* née d'une abréviation ; cf. *Ver.* 6,5 ; *Comm.* 12,12 ; *Carac.* 1,6 ; *Maximin.* 32,1. Dans la fin de la phrase du paragr. 1, les leçons de *P deleuimus quibus usque* et de *Σ de leuibus quibusque* ou *quibus usque* ne peuvent pas être justes. La correction de Saumaise : *de leuissimis rebus usque* implique une modification excessive, mais on peut garder son *leuissimis* comme Peter (édition) et Hohl. Peter adopte ensuite la leçon *quibusque* de *DChv* afin d'obtenir une construction compréhensible du type *optimus quisque*. Cette dernière correction n'est cependant pas nécessaire, car, comme le signale Hohl, à époque tardive, on trouve des emplois de *quis* dans le sens de *quisque* ; cf. *supra*, p. 88, ainsi que E. Löfstedt, *Philologischer Kommentar zur Peregrinatio Aetheriae*, Uppsala, 1911, p. 272-273, et Tidner, p. 34, n. 1, qui cite *Maximin.* 2,6 *fortissimis quibus* et *Prob.* 1,1, où j'aurais dû, dans mon édition, garder la leçon du ms. *P unius cuius*. Le paragr. 2 soulève un problème qui a suscité diverses corrections : cf. l'app. crit. *Seditiones* des mss ne peut être inséré dans la syntaxe de la phrase. *Seditionis* des éditions anciennes est exclu, car la sédition n'a pas seulement menacé, elle s'est produite à mainte reprise. *Seditionibus* ou *seditione* sont inutiles, et du reste Baehrens a proposé d'athétiser ce mot. *In seditiones* redouble maladroitement *ad... periculum* comme régime de *peruenerunt*. La correction très économique de Peter et de Holmes, *illic* pour *illi*, permet de conserver *seditiones* qui devient sujet de *peruenerunt*. Évidemment, il faut admettre que *contra eos* renvoie dès lors aux *furiosi ac dementes* du paragr. 1.

6.4.2.1 (22,3-5) Les circonstances qui aboutissent à l'usurpation d'Émilien telles que les décrit « Pollio » sont entièrement inventées : cf. *supra*, p. 144. — Paragr. 3. Sous le Haut-Empire, à partir de Trajan, les *curatores* sont des sénateurs ou des chevaliers envoyés occasionnellement par l'empereur dans les cités, surtout pour remettre de l'ordre dans les finances ; cf. *Aur.* 11,2. À partir de Dioclétien, leurs fonctions deviennent permanentes, leurs compétences s'étendent, ils sont toujours délégués par l'empereur, mais ils proviennent le plus souvent de la curie locale. La manière dont s'exprime ici « Pollio » suggère qu'il parle d'un personnage qui a une fonction permanente de direction dans la ville ; il projette donc sous Gallien une institution du IVe s[1]. *Alexandriam tunc regebat* : pour obtenir ici un « cursus uelox », il faut accentuer *Alexandriam* sur l'antépénultième, et donc compter le i penultième comme bref, comme en grec Ἀλεξάνδρεια. En latin, la forme normale est *Alexandrea*, avec penultième longue, comme le prouve HOR. *carm.* 4,14,35 ; même phénomène au paragr. 10 pour obtenir aussi un « cursus uelox ». *Militari* : noter l'agent du passif exprimé par l'ablatif seul ; l'usage est à l'origine poétique, puis il s'étend surtout aux historiens à l'époque impériale ; à l'époque tardive, il n'est pas fréquent ; cf. Hofmann-Szantyr, p. 122. *Ob hoc* : expression fréquente dans l'*HA* ; cf. le *Lexicon...* de Lessing, p. 399, 2e col. en haut. Le qualificatif de *dux* que « Pollio » donne ici au préfet d'Égypte est un anachronisme : cf. *supra*, p. 90. — Paragr. 5. Noter la construction « ad sensum » *consenserunt... Aegyptiacus exercitus* ; cf. *Maximin.* 13,6 et Hofmann-Szantyr, p. 439. Kellerbauer p. 644 a voulu effacer cette anomalie en lisant *c. Aegypti totius e.* La phrase se conclut par une invective contre Gallien, motif fréquent dans les *trig. tyr.* ; cf. *supra*, p. 62.

---

1. Cf. Cl. Lepelley, *Les cités de l'Afrique romaine au Bas-Empire*, Paris, 1979, Vol. I, p. 168-169.

6.4.2.2 (22,6-8) Ce qui est narré dans ces lignes, jusque et
y compris la campagne contre les Indiens, relève de la pure
invention. — Paragr. 6. *Nec ei* : cf. app. crit. J'adopte la correction de Baehrens, car faire dépendre le *eius* des mss de
uigor est d'une latinité douteuse, tandis que la construction
deesse aliquid alicui est fréquente, notamment dans l'*HA* ; cf.
le *Lexicon...* de Lessing, p. 123, bas de la 2ᵉ col., tout spécialement *Car.* 18,2 *nec ei... defuit... uigor mentis.* On peut
noter que Soverini et Chastagnol, tout en imprimant *eius*,
traduisent *ei*. Peut-être interprètent-ils *eius* comme un génitif d'appartenance auprès d'un verbe d'attribution, comme
en *Maximin.* 5,5 ; cf. E. Löfstedt, *Syntactica* I², Lund, 1956,
p. 218 ; Hallén, p. 53 sqq. Thébaïde : région du sud de l'Égypte
autour de la ville de Thèbes ; elle constitue au ıvᵉ s. la province
méridionale du diocèse d'Égypte. L'expression *barbarorum
gentes* est isolée ; la tournure normale, qu'on ne lit cependant que chez « Pollio » et « Vopiscus », est *barbarae gentes* :
Claud. 11,3 ; *Aurelian.* 33,4 ; 41,11 ; *Tac.* 16,6 ; *Prob.* 20,4 ;
21,4. — Paragr. 7. Sur la place qu'occupe Alexandre le Grand
dans l'imaginaire de l'antiquité tardive, et notamment dans
l'*HA*, cf. *supra*, p. 116-117. Hartke (*Kinderkaiser...*, p. 127-128,
n. 4) montre que les variations de nom du type *Alexander,
Alexandrinus* pour un même individu sont fréquentes dans
l'antiquité tardive. Mais il est possible qu'*Alexandrinus* soit ici
conçu comme un *agnomen uirtutum merito.* Émilien serait un
nouvel Alexandre, et en outre un vainqueur d'Alexandrie. —
Paragr. 8. Par *Indos*, « Pollio » entend peut-être ici les habitants de l'Arabie méridionale. Comme préfet d'Égypte,
Émilien peut avoir songé à une campagne contre l'Arabie
heureuse comme son lointain prédécesseur Aelius Gallus : cf.
RE I 493 nº 59 (P. von Rohen, 1893). Les données sur la fin
d'Émilien sont exactes, mais incomplètes : cf. *supra*, p. 144-
145. Cf. *ibidem* pour le rôle de Théodote, qualifié ici comme
Émilien de *dux* (cf. *supra*, p. 147). Il succède à Émilien au
poste de préfet d'Égypte. Peut-être convient-il de l'identifier
avec le Théodote qui combat l'usurpateur Mémor en Afrique :
cf. Pierre le Patrice (*Frg.* 4,1 Müller [IV, p. 193] ; *Frg.* 160,

Excerpta de sententiis, p. 264,26-34 Boissevain). Sur ce personnage, cf. *RE* V A, 1957, n° 16 (A. Stein, 1934) ; *PLRE* I, p. 906 ; Hartmann, dans Johne, *Soldatenkaiser...*, p. 1085 ; *infra*, 26,4, avec le commentaire. La strangulation est la forme ancienne de mise à mort des ennemis publics, après qu'ils ont été montrés en triomphe, puis enfermés dans le *Tullianum* (cf. Cicéron, *Verr.* II 5,77). Ainsi périrent par exemple Jugurtha et Vercingétorix (Eutrope 4,27,4 ; Cassius Dion 43,19,3), mais aussi les complices de la conjuration de Catilina (Salluste, *Catil.* 55,2-5). Plus tard, cette forme de mise à mort aurait été interdite (Vlp. *dig.* 48,19,8,1 : *animaduerti gladio oportet, non... laqueo*).

6.4.3.1 (22,9-10) L'appendice en forme de digression égyptienne est introduit par la formule stéréotypée *tacendum esse non credo* ; cf. 14,3, ainsi que le vol. V 1, p. 103 ; 239, n. 8 ; 310 et n. 167 : il est notable que cette formule n'apparaisse que dans la seconde moitié de l'*HA* ; cf. Lippold, *Kommentar...*, p. 666. La question du statut administratif spécifique de l'Égypte et les thèmes ici abordés resurgissent aussi plus loin dans l'*HA*. Tout d'abord en *Aurelian.* 32,2 (avec mon commentaire, vol. V 1, p. 158-159). L'usurpateur Firmus est devenu maître de l'Égypte. Il y exerce le pouvoir *sine insignibus imperii* (dont notamment les faisceaux !), comme s'il s'agissait d'une *ciuitas libera*. En *quatt. tyr.* 2, cette version est réfutée (cf. mon commentaire, vol. V 2, p. 207-212). J'ai, en outre, déjà commenté en partie ailleurs la présente digression[1]. Celle-ci s'articule de la manière suivante. Il y a tout d'abord le *factum* de Gallien : l'intention d'envoyer Théodote (sur ce personnage, cf. *supra*, p. 148) en Égypte avec un *imperium* proconsulaire. Ensuite, donnée de l'histoire ancienne, l'intervention des prêtres pour empêcher cette décision, sous prétexte d'un interdit faisant obstacle à ce que des

---

1. Cf. ma communication *Le tyran fantasmé : variations de l'*Histoire Auguste *sur le thème de l'usurpation*, dans F. Paschoud / J. Szidat (edd.), *Usurpationen in der Spätantike*, Historia Einzelschriften 111, Stuttgart, 1997, p. 87-98, ici p. 92-95. Cf. aussi S. Estiot, p. 239-241.

faisceaux pénètrent en Égypte. Pour finir, les sources concernant le statut spécifique de l'Égypte sont fournies. « Pollio » commet ici des confusions et des amalgames dignes d'un mauvais étudiant. Assurément, Ulpien dit (livre 15 *ad edictum*, *dig.* 1,17,1) : *praefectus Aegypti non prius deponit praefecturam et imperium, quod ad similitudinem proconsulis lege sub Augusto ei datum est, quam Alexandriam ingressus sit successor eius, licet in prouinciam uenerit.* Le préfet d'Égypte n'a qu'un simili-*imperium* proconsulaire, et pour cause, puisqu'il n'est que chevalier (encore que ses compétences dépassent largement celles de beaucoup de gouverneurs de province de rang sénatorial). Il s'agit certes d'un *imperium* par délégation, comme celui de tous les gouverneurs de province au IIIe s. Mais en outre, alors que ses collègues gouverneurs consulaires ou prétoriens des provinces dites sénatoriales, tout comme les légats propréteurs des provinces dites impériales, tous de rang sénatorial, avaient droit à un nombre variable de licteurs, et donc de faisceaux, lui-même n'en avait pas[1] : il ne peut pas faire lever la hache ni marcher les licteurs. Il exerce un *imperium*, mais *sine insignibus imperii*. « Pollio » semble connaître à la lettre le passage d'Ulpien cité ci-dessus, puisqu'il parle d'entrer, non en Égypte, mais dans Alexandrie (pour l'accentuation de ce nom, cf. *supra*, p. 147). Il construit donc ici sa fantaisie avec des éléments issus de l'authentique droit administratif, mais il les met ensemble d'une manière absurde. Théodote, chevalier, nommé successeur d'Émilien aux fonctions de préfet d'Égypte, reçoit bien une sorte d'*imperium* proconsulaire, mais, comme il n'a pas de licteurs, l'interdit des prêtres ne s'applique pas à lui. « Pollio » va mentionner aux paragr. 11-14 deux sources d'où il prétend tenir sa science sur le statut spécifique de l'Égypte : cf. *infra*, p. 152-155. Mais comme la première est frelatée et la seconde

---

1. Sur la question des licteurs, des faisceaux, et de la position hybride du préfet d'Égypte, chevalier occupant une position de sénateur, cf. Th. Mommsen, *Römisches Staatsrecht*, vol. I[3], p. 382-386 ; II[3], p. 935 ; III[3], p. 557.

inventée, il convient de se demander quelle est la véritable origine de sa relative érudition. Deux phrases de Tacite résument et expliquent le statut spécial de l'Égypte : *ann.* 2,59,3 : *Augustus, inter alia dominationis arcana, uetitis nisi permissu ingredi senatoribus aut equitibus Romanis illustribus, seposuit Aegyptum, ne fame urgeret Italiam quisquis eam prouinciam claustraque terrae ac maris quamuis leui praesidio aduersum ingentes exercitus insedisset. hist.* 1,11,1 : *Aegyptum copiasque quibus coerceretur iam inde a diuo Augusto equites Romani obtinent loco regum : ita uisum expedire, prouinciam aditu difficilem, annonae fecundam, superstitione ac lasciuia discordem et mobilem, insciam legum, ignaram magistratuum*[1]*, domui retinere*[2]. « Pollio-Vopiscus » connaît l'existence de l'historien Tacite, puisqu'il ne le mentionne pas moins de trois fois (*Aurelian.* 2,1 ; *Tac.* 10,3 ; *Prob.* 2,7), mais l'a-t-il lu ? R. Syme[3] était sceptique, J. Velaza[4] l'est aussi ; les indices positifs sont relativement faibles. Il y a une parenté indiscutable entre le discours de Galba adoptant Pison (TAC. *hist.* 1,15-16) et des éléments dispersés dans de faux discours au début de la *Vita Taciti* (chap. 3, 4 et 6)[5]. Mais il s'agit d'idées générales, qui peuvent aussi provenir d'ailleurs. Malgré l'observation faite ci-dessus, ce serait beaucoup s'avancer que de vouloir prétendre que « Pollio » avait lu Ulpien. Il devait en revanche connaître Ammien 22,16,6 *Aegyptus... regio iure regitur a praefectis.* En tout état de cause, il me paraît difficile d'admettre que le récit concernant le projet de Gallien et l'obstacle qui empêche sa réalisation ait pu naître dans l'imagination de « Pollio » sans qu'il ait eu connaissance d'une manière ou

---

1. On notera que ces mots contiennent en germe les considérations ethnographiques de l'auteur de l'*HA* sur les Égyptiens.

2. Cf. aussi Cassius Dion 51,17,1-2.

3. *Ammianus...*, p. 189.

4. *Tacite dans l'HA : vers une révision*, Historiae Augustae Colloquium Bonnense, Bari, 1997, p. 241-253.

5. Cf. le vol. V 1, p. 258-259, 261-263 et 269-273.

d'une autre de la disposition spécifique prise par Auguste à l'égard des sénateurs et des chevaliers de haut rang[1].

6.4.3.2 (22,11) Cicéron est souvent mentionné et cité dans l'*HA* : cf. Chastagnol, *Histoire Auguste...*, p. LXXVII-LXXIX). L'examen de l'index de l'édition de Hohl (vol. II, p. 300) révèle une particularité insolite : jusqu'à la lacune, il est plusieurs fois mentionné, mais jamais cité. Chez « Pollio » et « Vopiscus », en revanche, il n'est plus mentionné que deux fois, mais il est fréquemment cité. En outre, les imitations de tournures cicéroniennes sont nombreuses chez « Vopiscus » : cf. les renvois dans les entrées « Cicéron » des index des vol. V 1, p. 329 et V 2, p. 417. Pour *Valer.* et *Gall.*, cf. Ratti, p. 193-194 et l'entrée de l'index, p. 203. Dans les *trig. tyr.*, Cicéron a déjà été cité en 8,2 et mentionné en 21,1 ; cf. *Claud.* 2,5. Du discours de Cicéron *In Gabinium*, il ne reste pas une ligne, les quelques *testimonia* occupent moins de deux pages dans le recueil de I. Puccioni[2]. Celui de Cassius Dion 39,62,2-3 ne nous éclaire qu'en partie. En 58 av. J.-C., Ptolémée XIII Aulète, craignant une révolte des Alexandrins, s'était enfui à Rome. Au début de 56, Pompée voulut faire réinstaller l'Aulète sur son trône, mais, la foudre ayant frappé le sanctuaire de Jupiter au Mont Albain, on consulta les Livres Sibyllins, qui prescrivirent que le roi devait être réinstallé sans recours à la force armée (cf. Cicéron, *fam.* 1,7,4, et Lucain 8,823-826). En 55, poussé par Pompée, Gabinius décida de ne pas tenir compte de l'interdit, quitta sa province de Syrie et se rendit en Égypte où il réinstalla le roi. Il avait donc violé la loi qui interdisait à un gouverneur de quitter sa province, et son entrée en Égypte était de ce fait illégale. Le récit le plus complet de ces événements se lit dans Cassius Dion 39,15-16 et 55-56[3]. C'est certainement cet épisode que

---

1. Cf. J. Schwartz, *La place de l'Égypte dans l'Histoire Auguste*, Historia-Augusta-Colloquium 1975/1976, Bonn, 1978, p. 175-186, ici p. 181-182.

2. M. Tulli Ciceronis *Orationum deperditarum fragmenta*, Mondadori, 1972, p. 151-152. Le présent passage est l'un des deux plus longs.

3. Cf. aussi J. Carcopino, *Histoire romaine* II 2, *César* (Collection Glotz), Paris, 1950[4], p. 772-773 et 786-787.

connaît « Pollio », puisqu'il fait intervenir des prêtres dans la révélation de l'interdit (cf. paragr. 10) et qu'il comporte une interdiction d'entrer en Égypte pour un proconsul accompagné d'une armée. Sa source est vraisemblablement celle qu'il cite, le *In Gabinium* de Cicéron, pour lui accessible. Bien sûr, le lien de cause à effet qu'il établit entre l'oracle sibyllin de 56 av. J.-C. et l'interdiction faite aux sénateurs par Auguste et ses successeurs de pénétrer en Égypte est parfaitement faux. Je me demande s'il n'est pas guidé ici davantage par la perversité que par l'ignorance. Les mots *nunc extat* montrent que nous sommes en présence d'une insertion actualisante : cf. Treucker, p. 287-289. Pour le sens de *denique*, cf. le vol. V 1, p. 243, n. 13.

6.4.3.3 (22,12) Le personnage inconnu et inventé Hérennius Celsus, qui brigue le consulat, tombe ici comme un cheveu sur la soupe. Dans le présent contexte, le seul élément qui pourrait faire obstacle à son ambition, c'est quelque lien avec l'Égypte, dont cependant on ne nous dit rien. Sensible à cette difficulté, Baehrens (cf. app. crit.) a suggéré d'ajouter *si in ea terra* avant *consulatum*, intervention lourde pour un bénéfice hypothétique : que peut signifier « désirer le consulat en Égypte » ? « Pollio » interpelle par les mots *uestrum parentem* le dédicataire de son œuvre. Les biographies groupées avant la lacune sont dédiées à des empereurs. Celles qui se situent après la lacune le sont à plusieurs particuliers ; des uns, on ignore le nom : ici, *Aurelian.* 1,9 ; 43,1 et 5 ; *Car.* 21,2 ; un Celsinus est nommé en *Prob.* 1,3 ; un Bassus en *quatt. tyr.* 2,1 ; cf. les vol. V 1, p. 67 et 201 ; V 2, p. 49, 205-206 et 411[1], et *supra*, p. 102. On notera que, ici, l'ami nommé s'appelle Celsus, qui fait penser au Celsinus de *Prob.* 1,3[2]. Hérennius fait penser

---

1. L'auteur s'adresse en outre à un ou des lecteurs ou dédicataires anonymes en *Valer.* 5,3 ; 7,1 ; 8,5 ; *Gall.* 20,1 ; *trig. tyr.* 11,7 ; *Claud.* 3,1 ; 5,5.

2. Sur les noms Celsus et Celsinus, cf. Syme, *Ammianus...*, p. 58-59 ; E. Birley, *Some Names...*, p. 72. Il est amusant de relever qu'il existe un authentique Hérennius Celsus, édile à Pompéi : *CIL* IV 634 et 3771 (*ILS* 6421 a et b).

au fils inventé de Zénobie, Hérennianus (cf. chap. 27). En *Aurelian.* 44,2 et 3 sont nommés successivement un Verconnius Hérennianus et un Celsinus, lesquels font évidemment penser à notre présent Hérennius Celsus par des moitiés de nom[1]. Un autre Hérennianus paraît en *Claud.* 17,3, un autre encore en *Prob.* 22,3. L'affaire se corse en *quatt. tyr.* 12,4, où un autre Hérennianus encore est nommé comme fils de l'usurpateur Proculus, qui se trouve porter précisément le nom du garant que « Pollio » allègue au paragr. 14 pour son histoire de colonne dorée; cf. les vol. V 1, p. 205, et V 2, p. 156-157 et 269. Dans les *quatt. tyr.*, la biographie de Proculus est précédée de celle de Saturninus. Ici, la mention du grammairien Proculus est suivie de la biographie de l'usurpateur Saturninus. De tous ces personnages, seuls les deux usurpateurs Proculus et Saturninus surgis sous Probus sont réels. J'ai exposé la signification de ces réseaux multiples dans le vol. V 2, p. 265-266.

6.4.3.4 (22,13-14) Sur les inscriptions (toutes fausses!) dans l'*HA*, cf. le vol. V 2, p. 152, et notamment *infra*, 33,4-5. En *Gord.* 34,2-6, il est question d'une prétendue inscription funéraire de Gordien III traduite en plusieurs langues, l'une des versions étant « en lettres égyptiennes », comme l'inscription sur la colonne dorée dont il est question ici. Gilliam[2] signale que, vers le milieu du IIIe s., même en Égypte, il n'y avait pratiquement plus personne qui sût lire les hiéroglyphes. Les inscriptions hiéroglyphiques les plus tardives datent de 394 apr. J.-C. Ici enfin apparaît le motif qui rend périlleux l'entrée des faisceaux romains en Égypte : il en résulterait que le pays retrouverait sa liberté. Le même motif se lit en *Aurelian.* 32,2; cf. le vol. V 1, p. 158-159. La mention de la toge prétexte est aussi surprenante. Celle-ci, comme la toge en général, n'est portée en principe qu'à Rome, et dans le contexte de la vie

1. Un phénomène identique, mais encore plus évident, se produit entre le Gargilius d'*Alex.* 37,9, le Martial (poète réel) d'*Alex.* 38,1 et l'amateur de légumes réel, campé en biographe inventé, Gargilius Martialis cité en *Prob.* 2,7.
2. *Three Passages...*, p. 104, n. 25.

civile : cf. Daremberg-Saglio IV, p. 348 (F. Courby). Mais une
entrée en Égypte suggère plutôt un contexte militaire, avec un
magistrat en *paludamentum* ; cette prétexte est donc ici une
disparate supplémentaire. Sur l'épisode réel qui peut avoir été
à l'origine du rêve d'une Égypte libre, cf. le vol. V 2, p. 208-209.
Sur les conséquences pour Rome d'une Égypte libre, cf. Pline
le Jeune, *paneg.* 31. J.-P. Callu[1] a signalé un curieux passage
de Iulius Valérius 1,34, où il est question d'une inscription sur
une statue, à Memphis, annonçant le retour en Égypte d'un
roi qui libérerait le pays de ses ennemis. Ces lignes comportent
donc trois éléments communs avec notre passage. Le grammairien Proculus est un personnage inventé, qui n'a rien de
commun avec le grammairien Proculus de Sicca d'*Aur.* 2,3, lui
aussi inventé[2]. Sur le réseau de noms fictifs dans lequel le présent personnage est impliqué, cf. *supra*, p. 154. L'expression
sui temporis est fréquente dans l'*HA* : cf. le *Lexicon...* de Lessing, p. 661, 2e col. bas.

6.5.0 (23) Le tyran Saturninus opposé à Gallien est mentionné déjà en *Gall.* 9,1 dans une liste d'usurpateurs, et le sera
encore en *quatt. tyr.* 11,1 pour le distinguer de l'usurpateur
homonyme surgi sous Probus. Aucune autre source littéraire
et aucune source documentaire ne mentionnent ce Saturninus
au temps de Gallien. Sa biographie n'est qu'un alignement de
banalités passe-partout, et « Pollio » ne nous dit même pas —
cas unique dans la série — où il se serait manifesté. Il est
donc unanimement considéré comme inventé. Comme beaucoup d'autres, ce Saturninus aurait été distingué par Valérien ;
il est cependant absent de la liste qui ouvre le segment de *trig.
tyr.* 10,14-17, où est déjà vantée la perspicacité de Valérien
dans le choix de ses généraux ; cf. *supra*, p. 94. Pour le réseau

---

1. *Platon dans l'Histoire Auguste : les ambiguïtés de la référence*,
Historiae Augustae Colloquium Perusinum, Bari, 2002, p. 93-108, ici
p. 107.
2. Cf. E. Birley, *Military Intelligence and the Historia Augusta*,
Historia-Augusta-Colloquium 1964/1965, Bonn, 1966, p. 35-42, ici
p. 36-37.

de noms dans lequel les deux Saturnini sont englobés, cf. *supra*, 154. C'est à E. Hohl[1] que revient le mérite de l'avoir le premier décelé, et d'en avoir tiré la conclusion nécessaire que « Pollio » et « Vopiscus » ne peuvent qu'être un seul et même individu. Divers éléments réunissent les deux Saturnini. Le premier s'insère après une biographie où l'Égypte joue un rôle de premier plan ; le second est un usurpateur égyptien. Les deux n'accèdent au pouvoir suprême que contraints et forcés, prévoient que ce pas va les mener à la mort et s'expriment en discours direct (*trig. tyr.* 23,2-3 ; noter *bonum ducem perdidistis* ; *quatt. tyr.* 9,3-4 noter *res publica uirum perdidit*). Dans les deux passages, on trouve le verbe *amicire* (*trig. tyr.* 23,3 ; quatt. *tyr.* 10,1). Certes, la vie de Saturninus I est d'une platitude extrême, celle de Saturninus II d'une fantaisie exubérante. S. Estiot, qui a brillamment débrouillé le nœud gordien des fausses monnaies des Saturnini (*Le tyran...*), et qui a enrichi le réseau décelé par Hohl en signalant que la première mention de Saturninus I apparaît en *Gall.* 9,1 peu avant 10,1, où sont nommés les consuls de 264, Gallien et... Saturninus (authentique celui-là !), qualifie Saturninus I de « tyran supplétif » (p. 239). Veut-elle par là suggérer que c'est Saturninus II qui a engendré Saturninus I ? Ce modèle n'est pas impossible : quand un film a du succès, on fait un « remake », et celui-ci, trahissant l'épuisement de l'inspiration, est mauvais. Inversement, on imagine mal l'inexistant Saturninus I engendrer le truculent Saturninus II. En revanche, il est difficile d'établir une priorité entre les fantaisies égyptiennes de *trig. tyr.* 22,1-2. 9-14 et celles de *quatt. tyr.* 7-10. Ce modèle séduisant implique naturellement qu'on admette un processus fort complexe dans l'élaboration des neuf vies du mouton à deux têtes « Pollio-Vopiscus ». — Paragr. 2. *pernoctantis* : seul emploi de ce verbe dans l'*HA*. Selon le contexte, il peut prendre des sens fort différents : cf. *ThlL* X 1, 1597-1598 (H.-F. Mueller, 1997). Le

---

1. *Vopiscus und Pollio*, Klio 12, 1912, p. 474-482, ici surtout p. 480-481.

viveur passe la nuit dans les plaisirs (ainsi ici Gallien ; on voudrait pouvoir traduire « mener une vie de bâton de chaise ») ;
le soldat passe la nuit sous les armes ; le chrétien passe la nuit
en prières. — *prudentiae singularis, grauitatis insignis, uitae
amabilis* : pour une raison difficile à définir, les groupes exprimant une qualité avec un adjectif en -*is* sont presque toujours
à l'ablatif, très rarement au génitif ; ici, le génitif serait imposé
par la symétrie selon Hofmann-Szantyr, p. 68 ; mais les trois
premiers groupes pourraient passer à l'ablatif, et la symétrie
serait respectée ; cf. *Gord.* 18,1. Je crois que c'est plutôt le quatrième groupe, *uictoriarum — notarum* qui impose le génitif,
car *uictoriis barbaris — notis* serait peu clair. Ce dernier génitif de qualité est du reste étonnant ; on attendrait plutôt *uir...
uictoriis de barbaris notus* comme en Liv. 8,12,4 ; 21,46,8. Cf.
Opil. 5,8 *homo uitiorum omnium.*

6.5.1 (23,1-5) Les données fournies par « Pollio » sur ce Saturninus se limitent à reprendre le cliché de l'invective contre
Gallien (cf. *supra*, p. 62), dont les vices rendent éclatantes les
vertus de l'usurpateur, puis celui du général valeureux promu
contre son gré à l'Empire, pour être en fin de compte victime
de ceux-là mêmes qui l'ont proclamé, et ne supportent pas sa
sévérité : cf. *supra*, p. 75, notamment par exemple 3,7 et 5,4.
Les termes du paragr. 4 *ab... ipsis a quibus factus fuerat interemptus est* sont repris à la lettre en 33,3 (le motif de la sévérité
excessive est là aussi mentionné). Le chapitre se conclut par
une notation sans lien avec ce qui précède, destinée à mettre en
évidence l'attachement de Saturninus aux bonnes mœurs. —
Paragr. 3. L'expression *peplum imperatorium* est insolite, car
le péplum est normalement un vêtement de femme, surtout
de déesse. « Pollio » veut-il créer un paradoxe absurde ou introduire un élément de dérision en campant un usurpateur
sévère vêtu comme une femme ? Ou bien est-ce à cause de ce
péplum que Saturninus se qualifie lui-même de *malus princeps* ? À l'époque tardive néanmoins, le terme est dans trois
cas utilisé pour désigner un vêtement de fonction : cf. *ThlL* X
1, 1127,27-33 (J. Schwind, 1994), et aussi *infra* 29,1, où le péplum d'une déesse sert de manteau impérial pour l'usurpateur

Celsus. Ces vêtements pourpres de fortune apparaissent plus d'une fois dans des élévations d'usurpateurs narrées par l'*HA* (cf. Syme, *Ammianus...*, p. 56 ; Hohl, traduction, p. 361, n. 4) ; c'est le cas pour Saturninus II (*quatt. tyr.* 9,3), mais pas pour Saturninus I. On peut songer au collier de femme que Julien refuse de porter comme diadème lors du pronunciamiento de Paris (Amm. 20,4,18). Pour l'interjection hypocritement flatteuse, mais commune, *commilitones*, cf. le vol. V 1, p. 278, et Lippold, *Kommentar...*, p. 516. — Paragr. 4. Pour *strenue*, cf. *supra*, p. 81, n. 1. — Paragr. 5. Le *sagum* est le manteau typique des soldats ; cf. *supra*, p. 93 ; ce passage signifie que Saturninus prescrivait aux soldats de dîner en uniforme. Aucun autre passage ne nous parle de *saga* d'hiver et d'été. Vu le contexte, l'adjectif *perlucidus* ne signifie pas ici « translucide », mais « léger », par opposition à *grauis* ; cette acception est sans parallèle : cf. *ThlL* X 1, 1520,5 (A. Calderó, 1997). Pour le *sagum* en général, cf. Daremberg-Saglio IV 2, p. 1008-1009 (H. Thédenat).

6.6.1 (24,1-2) C. Pius Esuuius Tetricus est connu grâce à des inscriptions, des monnaies et une série de sources littéraires : Aurélius Victor 33,14 et 35,3-5 ; Eutrope 9,10 et 13, repris seulement en partie par Jérôme (*chron.* p. 222,13-14 Helm) ; Jean d'Antioche *Frg.* 152,1 Müller, 230 Roberto ; l'*Epitome* (ne narre que son arrivée au pouvoir en 35,7) ; Polémius Silvius, *chron.* I, p. 521,49 ; Orose, *hist.* 7,22,12 et 23,5 ; Zosime 1,61,2 mentionne en trois mots sa chute ; Zonaras ne cite même pas son nom. *L'Histoire Auguste* a ceci de particulier qu'elle répète une bonne partie de *trig. tyr.* 24 en *Aurelian.* 32,3-4 ; 34,1 ; 39,1 ; cf. vol. V 1, p. 159-160 (corriger p. 159 la référence à HIER. *chron.*, p. 222,13-14 Helm, et non pas 122,13-14). Il apparaît clairement que les sources littéraires sur cet usurpateur reflètent, avec de petites variations et inventions, la tradition de l'*EKG*. Tétricus était issu d'une famille noble (Victor), de rang sénatorial (Eutrope ; cf. *Aurelian.* 34,4)[1]. Au moment de son élévation *in absentia*,

---

1. « Pollio » utilise la tournure pompeuse *senator populi Romani*, comme en 24,4 ; cf. *Hadr.* 1,2.

il gouvernait l'Aquitaine et résidait à Bordeaux (Eutrope).
Son accession au pouvoir suprême se situe au printemps 271.
Civil confronté à d'incessantes séditions militaires, il se rendit
à Aurélien en été 274[1], et parut ensuite dans le triomphe de cet
empereur, qui lui conserva sa dignité sénatoriale et le nomma
corrector de Lucanie. Tétricus est le dernier « tyran » gaulois ;
sa chute marque la fin de l'Empire séparé des Gaules. Son règne
appartient donc à l'époque d'Aurélien, non à celle de Gallien.
Cf. *RE* VI 696-704 (A. Stein, 1907) ; König, *Die gallischen
Usurpatoren...*, p. 158-181 ; Kienast, p. 247-248 ; A. Luther
dans Johne, *Soldatenkasier...*, p. 335-338. Sur le prétendu rôle
de Victoria ou Vitruvia — qui leur serait apparentée — dans
l'élévation de Tétricus et de son fils ; cf. *infra*, mon commentaire
sur 31,1-4, ainsi que 5,3 et 6,3. En fait, Tétricus fils ne devint
César que dans un second temps, en 272 ou 273. Ce motif
relève de la conception dynastique qui affleure souvent dans les
pages consacrées aux usurpateurs gaulois par l'*HA*. On relèvera
que, ici, Tétricus est présenté comme le successeur immédiat de
Victorinus, ce qui est conforme à la réalité historique, mais non
pas à la succession des usurpateurs gaulois telle que la présente
ailleurs « Pollio », qui intercale par erreur Marius après, et non
pas avant, Victorinus ; cf. *supra*, p. 58 et 76-77. — Paragr. 1.
Pour l'emploi du terme *praesidatus, -us*, m., cf. vol. V 1, p. 389-
390. Il est intéressant de noter que ce terme rare surgit aussi à
propos de la fonction de Tétricus chez Victor 33,14 et Orose,
hist. 7,22,12, mais pas chez Eutrope (qui dit *honore praesidis*).
On en déduit avec une relative certitude que l'*EKG* utilisait
aussi le terme *praesidatus*. Ce qui est encore plus intéressant,
c'est que les sources parallèles mentionnées ci-dessus parlent
toutes trois d'une fonction de *praeses* en Aquitaine, ce qui, du
reste, est en harmonie avec une résidence à Bordeaux. C'est
donc par erreur que « Pollio » parle d'un *praesidatus in Gallia*,
expression ambiguë laissant supposer que le ressort de Tétricus
s'étendait à toute la Gaule. Cette interprétation est confirmée

---

1.   Tétricus a donc régné un peu plus de trois ans. Victor 33,5 parle
d'un *biennii imperium*, l'*HA* dit au paragr. 2 *cum... diu... imperasset*.

en 24,4 par les mots *qui iure praesidali omnes Gallias rexerat*.
En suggérant l'existence d'une telle fonction qui n'existait pas,
« Pollio » démontre son insouciance et son ignorance dans le
domaine administratif ; cf., sur cela, le vol. V 1, p. 184-185. Il
est probable que cette erreur est intentionnelle, pour rehausser
l'éclat de Tétricus (cf. *supra*, p. 70). — Paragr. 2. *feliciterque* : la
particule -*que* a ici un sens explicatif additionnel, comme « und
zwar » en allemand, malheureusement intraduisible en français,
d'où le subterfuge adopté dans la traduction ; cf. Tidner, *De
particulis...*, p. 123-124. — *et diuque* : pour l'établissement
du texte de ce passage et l'importance de laisser subsister le
pléonasme vulgaire *et... -que*, cf. Tidner, p. 119-120, avec la n. 2
de la p. 120. Desbordes, en revanche, pense que *P* a écrit *gessit et*
à la place de *gessisset*, et que *B corr.* a corrigé la forme verbale
sans se préoccuper du contexte, et introduit fautivement le
pléonasme. On trouve une version très légèrement différente
de la fin du règne de Tétricus en *Aurelian.* 32,3, omettant la
précision donnée ici : *uolens*. Eutrope 9,13,1 et, à sa suite, Jérôme
(*chron.* p. 222,13 Helm) sont les seuls à préciser que la bataille
se déroula aux Champs Catalauniques. Sur la *procacitas* des
Gaulois, cf. *supra*, 3,7 et p. 64.

6.6.2 (24,3-4) Tétricus se serait adressé à Aurélien en lui
écrivant un vers qu'il aurait rédigé lui-même, mais qui est
en réalité de Virgile (*Aen.* 6,365 : prière de l'ombre du pi-
lote Palinure, tombé à la mer et privé de sépulture, adressée à
Énée sur la rive du Cocyte). Cette même citation se retrouve
chez Eutrope (9,13,1), d'où la reprend Orose (*hist.* 7,23,5).
Elle s'est en outre fautivement introduite dans le texte du
ms. *P* de la *uita Aureliani* 32,4 ; cf. vol. V 1, p. 43, n. 66[1].
Ce détail, sans doute inventé, se trouvait donc certainement
déjà dans l'*EKG*[2]. La présence de Tétricus dans le triomphe

---

1. Sur ce passage controversé, cf. aussi M. Mayer, *Notas criti-
cas sobre la nueva edición Budé de las vidas de Aureliano y de Tácito*,
Historiae Augustae Colloquium Genevense, Bari, 1999, p. 185-189, ici
p. 188-189.

2. Cf. R. Syme, *Fiction in Epitomators*, Historia-Augusta-
Colloquium 1977/1978, Bonn, 1980, p. 267-278, ici p. 273. Sur les

d'Aurélien est confirmée par Eutrope (9,13,2). Il en est de nouveau question en 25,2 et surtout en *Aurelian.* 34,2 et 4 ; cf. vol. V 1, p. 167-169. La *uita Aureliani* ne tarit pas de détails sur le caractère d'Aurélien, et notamment sa sévérité, voire sa cruauté ; cf. l'index du vol V 1, p. 335, les passages énumérés sous la rubrique « sévérité ». Tétricus était sénateur (cf. ci-dessus, p. 159) et consulaire, car il avait revêtu la fonction de consul en sa qualité d'Auguste ; cf. König, *Die gallischen Usurpatoren...*, p. 162. Sur la fonction de Tétricus avant son accession au pouvoir suprême, cf. p. 159. Sur Zénobie, Odénat, Hérennianus et Timolaus, cf. les chap. 30, 15, 27 et 28 avec les commentaires correspondants.

6.6.3 (24,5) On notera que, ici, Aurélien se conduit avec Tétricus d'une manière surprenante : d'abord il le conduit dans son triomphe (*triumphauerat* : sur l'emploi transitif de ce verbe, cf. le vol. V 1, p. 44, n. 68 ; il réapparaît à plusieurs reprises dans le chap. 30 : cf. les paragr. 3, 4, 5 et 10), ensuite il lui concède une position favorable[1]. Le motif de la honte, qui apparaît ici, ressurgit plus largement en 30,4-12 à propos de Zénobie. En *Aurelian.* 39,1, on lit ceci : *Tetricum triumphatum correctorem Lucaniae fecit.* La contradiction avec le présent passage a suscité un grand débat, qui n'est pas clos. Je l'ai exposé en détail vol. V 1, p. 184-185. Le contexte de ce débat permet en outre de prouver clairement que, ici, l'*HA* puise directement son information dans l'*EKG* : cf. vol. V 1, *ibidem*, et p. 180-182. Dans l'*Epitome* 35,7, on lit une anecdote qui n'a de sens qu'en admettant que Tétricus était *corrector*, non pas de toute l'Italie, mais seulement de la Lucanie : *sublimius habendum regere aliquam Italiae partem quam trans Alpes regnare.* « Pollio » ne répète

citations de Virgile dans l'*HA*, cf. en dernier D. den Hengst, « *The Plato of Poets* » ; *Vergil in the* Historia Augusta, dans R. Rees, ed., « *Romane memento* ». *Vergil in the Fourth Century*, London, 2004, p. 172-188.

1. Cf. à ce sujet B. Bleckmann, *Bürgerkriege in der spätantiken Historiographie und in der* Historia Augusta, Historiae Augustae Colloquium Perusinum, Bari, 2002, p. 49-64, ici p. 60-61.

pas cette anecdote, mais il est très vraisemblable que c'est elle qui lui a inspiré *a contrario* d'étendre la *correctura* de Tétricus non seulement à l'Italie (titre existant au IIIe s.), mais encore à toute l'Italie (titre inexistant), toujours dans l'intention d'exalter la mémoire de cet usurpateur (cf., ci-dessus, p. 160). Cette fantaisie comporte pour lui la séduction supplémentaire de lui fournir l'occasion d'étaler, dans une glose[1] aussi pédante qu'anachronique, une prétendue érudition concernant la géographie administrative de l'Italie. La question complexe et mouvante des provinces d'Italie a été éclairée par deux études importantes d'A. Chastagnol[2]. L'Italie était divisée en deux vicariats, celui de l'Italie annonaire (chef-lieu Milan) et l'Italie suburbicaire (chef-lieu Rome). La ligne de démarcation entre les deux vicariats a varié au cours des années. « Pollio » désigne le vicariat du Nord par l'expression *annonaria regio*, sans spécifier les provinces qui le constituent. Pour le vicariat du Sud en revanche, il omet la désignation globale *suburbicaria regio*, mais énumère les provinces qui le constituent. À la lumière des explications de Chastagnol, on peut clarifier et ponctuer la liste fournie par l'*HA* de la manière suivante, pour l'harmoniser avec une situation réelle : Campanie, Samnium, Lucanie et Bruttium, Apulie et Calabre, Étrurie (ou Tuscie) et Ombrie, Picénum et Flaminie. Selon Chastagnol, cette subdivision a existé dans la fourchette des années 357-398, qui correspondrait à celle dans laquelle l'*HA* aurait été rédigée : c'est en 357 que le Samnium a été séparé de la Campanie, en 398 que la province Flaminie-Picénum a été subdivisée en Flaminie-Picénum annonaire et Picénum suburbicaire. Il convient cependant ici d'ajouter que le « terminus

---

1. Sur les gloses dans l'*HA*, cf. Béranger, *Des gloses...*, p. 2 et 18-19.
2. *Notes chronologiques sur l'Histoire Auguste et le Laterculus de Polémius Silvius*, Historia 4, 1955, p. 173-188 (repris dans *Aspects de l'antiquité tardive*, Rome, 1994, p. 179-198 ; cf. surtout les p. 181-188), et *L'administration du diocèse italien au Bas-Empire*, Historia 12, 1963, p. 348-379 (repris dans *L'Italie et l'Afrique au Bas-Empire*, Lille, 1987, p. 117-148).

ante quem » de 398 ne doit pas être adopté sans nuance. En effet, W. Schmid[1] a mis en évidence un important contact entre *quatt. tyr.* 8,7 et Cod. Theod. 16,8,14, du 11 avril 399, qui vient corroborer d'autres indices de rédaction postérieure à 398 ; cf. vol. V 2, p. 255-256. La fin du paragr. 5, sur les termes employés par Aurélien quand il s'adressait à Tétricus, relève bien évidemment de la plus pure fantaisie.

6.7.1 (25,1-2) Contrairement à Postumus Junior et Victorinus Junior, Tétricus Junior, de son nom complet C. Pius Esuuius Tetricus nobilissimus Caesar, est un personnage qui a véritablement existé ; cf. Aurélius Victor 33,14 ... *filioque eius* (sc. *Tetrici Senioris*) *Tetrico Caesarea insignia impartiuntur* ; 35,5 ... *filioque ueniam atque honorem senatorum cooptauit* ; Polémius Silvius, *chron.* I, p. 522,49 *duo Tetrici pater et filius qui se eidem* (sc. *Aureliano*) *dederunt et post purpuram iudices prouinciarum facti sunt* ; cf. en outre *Aurelian.* 34,2 ; 39,1 ; il est déjà mentionné *supra*, 5,3 et 24,1. Il était apparemment très jeune, puisqu'il est ici qualifié de *puerulus*. Cela n'est pas compatible avec *Aurelian.* 39,1 *filio eius* (sc. *Tetrici patris*) *in senatu manente*. Pour la chronologie, cf. *supra*, p. 159. Il fut consul avec son père en 274. On possède en outre, portant son nom, des inscriptions et des monnaies. Sur Victoria et son rôle dans l'élévation des Tetrici, cf. *infra*, 31,1-4, avec mon commentaire. Sur le triomphe d'Aurélien, cf. *supra*, p. 161. Que le jeune Tétricus ait fait une carrière sénatoriale complète est des plus douteux. Cf. König, *Die gallischen Usurpatoren...*, surtout p. 166-167 et 179, n. 32 ; Kienast, p. 248-249 ; A. Luther, dans Johne, *Soldatenkaiser...*, p. 337. Sur Arellius Fuscus, personnage certainement inventé, censé apparemment être un historien, et dont le nom est transmis de manière douteuse ici, cf. 21, 3, l'app. crit. et le vol. V 1, p. 193. La fin du paragr. 2 n'est pas très claire. *Insignis* qualifie-t-il Tétricus fils (les anciennes traductions françaises, Magie, Hohl, Chastagnol) ou

---

1. *Die Koexistenz von Sarapiskult und Christentum im Hadrianbrief bei Vopiscus*, Historia-Augusta-Colloquium 1964/1965, Bonn, 1966, p. 153-184, ici p. 175-180.

Arellius Fuscus (Soverini)? Cette seconde solution me paraît peu acceptable, car, dans le présent contexte, il est plus vraisemblable que « Pollio » qualifie le personnage central du présent chapitre plutôt que le prétendu auteur dont il s'inspire. En outre, Magie fait porter *ut A. F. dicit* sur *semper insignis* : « and was ever, as A. F. reports, a man of distinction », ce qui suppose en latin la présence d'un *et* avant *ut A. F. dicit*. La traduction Hohl me paraît la meilleure : « ... Vermögen, das er nach Angabe von A. F. auf seine Nachkommen vererbte, stets als angesehener Mann ». « Pollio » veut dire que Tétricus fils resta jusqu'à sa mort, et même après sa mort, un homme considéré, si bien qu'il put non seulement conserver son patrimoine, mais encore le transmettre à ses descendants.

6.7.2 (25,3-4) Paragr. 3. Pour le motif du grand-père de « Pollio » cité comme garant, cf. vol. V 1, p. 202-203. Ici, comme dans les autres cas où sont invoqués le grand-père ou le père de l'auteur, ce personnage jouit d'un lien privilégié avec une célébrité, et remplit donc la fonction d'un témoin rare et irremplaçable. Pour *neque... aut...* correspondant à *neque... neque...*, cf. Hofmann-Szantyr, p. 522 f) β). Desbordes s'étonne de la dittographie *quemquam quam* dans *P* et se demande si le texte de ce ms. ne résulte pas d'un saut du même au même à partir de *neque quemquam umquam*. — Paragr. 4. Concernant le procédé d'actualisation consistant à évoquer comme existant toujours un bâtiment de l'ancien temps, cf. *supra*, p. 75, et Treucker, p. 289. Dans le présent cas, le bâtiment vient s'ajouter comme preuve d'authentification à Arellius Fuscus et au grand-père. On a ici la preuve que, plus un menteur accumule de preuves, plus on peut être sûr qu'il ment. Ce type de développements est introduit par un petit nombre d'expressions toujours identiques, ici *hodieque* : cf. *supra*, p. 116 et n. 2[1]. Bien que le plan du Caelius reproduit par F. Coarelli[2] localise, entre la via Labicana et la via San Giovanni in Laterano, à mi-chemin environ entre le Colisée

---

1. Cf. H. Brandt, *Kommentar...*, p. 235.
2. *Guida...*, p. 179 ; cf. déjà F. Kolb, *Zur Topographie...*, p. 168.

et le Latran, une *domus Tetricorum* et un *Isium Metellinum*, ces deux sites, tout comme le lieu dit *inter duos lucos*, ne sont attestés nulle part ailleurs, et ils sont parfaitement inconnus[1]. F. Guidobaldi croit à la réalité de l'existence de cette maison[2], König hésitait à taxer ce passage de pure invention[3]. D'autres, à juste titre, se montrent fort sceptiques[4]. Sur l'intérêt pour les peintures dans l'*HA*, cf. vol. V 1, p. 87, Hartke (*Kinderkaiser...*, p. 236-237 et 245-246) et Turcan (cité n. 1). Le sceptre comme symbole de puissance est d'un emploi fréquent à l'époque romaine tardive, et ne constitue pas forcément un anachronisme pour les années 270 : cf. Daremberg-Saglio IV 2, p. 1119 (S. Dorigny). La fin du paragr. 4 comporte un problème d'établissement de texte délicat. Les éditions récentes adoptent toutes le texte restitué par Peter, suivi par Hohl, *cycladem pictura est de museo*. Le terme *cycladem* n'est en fait attesté qu'une seule fois dans l'*HA*; cf. vol. V 2, p. 260. Le problème qui se pose ici a été examiné à la loupe par U. Süssenbach[5], p. 220-225. Il propose une restitution assez simple, que je me sens enclin à adopter : *cyclica pictura est de museo*. Il s'agirait d'un médaillon (objet par définition ovale ou circulaire) en mosaïque, notion qui est exprimée par les mots *de museo*. La forme normale de ce mot est *musiuum, -i*, n., mais on trouve aussi des variantes *musium, museum* : cf. *ThlL* VIII 1706,5-49 (Th. Halter, 1966).

6.8.1 (26,1-4) Aucune source documentaire ne mentionne ce Trébellianus ; parmi les sources littéraires, hormis le présent chapitre, seul Eutrope 9,8,1 parle d'un usurpateur de ce

---

1. Cf. R. Turcan, *Les monuments figurés dans l'« Histoire Auguste »*, Historiae Augustae Colloquium Parisinum, Macerata, 1991, p. 287-309, ici. p. 290-291.

2. Dans le *Lexicon Topographicum Vrbis Romae*, vol. II, Roma, 1995, p. 187.

3. *Die gallischen Usurpatoren...*, p. 180.

4. Déjà Lécrivain, p. 337-338 ; cf. A. Alföldi dans un compte rendu, JRS 27,1937, p. 257 ; Turcan, *op.* et *loc. citt.*, n. 1, etc.

5. *Cyclas*, Historia-Augusta-Colloquium 1971, Bonn, 1974, p. 185-236.

nom en Illyricum, aux côtés d'Ingénuus. Mais il s'agit dans ce passage d'une erreur, pour Régalianus. Sur cette difficulté et la discussion qui en a résulté, cf. *supra*, 89-90. Aujourd'hui, il est unanimement admis que le présent Trébellianus est entièrement inventé : cf. *RE* VI A, 2262 (A. Stein, 1937) ; *PLRE* I, p. 922 ; Kienast, p. 229. Sur le motif, sans cesse repris dans les *Trente Tyrans*, de l'invective contre Gallien, cf. *supra*, p. 62. Le thème de la cruauté de Gallien apparaît déjà en *Gall.* 18,1 ; *trig. tyr.* 9,3-9, et sera encore repris *infra*, au paragr. 5. Pour la *luxuria*, cf. 3,4 ; 5,1 ; 5,6 ; 9,1. Noter l'emploi de *quanti* pour *quot*, attesté d'abord en poésie à partir de Properce (1,5,10), puis plus fréquemment à partir d'Apulée et de Tertullien ; dans l'*HA*, *Heliog.* 25,6 ; *Valer.* 1,3, *Aurelian.* 11,6 ; *Prob.* 19,4 ; il s'agit d'un phénomène de langue courante, qui remplace des mots brefs et peu sonores par des termes plus longs ; cf. Hofmann-Szantyr, p. 207 et 758. *bellatum* : cf. app. crit. La solution adoptée par Eyssenhardt et Hohl est d'une syntaxe rocailleuse ; le contexte ne suggère pas la lacune proposée par Peter. L'intervention de Soverini est plutôt drastique, mais elle permet au moins *exempli gratia* de donner à la phrase et un mouvement et un sens satisfaisants. Tout ce que raconte « Pollio » sur l'activité de Trébellianus en Isaurie et en Cilicie n'est que pure invention, avec même une composante grotesque : le chef montagnard métamorphosé d'abord en archipirate, puis en empereur romain ! L'Égyptien Camsisoleus est une personnage fictif, et du coup, on ne peut nullement déduire de ces lignes que Théodote (sur ce personnage, cf. *supra*, p. 148-149) était égyptien. Le nom est étrange, mais Syme (*Ammianus...*, p. 173) a signalé que la première syllabe de ce nom signifie « Égypte » en égyptien (Kêmi). Si les détails fournis aux paragr. 2-4 n'ont aucune valeur historique, ils sont néanmoins construits sur une réalité vérifiable : cf. K. Feld, dans Johne, *Soldatenkaiser...*, p. 798-800. Une série de troubles sont clairement attestés en Isaurie durant le IIIe s. Il s'agit d'une région très montagneuse du Taurus, aux contours mal définis, bordée au sud par la Pamphylie et la Cilicie Trachée, au nord-est par la Lycaonie, à l'ouest par la Pisidie. Ses repaires inaccessibles étaient hantés par des brigands, bien attestés dans quelques épisodes marquants, et qui jouent un rôle non négligeable dans l'imaginaire des Romains de l'antiquité tardive. Celui qui concerne Cremna est connu par deux sources assez divergentes : l'*HA Prob.* 16,4-6 (cf. mon commentaire, vol. V 2, p. 123-126) et Zosime 1,69-70 (avec mon commentaire dans l'éd. de Zosime, vol. I², p. 184-186). Le même Zosime (5,15,5-16 ; cf. 5,25) raconte en détail celui qui se déroule autour de Selgé (cf. mon commentaire dans l'éd. de Zosime, III 1, p. 132-136 et 188-191). Ammien, pour sa part, consacre un copieux chapitre (14,2) à une équipée des Isauriens en 354. *L'Expositio totius mundi et gentium* 45 donne quelques précisions ; cf. le commentaire de J. Rougé, Sources chrétiennes 124, Paris, 1966, p. 22-23. Sur tout cela, cf. J. Rougé, *L'Histoire Auguste et l'Isaurie au IVe siècle*, REA 68, 1966, p. 282-315 ; Syme, *Ammianus...*, p. 43-52 ; A. Chastagnol, *Recherches sur l'Histoire Auguste*, Bonn, 1970, p. 29 ; R. Syme, *Isaura and Isauria. Some Problems*, dans E. Frézouls (éd.), *Sociétés urbaines, sociétés rurales dans l'Asie Mineure et la Syrie hellénistiques et romaines*, Strasbourg, 1987, p. 131-147 ; H. Brandt, *Probus pacator Pamphyliae et Isauriae*, Historiae Augustae Colloquium Parisinum, Macerata, 1991, p. 83-92 ; K. Feld, *Barbarische Bürger. Die Isaurier und das römische Reich*, Berlin, 2005. Battre monnaie est, pour l'auteur de l'*HA*, une manifestation typique d'accession au pouvoir suprême. Il n'existe évidemment pas de monnaies de Trébellianus. Aucune des très nombreuses allusions à des monnaies dans l'*HA* ne concerne des pièces authentiques : cf. les vol. V 1, p. 84-85 et 92, et V 2, p. 212. Noter l'emploi de *munire* au figuré, comme en *Aur.* 9,7 ; *Aurelian.* 17,4 ; *Car.* 2,3. *Cilicas* : noter l'accusatif pluriel de forme grecque, assez fréquent : cf. *ThlL* Onomasticon C 435,11-16 (Fr. Reisch, 1911).

6.8.2 (26,5-7) Ce développement entre dans la catégorie des actualisations (verbes au présent aux paragr. 6 et 7). Par ailleurs, il relève aussi du genre des insertions ethnographiques ; cf. p. 145, et Treucker, p. 289-290. — Paragr. 5. Pour la cruauté de Gallien, cf. *supra*, p. 166. Le substantif *aequa-*

litas est ambigu. Il peut signifier « plaine » ; c'est ainsi que l'entendent les traducteurs Magie, Soverini et Chastagnol. Il peut aussi signifier « accord équilibré » ; c'est le sens préféré par la traduction anonyme (en fait G. de Moulines, Berlin, 1783) et Th. Baudement (collection Nisard). Les deux sens sont possibles : cf. *ThlL* I 1003,63-75 et 1003,47-62 (Th. Bögel, 1900), qui classe le présent passage dans la seconde catégorie. L'hésitation est permise. Le contexte m'a fait préférer rendre *ad aequalitatem perducere* par « amener à composition ». — Paragr. 6. *cum* : cf. app. crit. Je conserve ici la leçon des mss, sans pour autant ajouter *sit* après *eorum* ; comme le signale Soverini (*Scrittori...* I, p. 119), l'ellipse du verbe *esse* dans des propositions subordonnées au subjonctif n'est pas rare dans l'*HA*. Cf. Tidner, *Adnotatiunculae...*, p. 153 ; Hallén, p. 121 ; cf. en outre *Heliog.* 14,1. Pour l'expression *Romani nominis solo*, cf. *supra*, p. 170. Sur *limes*, cf. J. Schwartz, *Le limes selon l'Histoire Auguste*, Historia-Augusta-Colloquium 1968/1969, Bonn, 1970, p. 233-238. La notion d'une région frontalière intérieure encerclée de fortifications comme enclave barbare au milieu d'un territoire romain ne semble pas attestée ailleurs et doit être une invention de « Pollio », certes suggérée par le cas spécifique constitué par l'Isaurie. Si l'on donne à ce terme le sens de « région frontalière », il n'est pas nécessaire de changer *limes* en *limite* ; cf. *ThlL* VII 2,1412,48-62 (M. Balzert, 1975). — Paragr. 7. « Pollio » conclut sa digression en brodant sur le motif « région défendue par la topographie et non les hommes » et imaginant des Isauriens particulièrement dépourvus de qualités, notion exprimée par un tétracolon avec anaphore de *non*. La tentative avortée de Claude (évidemment Claude II) n'est mentionnée nulle part ailleurs et constitue assurément une invention. La Cilicie, dans sa partie occidentale, est située dans la plaine côtière qui s'étend entre les montagnes de l'Isaurie et la Méditerranée. *Rebellionis oreretur.* Noter la clausule métrique cicéronienne péon premier-spondée.

6.9 (27) Hérennianus et Timolaus, les deux prétendus fils de Zénobie, sont toujours cités ensemble dans l'*HA*, et n'apparaissent dans aucune autre source, littéraire ou documentaire; cf. *Gall.* 13,2; *trig. tyr.* 15,2; 17,2; 24,4; ici et 30,2; *Aurelian.* 38,1, ainsi que le vol. V 1, p. 135 et 180-181. Aujourd'hui, un certain consensus s'est établi pour considérer ces deux personnages comme inventés[1] et occupant la place de Vabalat, le véritable fils d'Odénat et de Zénobie, comme le dit du reste clairement l'auteur de l'*HA* lui-même en *Aurelian.* 38,1, seule source littéraire, avec Polémius Silvius (*chron.* I, p. 521,49), à mentionner ce personnage, par ailleurs bien attesté comme usurpateur du pouvoir impérial romain par les sources documentaires : cf. *PIR*^{2} T 492, comme du reste sa mère, Zénobie (T 504). C'est au nom de Vabalat, et en se servant de lui, et pas au nom d'Hérennianus et de Timolaus, que Zénobie assuma le pouvoir suprême. L'apparition à deux reprises du mot *paruulos* montre qu'on se situe ici implicitement dans le contexte de la polémique des princes enfants; cf. Hartke, *Kinderkaiser...*, p. 190-242 et, plus spécialement, p. 197. Sur l'emploi *d'usurpare* dans l'*HA*, cf. *supra*, p. 124-125. Sur le réseau existant dans l'*HA* autour des noms Hérennius et Hérennianus, cf. *supra*, p. 153-154. En *Gall.* 13,5, on trouve aussi l'adj. *uiriliter* utilisé à propos de Zénobie; sur la même, cf. 13,2 *non muliebriter et more femineo*. Ici, Zénobie est dépeinte en femme regrettablement hommasse; ailleurs, elle est présentée sous un tout autre jour : cf. *infra*, p. 183-184. Les trois femmes dont se prévaut Zénobie comme ancêtres ont exercé le pouvoir comme des hommes. Didon est la reine légendaire de Carthage, restée au pouvoir après la mort de son mari Sychée, comme le raconte l'*Énéide*. Sémiramis est la non moins légendaire reine d'Assyrie et de Babylonie. La

---

1. Cf. en dernier lieu Bleckmann, *Zu den Quellen...*, p. 93, n. 74; Hartmann, *Teilreich...*, p. 125; *PIR*^{2} T 491; U. Hartmann, dans Johne, *Soldatenkaiser...*, p. 348-349. L'adjectif utilisé par Zonaras 12,24 (III, p. 146,27-28 Dindorf) pour désigner le fils du premier lit d'Odénat (cf. à son sujet *supra*, p. 128), à savoir ὁ πρεσβύτερος τῶν Ὠδενάθου υἱῶν, implique, comme Bleckmann le fait judicieusement observer, qu'Odénat a eu en tout et pour tout deux fils, l'aîné du premier lit et Vabalat, son frère consanguin, fils de Zénobie.

troisième est Cléopâtre VII, célèbre par ses relations avec César et Marc-Antoine. Dans un développement diatribique sur
les nobles Romains, Ammien 28,4,9 assimile Zénobie aux
Sémiramis et aux Cléopâtres. *Infra*, en 30,2, « Pollio » répète que Zénobie se prétendait descendante des Ptolémées
et des Cléopâtres. D'après la *Suda* (K 231, III, p. 20,10 Adler), le sophiste Kallinikos, contemporain de Gallien, aurait
écrit un texte adressé à Cléopâtre. Vu le contexte chronologique, il ne peut s'agir que de Zénobie. On en déduit que
Zénobie se faisait sans doute elle-même appeler Cléopâtre.
En *Aurelian.* 27,3, Zénobie invoque elle-même le précédent de
Cléopâtre ; cf. 30,19 et *Prob.* 9,5. S. Bussi[1] suggère que Zénobie s'est campée en nouvelle Cléopâtre dans une intention de
propagande, lorsque les Palmyréniens entreprirent de conqué-
rir l'Égypte. En *Prob.* 9,5, Zénobie est, sans commentaire,
nommée Cléopâtre ; cf. le vol. V 1, p. 147. Il y donc là une bribe
de vérité chez « Pollio », qui ne peut guère dériver que de la
tradition de Dexippe. Les sources se contredisent, en effet, sur
la destinée ultérieure de Zénobie et de Vabalat. Selon Zosime
1,59,2, Zénobie serait morte de maladie, ou après avoir fait la
grève de la faim. Zonaras 12,27 (III, p. 152,25-153,4 Dindorf)
propose plusieurs versions : elle serait morte à Rome après
avoir épousé un noble ; elle serait morte en route de désespoir ;
Aurélien aurait épousé l'une de ses filles, de nobles Romains
les autres filles. Selon Malalas (p. 300,19-20 Bonn, 12,30,
p. 231,56-59 Thurn), Aurélien l'aurait fait décapiter après son
triomphe. *Infra*, 30,24-27, seule la version de la survie à Rome
est enregistrée ; cf., *infra*, p. 194-195, et mon commentaire à
Zosime, vol. I^2, p. 175-176. La version de la mort naturelle
est ici présentée comme plus vraisemblable, puisqu'elle est ac-
compagnée d'une notation d'actualisation, avec *etiam nunc*
et verbe au présent : cf. Treucker, p. 290. Les mots *Zenobiae
posteri etiam nunc Romae... manent* font écho à la formulation très proche d'Eutrope 9,13,2 *Zenobia autem posteros, qui*

---

1. *Zenobia/Cleopatra ; immagine e propaganda*, RIN 104, 2003,
p. 261-268.

adhuc manent, Romae reliquit. Il semble bien qu'affleurent ici les mots mêmes utilisés par la « Kaisergeschichte » d'Enmann.

6.10 (28) En tête du commentaire de ces lignes — la plus brève des biographies de la série —, je ne puis que répéter ce que « Pollio » dit lui-même pour commencer : *de hoc ea putamus digna notione quae de fratre sunt dicta.* Je renvoie donc aux p. 169 pour ce qui concerne le couple des prétendus frères Hérennianus et Timolaus. Comme c'est le cas pour d'autres personnages, inventés ou pratiquement inconnus, l'auteur de l'*HA* fait de Timolaus un fin lettré. Cf. *supra*, 4,2 (*quod solum memoratu dignum est*) et p. 66-67, ainsi que *Car.* 11,1, avec le vol. V 2, p. 365-366, et Fündling, p. 329. La fin du paragr. 2 comporte une double difficulté d'interprétation. Les mots *quin etiam* impliquent une gradation, mais le terme à partir duquel cette gradation est censée se produire manque. C'est pourquoi Watt a proposé de lire *potuisse <eum rhetorem>, quin etiam s. L. rh. facere*, en supposant une erreur du copiste trompé par la répétition du mot *rhetorem*. En outre, l'expression *rhetorem facere* a fait tiquer Casaubon, « nobile illud Galliae ornamentum » : « *facere* pro euadere uel fieri. Insolens loquendi modus ». En revanche, Saumaise, « orbis totius miraculum », se dit ravi : « Eleganti locutionis genere, *rhetorem facere* heic dicitur, qui fit rhetor, uel rhetor euadit. Quasi qui de se gignit et dat rhetorem ». Les traducteurs Soverini et Chastagnol suivent Saumaise, sans s'embarrasser de traduire *facere* comme s'il y avait *fieri*, ce qui, malgré la salmasienne bénédiction, n'est guère acceptable. En outre, ils sont contraints de traduire *insinuare* par « enseigner », un sens que ce verbe ne comporte pas, et *consecutus* par « assimiler, impadronirsi », ce qui n'est guère exact. Magie propose une interprétation différente : « he made good the statement of his teacher of letters, who had said that he was in truth able to make him the greatest of Latin rhetoricians. » Il traduit correctement *insinuare* par « statement », ce qui implique le sens de « dire », fréquemment attesté pour ce verbe à l'époque tardive : cf. *ThlL* VII 1, 1916,81-1917,3 (A. Hugenschmidt, 1958). Quant à *consequi*, il prend ici le sens de « réaliser ». La tournure *facere aliquem* dans le sens de *instituere aliquem* est bien attestée : cf. *ThlL* VI 1, 109,1 sqq. (K. Wulff, 1912) ; cf. par ex. Qvint. *inst.* 1,10,6 *oratorem... faciet*. Mais Magie rend par « him » un *eum* qui n'a été rajouté que plus tard dans le texte par Watt. En outre, pour Magie, le sujet de *potuisse... facere* est le *grammaticus*, alors qu'il est évident que le sujet est le même que pour les verbes *consecutus... esse dicatur*, c'est-à-dire Timolaus. On revient ainsi à la case de départ en étant contraint d'entendre *facere* comme *fieri*. Mais le remède est facile, il suffit de supposer une haplographie après *potuisse* et de lire *potuisse se*, et non *potuisse eum* comme Watt. Quant à l'expression *facere aliquem aliquid*, elle est archifréquente ; cf. *ThlL, loc. cit.* 110,40 sqq. Naturellement, vouloir faire du Palmyrénien Timolaus un très grand maître de rhétorique latine est un peu osé ! mais « Pollio » n'oublie pas de préciser plus loin (30,20) que Zénobie avait forcé ses fils à parler latin au point qu'ils en avaient presque oublié le grec. Mais *quid* du palmyrénien ?

6.11.1 (29,1-2) Aucune autre source, littéraire ou documentaire, ne mentionne cet usurpateur Celse et, dans l'*HA*, il ne paraît qu'ici et en *Claud.* 7,4, dans une petite liste d'usurpateurs. On est donc en présence, ici encore, d'un « tyran » inventé. Cf. J. Schwartz, *L'Histoire Auguste et la fable de l'usurpateur Celsus*, AC 33, 1964, p. 419-430. Tout le chapitre est soigneusement pourvu de clausules accentuelles : cf. Zernial, *Weitere Akzentklauseln...*, Coll. Argentoratense..., p. 370. Celsus et Celsinus sont des noms passe-partout dans l'*HA* ; cf. l'index des noms propres de l'édition Hohl. Sur les douze Celsi, seuls deux sont clairement attestés ailleurs. Quant aux Celsini, ils sont tous trois inventés. Cf. Syme, *Ammianus...*, p. 58-59. Les traits spécifiques de l'usurpateur Celse sont topiques. Comme Censorinus (33,2), il vit retiré à la campagne. Comme Probus, Saturninus et Proculus (*Prob.* 10,5 ; *quatt. tyr.* 9,3 et 13,2), il n'est revêtu que d'une pourpre de récupération, dans un contexte d'une honorabilité douteuse, qui peut faire penser au simple collier qui sert de diadème à Julien lors du pronunciamiento de Paris (Amm. 20,4,18) ; cf. p. 157-

158. Comme Maximin (2,2), il est juste et grand; cf. *Max. Balb.* 6,2. Comme Censorinus (32,8), il ne règne que sept jours. En revanche, l'expression *ex tribunis* pour désigner un ancien tribun est sans parallèle. Le terme de *tribunus* est ici utilisé dans le sens d'« officier », sans spécification particulière : cf. le vol. V 1, p. 75-76. Le chapitre s'ouvre par une description de l'état désespéré dans lequel se trouve l'Empire sous le règne de Gallien, et donc par une énième invective contre cet empereur : cf. *supra*, p. 62. Les *popinae* sont au rendez-vous : cf. 3,4; 8,9 et, surtout, 9,1, et déjà *Gall.* 21,6, en compagnie des *lenones*. On déplore, en revanche, amèrement ici l'absence des *mulierculae*, oubliées depuis 8,9, heureusement compensées par les *balnei*, certes allégués à propos d'Héliogabale (par ex. 31,7, sans *mulierculae*, mais avec *mulieres*), mais inédits en relation avec Gallien : notable effort du renouvellement de l'*inuentio* au détriment du réflexe conditionné. Les mots *occupatis...*, etc. sont ambigus. S'agit-il de régions ravagées par les ennemis extérieurs de Rome, ou bien de secteurs bouleversés par des usurpations? Le contexte semble suggérer la seconde interprétation. En effet, l'énumération des régions introduit la localisation de Celse en Afrique, qui illustre le concept selon lequel aucune partie du vaste Empire romain n'est resté à l'abri des usurpations sous le régime de l'infâme Gallien : cf. *supra*, p. 137. Il convient cependant de noter que le Pont ne fait pas partie des régions troublées par une usurpation. Il y a donc ici interférence avec l'autre notion, relative à des désordres dus aux Barbares; cf. Schwartz, cité ci-dessus, p. 421. Les Thraces — au pluriel — accolées à l'Illyricum constituent un élément familier : cf. le vol. V 1, p. 87-88 et 135. On observera que les noms énumérés sont anachroniquement ceux de diocèses ou de préfectures propres au ive s. Qu'un proconsul d'Afrique surgisse dans le présent contexte n'a rien d'étonnant, mais son nom révèle un jeu érudit inattendu. Juvénal 4,81 parle d'un certain Crispus. Il s'agit de Vibius Crispus, proconsul d'Afrique sous Vespasien (cf. *RE* XVIII 4, 2097-2098 [R. Hanslik, 1949]). Le Scholiaste de Juvénal se trompe dans l'identification du personnage, il en fait

un *municeps Vercellensis* du temps de Tibère ; or il existe bel
et bien un Crispus, de son nom complet C. Sallustius Crispus
Passienus, effectivement contemporain de Tibère, *municeps
Viselliensis*. « Pollio » a de toute évidence repéré la faute : comment expliquer autrement qu'il introduise dans notre passage
un personnage inventé nommé Vibius Passienus, qui combine
donc les noms des deux Crispus confondus par le Scholiaste ?
C'est à Alfred von Domaszewski, esprit fantasque mais in-
génieux, que revient le mérite d'avoir repéré cette collision
onomastique, et à Schwartz celui d'avoir identifié le rôle qu'y
tiennent les *Scholies* de Juvénal[1]. Fabius Pomponianus est,
en revanche, un nom fabriqué sans dépense d'érudition, mais
sa fonction de *dux limitis Libyci* est inventée. Le mot *dux* est
mis à toutes les sauces par l'*HA*, mais l'expression *dux limitis* pour désigner le commandant des troupes défendant un
secteur frontalier appartient clairement au vocabulaire administratif du ıv^e s. : cf. *ThlL* V 1, 2323,46 sqq. (O. Hey, 1934).
Un *limes Libycus* n'est cependant attesté que très tardivement,
sous Justinien (*Édit de Justinien* 13,18, Corp. Iur. Civ. III,
p. 789), mais il s'agit de la Tripolitaine, et nullement du secteur où se serait manifesté Celse, l'actuelle Tunisie. Par l'effet
d'une lubie inexplicable, « Pollio » semble ici utiliser le nom
propre Libye dans le sens qu'il a en grec, où il correspond à
Africa en latin, désignant le continent tout entier ; cf. E. Birley, *Africana...*, p. 84-85. Sur les différents problèmes soulevés
par l'expression *dux limitis Libyci*, cf. Reintjes, p. 38-52, et,
plus spécialement, 47-48 ; cf. aussi J. Schwartz, *Le limes selon
l'Histoire Auguste*, Historia-Augusta-Colloquium 1968/1969,
Bonn, 1970, p. 233-238. Il convient d'ajouter que le titre de
dux limitis Libyci peut avoir été inspiré à « Pollio » par plusieurs personnages occupant des commandements militaires
dans les deux provinces de Libye qui sont connus grâce à Sy-
nésios : cf. la liste dans *PLRE* II, p. 1298 : Diogenes 2, Uranius

---

1. A. von Domaszewski, *Die Geographie bei den Scriptores historiae Augustae*, Sitzungsberichte Ak. Heidelberg, Ph.-h. Kl. 1916,15,
p. 7 ; Schwartz, article cité ci-dessus, p. 423-435.

1, Cerealis 1, Anysius 1, etc. La *dea Caelestis* — ou Urania —
n'est autre que la déesse poliade des Carthaginois, Tanit. Son
culte, introduit à Rome par Septime Sévère, connaît une large
diffusion à l'époque tardive. Elle avait un célèbre temple à
Carthage, ce qui semble suggérer, bien qu'il soit ensuite question de Sicca, que la prétendue scène de l'élévation de Celse
à l'Empire se situe, dans l'optique de « Pollio », à Carthage.
Assimilée à Junon, cette déesse avait aussi un temple à Rome.
Héliogabale procéda à une hiérogamie entre son dieu et la
dea Caelestis (Hérodien 5,6,4-6). La diffusion de son culte
est attestée au IVe s. par la polémique de Firmicus Maternus
(*err.* 4,1, avec le commentaire d'A. Pastorino, Firenze, 1956,
p. 48-54), au Ve s. par celle de Salvien (*gub.* 8,9). Il est encore question de la *dea Caelestis* dans deux autres passages
de l'*HA*, aussi fantaisistes que les présentes lignes : *Pert.* 4,2 ;
Opil. 3,1[1].

6.11.2 (29,3-4) Paragr. 3. Dame Galliéna, cousine de
Gallien, ajoute une présence féminine dans la nombreuse
compagnie des personnages inventés de l'*HA*. Cette meur-
trière d'usurpateur annonce l'entrée en scène, à quelques
lignes de distance, d'une première usurpatrice. Ainsi, les
hommes se révélant impuissants à remettre de l'ordre
dans l'Empire, après vingt-huit usurpateurs impuissants, les
femmes interviennent. A. Alföldi a supposé que cette Galliéna avait été inspirée à « Pollio » par la vue d'une de ces
célèbres et étranges monnaies d'or qui ont fait couler beaucoup d'encre parce qu'elles portent la légende GALLIENAE
AVGVSTAE ; elles représenteraient, selon Alföldi, Gallien en
déesse Proserpine[2]. Pour la durée du règne de sept jours,
cf. *supra*, p. 173. Noter l'emploi du terme *imperium* dans le
sens de « durée du règne », comme en 10,14 ; cf. p. 94-95.

1. Cf. Wissowa, p. 373-375 ; Th. Optendrenk, *Die Religionspolitik des Kaisers Elagabal im Spiegel der Historia Augusta*, Diss., Bonn,1969. Chastagnol, *Histoire Auguste...*, p. 260, n. 1.

2. *Studien...*, p. 31-52 (réimpression d'une étude parue d'abord dans ZN 38, 1928, p. 156-203).

ideo : *atque adeo* (« et en outre, et de plus » ; cf. Hofmann-Szantyr, p. 478) tout comme *atque ideo* (« pour cette raison ») sont l'un et l'autre régulièrement utilisés dans l'*HA* ; cf. le *Lexicon...* de Lessing, p. 11, 1re col., et p. 249 ; dans le présent contexte, le sens « pour cette raison » me semble mieux convenir, et j'adopte donc la conjecture de Kellerbauer. En 1,2, « Pollio » proclame d'entrée de jeu l'*obscuritas* des tyrans dont il va rédiger les biographies. En fait, Celse est le premier qui soit effectivement qualifié d'*obscurus*. — Paragr. 4. Les outrages infligés au cadavre de Celse après sa mort ont suscité toute une série de rapprochements plus ou moins convaincants, qui suggèrent qu'ils constituent des allusions parodiques et malveillantes à la passion du Christ. Le cadavre décapité de Clodius Albinus (*Alb.* 9,7) avait été dévoré par les chiens. L'entrée en scène des habitants de Sicca (Le Kef, en Tunisie, Atlas Barrington, carte 32, C4), prétendument fidèles à Gallien, est inattendue, étant donné que le bref règne de Celse semble se dérouler plutôt à Carthage (cf. la *dea Caelestis* au paragr. 1). D. Liebs[1] se trompe en tout cas quand il suggère une allusion au nom complet de la ville, Sicca Veneria, évoquant les débordements sexuels de Celse (l'ennui, c'est que l'*HA* ne parle nullement de tels débordements !). Selon Schwartz (cité *supra*, p. 172, ici p. 427-429), Sicca aurait pu être suggéré à « Pollio » par le grammairien Proculus nommé en 22,14, qui fait peut-être écho à un autre grammairien, nommé en *Aur.* 2,3, lequel est précisément de... Sicca. Mais Sicca a un enfant plus célèbre, Arnobe, qui dit (*nat.* 1,40, p. 35,6 Marchesi) à propos de Jésus : *patibulo adfixus interiit*. Le *patibulum* n'est pas exactement une croix (cf. Daremberg-Saglio I, p. 1574-1575 [E. Saglio]), mais les auteurs chrétiens utilisent parfois ce terme pour désigner la croix du Christ : cf. *ThlL* X 1, 707,45-65 (F. Stella, 1990). Schwartz allègue aussi la *Passion de saint Hippolyte de Rome*, chantée par Prudence dans son *Peristephanon* 11, qui présente une

---

1. *Fiktives Strafrecht in der* Historia Augusta, Historiae Augustae Colloquium Bambergense, Bari, 2007, p. 258-277, ici p. 273.

série suggestive de rencontres de vocabulaire avec notre passage, notamment les vers 77-78 (*haec persultanti celsum subito
ante tribunal / offertur*; noter le rapprochement possible avec
le nom de l'usurpateur Celse), 83-84 (*insolitum leti poscunt
genus et noua poenae / inuenta*). Enfin, Celse meurt le septième
jour de son règne, soit six jours pleins, ce qui, en comptant à
la romaine le jour de départ, correspond aux six jours entre
les Rameaux et Vendredi saint. Parmi encore d'autres rapprochements possibles, il faut mentionner l'éventuelle allusion à
la croix qui orne le *labarum*. Sur tout cela, cf. Chastagnol,
Histoire Auguste..., p. 855-856.

7.0 (30-31,4) En apparente conclusion de ses *Trente Tyrans*, « Pollio » ajoute aux vingt-huit usurpateurs hommes
qu'il a présentés deux usurpateurs femmes, Zénobie et Victoria. Mais, sur l'instigation d'un ami, il va changer d'idée
(31,7-12) et compléter sa série avec deux hommes supplémentaires (32-33,6).

7.1.0.1 (30) La biographie de Zénobie est la plus longue du
recueil. Avec ses quatre-vingt-quatorze lignes dans l'édition
Hohl, elle dépasse largement deux des *Quatre tyrans*, Proculus (quarante-neuf lignes) et Bonosus (cinquante-cinq lignes),
et atteint presque l'ampleur des développements réservés à
Firmus (cent quatre lignes) et Saturninus (cent une lignes).
Voici comment se structure ce chapitre :

I Partie biographique

a) Préambule : l'ignominie de Gallien fait accéder une
femme au pouvoir suprême (1)

b) Résumé de son accession à l'Empire, de son règne, de sa
chute et de la fin de sa vie (2-3)

II Lettre d'Aurélien sur Zénobie, se défendant d'avoir
triomphé d'une femme

a) Introduction (4)

b) La lettre elle-même ; éloge de Zénobie, l'avoir vaincue
est un exploit (5-11)

III Portrait de Zénobie

a) Sa chasteté (12)

b) Son train de vie comme souveraine ; elle se conduit en homme ; sa tenue (13-14)

c) Son aspect physique ; sa voix (15)

d) Ferme ou clémente, généreuse ou économe, selon les nécessités (16)

e) Ses déplacements en voiture, à cheval, à pied (17)

f) Chasse ; boisson ; serviteurs (18-19)

g) Langue imposée à ses fils ; ses propres connaissances linguistiques ; sa culture (20-22)

IV Discours adressé par Aurélien à Zénobie après sa capture ; réponse de celle-ci (23)

V Description de Zénobie figurant au triomphe d'Aurélien (24-26)

VI Graciée, elle vit près de Rome (27)

7.1.0.2 (30) La fiction occupe l'essentiel du chapitre. Seuls les paragr. 2-3 et 27 contiennent des éléments authentiques, qui ont presque tous déjà été fournis précédemment. Voici la liste des passages en question, avec le résumé de leur contenu :

Gall. 13,2-3 : Odénat ayant été assassiné, Zénobie lui succède ; ses deux fils — Hérennianus et Timolaus — étant mineurs, elle règne comme un homme, longtemps ; supérieure à Gallien ; elle aurait aussi été supérieure à d'autres empereurs.

13,5 Zénobie vainc Héraclianus et domine presque tout l'Orient.

trig. tyr. 15,2 Odénat part en campagne contre les Perses avec Zénobie.

15,7 Odénat et Zénobie rétablissent la situation en Orient.

15,8 Zénobie est encore plus courageuse que son mari.

16,1 Zénobie n'est pas la mère d'Hérodès.

16,3 Zénobie se conduit en marâtre envers Hérodès et cherche à favoriser ses propres fils.

17,2 Maeonius aurait tout d'abord comploté contre Odénat avec l'accord de Zénobie.

24,4 Zénobie et ses fils figurent au triomphe d'Aurélien avec Tétricus.

27,1-2 Zénobie règne au nom de ses fils Hérennianus et Timolaus plus longtemps qu'il ne sied à une femme, se conduit en homme, se vante de ses ancêtres; son sort ultérieur est incertain.

Dans la *uita Claudii*, Zénobie ne fait que deux apparitions insignifiantes en 4,4 et 7,5. Tel est aussi le cas pour ses trois mentions en *Prob.* 9,5 (sous le nom de Cléopâtre), puis en *quatt. tyr.* 3,1 et 5,1. Dans la *uita Aureliani*, en revanche, elle joue un rôle de premier plan dans les chapitres 22-34[1]. Ces pages contiennent le récit détaillé des deux campagnes d'Aurélien contre Palmyre, puis la description haute en couleur de son triomphe, où figure notamment Zénobie. Bien que ce développement soit riche en inventions diverses, il est cependant fondé sur une information sérieuse que, dans mon édition de 1996 (p. 12), je faisais remonter à Nicomaque Flavien. Ce nom suscitant des réactions excessives et ne fonctionnant en fait que comme étiquette, je préfère parler aujourd'hui d'une source latine détaillée, païenne et prosénatoriale, qui pourrait à la rigueur être Nicomaque Flavien. Il me semble en tout cas évident que, quand il rédige la *uita Aureliani*, l'auteur de l'*HA* a, sur les campagnes qui opposent Aurélien à Zénobie, des lumières qui lui font auparavant défaut. C'est à mon sentiment un argument de plus qui milite en faveur de l'hypothèse selon laquelle, sous le nom de « Pollio », il exploite directement la *Chronique* de Dexippe, qui s'arrête en 270. Il cherche et trouve alors une autre source quand il prend le masque de « Vopiscus » à partir d'Aurélien, une source où il découvre des données sur le détail de l'épopée de Zénobie qu'il ignorait auparavant. On peut supposer que le

---

1. Pour être complet, il convient de signaler encore ici une brève allusion à Zénobie faite en *Tac.* 3,5.

changement de pseudonyme est en relation avec ce changement de source.

7.1.0.3 (30) Pour ce qui concerne cependant Zénobie, la
tradition de Dexippe ne joue à mon avis pratiquement aucun rôle. Certes, la « Kaisergeschichte » d'Enmann semble ne
connaître qu'un minimum d'informations sur Zénobie. Aurélius Victor 33,3 l'évoque sans même citer son nom : *rem
Romanam quasi naufragio dedit* (sc. *Gallienus*)... *adeo uti...
Orienti latrones seu mulier dominaretur.* L'*Epitome* l'ignore.
Eutrope 9,13,2 dit en quelques lignes l'essentiel : *Zenobiam
quoque quae, occiso Odenatho marito, Orientem tenebat, haud
longe ab Antiochia sine graui proelio cepit ingressusque Romam nobilem triumphum quasi receptor Orientis Occidentisque
egit, praecedentibus currum Tetrico et Zenobia... Zenobia autem posteros, qui adhuc manent, Romae reliquit.* Rufius Festus
(24,1 Arnaud-Lindet), Jérôme (*chron.* p. 222,15-17 et 223,1-3
Helm) et Orose (*hist.* 7,23,4) disent à peu près la même chose.
Il apparaît donc que « Pollio » n'en savait pas plus sur Zénobie que ce qu'il pouvait lire dans l'*EKG* : si l'on soustrait en
effet de la liste dressée p. 178-179 et de 30,2-3. 27 les inventions
(concernant notamment Hérennianus et Timolaus), on arrive
à peu près à ce que disent les sources conservées qui dérivent
de l'*EKG*. Le seul élément vraiment nouveau dans *HA trig.
tyr.* qui semble authentique est la coquetterie de Zénobie de se
faire appeler Cléopâtre : cf. *supra*, p. 170. Assurément, l'*EKG*
ne parle pas expressément d'une usurpation de Zénobie. Cependant, à partir des mots *Orientis tenebat imperium*, qu'on
lit aussi bien chez Festus que chez Jérôme, et qui sans doute
reproduisent la formulation de l'*EKG*, « Pollio » n'a pas eu à
fournir un grand effort d'imagination pour arriver aux mots
imperauit (30,2) et *usurpato sibi imperio* (27,1). Si les mânes de
« Pollio » pouvaient lire la *PIR*[2] S 504, ils se réjouiraient d'y
trouver confirmation que Zénobie, de son nom palmyrénien
Batzabai, est attestée comme Augusta par des monnaies et
des inscriptions. Cette usurpation, conjointe à celle de Vabalat
(*PIR*[2] T 492), se situe au printemps 272. Zénobie est donc une
usurpatrice réelle et authentique ; cependant elle n'appartient

pas au règne de Gallien, mais à celui d'Aurélien. Le récit ancien le plus détaillé des campagnes orientales d'Aurélien se
trouve chez Zosime 1,50-61 ; cf. mon commentaire de Zosime, vol. I². Sur la relation entre « Vopiscus » et Zosime, cf. le
vol. V 1, p. 133-134. Un récit circonstancié et à jour de ces événements ainsi que des données bibliographiques abondantes
sont disponibles chez U. Hartmann, dans Johne, *Soldatenkaiser...*, p. 358-375 ; cf. aussi Fele, p. 472.

7.1.0.4 (30) La reine Zénobie a beaucoup échauffé les esprits et stimulé les imaginations. Comme elle ne correspond
en rien au modèle féminin traditionnel du monde antique patriarcal, il était inévitable qu'elle fût assimilée à un homme :
cf. *supra*, p. 169. Ce point de vue n'est pas spécifique à l'*HA* :
cf. Zosime 1,39,2 φρονήματι ... ἀνδρείῳ χρωμένη. Cf. Hartke,
Kinderkaiser..., p. 197 et n. 3[1], et Fele, p. 473. Dans cette perspective, deux possibilités s'offrent. Tout d'abord celle de la
uirago, du garçon manqué, comme l'épouse de l'usurpateur
Proculus (cf. *quatt. tyr.* 12,3 et le vol. V 2, p. 268-269), ou
celle de la Gauloise aux bras noueux campée par Ammien
(15,12,1). L'autre consiste à introduire un esprit masculin
dans un corps de femme qui n'a rien perdu des séductions
de son sexe. Tel est bien sûr le cas pour Sémiramis, Didon
et Cléopâtre, les modèles de Zénobie (cf. 27,1). Ces femmes
d'exception, que les circonstances de la vie ont conduites à
outrepasser les règles établies, sont diversement perçues, tantôt admirées, tantôt critiquées. Tel est notamment le cas pour
Zénobie, dans un contexte tout à fait particulier, puisque, à
l'intérieur même de l'*HA*, le portrait qui est proposé d'elle

1. Chr. Krause, *Herrschaft und Geschlechterhierarchie. Zur Funktionalisierung der Zenobiagestalt und anderer Usurpatoren in den Viten
der* Historia Augusta, Philologus 151, 2007, p. 311-344, focalise son
intérêt sur le problème de la hiérarchie des sexes qui sous-tend la présentation de Zénobie dans l'*HA* en dialogue avec l'ouvage de Wallinger (*Fie
Frauen...*). Cette étude nuance la cohérence que Wallinger, *Die Frauen...*,
voit dans les affirmations de l'*HA* sans pourtant pleinement appréhender le caractère ludique et, par conséquent, délibérément contradictoire
du portrait de Zénobie.

est contradictoire. Dans les *Trente Tyrans* de « Pollio », elle est présentée sous un jour beaucoup plus favorable que dans l'*Aurélien* de « Vopiscus ». Cette différence s'expliquait aisément dans la perspective d'une interprétation traditionnelle de l'*HA* : Pollion et Vopiscus étant deux individus différents, il n'était pas étonnant qu'ils divergeassent d'opinion. Tel est encore le point de vue du dernier Mohican des traditionalistes, A. Lippold[1]. L'ouvrage assez scolaire de E. Wallinger[2] est décevant. Dans les pages consacrées à Zénobie, les données du problème sont clairement et intégralement posées, mais l'interprétation peine à s'élever au-dessus de la paraphrase. É. Frézouls[3] n'aborde pas le fond du problème dans quelques pages rapides. D. Burgersdijk[4] montre que l'*HA* campe une Zénobie qui n'a aucun des défauts des femmes tels que les décrit Juvénal dans sa *Satire* 6 ; il s'agit donc d'un personnage littéraire plutôt qu'historique. L'interprétation des pages de l'*HA* consacrées à Zénobie a été placée dans une perspective correcte, il y a plusieurs décennies déjà, par I. Cazzaniga[5] : elles doivent être lues comme des exercices rhétoriques, et relèvent de l'éloquence épidictique de la louange et du blâme. Malheureusement, cette étude est diluée dans beaucoup de bavardage, et compromise fondamentalement par le fait que Cazzaniga, qui feint d'être entièrement innocent de tout le débat autour de l'*HA*, considère encore « Pollio » et « Vopiscus »comme deux individus différents. On est en réalité confronté dans le cas des deux Zénobies de l'*HA* à l'exercice rhétorique d'une *disputatio in utramque partem* : le même personnage est décrit de deux points de vue différents, les mêmes

---

1. Cf. par exemple *Kaiser Aurelian...*, Historiae Augustae Colloquium Maceratense, Bari, 1995, p. 193-207, ici p. 194-195 et n. 8.

2. *Die Frauen...*, p. 139-149. Cf. n. 1 de la p. 181.

3. *Le rôle politique des femmes dans l'*Histoire Auguste, Historiae Augustae Colloquium Genevense, Bari, 1994, p. 121-136, ici p. 133-136.

4. *Zenobia's Biography in the « Historia Augusta »*, Talanta 36-37, 2004-2005, p. 139-151.

5. *Psogos ed epainos di Zenobia. Colori retorici in Vopisco e Pollione (H.A.)*, PP 27, 1972, p. 156-182.

traits spécifiques sont interprétés *in bonam* et *in malam partem* (cf. *Rhétorique à Hérennius* 3,6,10). Dans les *Trente Tyrans*, Zénobie est opposée à Gallien. L'ignominie de cet empereur est mise en évidence par contraste, tout d'abord avec une série d'usurpateurs qui lui sont moralement, politiquement et militairement supérieurs, et pour finir, au terme d'une gradation, avec deux êtres qui devraient lui être ontologiquement inférieurs, à savoir des femmes, mais qui en réalité lui sont à tous égards supérieurs, qui possèdent toutes les vertus antagonistes à ses vices. « Pollio » confronte son lecteur au plus extrême des paradoxes, il le dit d'entrée de jeu : *fatigata re publica, eo usque peruentum est ut, Gallieno nequissime agente, optime etiam mulieres imperarent.* Gallien *nequissime agit*, des femmes, même des femmes, *etiam mulieres*!, *optime imperant*. Naturellement, cela vaut pour Zénobie, traitée en détail, beaucoup plus que pour Victoria. Et pourtant Zénobie est affectée d'une seconde tare rédhibitoire, non seulement elle est femme, mais encore elle est étrangère, *mulier, et quidem peregrina*[1]. C'est le monde à l'envers, Gallien a renversé toutes les valeurs. Dans la *uita Gallieni* 13,3, « Pollio » répond d'avance, par le procédé rhétorique de l'*occupatio*, à une objection possible : Gallien était si insignifiant que la première petite jeune fille venue aurait été capable de l'emporter sur lui ; dans le pays des aveugles, les borgnes sont rois. Certes, répond-il, cependant Zénobie, par son courage et son ingéniosité, aurait été en mesure de l'emporter sur de nombreux empereurs. Dans la *Vie d'Aurélien*, la perspective change du tout au tout : Zénobie est opposée à un empereur qui est un guerrier valeureux, un homme aux principes rigides, en qui revivent les vertus des Romains du temps jadis, parangons de toutes les vertus. Face à lui, toutes les spécificités de Zénobie changent de signe, toutes ses bonnes qualités deviennent des défauts. Le contraste devient surtout apparent si l'on confronte les deux lettres d'Aurélien, adressées l'une au Sénat (*trig. tyr.* 30,5-11),

---

1. Sur la coloration xénophobe de l'*HA*, cf. Hartke, *Kinderkaiser...*, p. 195 et n. 4 ; Johne, *Kaiserbiographie...*, p. 153 et n. 4.

l'autre à Mucapor (*Aurelian.* 26,2-5), où l'empereur se défend de deux manières très différentes contre un seul et même reproche, combattre une femme et triompher d'elle; cf. *infra*, p. 185. Il convient d'ajouter que le contraste entre les deux biographies n'est pas absolu. Dans les *Trente Tyrans*, à côté de l'extraordinaire panégyrique du chap. 30 et d'autres traits positifs enregistrés ailleurs, il y a quelques notations négatives : Zénobie se conduit en marâtre avec le fils d'un premier lit de son mari (16,3 et 17,2), elle règne plus longtemps qu'il ne sied à une femme (27,1 et 30,2; cf. Festus 24,1 Arnaud-Lindet; *feminea dicione*).

7.1.1 (30,1-3) Paragr. 1. *Fatigata re publica*; même expression en *Claud.* 7,4; cf. *supra*, p. 122 sur *fessis rebus.* — Paragr. 2. Cf. app. crit. Une nouvelle phrase commençant après *et quidem peregrina* par *enim*, un mot est tombé, et la conjecture de Petschenig, supposant un saut du même au même, s'impose avec évidence. *Multa iam dicta sunt* : cf. *supra*, p. 178-179. *Cleopatrarum* : de nombreuses reines de la dynastie des Ptolémées ont porté le nom de Cléopâtre; la plus célèbre, celle qui séduisit César et Antoine, est la septième et dernière du nom. Sur la prétention de Zénobie à lui être apparentée, cf. *supra*, p. 170. *Sagulum* : cf. *supra*, p. 99. Le *sagulum* est le *sagum* des officiers, celui du général est rouge, et certainement celui de l'empereur aussi; cf. Daremberg-Saglio IV 2, p. 1009 (H. Thédenat), et la trad. allemande de Hohl, II, p. 367, n. 4. *Perfuso per umeros* : pour cette construction, cf. *ThlL* X 1, 1424,19-22 (N. Holmes, 1995). Cette tenue n'est pas celle de Didon décrite par Virgile (*Aen.* 4,137-139). Le diadème porté par Élagabal (23,5) est un ornement de femme; comme insigne impérial, le diadème apparaît avec Dioclétien et Constantin; cf. Daremberg-Saglio II, p. 120-121 (E. Saglio). La fin du paragr. répète presque mot à mot le début de 27,1; cf. *supra*, p. 169. — Paragr. 3. La chronologie relative fournie ici est assez correcte : en 268, devenue veuve, du vivant de Gallien, Zénobie porta le titre de reine : cf. *PIR*^{2} 504, p. 208 bas. Elle resta à la tête de l'Empire séparé de Palmyre durant tout le règne de Claude II et jusqu'en 273, date à laquelle elle

fut abattue par Aurélien et exhibée à son triomphe, décrit de
manière circonstanciée, mais fantaisiste, en *Aurelian.* 33-34.
Sur la guerre gothique de Claude, cf. 30,11, avec le même participe *occupatus*; cf. en outre *Claud.* 6,2. *Triumphare* transitif :
cf. *supra*, p. 161. Pour *concedere*, cf. *supra*, p. 106.

7.1.2 (30,4-11) La lettre d'Aurélien au Sénat a pour pendant
la lettre du même empereur à Mucapor en *Aurelian.* 26,2-4.
Les deux faux documents brodent autour du thème principal de toutes les mentions de Zénobie dans l'*HA*, celui
d'une femme au pouvoir (cf. aussi paragr. 16 *ultra femineum
modum*). Ici, Aurélien exalte les capacités exceptionnelles de
Zénobie comme meneuse d'hommes ; les succès d'Odénat lui
sont imputables (variation d'une idée déjà exprimée en 15,8) ;
les ennemis de Rome sur la frontière orientale ont été paraly-
sés par la crainte qu'elle leur a inspirée ; elle a sauvé la partie
orientale de l'Empire. Que les éternels critiqueurs se taisent ;
que disent-ils de Gallien, dont Zénobie, par l'exercice de son
pouvoir, a mis en évidence la déchéance ? que disent-ils de
Claude, qui a sagement profité du répit qu'elle lui garantissait
en Orient ? La lettre à Mucapor est plus brève, son argu-
mentation beaucoup plus pauvre. Zénobie est très redoutable,
d'une part parce qu'elle a de très nombreux alliés, d'autre part
parce que le sentiment qu'elle a de sa culpabilité et la peur qui
l'habite la mettent aux abois. Aurélien est mieux inspiré quand
il fait l'éloge de Zénobie que quand il la critique. L'idée que
la gloire d'Aurélien est compromise par le fait que son adversaire ait été une femme est aussi exprimée par Zosime 1,55,3.
Il doit s'agir là d'une donnée authentique de la tradition (de
Dexippe?) qui a inspiré à l'auteur de l'*HA* les deux lettres
dont il est question ici. Leur rédaction doit être contemporaine, et la première est peut-être un rajout ultérieur provoqué
par la seconde. — Paragr. 4. *adtestatione* : seul emploi de ce
mot dans l'*HA* ; il apparaît pour la première fois chez Frontin
(*grom.*), puis presque exclusivement chez des auteurs chrétiens ; cf. *ThlL* II 1128-1129 (H. Oertel, 1900). — Paragr. 5.
Munus implere : cf. *ThlL* VII 1, 637,1-8 (A. Labhardt, 1937).
Noter la quintuple anaphore de *quam. Dispositionibus* : cf.

supra, p. 134. La structure *cum necessitas postulet...*, *cum seueritas poscat* est reprise au paragr. 16 *ubi necessitas postulabat...*, *ubi pietas requirebat*. — Paragr. 6. Sur le rôle de Ctésiphon dans l'imaginaire romain, cf. *supra*, p. 123. Noter l'anaphore de *possum* en tête de ce paragr. et du suivant. — Paragr. 7. Ces lignes font allusion aux diverses conquêtes orientales de Zénobie, l'Égypte et l'Arabie ; cf. Hartmann, dans Johne, *Soldatenkaiser...*, p. 360-362. « Pollio » désigne les Arabes nomades, donc les Bédouins, par le nom Sarrasins, le nom Arabes étant réservé aux Arabes sédentaires ; cf. G. W. Bowersock, *Arabs and Saracens in the Historia Augusta*, Historia-Augusta-Colloquium 1984/1985, Bonn, 1987, p. 71-80. Malalas pour sa part nomme systématiquement les Palmyréniens Saracènes, et Zénobie la Saracène. Sarrasins, Arabes et Arméniens surgissent à plusieurs reprises, isolés ou groupés, au hasard des épisodes mentionnés par l'*HA*, évoquant poétiquement les peuples de l'Orient ; cf. E. Birley, *Military Intelligence...*, p. 37-38. — Paragr. 8. *Orientis... imperium* : cf. *Gall.* ; 1,1 et 10,1. Je traduis « la partie orientale de l'Empire », et non pas l'« Empire d'Orient », par quoi on désigne aujourd'hui ce que les contemporains appelaient la *pars Orientis*, c'est-à-dire la moitié orientale de l'Empire après 395. — Paragr. 10. *In cuius contemptu* : cf. *supra*, p. 48. — Paragr. 11. Dans la *uita Claudii*, il n'est pratiquement pas question de Zénobie (cf. 4,4, et 7,5). Cet empereur n'a jamais reconnu formellement le pouvoir de Zénobie et de son fils ; il n'a tout simplement jamais eu le loisir de s'occuper de cette partie de l'Empire. Il est ici mentionné avec les plus grands éloges, comme ce sera le cas tout au long de la biographie de ce prétendu ancêtre de la dynastie constantinienne. Noter qu'il est qualifié ici, étant empereur, de *dux*. *Sancto et uenerabili* : ce groupe se retrouve à plusieurs reprises dans l'*HA* : *Alex.* 66,2 ; *Gall.* 15,3 (*uir s. ac iure u.*) ; *trig. tyr.* 32,5 ; *Aurelian.* 24,8 (*quid... sanctius, uenerabilius*). J'adopte la leçon *consulte atque prudenter* qui fournit un « cursus uelox » ; il s'agit d'un groupe de deux mots ayant à peu près le même sens et appartenant à la même partie du discours, selon une pratique assez fréquente dans l'*HA* : cf. Tidner, p. 11-23, et plus spécialement 22-23.

7.1.3.1 (30,12) Le manger, le boire et le sexe stimulent toujours l'intérêt de l'auteur de l'*HA*. Ces éléments sont variés selon des combinaisons diverses, qui prouvent qu'il s'agit d'un jeu littéraire, et non de données dignes de foi : cf. le vol. V 1, p. 75. Zénobie ayant les vertus correspondant aux vices de Gallien, comme ce dernier est un débauché (*Gall.* 4,3), elle se doit d'être chaste et, à ce titre, elle est bien différente de la célèbre reine égyptienne dont elle se plaisait à porter le nom. Elle a un pendant masculin en la personne de Pescennius Niger, sur lequel « Spartien » s'exprime assurément de manière contradictoire : il est dit tout d'abord *libidinis effrenatae ad omne genus cupiditatum* (1,4) ; plus loin, cependant, il est qualifié de *rei ueneriae nisi ad creandos liberos prorsus ignarus* (6,6). Niger et Zénobie se conforment ainsi à la plus stricte morale sexuelle chrétienne, telle qu'elle est prônée par Augustin[1], orfèvre en la matière grâce à son expérience personnelle, apparemment aujourd'hui encore par le Vatican, et dans l'antiquité même par quelques austères pythagoriciens. Dans le règne animal, les éléphants avaient aussi la réputation de ne s'accoupler que dans une intention de procréation[2]. Zénobie est évidemment érigée ici en témoin prouvant que, contrairement aux affirmations des chrétiens, les païens sont capables de mener une vie sexuelle d'une parfaite pureté. Il convient en outre de souligner que Zénobie a beaucoup plus de mérite que Pescennius Niger. Dans la conception des Anciens, et notamment pour des chrétiens de choc comme Jérôme (cf. par ex. *epist.* 22), la femme est incomparablement

---

1. Cf. *de bono coniugali* 3,3 *habent etiam id bonum coniugia, quod carnalis uel iuuenilis incontinentia, etiamsi uitiosa est, ad propagandae prolis redigitur honestatem, ut ex malo libidinis aliquid boni faciat copulatio coniugalis.* 6,6 *coniugalis enim concubitus generandi gratia non habet culpam ; concupiscentiae uero satiandae, sed tamen cum coniuge, propter thori fidem, uenialem habet culpam ; adulterium uero siue fornciatio lethalem habet culpam.*

2. Sur tout cela, cf. Gilliam, *Three Passages...*, p. 107-110.

plus exposée que l'homme aux blandices de la chair. Pour le père de l'Église, la luxure est enfouie dans le cœur des femmes comme un monstre qui ne sommeille que d'un œil, et qui est prêt à se déchaîner à la moindre sollicitation : c'est pourquoi il faut éviter le vin, la viande, les récits amoureux, etc. Les païens estimaient aussi que les femmes étaient, plus que les hommes, sans défense contre les séductions du sexe. Ils expliquaient cela par un plaisant récit mythologique généralement omis par les manuels destinés aux pensionnats de jeunes filles. Le jeune Tirésias ayant vu deux serpents en train de s'accoupler, il fut transformé en femme[1]. Sept ans plus tard, confronté au même spectacle, il redevint un homme. Il avait ainsi acquis une expérience transsexuelle à nulle autre pareille, dont se souvinrent Zeus et Héra qui se disputaient pour savoir si c'était l'homme ou la femme qui jouissait davantage durant l'acte sexuel. Interrogé, Tirésias répondit que, sur dix parts de plaisir, neuf revenaient à la femme, une seule à l'homme. Furieuse de voir divulgué le grand secret des femmes, Héra rendit Tirésias aveugle. Par compensation, Zeus lui donna le pouvoir de prophétie (Apollodore, *Bibliothèque* 3,7 ; cf. un résumé dans Ovide, *met.* 3,316-338). On en conclut que le mérite de Zénobie était neuf fois plus grand que celui de Pescennius Niger. Il sied néanmoins d'ajouter que Zénobie ne put tenir cette ligne de conduite que grâce à Odénat, et bénéficia donc d'un privilège certainement rare parmi les femmes de l'antiquité, celui de pouvoir disposer comme elle le voulait de son corps. Au gré de sa sensibilité, chacun considérera Odénat ou comme un mari idéal, ou comme un chaste Joseph. *scierit* : ici comme équivalent de γιγνώσκω transitif dans le sens de « avoir un rapport sexuel avec », normalement rendu en latin par *cognoscere aliquem, aliquam.* Cet emploi est attesté déjà chez des auteurs profanes grecs (Ménandre, *Frg.* 382,5 Körte-

---

1. Dans diverses cultures, la vue de serpents en train de s'accoupler a de funestes conséquences. Cf. l'édition Loeb d'Apollodore due à J. G. Frazer, vol. I (1921), p. 364-367, n.

Thierfelder [Συναριστῶσαι] ; Plutarque, *Galba* 9,2 ; etc.) et latins (Turpilius *com.* 42 ; Ovide *epist.* 6,133 ; etc.), mais il est surtout employé par les auteurs chrétiens, à partir de *Genèse* 4,1 *Adam uero cognouit uxorem suam.* Cf. *ThlL* III 1503,83-1504,36 (M. Lambertz, 1910). Le verbe correspondant en hébreu signifie « connaître, savoir ». Je n'ai repéré qu'un seul autre emploi de *scire* pour *cognoscere* dans le sens en question : c'est une traduction *Vetus Latina* de *gen.* 38,26 citée par Augustin, *loc. hept.* 1,139 (p. 518,16 Zycha [CSEL 28,1]) ; Augustin glose *scire eam* par *misceri ei* (LXX : γνῶναι αὐτὴν). Il me paraît évident que « Pollio » utilise ici ce verbe en voulant parodier le patois de Chanaan des chrétiens, confirmant ainsi l'intention polémique antichrétienne des lignes consacrées à la chasteté de Zénobie.

7.1.3.2 (30,13-14) Paragr. 13. *Regali pompa* : cf. *Maximin.* 14,4 et *Gord.* 9,6. Le terme a ici le sens de « apparat, pompe », non celui de « cortège, procession », comme ailleurs dans l'*HA.* Concernant l'adoration, cf. *Alex.* 18,3 *idem* (sc. *Alexander) adorari se uetuit, cum iam coepisset Heliogabalus adorari regum more Persarum.* Les usurpateurs Saturninus et Proculus auraient reçu l'hommage de l'adoration (*quatt. tyr.* 9,3-4 ; 13,2). Selon Eutrope (9,26), C'est Dioclétien qui aurait été le premier empereur romain à recevoir l'hommage de l'adoration. Les notations concernant Saturninus et Proculus n'ont aucune valeur. En ce qui concerne Zénobie, en revanche, il est parfaitement possible qu'elle ait introduit à sa cour cet usage perse, mais « Pollio » a plutôt inventé cela qu'il ne l'a repris d'une source. — Paragr. 14. Pour *limbus* dans le sens de « vêtement à liséré », cf. *supra*, p. 147. Le terme *fimbria* désigne une frange ; cf. Daremberg-Saglio II, p. 1136-1140 (P. Paris). Le terme *coclis* (ou *cochlis*), *-idis*, f., désigne une pierre précieuse artificielle en forme de coquillage. Ce mot rare n'apparaît qu'ici dans l'*HA* ; cf. *ThlL* III 400 (W. Bannier, 1910). La syntaxe de la fin de la phrase n'est pas limpide. Je me rallie à la suggestion de Soverini (*Problemi...*, p. 35-37) : *adstricta* est une forme réfléchie médio-passive au nominatif qui qualifie Zénobie, comme *galeata ; media* est à l'ablatif et qualifie *coclide*, le groupe étant un ablatif de moyen dépendant d'*adstricta*, glosé par *ueluti fibula muliebri*.

7.1.3.3 (30,15-16) Paragr. 15. Physiquement, Zénobie est dépeinte comme une femme de type arabe. Fréquentes chez Suétone, les descriptions physiques sont rares dans l'*HA* : cf. le vol. V 2, p. 222. Cf. V. Neri, *La caratterizzazione*... Les yeux de Zénobie évoquent ceux d'Aelius (2,4) : *quod... oculis... ultra humanum morem uiguerit*. L'éclat du regard exprime une personnalité dominante, charismatique ; cf. *Alex.* 14,6 ; *Maximin.* 3,6. Les éléments relevés par « Pollio » sont fort proches de ceux qu'énumère Plutarque, *Antoine* 27,3-4, notamment le son de la voix de Cléopâtre ; cf. *infra*, p. 192. Noter la variation *supra modum* ici et *ultra m.* au paragr 16 ; cf. le *Lexicon*... de Lessing, p. 356, 2e col. haut. — Paragr. 16. Moralement, Zénobie réunit des qualités qui semblent s'exclure, sévérité et clémence, générosité et parcimonie (vertu peu féminine !). Aurélien n'est que sévère (cf. le vol. V 1, p. 74-75), alors que la clémence est la vertu cardinale pour un souverain : cf. *Auid.* 11,5 ; *Aurelian.* 44,1 ; Fündling, p. 733. Le terme *tyrannus* peut difficilement être interprété dans son sens technique habituel d'« usurpateur », étant donné qu'il est opposé à *boni principes* ; on en déduit le sens de *malus princeps*. Cf. L. Wickert, *s. u. princeps*, *RE* XXII 2120,49-54 (1954). Noter la reprise du mouvement stylistique du paragr. 5 *in fine*.

7.1.3.4 (30,17-18) Paragr. 17. Ces lignes sont réservées aux moyens de déplacement. Zénobie se déplace, s'il le faut, avec ostentation, mais de préférence de manière sportive, comme un homme. Le *uehiculum carpentarium* est une voiture de fonction, il correspond à l'actuelle longue Mercédès noire blindée, aux vitres fumées, des chefs d'État : cf. *Aurelian.* 1,1 et vol. V 1, p. 63-64. C'est, par exemple, d'un véhicule de ce genre que Constance II se sert lors de son entrée dans Rome en 357 (cf. Amm. 16,10,6). Le *pilentum* est une voiture richement ornée réservée aux dames ; on y installait l'épousée lors des grands mariages ; cf. Daremberg-Saglio IV, p. 479 (G. Lafaye). Contrairement au vieux Macrianus, et comme les empereurs frugaux et endurants, Zénobie se déplace plus volontiers à cheval : cf. *supra*, p. 109. Zénobie vaincue s'enfuit vers l'Euphrate sur un dromadaire : *Aurelian.* 28,3 ; Zosime 1,55,2. Marcher à pied avec les fantassins est le propre d'un bon général qui montre l'exemple, et n'use même pas des privilèges réservés à son rang ; cf. *Alex.* 48,4 et Fündling, p. 560-561 et 1132. Noter que le gén. *passuum* est omis après *milia* (de même *Hadr.* 10,4). Les distances indiquées correspondent à peu près à quatre ou six km. — Paragr. 18. Dans ces lignes, « Pollio » énumère d'autres traits spécifiques qui rapprochent Zénobie d'un souverain de sexe masculin. Elle partage la passion pour la chasse de son mari : cf. *supra*, p. 127. L'Espagne passait pour un pays particulièrement riche en gibier, et donc pour un paradis des chasseurs : cf. Blümner, p. 515, n. 4 ; Daremberg-Saglio V, p. 696, n. 5. En ce qui concerne le boire, « Pollio » ne le mentionne pas dans une perspective de jouissance ou d'abus à table, mais comme un moyen de traiter les envoyés étrangers, de se montrer aussi solide buveur, ou plutôt buveuse, qu'eux et, si possible, de les faire parler pour tirer d'eux des informations stratégiques tout en restant soi-même sobre. Les présentes lignes un peu sibyllines sont pleinement explicitées par *quatt. tyr.* 4,3-4 et surtout 14,3-5, avec la parodie de la *sobria ebrietas* des chrétiens lisant la Bible et l'exposé de la technique d'espionnage par beuverie : cf. le vol. V 2, p. 225-226 et 279-282.

7.1.3.5 (30,19) Ces quelques lignes évoquent des aspects moins dignes d'éloges de la manière de vivre de Zénobie. Les vaisselles d'or ornées de pierreries sont plutôt considérées comme peu recommandables dans l'*HA* : cf. *Ver.* 5,3 ; *Gall.* 17,5. La reine de Palmyre imite dans ce domaine son modèle Cléopâtre, comme il est du reste expressément précisé[1]. En effet, au dire de Socrate de Rhodes, cité par Athénée (4,147 f), c'est précisément dans une vaisselle d'or ornée de pierres

---

1. Sur les adjectifs dérivés de noms propres, du type *Cleopatranus*, cf. den Hengst, *Prefaces...*, p. 84-85. *Cleopatranus* ne se lit que dans l'*HA*, et, plus précisément, seulement chez « Pollio », ici et en 32,6 ; *Claud.* 1,1.

précieuses que Cléopâtre aurait régalé Antoine dans un banquet qu'elle lui offrit en Cilicie. Il n'est pas exclu que ce détail érudit ait été connu par une voie ou une autre de l'auteur de l'*HA*. Quant aux eunuques, ce sont en principe des individus peu recommandables dans la perspective de l'historiographie de l'antiquité tardive : cf. le vol. V 1, p. 201-202. Ici, le fait qu'ils soient vieux les rend apparemment moins pernicieux ; cf. *Auid.* 10,9.

7.1.3.6 (30,20-22) « Pollio » achève son portrait de Zénobie en abordant la question de ses connaissances dans le domaine des langues et de la littérature. Il est extrêmement douteux qu'il ait possédé à cet égard des informations authentiques. C'est bien plutôt le parallèle avec Cléopâtre qui lui suggère ces lignes. Ici encore, l'inspiration semble provenir de Plutarque, *Antoine* 27,4 (cf. *supra*, p. 190) : «... elle employait aisément sa langue, comme un instrument à plusieurs cordes, à parler le dialecte qu'elle voulait, et il y avait un très petit nombre de Barbares auxquels elle dût parler par interprète. Elle donnait à la plupart d'entre eux la réplique par elle-même, par exemple aux Éthiopiens, aux Troglodytes, aux Juifs, aux Arabes, aux Syriens, aux Mèdes, aux Parthes. Elle savait encore, dit-on, plusieurs autres langues, alors que les Rois, ses prédécesseurs, n'avaient pu même apprendre l'égyptien, et que, pis encore, certains d'entre eux ne savaient plus le macédonien » (trad. B. Latzarus, Garnier, Paris, 1950). Même si « Pollio » tient mieux son imagination en bride que Plutarque, ses affirmations sur les connaissances linguistiques de Zénobie n'inspirent guère confiance. On voit réapparaître ici, une fois de plus, sans qu'ils soient expressément nommés, les deux prétendus fils Hérennianus et Timolaus (cf. *supra*, p. 169). Le souci de leur mère de les faire parler latin plutôt que grec résulte évidemment de son intention de les camper en empereurs romains (cf. 27,1). Dans la réalité, que rien ne permet d'appréhender de manière réelle, il est vraisemblable que Zénobie et son fils Vabalat parlaient palmyrénien (et l'araméen ou syriaque tout proche), le grec (*lingua franca* du Proche-Orient), et peut-être aussi un peu le copte. Des connaissances en latin ne semblent pas très vraisemblables. Hormis à Béryte à cause de l'école de droit romain, cette langue n'était guère en usage en Syrie : cf. F. Millar, *The Roman Near East, 31 B.C.-A.D. 337*, Cambridge (Mass.)-London, 1994, p. 527-528. La lettre inventée que Zénobie adresse à Aurélien selon *Aurelian.* 27 est en syriaque, traduite en grec par Nicomaque ; cf. le vol. V 1, p. 148-149. — Paragr. 20. Pour l'emploi de *uel... uel...* dans le sens de *et... et...*, cf. *supra*, p. 105. — Paragr. 21. Pour la construction *cohibere ut*, cf. Hofmann-Szantyr, p. 647. — Paragr. 22. Comme pour d'autres souverains, « Pollio » confère à Zénobie des dons littéraires : cf. *supra*, p. 66-67. Pour l'adjectif dérivé d'un nom propre, cf. *supra*, p. 191, n. 1. L'expression *historia Alexandrina* est ambiguë : s'agit-il d'une histoire d'Alexandre le Grand et de ses conquêtes en Orient ? Il est amusant de constater que « Pollio » fait de Zénobie une épitomatrice : à force d'exploiter l'*EKG*, Eutrope et Aurélius Victor, il en vient à prêter une activité dans ce domaine à son héroïne. C'est un fait qu'il s'agit d'un genre littéraire en vogue dans la seconde moitié du IVe s.

7.1.4 (30,23) Après la longue insertion de l'éloge de Zénobie, « Pollio » mentionne très brièvement sa capture. Pour plus de détails, cf. Zosime 1,55 et *Aurelian.* 28,3. Il cite ensuite un bref dialogue entre Aurélien et Zénobie, qui peut être rapproché d'*Aurelian.* 26,6-27,5. Excédé par les lenteurs de la campagne, Aurélien écrit à Zénobie pour lui ordonner de se rendre en lui promettant une condition honorable. Zénobie répond avec insolence. Elle lui rappelle que Cléopâtre a préféré la mort à la servitude (ce qui ne va pas l'empêcher elle-même de préférer la servitude à la mort !), et le menace d'une future défaite. Ici encore, les lignes des *Trente Tyrans* proposent une variation. Aurélien interpelle brutalement Zénobie, mais ne lui propose rien. Zénobie répond avec déférence, en mettant en évidence la supériorité d'Aurélien sur les autres empereurs et sur les usurpateurs (dans ce contexte, Claude II est escamoté !), puis évoque le rêve — que suggère la présence de deux femmes au pouvoir aux extrémités opposées de l'Empire, que la distance rend cependant irréalisable — d'un « axe féminin »

avec Victoria, dont il va être question dans le chap. suivant.
L'opposition entre *imperator* et *ceteri principes* n'est qu'une
variante stylistique.

7.1.5 (30,24-26) Ces trois paragraphes sont consacrés à
la description de Zénobie présentée à Rome au triomphe
d'Aurélien. Dans la description détaillée — mais fictive ! —
de ce triomphe dans *Aurelian.* 33-34, Zénobie est brièvement
présentée en 34,3, qui est en somme un résumé des présentes
lignes. « Pollio » adopte la version selon laquelle Zénobie, une
fois vaincue et faite prisonnière, est transférée à Rome, présentée au triomphe, puis autorisée à vivre de manière honorable.
C'est la version de la « Kaisergeschichte » d'Enmann, représentée par les auteurs cités *supra*, p. 180. Il n'est pas possible
de déterminer si « Pollio » connaît les autres versions ; pour
celles-ci, cf. *supra*, p. 170. Les présentes lignes sont exclusivement consacrées à décrire Zénobie surchargée d'entraves
précieuses et lourdes, qu'elle n'arrive qu'à grand peine à porter, bien qu'elle soit *fortissima*. Il y a évidemment ici un écho
des paragr. 13-14 et 19 décrivant la pompe et le luxe dans
lequel Zénobie vivait. On peut se demander si « Pollio » ne
suggère pas qu'Aurélien, en chargeant Zénobie d'entraves précieuses et lourdes, a voulu la punir par là où elle avait péché,
à savoir par des excès de luxe. Le motif des prisonniers chargés de chaînes d'or remonte à Hérodote 3,23, qui prête cette
pratique aux Éthiopiens. On retrouve ce motif dans le roman
d'Héliodore, 9,1, l. 30-2, l. 8 Colonna. Pour des contacts entre
Héliodore et la *uita Aureliani*, cf. le vol. V 1, renvois enregistrés dans l'index, p. 332, entrée « Héliodore ». — Paragr. 24.
Noter l'emploi de *iam primum* dans une énumération, comme
en *Aurelian.* 43,1. Ici, cette locution est reprise au paragr. 26
par *praeterea*. — Paragr. 26. Le mot *scurra*, qui signifie le plus
souvent « bouffon », comporte aussi un autre sens, beaucoup
plus rare, comme le précise Isidore (*orig.* 10,255) : *satelles,
quod adhaereat alteri, siue a lateris custodia*. Ce sens n'est clairement attesté que dans l'*HA* : cf. *Heliog.* 33,7 ; *Alex.* 61,3 ;
62,5, et ici. Cf. SCHOL. *Iuu.* 4,31 et AMM. 30,1,20, ainsi
que la longue discussion de Saumaise dans son commentaire

à *Alex.* 61,3 ; J. Straub, *Scurra barbarus*, Historia-Augusta-Colloquium 1977/1978, Bonn, 1980, p. 233-253, et Lippold, *Kommentar...*, p. 69-71. Le sens exact de *praeferebat* n'est pas facile à préciser. Le passage parallèle d'*Aurelian.* 34,3 n'est pas d'un grand secours : *...catenis aureis quas alii sustentabant* (edd. ; *ostentabant* ou *ostendebant* des mss est en effet peu convaincant). La correction des éditeurs inspire les traducteurs de notre passage et les pousse à rendre *praeferebant* dans le sens d' « aider à porter », ce qui n'est pas forcément convaincant. Fait exception Hohl : « eine goldene Kette..., an der ein persischer Possenreisser sie führte ». Je crois que la traduction proposée pour *scurra* est fausse, celle qui est suggérée pour le verbe est en revanche séduisante : le *scurra* aurait porté devant Zénobie l'extrémité de la chaîne, la conduisant comme un animal en laisse. Dans le doute, j'ai préféré une traduction neutre, qui ne tranche pas sur la nuance exacte.

7.1.6 (30,27) La présence à Rome, et ailleurs dans l'Empire au IVe s., de descendants d'Odénat et de Zénobie est clairement attestée, tout comme l'existence, près des ruines du palais d'Hadrien, d'une villa qui doit correspondre au lieu dit *Conca* : cf. *PIR*[2] S 472 (p. 184) et 501 ; Hartmann, *Teilreich...*, p. 415-418. La version de l'*EKG*, attestée notamment par Evtr. 9,13,2, à savoir celle d'une survie à Rome de descendants de Zénobie, est donc correcte, tout comme la donnée de « Pollio » concernant une résidence de la reine dans les environs de Tivoli, proche du palais d'Hadrien, en un lieu nommé la « Conque ». L'auteur de l'*HA* semble connaître Rome et ses environs, et disposer ici d'informations personnelles. *Hadr.* 26,5 paraît notamment témoigner de sa part d'une réelle familiarité avec ce que nous nommons aujourd'hui la *Villa Adriana* ; cf. Fündling, p. 1137-1146, et Bowersock, cité *supra*, p. 186, p. 77-78. Il y avait dans le secteur au moins encore une autre villa d'un membre de la classe dirigeante de Rome, cf. Symmaque, *epist.* 6,81. Le mot *hodieque* nous indique que nous sommes ici en présence d'une des nombreuses actualisations de l'*HA* ; cf. *supra*, p. 100 et, pour le présent passage, Treucker, p. 290. La forme *Tiburti* est l'ablatif de l'adjectif dé-

rivé du nom propre *Tiburs, -urtis*, 3 g. (de *Tibur, -uris*, n.),
qualifiant un substantif sous-entendu, du genre *agro*.

7.2 (31,1-4) « Pollio » a déjà beaucoup parlé de cette dame,
mais il ne la nomme pas toujours de la même manière : il
la désigne tantôt par deux noms, Victoria ou Vitruvia (5,3,
6,3 ; 24,1 et ici), tantôt par le seul nom de Victoria (7,1, 25,1 ;
30,23, plus le titre de la présente *uita*), tantôt par le seul nom
de Vitruvia (*Claud.* 4,4). La seule autre source littéraire qui la
mentionne est Aurélius Victor 33,14 : *interim Victoria, amisso
Victorino filio, legionibus grandi pecunia comprobantibus, Tetricum imperatorem facit*. On ne possède aucune inscription
la concernant. Quant aux monnaies dont il est question au
paragr. 3, il n'en existe aucune, et il est unanimement considéré que ce qu'en dit ici « Pollio » est une pure invention.
Sur les monnaies, dont il est souvent question dans l'*HA*, cf.
les passages mentionnés dans les index des matières, sous la
rubrique « monnaies », des vol. V 1, p. 333, et V 2, p. 426.
Pour le présent passage, on se reportera à l'étude classique
de K. Menadier[1] ; cf. aussi Hartke (*Kinderkaiser...*, p. 43-44).
On a abusivement attribué à Victoria des monnaies de Victorinus portant sur le revers un buste de la déesse Victoria
avec l'inscription VICTORIA AVG. Il est intéressant de relever qu'un faussaire du XVIe s. s'est amusé à fabriquer des
monnaies de divers usurpateurs mentionnés par « Pollio », et
notamment une de l'impératrice Victoria[2]. Dans ces condi-
tions, il est en tout cas certain que Victoria n'a jamais porté le
titre d'Augusta (selon l'affirmation de 5,3, non répétée ici). Sa
qualité de *mater castrorum*, mentionnée non seulement ici, au
paragr. 2, mais aussi en 5,3 ; 6,3 et 25,1, n'étant attestée nulle
part ailleurs, on la considère aussi comme inventée. Faustine,
l'épouse de Marc Aurèle, avait porté ce titre (*Aur.* 26,8), tout
comme plusieurs impératrices du IIIe s. : Julia Domna, Julia
Mamaea, Ulpia Severina notamment. Le titre pouvait donc

---

1. *Die Münzen...*, p. 19-23.
2. Cf. S. Estiot, *Le tyran...*, p. 220-224, avec des reproductions.

être familier à l'auteur de l'*HA*. Il y a en outre une contradiction dans notre texte à propos de Victoria : en 5,3, il est dit que c'est elle qui donna le pouvoir suprême à Marius, ici, au paragr. 2, que ce sont les soldats. Son rôle dans l'arrivée au pouvoir des deux Tetrici (cf. les chap. 24 et 25) est aussi fort douteux. L'existence même de Victoria-Vitruvia a été mise en doute, il est vrai assez récemment. Jusqu'à König (*Die gallischen Usurpatoren...*, p. 158-181) y compris, « Pollio », appuyé sur Victor, a bénéficié sur ce point au moins d'une confiance totale. A. Luther, dans Johne, *Soldatenkaiser...*, p. 335-336, n'exprime aucun doute, malgré le scepticisme de Chastagnol (*Histoire Auguste...*, p. 857-858) et de Kienast (p. 247). Il est bien sûr impossible de trancher ici avec certitude. En tout état de cause, on ne voit que trop bien la raison qui pousse ici « Pollio » à faire une place à cette femme dans sa collection d'usurpateurs — il le dit du reste expressément —, c'est pour mettre en évidence par contraste la nullité et le déshonneur de Gallien, un motif qui réapparaît sans cesse dans les *Trente Tyrans* ; cf. *supra*, p. 62. Globalement, l'*HA* ne se distingue guère, en ce qui concerne les lieux communs sur la misogynie, de l'ensemble de la littérature ancienne, mais, hormis l'instrumentalisation polémique contre Gallien, ce thème n'occupe pas une place importante dans la collection. Il faut en outre relever que Zénobie, pour sa part, est présentée dans les *Trente Tyrans* en termes extrêmement flatteurs, naturellement avec des caractéristiques essentiellement masculines (cf. Zosime 1,39,2, qui parle de ses « capacités viriles », et ici, paragr. 2, à propos de Victoria, *uirile... facinus*)[1] ; cf. *supra*, p. 181. — Pargr. 1. *in litteras mitterentur* : cf. *supra*, p. 74. — *memoria dignae* : cf. *supra*, p. 57. — Paragr. 2. Sur le motif des usurpateurs tués par ceux-là mêmes qui les ont portés au pouvoir, cf. *supra*, p. 75. — Paragr. 3. *cusi sunt* : le verbe *cudere*, bien qu'employé par Plaute déjà, est rare, aussi dans

---

1. Sur les femmes dans l'*HA*, cf. Hartke, *Kinderkaiser...*, p. 197-198, et E. Wallinger, *Die Frauen...*, notamment p. 149-153.

le sens «cudendo conficere, proprie»; huit emplois seulement existent en relation avec la monnaie : Plavt. *Most.* 892
nummos (comme ici); Ter. *Haut.* 740; *HA Gall.* 12,1; *trig.
tyr.* 26,2; Cod. Theod. 9,21,3 et 10; Symm. *epist.* 4,55;
cf. *ThlL* IV 1285,11-57 (H. Hoppe, 1909). — *hodieque... extat* : termes introduisant des éléments d'actualisation; cf. 25,4,
Treucker, p. 290, et *supra*, p. 100. — *forma* : ici dans le sens
spécifique rare de «coin monétaire»; cf. quelques exemples
dans le *ThlL* VI 1,1082,30-61 (I. Kapp, 1920). — Paragr. 4.
En fin de chap., on notera l'apparition, une fois de plus, de
groupes de témoins non spécifiés, et évidemment inventés, opposés les uns aux autres : *plerique..., alii. fatali necessitate* : cf.
le vol. V 1, p. 314; l'expression désigne ici la mort naturelle,
par opposition à la mort violente.

3. Première conclusion et repentir (chap. 31,5-12)

8.0 (31,5-12) Ce segment inattendu a suscité dès le moyen
âge l'étonnement compréhensible de lecteurs attentifs, qui
n'ont pas soupçonné toute l'ampleur de la perversion de
«Pollio». Les paragr. 5 et 6 semblent, en effet, constituer la
conclusion de tout ce qui précède, de 1,1 à 31,4, et comporter l'annonce de la biographie suivante, celle de Claude II.
Mais il ne s'agit en réalité que d'une fausse fin. Comme saisi
brusquement d'un scrupule, puis d'un repentir[1], «Pollio» reprend le fil de son récit en expliquant que, averti par un ami
aussi savant que bienveillant, et pour échapper à des critiques
moqueurs, il va ajouter deux usurpateurs de sexe masculin
pour arriver à un nombre total de trente tyrans mâles, alors
que, dans un premier temps, il avait complété un total de
vingt-huit tyrans par deux tyrannes, pour mieux mettre en
évidence l'abjection de Gallien, pire qu'une femme, et songé

---

1. Ce *mea culpa* a été rapproché par den Hengst (*Prefaces...*, p. 140-
141) de la petite discussion pseudo-scientifique de *quatt. tyr.* 2.

à parler ultérieurement des deux surnuméraires qu'il a décidé maintenant d'insérer dans les *Trente Tyrans*. Il ajoute alors Titus (32) et Censorinus (33,1-6), puis conclut une seconde fois son *uolumen* en 33,7-8. Gêné par ces incohérences, le copiste de l'archétype de la branche Σ a pris l'initiative de transposer le paragr. 6 tout à la fin de ce « livre », après 33,8[1]. Cette intervention n'est cependant nullement convaincante. Elle ne remédie pas à l'apparent doublet constitué par 31,5 et 33,7, ni aux autres bizarreries de l'ensemble du segment 31,5-33,8, que les anciens éditeurs ont remarquées, mais acceptées sans trop de scrupules, en se ralliant à l'hypothèse d'un remaniement, d'un ajout, d'une seconde édition exécutée avec négligence, sans le souci d'harmoniser l'ensemble en dissimulant les points de suture. Dans la première des nombreuses réactions suscitées par l'article de Dessau publié en 1889, celle de Mommsen dans son article 1890, celui-ci aborde, notamment p. 272-273, le problème discuté ici sans être tout à fait aussi clair qu'on pourrait le souhaiter. Si je le comprends bien, selon lui, le segment 31,5-33,8 (auquel il ajoute le chap 20 sur Valens l'Ancien) est une insertion du deuxième « Diaskeuaste », qu'il semble identifier avec l'auteur des *Vies* des Maximins et des Gordiens, à savoir « Capitolinus ». C'est en tout cas ainsi que Lécrivain (p. 340) l'a compris. Klebs, dans deux articles (celui de 1890, p. 454-457, accessoirement celui de 1892 *passim*), a dépensé des trésors d'érudition pour démontrer la fausseté de cette hypothèse (rejetée aussi par Lécrivain, *loc. cit.*), qui de toute évidence est aventurée : Mommsen a poussé trop loin dans ses dernières conséquences son modèle des deux « Diaskeuastes ». Si l'on part du point de vue que « Pollio » et « Vopiscus » sont un seul et même individu, et que celui-ci se plaît à désarçonner le lecteur avec les inventions les plus énormes et les contradictions les plus désinvoltes, on peut lire le segment 31,5-33,8 comme un exemple

---

1. E. Hohl (*Beiträge zur Textgeschichte der Historia Augusta*, Klio 13, 1913, p. 258-288 et 387-424) se trompe quand il prétend, p. 395, que ce sont les paragr. 5 et 6 qui sont déplacés dans Σ.

de plus de ses performances[1]. Il est possible (mais non certain) qu'il s'agisse d'un ajout ultérieur, destiné à corser la fin des *Trente Tyrans* par un trait d'*inuentio* largement orchestré sur le thème central des tyrans de sexe masculin et féminin. Que « Pollio » se moque ici ouvertement de son lecteur apparaît clairement dès que l'on se départit du souci de le prendre au sérieux. Il est amusant de relever que l'auteur de l'*HA*, sous le masque de « Vopiscus », s'amuse en *Car.* 1,4 à mentionner une *colluuies* de *triginta... prope tyrannorum*, ce qui évidemment constitue une allusion transparente au pseudo-débat de *trig. tyr.* 31,7-8. L'ajout de deux usurpateurs hommes révèle la composante humoristique du segment. Tout d'abord par le fait qu'il s'agit, de l'opinion unanime des modernes, d'une part d'un personnage inventé (Censorinus), d'autre part d'un usurpateur de l'époque des Maximins (Titus) — 235-238 —, donc antérieur d'un bon quart de siècle au règne de Gallien, à propos duquel « Pollio » donne des détails en partie frelatés, en partie inventés. Ensuite parce qu'il aurait été libre de substituer un second personnage inventé au Titus frelaté sur lequel son choix a porté, et donc d'insérer deux ectoplasmes dans le contexte qu'il voulait, celui du règne de Gordien, évitant ainsi de violer le cadre chronologique qu'il a lui-même défini en 1,1 (*per annos, quibus Gallienus et Valerianus rem publicam tenuerunt, triginta tyranni... extiterunt*[2]), conséquence nécessaire du choix d'un personnage réel de l'époque des Maximins[3]. Sa désinvolture apparaît clairement, d'une part parce qu'il

1. Cf. J. Straub, dans Hohl, traduction allemande, vol. I, p. x-x l ii.
2. Ce qu'il a déjà fait, comme il le dit lui-même au paragr. 8, au chap. 20 sur Valens l'Ancien, passage que Mommsen a judicieusement associé au présent segment. Par un accès tardif de prudence, « Pollio-Vopiscus » corrige son affirmation de *trig. tyr.* 1,1 en *quatt. tyr.* 1,3 : *Trebellius Pollio ea fuit diligentia... ut etiam triginta tyrannos uno breuiter libro concluderet, qui Valeriani et Gallieni nec multo superiorum aut inferiorum principum fuere temporibus.*
3. L'insertion de Censorinus sous Claude II semble en revanche arbitraire ; elle est cependant peut-être en relation avec le petit jeu de 33,2, où l'on nous dit que cet usurpateur, étant boiteux, fut appelé Claude.

situe, de son propre aveu (32,7), les deux usurpateurs surnuméraires sous les Maximins et sous Claude, d'autre part
parce qu'il affirme avoir eu le projet primitif de parler de ces
deux personnages *inter Tacitum et Diocletianum* (paragr. 8), ce
qui ne soulève aucune difficulté pour Censorinus, entièrement
inventé, mais est clairement absurde pour Titus, qui s'est manifesté à l'époque des Maximins. « Last but not least », dans
ce même paragr. 8, il évoque un futur programme de travail —
les biographies des empereurs suivants, à partir d'Aurélien —
qui sera en fait réalisé par « Vopiscus », ce par quoi il trahit
assez clairement son identité avec ce dernier[1].

8.1 (31,5-6) Paragr. 5. Ces lignes reprennent une partie de
ce qui est dit en 1,2 concernant la réunion de trente tyrans
in unum uolumen, mais non sans contradiction : en 1,2, ce
procédé est justifié par l'obscurité et le manque de données
sur ces usurpateurs, ici par le risque d'ennuyer le lecteur si
on lui inflige toutes les données (apparemment nombreuses)
sur chacun des tyrans. Le risque d'ennui pour le lecteur est
aussi mentionné en *Aurelian.* 22,4 ; cf. *Maximin.* 1,1 ; *Gord.* 1,3
et 5 ; Hier. *in Dan.* prol. ; den Hengst, *Prefaces...*, p. 63. —
Paragr. 6. Le verbe *redeo* étonne, car, s'il a été parlé de
Claude II à plusieurs reprises dans ce qui précède — en dernier lieu en 30,11 —, ce n'est que tout à fait incidemment.
Mais le verbe composé peut n'avoir que la valeur du verbe
simple : cf. C. Paucker, *De latinitate...*, p. 55-60 (*Composita
pro simplicibus*). *Merito uitae* : emploi de *merito* sous forme
figée de préposition suivie du génitif (personne ou chose) ;
cf. *Gord.* 22,6 ; *Max. Balb.* 9,5 ; *Claud.* 12,3 ; pour l'emploi

---

1. Ce projet futur est moins ambitieux et plus précis que ceux que
mentionnent « Spartien » (*Ael.* 7,5), Vulcacius Gallicanus (*Auid.* 3,3)
et « Lampride » (*Heliog.* 35,2-7 ; *Alex.* 64,1-2). L'annonce par l'un des
six prétendus auteurs d'un projet de biographie réalisé par un autre a
un parallèle en *Pesc.* 9,3, où « Spartien » annonce une biographie de
Clodius Albinus, laquelle est attribuée à « Capitolin ». En revanche, les
projets limités de « Pollio » (*Valer.* 8,5 ; *Gall.* 21,1-2 ; *trig. tyr.* 31,6) et de
« Vopiscus » (*Prob.* 24,7-8 ; *quatt. tyr.* 15,10) correspondent à ce qu'on
lit dans la collection.

comme postposition, cf. *supra*, p.113. *Edendum* : sur les différents sens de ce verbe dans l'*HA*, et notamment celui de
« publier une loi, un livre, etc. », cf. le *Lexicon*... de Lessing,
p. 159. *Addito fratre* : il s'agit de Quintillus, dont il est question dans plusieurs passages de la *uita Claudii* ; (cf. l'index des
noms propres). *De familia tam sancta et tam nobili* : allusion
à la prétendue parenté de Claude II avec Constance Chlore et
ses descendants, comme déjà en *Heliog.* 2,4 ; 35,2 ; *Gall.* 7,1 et
14,3 ; elle sera précisée en *Claud.* 13,2-3.

8.2.1 (31,7-9) Paragr. 7. Ce développement commence par
une énième invective contre Gallien ; cf. *supra*, p. 62. Elle
est ici focalisée sur le contraste entre un Gallien dégénéré
et des femmes vertueuses, comme aussi en *Gall.* 21,1 ; *trig.
tyr.* 30,1 et 10 ; *Claud.* 1,2. — *studiose* : cet adverbe signifie ici « intentionnellement », comme en *Gall.* 19,8 et chez
HEGES. 2,9,1 (p. 147,25-26 Ussani). — *In medio... posui* :
Casaubon, prenant cette expression à la lettre, suggère que,
dans une version primitive, les vies de Zénobie et de Victoria se trouvaient au milieu des biographies consacrées à des
usurpateurs hommes. Cette interprétation est trop littérale —
prodigiosius : cf. *Claud.* 1,3 ; den Hengst, *Prefaces...*, p. 60. —
passa est : cf. *Claud.* 9,1 et le vol. V 2, p. 331. — *additurus* :
cf. *supra*, p. 99. — *ut triginta uiri hoc tyrannorum uolumine* :
cf. app. crit. Que ces mots suscitent l'étonnement est prouvé
par la conjecture de Peter adoptée par Magie, qui cependant
n'est pas acceptable, puisqu'elle escamote le terme *uiri*, qui
exprime l'idée principale de la phrase. Pour *uolumen* suivi
d'un génitif indiquant le contenu, cf. CIC. *Verr.* II 1,97 *uolumen eius rerum gestarum* ; *Pis.* 75 *uolumina laudum suarum*
(au paragr. 53 de ce même discours, Cicéron cite une Calpurnia, nom de la prétendue épouse de Titus). — Paragr. 8.
Au paragr. 5, « Pollio » s'adresse à la troisième personne à
un lecteur anonyme ; ici, ce lecteur devient un ami, interpellé
à la deuxième personne du singulier ; même procédé en *Heliog.* 1,2 et 2,4 ; cf. den Hengst, *Prefaces...*, p. 60. L'auteur de
l'*HA* semble ici exprimer l'intention de poursuivre sa collection jusqu'à Dioclétien, comme en *Heliog.* 35,4 et *Prob.* 1,5,

mais en contradiction avec *Car.* 18,5. *Addere destinaueram* : noter le cursus octosyllabe. — Paragr. 9. L'accumulation de substantifs et les deux génitifs de cette brève phrase ont provoqué des accidents dans la tradition, une conjecture inutile (cf. l'app. crit.) et un manque de clarté. La première bizarrerie est constituée par la mention d'une capacité humaine abstraite douée de mémoire, l'adjectif *memor* ayant un régime au génitif (*memor historiae diligentia*), une tournure dont on peut cependant citer plusieurs parallèles : cf. *ThlL* VIII 660,78-661,9 (O. Prinz, 1942). En outre, le groupe *diligentia... eruditionis* illustre une tendance du latin tardif, peut-être influencé par l'hébreu, qui consiste à substituer à un adjectif un génitif du substantif de la même racine : cf. Hofmann-Szantyr, p. 64 ; ici donc *diligentia tuae eruditionis* = *diligentia tua erudita*.

8.2.2 (31,10-12) Paragr. 10. Jouxtant les forums impériaux, le Temple de la Paix fut construit par Vespasien (Svet. *Vesp.* 9,1). Détruit par un incendie en 192 (Cass. Dio 72,24,1), il est à cette occasion qualifié de plus grand et plus beau monument de Rome (Herodian. 1,14,2). Il fut ensuite reconstruit ; Constance II l'admire lors de son entrée dans Rome en 357 (Amm. 16,10,14). Il était orné de nombreuses œuvres d'art et abritait une bibliothèque, où les lettrés se rencontraient pour discuter (Gell. 5,21,9 ; 16,8,2 ; Galen. vol. 13, p. 362 Kühn). Cf. F. Coarelli, *Guida...*, p. 132-134 ; Id. *Lexicon Topographicum Vrbis Romae*, vol. IV, Roma, 1999, p. 67-70. On est ici en présence de l'une de ces notations qui accréditent l'idée que l'auteur de l'*HA* était un Romain de Rome ; cf. *supra*, p. 195. Le substantif *tyranna, -ae,* f., ne semble attesté nulle part ailleurs. Quant au substantif *tyrannis, -idos,* f., il existe, mais dans le sens de « tyrannie » : cf. par ex. Cic. *off.* 3,90. Le sens de « tyran femme » est cependant attesté dans la *Septante, Esth.* 1,18. Dans la *Vulgate*, Jérôme traduit par *principum coniuges*, ce qui suggère qu'il ne se risque pas à utiliser le terme *tyranna*. « Pollio » connaissait-il ce passage biblique ? Ce petit trait érudit d'hésitation entre deux termes se retouve en *Claud.* 3,3 entre *clypeus* et *clypeum*. Comme le signale Casaubon, il semble que *tyrannus* ait été de genre commun, du moins d'après Servius (*Aen.* 7,66) : *declinatur etiam haec* τύραννος. Si tel est vraiment le cas, le petit jeu de « Pollio » est ici encore plus pervers. — Paragr. 11. Les *arcana historiae* semblent faire allusion à la tradition grecque des trente tyrans d'Athènes. Cf. l'introduction à la présente *uita*, chiffre 2.4, et G. Zecchini, *I tiranni triginta ...*, p. 266. — Paragr. 12. Le motif des soldats qui mettent à mort l'usurpateur qu'ils ont eux-mêmes proclamé est très fréquent dans les *Trente Tyrans* : cf. *supra*, p. 75.

4. Deux usurpateurs surnuméraires (chap. 32-33,6)

9.0 (32-33,6) Cette brève partie contient les deux tyrans mâles supplémentaires, l'un victime d'un changement de nom, non localisé et n'appartenant pas à l'époque de Valérien et de Gallien, l'autre entièrement inventé.

9.1.0 (32) Sous le nom de Titus, le héros du présent chapitre n'est connu que par l'*HA* ; il est aussi question de lui en *Maximin.* 11,1-6 (le nom paraît au paragr. 2 sous la forme *ticum* dans *P* ; la corr. de Saumaise, *Titum*, est palmaire). Des détails si proches sont fournis par Hérodien 9,1,9-11 concernant un personnage nommé Quartinus qu'on n'échappe pas à la conclusion que le Titus de l'*HA* n'est autre que le Quartinus d'Hérodien. Il y a cependant des divergences. L'initiative de la révolte serait venue des archers osrhoéniens (Hér. ; *HA Maximin.* ; des archers arméniens selon *HA TT* 32,3 *alii dicunt*). Les insurgés, partisans d'Alexandre Sévère, élèvent contre son gré à l'Empire un retraité, Quartinus-Titus, l'un des leurs (Hér. ; *HA Maximin.*), un consulaire ami d'Alexandre Sévère (Hér.), ou bien un ancien *tribunus Maurorum* craignant pour sa vie (*HA TT*). Il est assassiné par un dénommé Macedo, un ami qui avait contribué à son élévation, mais qui était devenu jaloux ; Macedo (Hér. ; Macedonius *HA Maximin.*) porte la tête de l'usurpateur à Maximin, qui le met à mort (Hér. ; *HA Maximin.*). Selon *HA TT*, en revanche, alléguant *plerique*, il est mis à mort par ses soldats après six mois de règne. Les

détails fournis par *HA TT* 32, 2 (début) et 4-8 n'apparaissent
nulle part ailleurs. En outre, *HA TT* 32,1 cite comme auteur
de la révolte de Titus contre Maximin un consulaire Magnus
qui, dans Hér. 7,1,5-8 et *HA Maximin.* 10,1-6 est le responsable d'une autre tentative de rébellion contre Maximin. Sur
ce personnage, cf. Chastagnol, *Histoire Auguste...*, p. 660, n. 2.
Cette apparente confusion se laisse assez facilement démêler.
« Pollio », en *trig. tyr.* 32,1, allègue comme sources Dexippe et
Hérodien. De Dexippe, dont aucun fragment ne concerne cet
épisode, on ne peut rien dire ; il est du reste, à mon avis, certain qu'il est mentionné ici de manière abusive, comme c'est
le cas ailleurs aussi[1]. Pour ce qui concerne Hérodien, la situation est assez claire. En *Maximin.* 10,1-6 et 11,1-6, l'auteur
de l'*HA*, sous le masque de « Capitolinus », suit très fidèlement Hérodien 7,1-8 et 9-11, avec la seule différence qu'il
nomme Quartinus Titus. Notre Anonyme, sous le masque de
« Pollio », reprend la même histoire, mais en y introduisant diverses variantes nées de son imagination, et aussi le Magnus
consulaire, qui n'a rien à faire dans le contexte de l'usurpation
de Quartinus-Titus. En outre, le début du paragr. 2 ainsi
que les paragr. 4-8 sont entièrement issus de sa fantaisie. La
différence relative au nom du personnage ne se laisse pas expliquer de manière absolument certaine. A. Stein (*RE* VI A,
1578-1579 [1937]) songeait à quelque accident de la tradition.
Birley (*Some Names...*, p. 87-88)[2] mentionne l'hypothèse de
Peter (*Die sogenannten...*, p. 219-220) que Titus aurait pu être

1. Cf. mon étude *L'Histoire Auguste et Dexippe...* ; p. 231, liste des
citations de Dexippe dans l'*HA* ; il y en a en tout dix-sept, dont quatre
seulement ne concernent pas les événements de 238 ; Dexippe est mentionné en même temps qu'Hérodien ou qu'Arrien, double d'Hérodien,
six fois : *Maximin.* 33,3 ; *Gord.* 2,1 ; *Max. Balb.* 1,2 ; 15,5 ; 16,6 et ici.
Sur le caractère fictif du présent renvoi, cf. p. 244-245 ; liste des autres
renvois fictifs p. 268.

2. Il signale aussi l'existence d'un Titus Licinius Hierocles, procurateur de Maurétanie Césarienne en 227, ancien *praepositus* d'une
troupe de *Mauri* (*ILS* 1356).

le prénom de Quartinus (suggestion déjà formulée par Saumaise dans son commentaire *ad loc.*), fourni par Dexippe,
tout comme les autres détails divergents de *HA TT*. Selon une
autre hypothèse encore, il faudrait identifier notre personnage
avec Titius Quartinus (*PIR*² C 327 ; C. R. Whittaker, éd. Loeb
d'Hérodien, II, p. 157, n. 3). Je n'exclurais pas, pour ma part,
qu'il s'agit d'une simple invention de « Capitolinus-Pollio »,
qui me semble montrer le bout de l'oreille au paragr. 4, quand
il prétend que le nom du personnage n'est qu'à peine iden-
tifiable. Toute cette problématique a été traitée de manière
convaincante par Straub (*Calpurnia...*, p. 101-104 [350-354]) ;
cf. aussi Lippold, *Kommentar...*, p. 75 et 429-431. Pour le détail
du texte, cf. *infra*, p. 206-210. La colométrie et les clausules
de ce chapitre ont été étudiées par Zernial, *Über den Satzschluss...*, p. 98-99.

9.1.1 (32,1-4) La logique interne du début de ce paragr.,
si l'on garde le texte traditionnel, est boiteuse. En effet, le
groupe Dexippe + Hérodien + tous les auteurs qui ont parlé
de cet épisode y est subdivisé en deux, *alii* prétendant que Titus s'est révolté par peur d'être mis à mort, *plerique* qu'il a
agi contraint et forcé par les soldats. Une subdivision Dex. +
Hér. + *omnes* en *alii* et *plerique* est de toute évidence absurde.
Le remède consistant à substituer *illi* à *alii* est inefficace, car,
dans ce cas, *illi* reprend D + H + *omnes*, et l'on ne sait pas
qui sont les *plerique*. Seule la correction de Shackleton Bailey
permet de donner un sens satisfaisant à ces lignes : du total
Dex. + Hér. + *omnes*, quelques-uns, *aliqui*, allèguent la peur
de la mort, *plerique*, la majorité, la contrainte des soldats. Il
est frappant que Soverini et Chastagnol, qui conservent l'un
et l'autre le texte *alii*, traduisent « una parte », « certains ».
Bel exemple de la pratique consistant à imprimer un texte
incompréhensible, et à le traduire en adoptant une conjecture que toutefois l'on rejette ! Au paragr. 3, on trouve encore
un *alii*, dont l'insertion parmi les garants allégués au paragr. 1 n'est pas claire, et dont la précision concernant les
archers arméniens ne semble être qu'une donnée supplémentaire relative aux *milites* mentionnés au paragr. 1. — Paragr. 1.

Legenda : cf. *Tac.* 12,2. *Tribunus Maurorum* : une invention. Cette fonction n'existe pas, et Titus-Quartinus ne peut du reste pas revêtir une telle fonction, qui est de rang équestre, alors que Quartinus est consulaire. Le point de départ de cet élément fantaisiste doit être Hérodien, qui, dans un passage tout proche, en 7,2,1, parle de lanceurs de javelots maures. Dans ce même passage, il est question d'archers osrhoéniens et arméniens, ce qui inspire à notre fantaisiste les Arméniens du paragr. 3. *Priuatos* : Titus partage ce statut avec d'autres usurpateurs, Ballista (18,2) et Celsus (29,2) ; cf. 33,2 concernant Censorinus. *Relictus* : à s'en tenir strictement à ce terme, il faudrait en déduire que Titus avait déjà été mis à la retraite par Alexandre Sévère, et que Maximin l'a laissé dans cette condition. Mais c'est plus vraisemblablement Maximin qui, dans l'idée de « Pollio », a mis Titus à la retraite. En stricte logique, il faudrait donc adopter la correction de Rühl (cf. app. crit.). *A suis militibus interemptum* : cf. *supra*, p. 75. *Consularis uir Magnus* : sur le véritable rôle de ce personnage, cf. *supra*, p. 205. On l'identifie volontiers avec C. Petronius Magnus : cf. *RE* XIX 1216-1217 (E. Groag, 1937) ; C. R. Whittaker, éd. Loeb d'Hérodien, II, p. 152, n. 2. *Mensibus sex* : le récit d'Hérodien 7,2,9-10 suggère un règne nettement plus bref ; de même *Maximin.* 11,3-4. — Paragr. 2. *de primis* : emploi un peu particulier du *de* partitif, mis à part par Lessing, *Lexicon...*, p. 118, 2ᵉ col. haut ; *ThlL* V1, 58,16 (A. Gudeman, 1909). — *domi forisque* : cette locution se retrouve ailleurs dans l'*HA* : *Pesc.* 6,10 ; *Alex.* 50,1 ; *Max. Balb.* 6,1 ; *Claud.* 2,6 ; *Tac.* 16,6 ; le sens correspond à *domi militiaeque* ou *bellique* ; cf. *ThlL* VI 1,1042,66-75 (E. Brandt, 1920) ; sans doute imité de Salluste (*Iug.* 85,3). — Paragr. 3. *Alexandrinos* : dans le sens de « partisans d'Alexandre Sévère » ; il ne semble pas exister de parallèle pour cet emploi ; cf. *Gord.* 7,3 et 8,6 *Maximiniani* dans le sens de « partisans de Maximin », et Svet. *Tib.* 25,2 *Germaniciani* dans le sens de « partisans de Germanicus ». — *oderat et offenderat* : noter le « cursus » octosyllabe.

9.1.2.1 (32,5) Les inventions de « Pollio » qui occupent les deux paragr. 5-6 ont stimulé la curiosité de plus d'un spé-

cialiste, si bien que les éléments d'érudition frelatée et les
allusions cachées qu'ils contiennent ont été entièrement mis
au jour. L'étude fondamentale sur ces lignes reste celle de
Straub, *Calpurnia*... Le jeu consiste ici à prêter à Titus comme
épouse une personne qui réunit les caractéristiques des deux
épouses du dictateur César. D'une part son épouse romaine,
Calpurnia, issue de la famille des Calpurnii Pisones, fille de
L. Calpurnius Piso Caesoninus[1]. D'autre part son épouse
égyptienne, la reine Cléopâtre, indirectement nommée en relation avec des perles et présente au travers d'une allusion
érudite. Sa caractérisation comme *sancta et uenerabilis femina*
et *sacerdos uniuiria* a suscité bon nombre de commentaires.
Le groupe *sanctus et uenerabilis* constitue en latin une expression figée qu'on rencontre assez souvent[2]. Il est frappant que
Jérôme (*epist.* 108,1 ; cf. 47,2) qualifie ainsi l'un de ses proté-
gées, Paula, dans son éloge funèbre, en s'attardant à décrire
sa noble lignée, exactement comme fait « Pollio » avec Calpurnia. Paula était veuve d'un dénommé Toxotius, nom porté
par un sénateur inconnu et apparemment inventé qui apparaît en *Maximin.* 27,6. Calpurnia est en outre *uniuiria*, elle
n'a eu qu'un seul mari, selon le vieil idéal des nobles familles
romaines[3]. Dans l'éloge que Jérôme fait de Paula (*ibid.* 108,4),

1. Cf. *RE* III 1407 n° 125 et 1387-1390 n° 90 (F. Münzer, 1897).
Une parenté avec les Pisons est déjà mentionnée pour l'usurpateur de
ce nom en 21,1 ; cf. *supra*, p. 141.

2. Il est attesté dès Tite-Live 1,20,3, qualifiant ainsi les Vestales,
des prêtresses, comme l'épouse de Titus. Ce passage de Tite-Live semble
évoqué par Jérôme (*epist.* 49,6), qui oppose les vertueuses vierges chrétiennes aux Vestales, dont la virginité profane n'a aucune valeur. Les
adjectifs *sanctus* et *uenerabilis* se trouvent ensemble dans l'*HA, trig.
tyr.* 30,11 et *Aurelian.* 24,8. Cf. Straub, *Calpurnia...*, p. 113 [363], n. 31 ;
J. Burian, Sanctus *als Wertbegriff in der* Historia Augusta, *Klio* 63, 1981,
p. 632-638, ici p. 632-634.

3. Cf. Marquart-Mau, vol. I, p. 50, n. 8 ; H. Funke, *Univira. Ein
Beispiel heidnischer Geschichtsapologetik*, JbAC 8-9, 1965-1966, p. 183-
188 ; Straub, *Calpurnia...*, p. 109-111 [359-361]. Selon J.-U. Krause,
Verwitwung und Wiederverheiratung, Stuttgart, 1994, p. 106 et n. 28,
l'adjectif *uniuiria* ne concerne pas tant les veuves qui ne se remarient

bien que l'adjectif en question n'y paraisse pas, il est évident que Paula a été *uniuiria*. La signification de ces rapprochements proposés par Straub a été mise en doute par A. Lippold (*RAC* XV, col. 716). L'allusion érudite à Cléopâtre intervient avec la mention d'une statue de Calpurnia dans le temple de Vénus. S'agit-il du temple de Vénus et de Rome ? cela est possible, mais non certain, car il y avait à Rome un grand nombre de temples dédiés à Vénus. Sans doute « Pollio » pense-t-il au temple de Vénus *Genitrix*, Γενέτειρα[1], où César avait fait placer à côté de la déesse une statue de Cléopâtre : cf. Appien, *ciu.* 2,102 ; Cassius Dion 51,22,3. Une statue « acrolithe »[2] a la tête, les bras et les jambes en marbre, le reste en bois, ici doré (cf. Daremberg-Saglio I, p. 35-36 [E. Saglio)]. Le verbe *uidimus* (cf. *supra*, p. 116) introduit encore une fois une de ces actualisations si fréquentes dans le présent texte : cf. Straub, *Calpurnia...*, p. 105 [355], n. 15 ; Treucker, p. 290-291, et les renvois de l'index. *s. u.* « actualisation ». Autre évocation d'une œuvre d'art fictive en 25,4.

9.1.2.2 (32,6) Le lien entre Calpurnia et Cléopâtre devient explicite avec la mention des *uniones Cleopatrani*. Le terme *unio, -onis*, m. est réservé « aux perles les plus grosses, les plus belles et les plus estimées. On les recueillait surtout dans la mer Rouge... Ce nom leur vient, d'après Pline (*nat.* 9,112) qu'on n'en trouve jamais deux pareilles... Les deux plus gros *uniones* qu'on eût jamais vus appartenaient à Cléopâtre. Dans un repas que la reine d'Égypte offrit à Marc-Antoine, elle en détacha une de ses oreilles, qu'elle jeta dans le vinaigre pour la faire dissoudre, puis elle l'avala. La seconde fut sciée pour en faire

---

pas que les femmes décédées avant leur mari qui n'ont jamais connu d'autre homme. Il peut donc qualifier notre Calpurnia décédée avant son mari. Sur cette problématique, cf. en dernier lieu Bravi, *Romano more...*, p. 78-80.

1. Cf. Coarelli, *Guida...*, p. 106 ; il se situait sur le forum de César.

2. *Acrolitham* est une conjecture de Saumaise (cf. app. crit.), qui en est en toute modestie si content qu'il ajoute : « non poterat felicius hic locus emendari ».

des pendants d'oreilles à la Vénus du Panthéon (*ibid.* 119-121 ; cf. Macr. *Sat.* 3,17,14-18) » (Daremberg-Saglio V, p. 598 [E. Babelon] ; cf. Straub, *Calpurnia...*, p. 106-107 [355-357]). Les perles normales étaient nommées *margaritae*. Il est aussi question d'*uniones* en *Alex.* 51,2-3. Pour l'adjectif dérivé d'un nom propre *Cleopatranus*, cf. *supra*, p. 191, n. 1. La *lanx* (plat d'argent) fait penser à la patère en *electrum* à décor historié mentionnée en 14,5-6, où apparaît aussi l'adj. *expressus* (cf. *Claud.* 3,3) ; cf. *supra*, p. 119. Sur ce type d'objet, cf. Daremberg-Saglio III, p. 925 (E. Pottier) ; B. Svoboda, *The Silver Lanx as Means of Propaganda of a Roman Family*, JRS 58, 1968, p. 124-125 ; Hohl, traduction allemande II, p. 371, n. 15 ; Turcan, *Les monuments...*, p. 298 et n. 49.

9.1.3 (32,7-8) Ces deux paragr. concluent sur Titus et annoncent la biographie suivante. — Paragr. 7. Il est coutumier à l'auteur de l'*HA* de s'excuser des abondants détails qu'il se complaît à fournir. On connaît le célèbre *curiositas nil recusat* qui conclut la citation d'un faux document en *Aurelian.* 10,1 ; cf. aussi *Prob.* 2,8. *Scientia naturae facilitate uerbosa est* pourrait à bon droit être gravé à l'entrée de tous les auditoires et de toutes les bibliothèques universitaires. — Paragr. 8. *Reuertar* : cf. *supra*, p. 201-202, *redeo. Bono, malo rei publicae* : mis à part Cic. *Att.* 14,17,2, ces expressions sont apparemment sans parallèles ; cf. le *Lexicon...* de Lessing, p. 53, 2ᵉ col. milieu et 334, 2ᵉ col. milieu ; *ThlL* II 2100,65 (Th. Sinko, 1906) et VIII 235,80 (W. Krieg, 1937) ; *Claud.* 1,3 ; den Hengst, *Prefaces...*, p. 86. Le règne de Censorinus aurait duré sept jours, comme celui de Celsus (29,3) ; premier indice que l'ectoplasme Censorinus est fabriqué en bonne partie avec du matériel d'emprunt.

9.2.1 (33,1) Aucune autre source ne nous parle d'un usurpateur Censorinus. Dans l'*HA*, après deux annonces (31,12 et 32,8), il n'est question de lui qu'ici. Il est aujourd'hui unanimement[1] considéré comme le fruit de l'invention de « Pollio », ce qui se manifeste clairement dans le texte

---

1. Cf. Johne, *Die Biographie...*, p. 134, n. 9. Il existe cependant de ce personnage des monnaies, évidemment fausses : cf. S. Estiot, p. 218.

lui-même, d'une part à cause des nombreux éléments passe-partout qui en constituent l'essentiel, d'autre part par la place occupée par les garanties énumérées aux paragr. 4-6 : on sait bien que ce sont surtout les affabulateurs qui éprouvent compulsivement le besoin de fournir des preuves de leurs affirmations. « Pollio » campe Censorinus en général expérimenté (pour l'emploi de *plane*, cf. *supra*, n. 113) et en vieux sénateur respecté, issu d'une famille ancienne, couvert d'honneurs, qui s'est retiré à la campagne (cf. paragr. 2). Son nom suscite un jeu de mots au paragr. 3, mais il n'est pas indispensable d'imaginer derrière lui une allusion à tel ou tel personnage réel du IVe s., car le nom de Censorinus est attesté durant toute la période impériale dans l'ordre sénatorial[1]. Le caractère fictif de tout le développement 33,1-6, auquel il faut évidemment joindre les phrases conclusives de 33,7-8, est en outre souligné par la mise en forme rhétorique, qui se manifeste surtout par une colométrie soignée et une grande densité de clausules accentuelles, mises en évidence par Zernial (*Über den Satzschluss...*, p. 99-100). Ces spécificités sont beaucoup moins présentes dans les passages où l'auteur de l'*HA* suit une source historique sans beaucoup en modifier la formulation. Le début de la biographie est occupé par un superbe *cursus honorum* descendant très complet, apparemment copié de l'inscription ornant son tombeau (cf. paragr. 4), qui a comme seul défaut d'être non seulement anachronique, mais aussi hautement fantaisiste[2]. Destiné à réjouir les épigraphistes, il a été analysé et commenté dans les moindres détails par K.-P. Johne[3]. L'anachronisme qui saute aux yeux,

---

1. Cf. Johne, *Die Biographie...*, p. 135-36, et n. 13 et 17-18.
2. Cf. Johne, *Die Biographie...*, p. 138 et n. 25. Cette carrière fictive a comme pendant la carrière réelle de Pertinax, décrite en *Pert.* 1,5-4,4 ; cf. Chastagnol, *Histoire Auguste...*, p. 250-251.
3. Tout d'abord dans *Die Biographie...*, p. 138-141, puis dans *Kaiserbiographie...*, p. 122-128. Il se fonde notamment sur diverses études d'A. Chastagnol. Les données que je fournis dans ce qui suit sont toutes tirées de ces deux travaux et en constituent un bref résumé, organisé un peu différemment.

c'est l'apparition, dans cette carrière essentiellement sénatoriale, de la fonction équestre de préfet du prétoire. Impensable
à l'époque de Claude II, le couplage de trois fonctions considérées comme à peu près équivalentes (*cos. praef. Vrb. praef.
praet.*) devient ensuite tout à fait normal au IVe s., un préfet de
la Ville pouvant devenir ensuite préfet du prétoire et consul.
C'est par exemple le cas pour le célèbre Vettius Agorius Prae-
textatus (*PLRE* I p. 722-724), préfet de la Ville en 367-368,
préfet du prétoire d'Italie-Illyricum-Afrique en 384, désigné
comme consul ordinaire pour 385, mais décédé avant d'entrer
en charge. La succession préfecture urbaine — préfecture du
prétoire n'est pas attestée avant les années 340 et constitue
une preuve irréfutable que « Pollio » affabule, et qu'il ne peut
pas avoir écrit dans le premier tiers du IVe s. La fiction se manifeste aussi clairement par le grand nombre d'itérations, qui
ne sont pas toutes impossibles, mais révèlent par leur densité et leur succession numérique — 2-2-3-4-3-2-4-3[1] — un
petit jeu arithmétique dont on retrouve l'équivalent dans des
listes de dotation ou des énumérations de monnaies (cf. par
ex. le vol. V 1, p. 83-84). Les itérations constituent peut-être
une allusion malveillante au célèbre Claudius Petronius Probus, de la famille très chrétienne des Anicii, quatre fois préfet
du prétoire (*ILS* 1266 ; *PLRE* I, p. 736-740), objet d'un portrait au vitriol d'Ammien (27,11), qui déclare que, lorsqu'il
n'était pas préfet, il ressemblait à un poisson hors de l'eau
(paragr. 3). Outre l'anachronisme évident pour les années 260
de la succession préfet de la Ville — préfet du prétoire, il y
a des ambiguïtés pour d'autres postes énumérés par la suite,
dont on ne sait pas s'il faut les envisager dans le contexte des
institutions des années 260 ou bien dans celui, anachronique,
du IVe s. Je reproduis ici la liste des fonctions dans l'ordre du
texte, en ajoutant sur chacune d'elles quelques observations :

a) *bis consul* : au IIIe s., le second consulat suit la préfecture
urbaine ; à partir de Constantin, le consulat suffect est déva-
lué, le consulat ordinaire se substitue au deuxième consulat,

---

1. *Secundo, tertio, quarto* équivalent à *bis, ter, quater.*

il est plus ou moins équivalent à la préfecture urbaine, qu'il peut précéder ou suivre.

b) *bis praefectus praetorii* : l'itération de la préfecture du prétoire n'est pas rare au IVᵉ s.

c) *ter praefectus Vrbi* : la triple préfecture de la Ville est attestée, mais elle est très rare. Préfecture urbaine et préfecture du prétoire étant considérées comme à peu près équivalentes, elles ne se succèdent pas dans un ordre fixe.

d) *quarto proconsule* : avant Constantin, seuls les proconsulats d'Afrique et d'Asie étaient de rang consulaire, on ne pouvait donc les revêtir quatre fois ; certes il y avait des proconsulats de rang prétorien plus nombreux, mais leur insertion dans la carrière intervenait plus tôt ; à partir de Constantin s'ajoute le proconsulat de rang consulaire d'Achaïe, mais une quadruple itération reste impossible.

e) *tertio consularis* : ici encore, il y a une ambiguïté chronologique. Sous le Haut-Empire, le qualificatif de *consularis* s'applique à des légats propréteurs responsables d'une province impériale à deux ou trois légions, qui avaient effectivement déjà géré un consulat (cf. TAC. *hist.* 1,9,1, à propos de la Germanie inférieure). La gestion successive de trois provinces de ce type est possible, et attestée pour le futur empereur Pertinax (cf. *PIR*² H 73 ; Chastagnol, *Histoire Auguste...*, p. 251). À partir de Constantin, *consularis* désigne des personnages qui ont géré très jeunes un consulat suffect dévalorisé et sont devenus gouverneurs de province. Des itérations de postes de ce niveau ne semblent pas attestées[1].

f) *legatus praetorius secundo* : cette fonction n'a de sens que dans le contexte du Haut-Empire. Il peut s'agir d'un légat de légion, d'un légat propréteur d'une province impériale à une légion, ou encore d'autres postes de rang prétorien. Deux de ces postes peuvent très bien avoir été occupés successivement par un même individu.

---

1. Hohl, dans sa traduction allemande, fait marcher *legatus* avec *tertio consularis*. Si l'on entend le texte de cette manière, cela élimine la possibilité qu'il soit question ici de *consulares* constantiniens.

g) *quarto aedilicius* : un légat de ce rang n'a existé qu'à l'époque républicaine, dans le cas où son supérieur, le proconsul de la province, lui confiait un commandement militaire ; il était alors *legatus aedilicius pro praetore*[1].

h) *tertio quaestorius* : même cas, avec un questeur qui devient *legatus quaestorius pro praetore*.

i) *legatio Persica, Sarmatica* : il s'agit d'ambassades, du type de celles qui sont attestées dans la carrière de Prétextat (*PLRE* I p. 723, lettre g).

Comme le fait à juste titre observer Johne, si l'on élimine de cette carrière les itérations et les postes douteux, on obtient une succession de postes tout à fait réaliste pour la seconde moitié du IVe s. : consulaire, proconsul, préfet de la Ville, préfet du prétoire, consul.

9.2.2 (33,2-3) Ces brèves lignes contiennent tout ce que « Pollio » trouve à nous dire du règne de Censorinus, de son élévation à son assassinat. Il s'agit exclusivement d'éléments passe-partout, qu'on retrouve aussi ailleurs dans l'*HA*, et notamment dans les *trig. tyr.* a) Un retraité vivant aux champs : cf. 18,2 ; 29,2, et aussi 12,7. b) Un jeu de mots sur un nom impérial. Du fait de son handicap physique, Censorinus reçoit comme sobriquet précisément le nom de l'empereur contre lequel il se dresse : cf. 31,12. Autre type de jeu en 10,3-6 sur le nom Régilianus. Sur ce procédé, fréquent dans l'*HA*, cf. les vol. V 1, p. 154 ; 268 ; 313, et V 2, les renvois dans l'index *s. u.* jeux de mots, p. 424. La blessure qui est à l'origine de la claudication, si l'on se situe sous le règne de Claude, remonte à une dizaine d'années. c) *Nomen est omen* : de même que Probus est probe et Commode incommode, le nom de Censorinus exprime l'idée qu'il est caractérisé par une sévérité de censeur. Sur ce que représente la notion de censure à l'époque où écrit l'auteur de l'*HA*, et le rôle dévolu à cette fonction dans la *Vie de Valérien*, cf. Johne, *Die Biographie...*, p. 134 ; D. den Hengst, *Über die inventio in den Reden und Schriftstücken in der Historia Augusta*, Historia-Augusta-Colloquium 1984/1985, Bonn,

---

1. Cf. Johne, *Kaiserbiographie...*, p. 123.

1987, p. 157-174, ici p. 165 ; A. Chastagnol, *La « censure » de Valérien*, Historiae Augustae Colloquium Maceratense, Bari 1995, p. 139-150. d) Les soldats tuent celui qu'ils ont élevé à l'Empire : sur ce lieu commun archifréquent dans les *trig. tyr.*, cf. *supra*, p. 75. Cf. l'emploi de la même expression *grauissime se gerere*, en 3,7, dans un contexte identique. Un cinquième élément topique a déjà été fourni en 32,8 ; cf. *supra*, p. 210.

9.2.3 (33,4-6) Après l'affabulation, voici les preuves, fournies en trois paragraphes qui commencent chacun par le verbe *extat*[1]. Il s'agit évidemment de trois éléments d'actualisation ; cf. *supra*, p. 75, et Treucker, p. 291-292. — Paragr. 4 : le tombeau inscrit. Encore un élément passe-partout : cf. *supra*, p. 75. La formulation est pratiquement identique à celle de 7,2 *extant ... sepulchra circa Agrippinam*. La malchance durant le règne répète celle de Titus, cf. 32,2 : digne d'éloges *domi forisque, sed in imperio parum felix*. La localisation du tombeau de Censorinus près de Bologne semble arbitraire. Faut-il en déduire que « Pollio » part de l'idée que l'usurpation de ce personnage s'est située dans le nord de l'Italie ? Ou bien faut-il supposer ici une allusion qui nous échappe, par manque d'information ? — *circa* : indique ici un point précis aux alentours d'une ville ; cf. *supra*, p. 75. — *grandibus litteris* : ce groupe se rencontre dès PLAVT. *Bacch.* 992, puis chez CIC. *Verr.* II 4,74 ; HIER. *in Gal.* 6,11 (trois occurrences, *PL* 26,434 C-435 A) ; QVODV. *prom.* 3,38,44. *Verr.* II 4 (*de signis*) a laissé plusieurs traces dans l'*HA* : cf. A. Chastagnol, *Le supplice inventé par Avidius Cassius*, Historia-Augusta-Colloquium 1970, Bonn, 1972, p. 95-107, ici p. 106-107. — *uersu* : ici dans le sens, classique, normal et fréquent, de « ligne ». — *omnia* : n. pl. figé en fonction adverbiale, sur le modèle grec de τὰ πάντα, dans le sens de « à tous égards » ; cf. Hofmann-Szantyr, p. 38 ; *ThlL* IX 2,623,57-624,3 (E. Baer,

---

1. Je me suis permis ici ce qu'il ne faudrait jamais faire, j'ai déplacé le début de paragr. 5 après la citation de l'inscription, afin d'obtenir une tripartition nette des trois preuves, et une mise en évidence de la triple anaphore *extat*. Magie a déjà fait de même, semble-t-il.

1974). — Paragr. 5 : la famille survivante. Le motif des descendants, dans l'*HA*, est aussi topique que celui des tombeaux inscrits : cf. *supra*, p. 117. Pour le sens de *frequentare*, cf. le vol. V 1, p. 323, n. 4. Pour l'emploi de *Thraciae* au pl., cf. le vol. V 1, p. 87-88. Le motif des descendants qui quittent Rome par rancune (*odio*) sera repris en *Prob.* 24,1. On a observé que les Thraces et la Bithynie embrassent en quelque sorte Constantinople. Doit-on voir ici une allusion anachronique à la future capitale orientale ? Cela n'est pas impossible, mais ne s'impose nullement avec évidence. — Paragr. 6 : la maison familiale. La mention d'une maison ayant appartenu à des souverains est un énième et ultime élément topique de ce chapitre tout entier fabriqué avec des pièces de remploi : cf. *Pesc.* 12,4 (*domus eius hodie Romae uisitur*) ; *Gord.* 32,1-2 (*domus Gordianorum etiam nunc extat... ; est uilla eorum uia Praenestina*) ; *Max. Balb.* 16,1 (*domus Balbini etiam nunc Romae ostenditur*) ; *trig. tyr.* 25,4 (*Tetricorum domus hodieque extat in monte Caelio*). On notera que tous ces passages, y compris celui qui est ici commenté, comportent l'élément d'actualisation, ainsi qu'une localisation plus ou moins précise. Suétone (*Dom.* 1,1) nous apprend que Domitien est né *regione Vrbis sexta ad Malum Punicum, domo quam postea in templum gentis Flauiae conuertit*. La rue *ad Malum Punicum* est à peu près parallèle au début du segment de la Via Quattro Fontane qui descend de l'*Alta Semita* (XX Settembre) vers la Via Nazionale. Le temple en question porta le nom de *Gens Flauia*, plus tard de *gentes Flauiae* ; on le situe habituellement dans l'angle sud-est de l'intersection Quattro Fontane — XX Settembre. Cf. R. Lanciani, *Forma Vrbis Romae*, nouvelle éd., Roma, 1990, pl. 16 ; F. Coarelli, *Lexicon Topographicum Vrbis Romae*, vol. III, Roma, 1996, p. 208-209. Mais une autre localisation est maintenant proposée un peu plus au nord-est, vers la Via Firenze : cf. F. Pesando dans le *Lexicon Topographicum Vrbis Romae*, vol. IV, Roma, 1999, p. 67-70. Il est vraisemblable que, en nommant ce temple des « Familles Flaviennes », « Pollio » fasse allusion aux seconds Flaviens, c'est-à-dire à la famille de Constantin : cf. den Hengst, *The Prefaces...*, p. 91.

Ce qu'il y a de sûr, c'est qu'il mentionne à nouveau cet édifice en *Claud.* 3,6, agrandi par Claude, *uelut futurorum memor.*

5. SECONDE CONCLUSION (CHAP. 33,7-8)

10 (33,7-8) Ces lignes constituent la seconde et dernière conclusion des *Trente Tyrans* ; la première se situe en 31,5-6. Par *habes*, « Pollio » interpelle derechef l'ami évoqué en 31,8-12, qui l'a rendu attentif à la maladresse qu'il y avait à insérer deux femmes parmi les trente tyrans, et exhorté à rajouter deux tyrans de sexe masculin, rejoignant certes ainsi des critiques moqueurs, mais avec bienveillance, poussé par l'amical désir de voir son œuvre améliorée. Sur les amis de l'auteur et les dédicataires, cf. *supra*, p. 153 et n. 1, ainsi que les vol. V 1, p. XXIV-XXV ; 67, et V 2, p. 49 ; 205-206 ; 411. Le même personnage est encore interpellé deux fois au paragr. 8, où « Pollio » réaffirme son ambition de privilégier la vérité historique et de ne pas se soucier de mise en forme littéraire. Ce type de proclamation apparaît à plus d'une reprise dans la collection à partir de *trig. tyr.* 1,1 ; cf. *supra*, p. 49. Il est lié à des protestations de respect envers la *fides historica* : cf. *trig. tyr.* 11,6 ; *Aurelian.* 35,1. L'*eloquentia*, le *disertum eloquium* sont sacrifiés à l'information factuelle, les *uerba* aux *res*. Il serait excessif de prendre au pied de la lettre la double promesse dont il est fait état et en déduire qu'elle a été formulée dans une partie de l'œuvre qui aurait disparu dans la lacune, laquelle est vraisemblablement artificielle (cf. *supra*, p. 49-50). Le présent passage ne constitue cependant pas une simple reprise de ces notions ; il s'y ajoute une confidence de « Pollio » sur sa manière de travailler : il n'écrit pas, mais dicte à toute vitesse. La fin du paragr. est d'une syntaxe assez embarrassée avec une construction rare, *perurguere* régissant ici un accusatif de la chose qu'on demande avec insistance (*ea festinatione... quam perurgues*), comme en SYMM. *epist.* 9,70 (*efflagitatio litterarum quam nec omittendam penitus existimo... nec magnopere perurgendam*). La traduction Chastagnol de ce passage est

fausse (*perurgueo* compris comme un passif : « j'en suis per-
turbé » ; cf. Magie : « you urge » ; Soverini « tu mi incalzi » ;
ce qui, soit dit en passant, montre que la correction de Hohl
adoptée par Chastagnol est absurde ; quant à la corr. de Baehrens, elle constitue une « lectio facilior » banalisante ; cf. app.
crit.). L'expression *libellos quos de uita principum edidi* est
une pièce du dossier relatif au titre originel de ce que nous
appelons aujourd'hui l'*HA* (cf. mon étude *De* Historiae Romanae Scriptores Latini Minores *à* Historia Augusta, GIF
61, 2009, p. 197-204). La formulation *de uita principum* se
rencontre ailleurs dans la collection : *Aurelian.* 1,2 ; *Prob.* 2,7.
Cf. M. Thomson, *The Original Title of the* Historia Augusta,
Historia 56, 2007, p. 121-125, qui renvoie à la bibliographie
antérieure, résume le débat et exprime, à la suite de Hohl et de
Johne, sa préférence pour le titre *de uita principum*. Ces lignes
sont souvent alléguées, et ont fait l'objet d'une étude fouillée
de J. Schlumberger, « Non scribo sed dicto » *(HA, T 33,8) :
Hat der Autor der Historia Augusta mit Stenographen gearbeitet ?*, Historia-Augusta-Colloquium 1972/1974, Bonn, 1976,
p. 221-238. Les deux points forts de cette étude sont : a) Un
rappel détaillé, avec bibliographie, concernant l'importance
de la dictée à des secrétaires, et notamment à des sténo-
graphes, dans toute l'antiquité romaine (Pline l'Ancien !) et,
plus spécialement, dans l'antiquité tardive et chez les auteurs
chrétiens. Ce procédé de rédaction orale entraîne un certain
nombre de caractéristiques qui se retrouvent dans l'*HA* et
dont l'auteur s'excuse : disparates au niveau de l'*inuentio*,
de la *dispositio* et de l'*elocutio* (p. 221-227). b) Une mise en
évidence de liens très frappants entre notre passage et deux
textes de Jérôme, l'un de 397, *in Is.* 5 prol. (CC LXXIII,
p. 160,41-51), l'autre de 398[1], *in Matth.* prol. (CC LXXVII,
p. 4,84-6,125, p. 229-231). D'autres rapprochements, moins
probants, avaient auparavant été proposés par J. Schwartz,

---

1. Voilà deux dates bien sympathiques, qui vont aiguiser l'ardeur
de qui prétend que l'*HA* a été achevée avant septembre 394.

*Arguments philologiques pour dater l'*Histoire Auguste, Historia 15, 1966, p. 454-465, ici p. 463-464. Schlumberger énumère les nombreux points de contact entre l'*HA* et les deux passages de Jérôme. Dans le premier, on notera surtout les binômes *dicto-scribo* et *eloquentia-scientia*[1], et le terme *exactor*, qui correspond dans l'*HA* à *perurgues*. Dans le second, les détails sur *dictare*[2] : la hâte, le manque de temps, d'où résultent des insuffisances de forme (lignes 87-88 ; 113-115 ; 119-120) ; *si autem mihi longior uita fuerit* (ligne 108), qui rappelle le *si uita suppetet* de *Prob.* 1,5 ; cf. *Aurelian.* 24,9 ; *Prob.* 24,8 ; le rôle d'un ami et des lecteurs critiques (lignes 117-119) ; la préoccupation relative à la diffusion (*da nunc cuiuis libellum*, à rapprocher de Jérôme, ligne 121, *des exemplaria... uirgini... Principiae*). Les deux prologues commentés par Schlumberger constituent peut-être les preuves les plus éclatantes de la dette de l'auteur de l'*HA* envers Jérôme.

---

1. Même idée, formulée autrement, dans *in cant.* PL XXIII 1118 A *fideliter magis quam ornate*.
2. Cf. les lignes 99-101. Jérôme spécifie ici les étapes qu'implique la dictée, à savoir la relecture, les corrections, la mise au propre ; cf. aussi lignes 111-113, et *epist.* 36,1.

PRÉFACE À LA *VITA CLAVDII**

1. SOMMAIRE

1.1 Les faux documents sont soulignés :

I *Préface.* — 1. L'auteur en arrive à Claude, ancêtre de Constance César, qui mérite une attention privilégiée après les trente tyrans et « tyrannes » ; début de l'éloge de Claude. 2. Son règne fut bref ; même très long, il eût paru trop court ; ses mérites, qui font accéder à l'Empire un membre de sa famille. 3. L'auteur n'est pas un flagorneur, les honneurs extraordinaires décernés à Claude le prouvent, à moins de considérer le Sénat, le Peuple, etc. comme flagorneurs.

II *Partie biographique.* — 4. On apprend à Rome que Claude a accédé au pouvoir suprême ; <u>acclamations que lui adresse le Sénat</u>. 5. Élimination de l'usurpateur Auréolus ; <u>réponse de Claude à Auréolus</u> ; <u>mot de Gallus Antipater sur Auréolus</u>. 6. Grande invasion de Goths ; considérations sur leurs effectifs. 7. <u>Lettre de Claude au Sénat et au Peuple détaillant la difficulté de sa tâche</u> ; Claude victorieux ; sa gloire dépasse tous les honneurs à lui décernés. 8. Effectifs extra-ordinaires détruits par Claude ; <u>début de la lettre de Claude à Brocchus sur ses succès</u>. 9. <u>Fin de la lettre de Claude à Brocchus</u> ; combats divers de Claude, sources d'un butin extraordinaire. 10. <u>Oracles divers concernant la descendance de Claude</u>. 11. Entreprises des Palmyréniens contre l'Égypte ;

* Pour le mode de citation des textes antiques et de la bibliographie moderne dans la préface et le commentaire, cf. la note *, p. VII.

suite de la guerre contre les Goths. 12. Fin de la guerre contre
les Goths ; mort de Claude ; bref règne de Quintillus ; retour
sur la mort de Claude.

III *Appendice sur divers sujets.* — 13. Famille de Claude ;
qualités morales et physiques de Claude ; sa violence contre
un adversaire déloyal, pardonnée par Dèce. 14. Lettre de
Valérien à Zosimio : liste de dotation pour Claude. 15.
Lettre de Valérien à Ablabius Muréna ; Claude nommé
duc ; ses perspectives de carrière ; son salaire. 16. Lettre
de Dèce à Messala demandant à ce dernier de fournir des
troupes à Claude pour qu'il puisse établir une garnison aux
Thermopyles. 17. Lettre de Gallien à Vénustus ; liste de
cadeaux à offrir à Claude pour calmer son irritation contre
Gallien. 18. Acclamations du Sénat en l'honneur de Claude ;
conclusion de la biographie.

2. Observations générales

2.1 Avec ses 15 pages et ses 427 lignes dans l'édition Hohl,
la *uita Claudii* a une longueur typique parmi les biographies brèves de la collection. Cf. les remarques dans le vol.
V 1, p. 226, et V 2, p. 293. Dans les sources dont il dispose, « Pollio » ne trouvait pas une matière abondante. Dans
leurs notices, Aurélius Victor et l'*Epitome* parlent surtout de
la mort par *deuotio*, dont il est très étonnant que « Pollio »
ne dise rien (cf. *infra*, p. 311-312). Quant à Eutrope, il ne
consacre qu'une douzaine de lignes à Claude et à Quintillus.
Dans la tradition de Dexippe, « Pollio » avait à sa disposition
des données abondantes sur la guerre contre les Goths, qui
se reflètent pour nous chez Zosime et Zonaras ; mais, comme
on le sait, les opérations militaires ne l'intéressent guère, et il
n'en retient que peu d'éléments, qu'il présente dans un grand
désordre, uniquement pour y accrocher des développements
laudatifs sur Claude. La caractéristique essentielle de cette
uita est, en effet, de n'être surtout, du début à la fin, qu'un
long panégyrique de ce prince, plus marqué même que celui

de la *uita Probi* (cf. le vol. V 2, p. 7, chiffre 2.7), quand bien même Probus sera plus loin placé encore plus haut que Claude (*Tac.* 16,6 ; cf. *Prob.* 12,2)[1]. La moindre de ses composantes n'est pas l'insistance réitérée, implicite ou explicite, sur la prétendue parenté de Claude avec Constance Chlore (cf. *infra*, p. 244-245).

2.2 La préface, dont la délimitation n'apparaît pas clairement au premier coup d'œil, est la première dans la collection à prendre de l'ampleur et à aborder une thématique nouvelle (cf. *infra*, p. 243). Elle constitue à elle seule une part importante de la *uita* (16,3 %). Le thème dominant de la biographie, l'éloge de Claude, y occupe pratiquement tout l'espace. La structure globale, avec une partie biographique et un appendice, est ferme et simple, mais comporte dans le détail des particularités qui trahissent le peu de souci de l'auteur pour la cohérence. Les données sur l'origine et la famille ne sont fournies en deux morceaux que dans l'appendice (13,1-4 ; 13,9), entre lesquels s'insèrent un portrait physique et moral ainsi qu'une anecdote concernant la jeunesse (13,5-8). Ces éléments auraient été mieux à leur place au début de la partie biographique, qui escamote toute la *uita ante imperium*. Il aurait été plus opportun de regrouper les deux séries d'acclamations (4 et 18). Des prophéties sur la durée du règne et la postérité de Claude (10) ainsi que quelques détails sur des événements en Égypte (11,1-2) interrompent maladroitement le récit de la guerre contre les Goths, lui-même confus, lacunaire et entrelardé sans cesse d'insertions panégyriques à la mise en forme rhétorique banale. Une innovation apparaît dans l'appendice, constitué essentiellement de quatre lettres impériales censées attester l'estime de ses prédécesseurs pour Claude (14-17) : les deux listes de dotations (14 et 17), la première interminable.

---

1. Syme, *Ammianus...*, p. 116-117, pense que les éloges adressés à Claude et à Probus, vainqueurs des Barbares du Nord, constituent une critique implicite de Théodose, qui a pactisé avec les Goths ; de même, il a pactisé avec les Perses, contrairement à Carus.

Ce procédé sera repris dans les biographies suivantes (cf. *infra*, vol. V 1, p. 83). Il serait excessif de prétendre qu'il ajoute à la qualité et à l'intérêt de la *uita Claudii*[1], qui n'est dans son ensemble, comme la *uita Taciti*, rien d'autre qu'un médiocre exercice de rhétorique.

2.3 Le nombre de faux documents est un peu plus élevé que celui qui est indiqué dans le tableau synoptique de la p. XVII, du fait qu'il faut y inclure les deux citations en style direct de 5,2 et 5,4, ainsi que les oracles de 10. Ce qui constitue la spécificité de la présente biographie par rapport à toutes les autres, c'est son appendice, presque entièrement constitué de faux documents. Globalement, ceux-ci sont remarquables moins par leur nombre que par l'ampleur de celui qui occupe à lui seul tout le chap. 14, la première et la plus longue des listes de dotation insérées dans l'*HA*. Avec ses 46 lignes, elle est sans doute le plus ample de tous les faux documents de la collection, et constitue le facteur principal d'un record établi par la *uita Claudii* : avec ses 154 lignes de faux documents sur un total de 427, elle bat un record : ils occupent à eux seuls 36 % de la biographie.

3. LISTE DES PERSONNAGES NOMMÉMENT CITÉS DANS LA *VITA CLAUDII* CLASSÉS PAR CATÉGORIES

a) *Empereurs romains* (ordre chronologique)
Auguste, Galba, Vespasien, Titus, Domitien, Trajan, les Antonins, Antonin le Pieux, Pertinax, Dèce, Valérien, Gallien, Claude II, Quintillus, Constance César, les familles flaviennes, Dioclétien, Maximien, Galère.

---

1. On trouvera de brèves caractérisations de la *uita Claudii*, et notamment des remarques sur la composition, chez Syme, *The Ancestry...*, p. 251-252, Chastagnol, *Histoire Auguste...*, p. 919-930, et Lippold, Claudius..., cité *infra*, p. 245, n. 1, p. 311-312.

b) *Usurpateurs* (ordre alphabétique)
Auréolus, Celsus, descendance de Cléopâtre, descendance de Victoria, Ingénuus, Lollianus, Postumus, Régilianus, Tétricus, Vitruvia, Zénobie.

c) *Consuls ordinaires*
Atticianus, Orfitus.

d) *Autres personnages réels* (ordre alphabétique)
Les Camille, Marcianus, Moïse, Scipion le premier Africain, les Scipion, Xerxès.

e) *Personnages inventés* (ordre alphabétique)
Ablabius Muréna, Brocchus, Claudia (nièce de Claude II), Constantina (sœur de Claude II), Crispus (frère de Claude II), Eutropius (mari de Claudia), Gratus, Hérennianus, Messala, Vénustus, Zosimio.

f) *Écrivains réels* (ordre alphabétique)
Cicéron (Tullius), Ennius.

g) *Écrivain inventé*
Gallus Antipater.

h) *Divinités* (ordre alphabétique)
Apollon, la Grande Mère, Jupiter très Bon très Grand.

i) *Personnages mythologiques* (ordre alphabétique)
Dardanus, Ilus.

Comme dans toutes les biographies de « Pollio » et de « Vopiscus », la pauvreté de l'information historique est mise en évidence par la liste des personnages cités. Mis à part les empereurs et les usurpateurs, les seuls personnages historiques mentionnés sont d'une part deux consuls ordinaires pris dans la tradition de Dexippe, d'autre part le général Marcianus emprunté à la *uita Gallieni* et des figures appartenant à un passé lointain. Même le groupe des personnages inventés est maigre ; ils apparaissent surtout comme parents de Claude ou comme destinataires de documents fictifs, et il n'y a qu'un seul écrivain inventé.

4. Tableau synoptique des passages fondés
sur une source historiographique
en relation avec la *vita Clavdii*

En ce qui concerne les critères d'après lesquels ce petit tableau est dressé, le lecteur est prié de se reporter au vol. V 1, p. 10-11. Par Dexippe, je signale des éléments provenant de la tradition de Dexippe. On le constate, les données ayant une valeur historique proviennent pour l'essentiel de cette tradition. Sur la question de savoir si Dexippe est exploité par « Pollio » directement ou à travers une source intermédiaire, cf. *supra*, p. VIII-IX, et *infra*, p. 298. Par *EKG*, je signale des éléments provenant de la tradition de l'*EKG*. On notera que le présent relevé des sources correspond assez exactement avec ce que disait Syme, *The Ancestry...*, p. 244 et n. 25. Tout porte à croire que, dans la présente biographie, c'est l'*EKG* elle-même qui est directement exploitée dans les rares cas où « Pollio » recourt à cette tradition. Il n'en a tiré que deux catégories de données : honneurs décernés à Claude, mort de Claude et règne de Quintillus.

3,3-4	*EKG* et/ou Dexippe
5,2-3	Éléments de Dexippe
6,1-3	Dexippe
9,3-4 et 7-9	Dexippe
11,1-2	Dexippe
11,3 et 6-9	Dexippe
12,1	Dexippe
12,2-5	*EKG*
12,6	Dexippe

L'inclusion d'un paragraphe dans la liste ci-dessus ne signifie pas qu'il dérive intégralement de la source indiquée, mais qu'un élément au moins du paragraphe dérive de cette source.

Il faut, pour commencer, faire une observation élémentaire, mais importante. Comme dans les *Trente Tyrans*, encore bien sûr qu'à un degré nettement moindre, un certain nombre de données reproduites dans la *uita Claudii* se lisent déjà dans la *uita Gallieni*, provenant des mêmes traditions de l'*EKG* et de Dexippe. Comme je l'ai fait pour les autres biographies que j'ai commentées (cf. le vol. V 2, p. 10-11 et 301, et *supra*, p. XLIV), j'additionne les lignes qui fournissent des données historiques empruntées à une source. J'arrive, toujours par un compte généreux, à environ 60 lignes dans l'édition de Hohl sur un total de 427, ce qui signifie que seuls 14% de cette biographie ne sont pas le fruit de l'imagination de « Pollio ». En confrontant cette proportion avec celles qui sont fournies dans les passages auxquels je renvoie ci-dessus, on peut dresser un petit tableau des pourcentages de données historiques valables dans les sept dernières biographies de l'*Histoire Auguste* :

trig. tyr. : 30%
Claud. : 14%
Aurelian. : 26,6%
Tac. : 15,3%
Prob. : 16,8%
quatt. tyr. : 0%
Car. : 17,2%

Sont évidemment à part les *quatt. tyr.*, dont seuls les noms des usurpateurs ne sont pas inventés. Les *trig. tyr.*, pour les raisons indiquées *supra*, p. XLIV, dépassent assez artificiellement la moyenne. Pour *Aurelian.*, l'importance de la place exceptionnellement accordée aux campagnes militaires augmente la proportion des parties dignes de foi. Les quatre autres biographies, *Claud., Tac., Prob., Car.*, se tiennent de très près, dans la fourchette 14%-17,2%, qui me semble représentative de la majorité des biographies de la seconde partie de la collection, soit à partir de la *Vie de Macrin*. Que *Claud.* fasse le plus mauvais score[1] s'explique notamment par l'abondance des faux documents dans ce texte, et donc par le fait que tout le dernier tiers (chap. 13-18) est entièrement inventé.

---

1. Il convient donc de corriger l'affirmation concernant la part d'éléments authentiques dans la *uita Taciti*, vol. V 1, p. 227.

TRÉBELLIUS POLLION
LE DIVIN CLAUDE

I. 1 Nous en sommes arrivé à l'empereur Claude, dont il nous faut mettre par écrit la biographie avec soin par égard pour Constance César. Si je n'ai pas pu me récuser à son sujet, c'est pour la simple raison que j'avais rédigé les vies d'autres personnages, à savoir des princes élus dans le désordre et des roitelets dans le livre que j'ai publié sur les trente tyrans, qui englobe même actuellement la famille de Cléopâtre et celle de Victoria. **2** Aussi bien la situation en est venue au point que la comparaison avec Gallien a eu pour effet que j'écrivisse même des biographies de femmes. **3** Il eût été du reste impie de passer sous silence un prince qui a laissé une telle descendance de sa famille, qui a achevé la guerre contre les Goths grâce à sa valeur, qui a mis victorieusement un terme aux malheurs publics, qui, pour ce qui concerne Gallien, empereur monstrueux, — encore que l'initiative du

TREBELLI POLLIONIS
DIVVS CLAVDIVS

I. 1 Ventum est ad principem Claudium, qui nobis intuitu Constanti Caesaris cum cura in litteras digerendus est. De quo ego idcirco recusare non potui, quod alios, tumultuarios uidelicet imperatores ac regulos, scripseram eo libro quem de triginta tyrannis edidi, qui Cleopatranam etiam stirpem Victorianamque nunc detinet. **2** Si quidem eo res processit, ut mulierum etiam uitas scribi Gallieni comparatio effecerit. **3** Neque enim fas erat eum tacere principem qui tantam generis sui prolem <reliquit>, qui bellum Gothicum sua uirtute confecit, qui manum publicis cladibus uictor inposuit, qui Gallienum, prodigiosum imperatorem, etiamsi non auctor consilii fuit, tamen

Inscriptiones : INCIPIT EIVSDEM (*treuellii pollionis superscr. a. m.*) DIVVS CLAVDIVS (*ad constantinum aug. add. a. m.*) FELICITER *P gesta diui claudii augusti trebellius scripsit rubrica X gesta diui claudii augusti incipiunt trebellius pollio feliciter Chv nullam inscriptionem habet D* || **I. 1** uentum est *P Xv* : centum *DCh* || ad *om. Chv* || qui nobis *Σ* : quin ob *P* || constanti *P* : constantii *Σ* || litteras *P DX* : -ris *Chv* || digerendus *P* : dirigen- *Σ* || ego *om. Σ* || qui *P D* : quod *XChv* || cleopatranam *DChv* : -tram nam *P X* || uictorianamque (quae *add. D*) *DChv* : -nam quae *P X* || detinet *P Σ* : cont- *Kellerbauer p. 644 fortasse recte ; uide comm.* || **2** etiam mulierum *transp. Σ* || **3** neque *P DX* : nec *Chv* || reliquit *add. Salmasius in comm. ad 3,6 edd. recc.* || sua *P corr. B corr. Σ* : st'au *P ante corr. teste B.*

complot ne lui soit pas revenue — l'a cependant chassé
du gouvernail de l'État à la veille d'assumer lui-même le
pouvoir suprême pour le bonheur du genre humain, qui,
s'il était demeuré plus longtemps à la tête de cet État, eût
ressuscité pour nous les Scipion, les Camille et tous les
héros du temps jadis par sa force, par sa sagesse, par sa
prévoyance.

II. 1 Il fut bref, je ne saurais le nier, le temps qu'il
passa au pouvoir, mais il eût été bref, quand bien même
cet homme si considérable avait pu régner aussi longtemps que la vie humaine le permet. 2 Qu'y a-t-il, en
effet, en lui qui ne soit pas admirable ? qui ne soit pas
spectaculaire ? qui ne soit pas préférable aux plus antiques triomphes ? 3 En lui la vaillance de Trajan, la piété
d'Antonin, la modération d'Auguste et les qualités des
grands princes se sont si bien manifestées qu'il n'eut pas
à prendre l'exemple sur d'autres, mais que, même si ces
personnages illustres n'avaient pas existé, il eût laissé son
exemple à tous les autres. 4 Les plus savants des astrologues estiment qu'une durée de vie de cent vingt ans
a été accordée à l'être humain et soutiennent que personne n'a eu droit à plus ; ils ajoutent même que seul
Moïse, l'ami intime de Dieu, à ce qu'affirment les livres
des Juifs, a vécu cent vingt-cinq ans ; comme il se plai-
gnait de mourir jeune, il lui fut répondu, dit-on, par
une divinité non identifiée que personne ne vivrait plus

ipse imperaturus bono generis humani a gubernaculis publicis depulit, qui, si diutius in hac esset
commoratus re publica, Scipiones nobis et Camillos
omnesque illos ueteres suis uiribus, suis consiliis, sua
prouidentia reddidisset.

II. 1 Breue illius, negare non possum, in imperio fuit tempus, sed breue fuisset, etiamsi quantum
hominum uita suppetit, tantum uir talis imperare
potuisset. **2** Quid enim in illo non mirabile? quid
non conspicuum? quid non triumphalibus uetustissi-
mis praeferendum? **3** In quo Traiani uirtus, Antonini
pietas, Augusti moderatio et magnorum principum bona sic fuerunt ut non il*le* ab aliis exemplum caperet,
sed, etiamsi illi non fuissent, hic ceteris reliquisset
exemplum. **4** Doctissimi mathematicorum centum uiginti annos homini ad uiuendum datos iudicant neque
amplius cuiquam iactitant esse concessos, etiam illud
addentes, Mosen solum, dei, ut Iudaeorum libri loquuntur, familiarem, centum uiginti quinque annos
uixisse; qui cum quereretur quod iuuenis interiret, responsum ei ab incerto ferunt numine neminem plus

---

qui si *P DX* : quod si *Chv* || in *om. X* || scipiones *B corr. Σ* : -nis *P* ||
nobis *Salmasius* : bonis *P* bonos *B corr. F corr. Σ* || omnesque *P DX* :
omnisque *Chv* || uiribus *P Σ* : uirtutibus *edd. ante Hohl* || **II. 1** negare
non possum *om. edd. ante Eyssenhardt* || negare *Eyssenhardt* : genere
P Σ || si etiam *transp. Σ* || **3** et *del. Shackleton Bailey p. 128 ; sed uide
comm.* || *post* et *add.* cetera *Watt p. 342 sq. sec. Alex. 24,5 ; 62,3 ; Gord.
33,1 ; Max. Balb. 11,6 ; Prob. 19,4* || ille *Salmasius* : nihil *P Σ* nihil
Baehrens 1886 p. 222 non *delens* || **4** homini *P* : haberi *Σ* || iactitant *P* :
iactitantes *DChv* iactantes *X* || mosen *P Chv* : moisen *F corr.* moysen *D*
moisem *X* || dei *om. Σ* || quereretur *Σ* : quae- *P* || quod *P corr. B corr.
L corr. F corr. Σ* : quot *P ante corr.* || ei *P DChv* : est *X* || ferunt *om. v.*

longtemps. **5** C'est pourquoi, même si Claude avait vécu cent vingt-cinq ans, sa biographie étonnante et admirable prouve qu'on ne se serait pas attendu à sa mort, même inéluctable, comme Cicéron le dit en ces termes de Scipion. **6** Qu'y eut-il, en effet, qui ne fut pas grand chez cet homme aussi bien dans la vie civile que sous les armes ? Il aima ses parents : quoi d'étonnant ? Il aima même ses frères : désormais cela peut passer pour miraculeux. Il aima ses proches : affection qu'à notre époque il faut comparer à un miracle ; il ne jalousa personne, il pourchassa les malfaiteurs. Il condamna publiquement et ouvertement les juges prévaricateurs ; aux imbéciles, comme s'il les ignorait, il pardonna. **7** Il promulgua d'excellentes lois. **8** Il fut si remarquable à la tête de l'État que de très grands princes choisirent un membre de sa famille pour le pouvoir suprême, que l'éminent Sénat l'appela de ses vœux.

III. 1 Quelqu'un pourrait penser que je m'exprime ainsi pour flatter Constance César, mais me sont à témoins et ton sentiment éclairé et ma vie que jamais je n'ai rien pensé, dit, fait dans une intention de flatterie. **2** C'est sur l'empereur Claude que je m'exprime, dont la vie, l'honnêteté et tout ce qu'il a fait à la tête de l'État lui ont valu une telle réputation auprès de la postérité que le Sénat et le peuple romains lui ont décerné des honneurs nouveaux après sa mort. **3** En son honneur, un *clypeus* (bouclier, m.) d'or, ou bien, comme disent les grammairiens, un *clypeum* (même sens, n.) d'or fut placé par une décision du Sénat tout entier dans la cu-

esse uicturum. **5** Quare, etiamsi centum et uiginti quinque annos Claudius uixisset, \<ne\> necessariam quidem mortem eius expectandam fuisse, ut Tullius de Scipione sic loquitur [pro Milone], stupenda et mirabilis docet uita. **6** Quid enim magnum uir ille domi forisque non habuit? Amauit parentes. Quid mirum? Amauit et fratres : iam potest dignum esse miraculo. Amauit propinquos : res nostris temporibus comparanda miraculo; inuidit nulli, malos persecutus est. Fures iudices palam aperteque damnauit, stultis quasi neglegenter indulsit. **7** Leges optimas dedit. **8** Talis in re publica fuit ut eius stirpem ad imperium summi principes eligerent, emendatior senatus optaret.

III. 1 In gratiam me quispiam putet Constantii Caesaris loqui, sed testis est et tua conscientia et uita mea me nihil umquam cogitasse, dixisse, fecisse gratiosum. **2** Claudium principem loquor, cuius uita, probitas et omnia quae in re publica gessit tantam posteris famam dedere ut senatus populusque Romanus nouis eum honoribus post mortem adfecerit. **3** Illi clypeus aureus uel, ut grammatici loquuntur, clypeum aureum senatus totius iudicio in Romana curia conlocatum est,

---

5 et *om. Σ* || ne *add. Salmasius* || expectandam *P DX* : -da *Chv* || sic *om. Σ def. Tidner, De ShA adnotatiunculae p. 151 sq.* || pro milone *del. Casaubonus ; uide comm.* || mirabilis *P DX* : misera- *Chv* || **6** uir ille *P DXCh* : ut illi *v* || fratres *P corr. Σ* : -ris *P ante corr.* || potest *L corr. Σ* : post *P* || neglegenter *P Gruter* : negligeret *Σ* || **8** eligerent *P DXCh* : elegerunt *v* || emendatior *P DXCh* : -tius *v* || **III. 1** *pr.* et *om. Σ* || umquam cogitasse *om. Chv* || **2** tantam *Σ* : -tum *P* || dedere *P* : -rit *Σ* || **3** grammatici *P DX* : gramati *Chv* || clypeum aureum... conlocatum *P* : -us -us... -tus *Σ*.

rie romaine, où l'on voit aujourd'hui encore son visage, le buste étant en ronde-bosse. **4** En son honneur, hommage sans précédent, le peuple romain, à ses frais, dressa au Capitole, devant le temple de Jupiter très Bon très Grand, une statue d'or de dix pieds. **5** En son honneur, par une décision du monde entier, on plaça aux rostres une colonne servant de base à une statue en tunique palmée de mille cinq cent livres d'argent. **6** C'est lui qui, comme s'il se souvenait de l'avenir, a favorisé la croissance des familles flaviennes, qui avaient été aussi celles de Vespasien et de Titus (je ne veux pas dire de Domitien). C'est lui qui mit en peu de temps un terme à la guerre gothique. **7** Le Sénat est donc flatteur, le peuple romain est flatteur, les nations étrangères sont flatteuses, les provinces sont flatteuses, puisque aussi bien toutes les classes sociales, tous les âges, toutes les villes ont honoré ce bon prince avec des statues, des étendards, des couronnes, des sanctuaires, des arcs.

IV. 1 Il importe et à ceux qui imitent les bons princes et au monde entier de connaître les sénatus-consultes qui ont été rédigés au sujet de cet homme remarquable, afin que tous connaissent le jugement de l'opinion publique. **2** En effet, quand il eut été annoncé le 9 des calendes d'avril [24 mars], dans le sanctuaire même de la déesse Mère, le jour du sang, que Claude avait été élevé à l'Empire, et comme le Sénat ne pouvait pas être convo-

u*bi* etiam nunc uidetur expressa thorace uultus eius.
4 Illi, quod nulli antea, populus Romanus sumptu suo
in Capitolio ante Iouis Optimi Maximi templum statuam auream decem pedum conlocauit. **5** Ill*i* totius
orbis iudicio in rostris posita est columna, palmata
statua superfixa librarum argenti mille quingentarum.
6 Ille, uelut futurorum memor, gentes Flauias, quae
Vespasiani quoque et Titi, nolo autem dicere Domitiani fuerant, propagauit. Ille bellum Gothicum breui
tempore impleuit. **7** Adulator igitur senatus, adulator populus R., adulatrices exterae gentes, adulatrices
prouinciae, si quidem omnes ordines, omnis aetas,
omnis ciuitas statuis, uexillis, coronis, fanis, arcubus
bonum principem [aris ac templis] honorauerit.

IV. 1 Interest et eorum qui bonos imitantur principes et totius orbis humani cognoscere quae de illo uiro
senatus consulta sint condita, ut omnes iudicium publicae mentis adnoscant. **2** Nam cum esset nuntiatum
VIIII. kal. Aprilis ipso in sacrario Matris, sanguinis
die, Claudium imperatorem factum neque cogi senatus

ubi *Casaubonus Soverini Scrittori... I p. 119* : ut *P Σ* ‖ expressa
P : -sit *Σ* -presso *Salmasius dubitanter sed fortasse recte* -pressus *den*
Hengst, Prefaces... p. 90 sec. trig. tyr. 14,6 ; uide comm. ‖ thorace *P* :
thur- *Σ* ‖ eius *P DX* : est *Chv* ‖ **4** illi *P* : *om. Σ* imago *Egnatius* ‖
maximi *P DChv* : -mique *X* ‖ **5** illi *Egnatius* : illo *P Σ* ‖ *ante* statua
add. cum *Egnatius* ‖ argenti *Σ ed. Ven. 1489* : -tearum *P* ‖ mille *P corr.*
Σ : ille *P ante corr.* ‖ **6** flauias quae *P DX* : -asque *Chv* ‖ uespasiani
X edd. post Egnatium : - no *DChv om. P ed. pr.* ‖ quoque *om. P edd.*
ante Hohl ‖ titi *P X* : -to *DChv* ‖ fuerant *P* : -runt *Σ* ‖ **7** *pro pr.*
adulator *habet* adulato *P ante corr.* ‖ fanis *P DChv* : fauis *X* ‖ aris
ac templis *del. Novák post* arcubus *transp. Klotz p. 277 ; uide comm.* ‖
honorauerit *P* : -erunt *Σ* ‖ **IV. 1** *super* humani *adscr.* interest *a. m. in*
P post orbis *ins. LF post* humani *transp. ed. pr. del Gruter* ‖ consulta
P X : -to *DChv* ‖ sint *P DX* : sine *Chv* ‖ mentis *P D* : meritis *X*
mentitis *Chv* ‖ adnoscant *P* : cogno- *Σ* agno- *edd. ante Eyssenhardt* ‖
2 VIIII *P* : VIIIº *Σ*.

qué en vue de célébrer des rites religieux, on revêtit la toge, on se rendit au temple d'Apollon et, après qu'eut été lue la lettre du prince Claude, les acclamations que voici furent adressées à Claude : **3** « Auguste Claude, que les dieux te protègent », répété soixante fois. « Claude Auguste, nous t'avons toujours espéré comme prince, ou quelqu'un qui te vaut », répété quarante fois. « Claude Auguste, l'État avait besoin de toi », répété quarante fois. « Claude Auguste, tu es un frère, tu es un père, tu es un ami, tu es un bon sénateur, tu es un véritable prince », répété quatre-vingts fois. **4** « Claude Auguste, délivre-nous d'Auréolus », répété cinq fois. « Claude Auguste, délivre-nous des Palmyréniens », répété cinq fois. « Claude Auguste, débarrasse-nous de Zénobie et de Vitruvia », répété sept fois. « Claude Auguste, Tétricus n'a rien fait », répété sept fois.

V. 1 Dès qu'il eut accédé au pouvoir suprême, Claude, après avoir mené campagne, chassa du gouvernail de l'État Auréolus qui avait pesé sur ses destinées du fait qu'il était dans les bonnes grâces de Gallien, puis, ayant adressé au peuple des édits, et aussi envoyé des discours au Sénat, il le condamna comme usurpateur. **2** À cela s'ajoute que, en empereur rigoureux et sérieux, il n'écouta pas Auréolus qui l'implorait et lui réclamait un accord, lui adressant son refus en ces termes : « C'est à Gallien qu'il eût fallu adresser une telle demande ; en homme qui avait les mêmes mœurs que toi, il pouvait également te craindre. » **3** Finalement, en conséquence

sacrorum celebrandorum causa posset, sumptis togis
itum est ad Apollinis templum ac, lectis litteris Claudii
principis, haec in Claudium dicta sunt : **3** « Auguste
Claudi, dii te praestent. » Dictum sexagies. « Claudi
Auguste, <te> principem aut qualis tu es semper op-
tauimus. » Dictum quadragies. « Claudi Auguste, te res
publica requirebat. » Dictum quadragies. « Claudi Auguste, tu frater, tu pater, tu amicus, tu bonus senator,
tu uere princeps. » Dictum octogies. **4** « Claudi Auguste, tu nos ab Aureolo uindica. » Dictum quinquies.
« Claudi Auguste, tu nos a Palmyrenis uindica. » Dictum quinquies. « Claudi Auguste, tu nos a Zenobia et
a Vitru*u*ia libera. » Dictum septies. « Claudi Auguste,
Tetricus nihil fecit. » Dictum septies.

V. 1 Qui primum ut factus est imperator, Aureolum, qui grauior rei publicae fuerat, quod Gallieno
multum placebat, conflictu habito, a rei publicae gubernaculis depulit tyrannumque, missis ad populum
edictis, datis etiam ad senatum orationibus, iudicauit.
2 His accedit quod rogantem Aureolum et foedus
petentem imperator grauis et serius non audiuit, re-
sponso tali repudiatum : « Haec a Gallieno petenda
fuerant ; qui consentiret moribus, poterat et timere ».
3 Denique iudicio suorum militum apud Mediolanum

causa *P DX* : tam *Chv* || ac lectis — *8,2* scriptores *om. Σ in lac.* || **3**
claudi (*bis*) *F* : -dii (*bis*) *P* || te *huc transp. Peter post* principem *add.*
Erasmus || *ante* qualis *add.* talem *Kellerbauer p. 644 sec. Prob. 12,1* ||
claudi (*bis*) *F* : -dii (*bis*) *P* || **4** claudi (*ter*) *F* : -dii (*ter*) *P* || uitruuia
Gruter : -uria *P* uictoria *ed. pr.* || claudi *F* : -ii *P* || fecit *P* : fuit *ed.*
pr. || **V. 1** tyrannumque *edd.* : -num quem *P* || **2** rogantem *P ante*
corr. : arrog- *P corr. edd. ante Salmasium* || petentem *P corr. L corr.* :
potentem *P ante corr.* || **3** mediolanum *LF* : -onalium *P*.

d'une décision de ses soldats, Auréolus connut près de Milan une fin digne de sa vie et de ses mœurs, et néanmoins certains historiens ont entrepris de faire son éloge, et assurément de manière ridicule. **4** En effet, Gallus Antipater, prostituée aux honneurs et honte des historiens, parlant d'Auréolus, commence ainsi : « Nous en arrivons à un empereur digne de son nom. » **5** C'est une qualité évidemment remarquable de tirer son nom de l'or ! Mais, pour ma part, je sais que, chez les gladiateurs, ce nom est assez souvent ajouté à celui de bons combattants. Récemment, ton programme des jeux a comporté ce nom dans la liste des gladiateurs.

VI. 1 Mais revenons-en à Claude. En effet, comme je l'ai dit plus haut, les Goths qui s'étaient échappés à l'époque où Marcianus les poursuivit, et que Claude n'avait pas voulu qu'on laissât partir afin d'éviter ce qui s'est de fait passé, avaient incité toutes leurs tribus à piller les possessions des Romains. **2** Finalement, divers peuples scythes, les Peuces, les Grutunges, les Ostrogoths, les Tervinges, les Vises, les Gépides, et même les Celtes et les Hérules, avides de se livrer au pillage, pénétrèrent en territoire romain et y firent de grands dégâts, cependant que Claude était retenu par d'autres ennemis et qu'il se préparait en véritable empereur pour cette guerre qu'il mena à terme, si bien que les destinées de Rome parurent ralenties du fait des occupations

Aureolus dignum exitum uita ac moribus suis habuit.
Et hunc tamen quidam historici laudare conati sunt, et
ridicule quidem. **4** Nam Gallus Antipater, ancilla honorum et historicorum dehonestamentum, princip*i*um
de Aureolo habuit : « Venimus ad imperatorem nominis sui. » **5** Magna uidelicet uirtus ab auro nomen
accipere! At ego scio saepius inter gladiatores bonis
propugnatoribus hoc nomen adpositum. Habuit proxime tuus libellus munerarius hoc nomen in indice
ludiorum.

VI. 1 Sed redeamus ad Claudium. Nam, ut superius
diximus [triginta], illi Gothi qui euaserant eo tempore
quo illos Marcianus est persecutus quosque Claudius
emitti non siuerat, ne id fieret quod effectum est, omnes gentes suorum ad Romanas incitauer*a*nt praedas.
2 Denique Scytharum diuersi populi, Peuci, *G*rutungi,
Aust*r*ogoti, *Teru*ingi, *Vi*si, *Gi*pedes, Celtae etiam et
Eruli, praedae cupiditate in Romanum solum [in rep.]
uenerunt atque illic pleraque uastarunt, dum aliis occupatus est Claudius dumque se ad id bellum quod
confecit imperatorie instruit, ut uideantur fata Roma-

---

uita *Madvig* : -tae *P edd. uett.* ; *uide comm.* || quidem *edd.* : qui-
dam *P* || **4** principium *Egnatius* : -pum *P* || nominis sui *edd.* : -nisui *P* ||
5 accipere *edd.* : -ret *P* || **VI. 1** triginta *del. ed. Ven. 1489* ; *uide comm.* ||
marcianus *Salmasius* : macri- *P* marti- *Casaubonus* || id *Peter* : quid *P* ||
incitauerant *Egnatius Zernial, Über den Satzschluss... p. 83 cursus cau-
sa* : -rint *P ed. pr.* -runt *Erasmus* || peuci *P, Gruter* : peucini *Egnatius* || **2**
grutungi *Salmasius* : trut- *P* || austrogoti *edd.* : austorg- *P* || teruingi uisi
Wietersheim Müllenhoff (*uide comm.*) : uirtingui si *P* || gipedes *Casau-
bonus* : gyp- *P* ; *uide comm.* || uenerunt *Salmasius Soverini, Scrittori...
I p. 120* : in re p. uenerunt *P* et rem p. u. *Egnatius* inruperunt *Peter
Hohl* ; *uide comm.*

d'un bon prince, **3** je crois cependant afin que la gloire de Claude s'accrût et que sa victoire devînt plus éclatante absolument partout sur terre. **4** Il y eut alors en fin de compte trois cent vingt mille hommes en armes de ces tribus. **5** Que celui qui nous accuse d'être flatteur aille maintenant prétendre que Claude est moins digne d'attachement. Trois cent vingt mille hommes en armes : qui, fût-ce Xerxès, en a disposé ? quel conte de fée a imaginé de tels effectifs ? quel poète les a conçus ? Il y eut trois cent vingt mille hommes en armes. **6** Ajoute les esclaves, ajoute les familles, ajoute le train de chariots, et les fleuves bus jusqu'à leur dernière goutte, et les forêts intégralement exploitées, bref que la terre elle-même a plié sous l'effort, elle qui a accueilli une telle enflure barbare.

VII. 1 Il existe une lettre de lui adressée au Sénat, destinée à être lue au peuple, dans laquelle il précise les effectifs des Barbares ; en voici les termes : **2** « Le prince Claude au Sénat et au peuple romains » (on dit qu'il en a formulé les termes lui-même, je ne recours pas à la rédaction du directeur des archives). **3** « Pères conscrits, apprenez avec stupéfaction la vérité. Trois cent vingt mille Barbares ont pénétré en armes dans le territoire romain. Si je les vaincs, accordez-moi ce qui est dû à mes mérites ; si je ne les vaincs pas, sachez que c'est après Gallien que je m'efforce de combattre. **4** L'État tout entier est accablé, nous combattons après Valérien, après Ingénuus, après Régilianus, après Lollianus, après Postumus, après Celsus, après mille autres qui, du fait qu'ils méprisaient Gallien, se sont révoltés contre l'État. **5** Il n'y a désormais plus de boucliers,

na boni principis occupatione lentata, **3** sed, credo, ut
Claudii gloria adcresceret eiusque fieret gloriosior toto
penitus orbe uictoria. **4** Armatorum denique gentium
trecenta uiginti milia tunc fuere. **5** Dicat nunc qui
nos adulationis accusat Claudium minus esse amabilem. Armatorum trecenta uiginti milia : quis tandem
Xerxes hoc habuit? Quae fabella istum numerum ad-
finxit? Quis poeta conposuit? Trecenta uiginti milia
armatorum fuerunt. **6** Adde seruos, adde familias,
adde carraginem et epotata flumina consumptasque
siluas, laborasse denique terram ipsam quae tantum
barbarici tumoris excepit.

VII. 1 Extat ipsius epistola missa ad senatum legenda ad populum qua indicat de numero barbarorum;
quae talis est : **2** « Senatui populoque Romano Claudius princeps. » Hanc autem ipse dictasse perhibetur,
ego uerba magistri memoriae non requiro. **3** « Patres
conscripti, mi*r*antes audite quod uerum est. Trecenta
uiginti milia barbarorum in Romanum solum armati
uenerunt : haec si uicero, uos uicem reddite meritis; si non uicero, scitote me post Gallienum uelle
pugnare. **4** Fatigata est tota res publica, pugnamus
post Valerianum, post Ingenuum, post Regilianum,
post Lollianum, post Postumum, post Celsum, post
mille alios qui contemptu *Gallieni* principis a re publica defecerunt. **5** Non scuta, non spathae, non pila

VII. 3 mirantes *Obrecht Peter Hohl* : militantes *P ; alii alia* || **4** gal-
lieni *ed. Ven. 1489* : alio *P* adeo *F corr.* talis *Eyssenhardt* mali *Winterfeld*
p. 40 ̀sec. Gall. 21,1.

plus d'épées, plus de javelots. Les provinces de Gaule et d'Espagne, forces vives de l'État, Tétricus les occupe, et tous les archers, ce qui est honteux à dire, c'est Zénobie qui en dispose. Quoi que nous fassions, cela aura une importance considérable. » **6** Tous ces ennemis donc, Claude les vainquit grâce au courage qui lui était naturel, il les anéantit en peu de temps, parmi eux c'est à peine s'il permit à quelques-uns de retourner sur leur sol natal. Je le demande, quelle récompense constitue un bouclier dans la curie pour une telle victoire ? quelle récompense une seule statue dorée ? **7** Ennius dit à propos de Scipion : « Quelle immense statue dressera le peuple romain, quelle immense colonne, qui disent tes exploits ? ». **8** Nous pouvons affirmer que Flavius Claude, prince sans égal sur terre, est confirmé dans sa gloire non par des colonnes, non par des statues, mais par la puissance de sa réputation.

VIII. 1 Ils ont eu en outre deux mille navires, c'est-à-dire un effectif double par rapport à celui avec lequel la Grèce tout entière unie à l'ensemble de la Thessalie entreprit jadis de prendre d'assaut les villes d'Asie ; mais c'est la fiction poétique qui a imaginé ceci, tandis que cela fait partie de l'histoire véritable. **2** Nous autres écrivains, nous flattons donc Claude, qui a détruit, vaincu, anéanti deux mille navires barbares et trois cent vingt mille hommes en armes, qui en partie fit incendier, en partie destina à être esclave à Rome avec toutes les familles <qu'il contenait> le train de chariots, dont l'importance était en proportion de ce que fut capable de se procurer et d'équiper un tel effectif

iam supersunt. Gallias et Hispanias, uires rei publicae, Tetricus tenet, et omnes sagittarios, quod pudet
dicere, Zenobia possidet. Quicquid fecerimus, satis
grande est.» **6** Hos igitur Claudius ingenita illa uirtute superauit, hos breui tempore adtriuit, de his uix
aliquos ad patrium solum redire permisit. Rogo, quantum pretium est clypeus in curia tantae uictoriae?
Quantum una aurea statua? **7** Dicit Ennius de Scipione : «Quantam statuam faciet populus Romanus,
quantam columnam, quae res tuas gestas loquatur?»
8 Possumus dicere Flauium Claudium, unicum in terris principem, non columnis, non statuis, sed famae
uiribus adiuuari.

VIII. 1 Habuerunt praeterea duo milia nauium, du-
plicem scilicet numerum quam illum quo tota pariter
Graecia omnisque Thessalia urbes Asiae quondam expugnare conata est; sed illud poeticus stilus fingit, hoc
uera continet historia. **2** Claudio igitur scriptores adulamur, qui duo milia nauium barbararum et trecenta
uiginti milia armatorum deleuit, oppressit, adtriuit,
qui carraginem tantam quantam numerus hic armatorum sibimet aptare potuit et parare nunc incendi fecit,
nunc cum omnibus familiis Romano seruitio depu-

---

5 zenobia *P corr.* : -nouia *P ante corr.* || **6** patrium *P corr.* : -iam
P ante corr. || **7** *ante* dicit *add.* ut *a. m. in P* || **8** adiuuari *P* : adleuari
Shackleton Bailey p. 128 || **VIII. 1** quam *Egnatius* : qua *P* || quo tota
P corr. : quot et a *P ante corr.* || **2** adulamur *P a scriba ipso corr.* Σ :
-mus *P ante corr. fort. recte ; uide comm.* || barbararum *P* : barbaro-
rum Σ || carraginem *P Egnatius* : carrig- *Chv* cartag- *DX* || parare nunc
P DXCh : p. hunc *v* || incendi *Peter Hohl* : -dia *P Σ ; alii alia.*

d'hommes en armes, **3** comme il est prouvé par une lettre de lui qu'il écrivit à Junius Brocchus, qui défendait l'Illyricum : **4** « Claude à Brocchus. Nous avons détruit trois cent vingt mille Goths, nous avons coulé deux mille navires. **5** Les fleuves sont recouverts de boucliers, les berges tout entières sont jonchées d'épées et de lances, les champs disparaissent, recouverts d'ossements, aucune route n'est dégagée, un immense train de chariots est abandonné. **6** Nous nous sommes emparés de femmes en si grand nombre que le soldat victorieux pourrait s'en prendre deux, voire trois.

IX. 1 Et si seulement l'État n'avait pas enduré Gallien ! Si seulement il n'avait pas supporté mille usurpateurs ! Si survivaient les soldats qu'ont fait disparaître les divers combats, si survivaient les légions que Gallien, malencontreux vainqueur, a anéanties, quel grand profit en eût retiré l'État ! **2** Aussi bien notre zèle recueille maintenant les débris du naufrage public en vue de reconstruire l'État romain. » **3** On guerroya en effet en Mésie, et beaucoup de combats furent livrés autour de Marcianopolis. **4** Beaucoup périrent en faisant naufrage, beaucoup de rois furent pris, des femmes de condition de divers peuples furent prises, les provinces romaines furent remplies d'esclaves barbares et de cultivateurs scythes. On fit du Goth un colon sur la frontière barbare. **5** Et il n'y eut aucune région qui ne possédât un

tauit, **3** ut docetur eiusdem epistola quam ad Iunium Brocchum scripsit, Illyricum tuentem : **4** «Claudius Broccho. Deleuimus trecenta uiginti milia Gothorum, duo milia nauium mersimus. **5** Tecta sunt flumina scutis ; spatis et lanceolis omnia litora operiuntur ; campi ossibus latent tecti ; nullum iter purum est ; ingens carrago deserta est. **6** Tantum mulierum cepimus ut binas et ternas mulieres uictor si*bi* miles possit adiungere.

IX. 1 Et utinam Gallienum non esset passa res publica ! utinam sescentos tyrannos non pertulisset ! Saluis militibus quos uaria proelia sustulerunt, saluis legionibus quas Gallienus male uictor occidit, quantum esset additum rei publicae ! **2** Si quidem nunc *reliquia*s naufragii publici colligit nostra diligentia ad Romanae rei publicae <restitutionem>». **3** Pugnatum est enim apud Moesos et multa proelia fuerunt apud Marcianopolim. **4** Multi naufragio perierunt, plerique capti reges, captae diuersarum gentium nobiles feminae, inpletae barbaris seruis S*cythici*sque cultoribus Romanae prouinciae. Factus *limiti*s barbari colonus e Gotho. **5** Nec ulla fuit regio quae Gothum

---

3 docetur *P Σ* : docet *Egnatius* ‖ **4** uiginti *om. Σ* ‖ mersimus *P* : subm- *Σ* ‖ **5** carrago *P v* : cartago *DXCh* ‖ deserta est *P DChv* : deleta *X* ‖ **6** mulierum *P Chv* : numerum *X om. D* ‖ sibi *P corr.* : si *P ante corr. om. Σ* ‖ **IX. 1** gallienum *P X* : pal- *DChv* ‖ **2** reliquias *Soverini, Problemi p. 136* : uerba *P Σ* reliqua *Kellerbauer Hohl* membra *Damsté Thörnell Samberger-Seyfarth in Add. et corr. ad ed. Hohl p. 306 ; uide comm.* ‖ colligit *P* : -gat *Σ* ‖ nostra *P* : uestra *Σ* ‖ ad romanae rei publicae *om. Σ* ‖ restitutionem *add. Soverini, Problemi p. 137 ; alii alia ; uide comm.* ‖ **4** inpletae *P* : rep- *Σ* ‖ scythicisque *Closs* : senibusque *P Σ* saeuibusque *Petschenig* saeuisque *Watt p. 343* ‖ limitis *Peter Hohl* : miles *P Σ* ‖ barbari *P* : barbarus et *Σ*.

esclave goth par l'effet d'une sorte d'esclavage triomphal. **6** Combien de bœufs barbares virent nos ancêtres ? combien de brebis ? combien de juments, de celles à qui leur réputation donne des lettres de noblesse, c'est-à-dire celtiques ? Tout cela est en relation avec la gloire de Claude. Claude a offert à l'État et la sécurité et une surabondance de richesses. **7** On combattit en outre autour de Byzance, les Byzantins eux-mêmes qui avaient survécu témoignant d'un grand courage. **8** On combattit autour de Thessalonique, que les Barbares avaient assiégée en l'absence de Claude. **9** On combattit dans diverses régions, et partout, sous les auspices de Claude, les Goths furent vaincus, à telle enseigne qu'alors déjà Claude semblait assurer la sécurité de l'État au bénéfice de son futur petit-neveu, le César Constance.

X. 1 Et voici ce qui me vient opportunément à l'esprit : il sied de reproduire la prophétie qui, dit-on, a été révélée à Claude à Comagènes, afin que tous comprennent que la lignée de Claude a été établie en vue de la prospérité de l'État par la volonté des dieux. **2** En effet, alors que, devenu empereur, il posait une question relative à la durée de son règne, la prophétie que voici sortit :

3 « Toi qui, maintenant, gouvernes les contrées de la patrie

et diriges le monde en arbitre institué par les dieux,

\<tu\> l'emporteras sur les anciens par ta progéniture ;

seruum triumphali quodam seruitio non haberet.
6 Quid bouum barbarorum nostri uidere maiores?
quid ouium? quid equarum, quas fama nobilitat, Cel-
ticarum? Hoc totum ad Claudii gloriam pertinet.
Claudius et securitate rem publicam et opulentiae
nimietate donauit. **7** Pugnatum praeterea est apud
Byzantios, ipsis qui superfuerant Byzantinis fortiter
facientibus. **8** Pugnatum apud Thessalonicenses, quos
Claudio absente obsederant barbari. **9** Pugnatum in
diuersis regionibus et ubique auspiciis Claudianis uicti
sunt Gothi, prorsus ut iam tunc Constantio Caesari,
nepoti futuro, uideretur Claudius securam parare rem
publicam.

X. 1 Et bene uenit in mentem : exprimenda est
sors quae Claudio data esse perhibetur Commagenis,
ut intellegant omnes genus Claudii ad felicitatem rei
publicae diuinitus constitutum. **2** Nam cum consuleret
factus imperator quamdiu imperaturus esset, sors talis
emersit :

3 « Tu, qui nunc patrias gubernas oras
et mundum regis arbiter deorum,
<tu> *uinces* ueteres tuis nouellis :

---

6 quid *P* : quod *Σ* || bouum *Ch Soverini, Scrittori... I p. 120 ; uide
comm.* : bonum *P ante corr. DXv* bo/um *P corr. edd.* || quid... quid
P DChv : quod... quid *X* || pertinet *P DChv* : -nuit *X* || securitate *P*
DChv : seuer- *X* || **7** ipsis *P DChv* : hiis *X* || superfuerant *Σ* : superius
fuerant *P* || byzantinis *P Gruter* : -tiis *Σ* || facientibus *P* : resisten *Σ* ||
8 absente *P* : nesciente *Σ* || **9** *post* pugnatum *add.* est *X* || **X. 1** bene
P Σ : postquam *ed. Ven. 1489* || commagenis *Gruter Salmasius* : -gnis
P cum magis Σ ; *uide comm.* || **3** nunc *P XChv* : non *D* || tu uinces
Salmasius : in *P Σ* || nouellis *P corr. F corr. Σ* : nobellis *P ante corr.*

ils exerceront en effet le pouvoir suprême, tes descendants,

et eux feront rois leurs descendants. »

4 De même, lorsqu'il posait des questions concernant sa destinée sur l'Apennin, il reçut la réponse suivante :

« Jusqu'à ce que le troisième été l'ait vu régnant sur le Latium. »

5 De même, lorsqu'il le faisait concernant ses descendants :

« Je ne fixerai pour ma part aucune limite à leur puissance et à leur durée. »

6 De même, lorsqu'il le faisait concernant son frère Quintillus, qu'il voulait avoir comme associé au pouvoir suprême, il lui fut répondu :

« Les destins se borneront à le montrer à la terre. »

7 Si j'ai mentionné ces détails, c'est pour qu'il soit clair pour tous que Constance est issu d'une lignée divine, que ce très vénérable César d'une part appartient lui-même à une famille d'Augustes, d'autre part que de nombreux Augustes seront issus de lui, sans que soit en rien diminué le prestige des Augustes Dioclétien et Maximien et celui de son frère Galère.

XI. 1 Cependant que Claude accomplit ces exploits, les Palmyréniens, sous le commandement de Saba et de Timagène, déclenchent la guerre contre les Égyptiens et sont vaincus par eux grâce à leur opiniâtreté égyptienne et à leur inlassable endurance à combattre. **2** Néanmoins Probatus, le général des Égyptiens, fut tué

regnabunt etenim <tui> minores
et reges facient suos minores. »

4 Item, cum in Appennino de se consuleret, responsum huiusmodi accepit :

« Tertia dum Latio regnantem uiderit aestas. »

5 Item, cum de posteris suis :

« His ego nec metas rerum nec tempora ponam. »

6 Item, cum de fratre Quintillo, quem consortem
habere uolebat imperii, responsum est :

« Ostendent terris hunc tantum fata. »

7 Quae idcirco posui ut sit omnibus clarum Con-
stantium diuini generis uirum, sanctissimum Caesarem
et Augustae ipsum familiae esse et Augustos multos
de se daturum, saluis Diocletiano et Maximiano Au-
gustis et eius fratre Galerio.

XI. 1 Sed dum haec a diuo Claudio aguntur,
Palmyreni, ducibus Saba et Tim*a*gene, contra Aegyptios bellum sumunt atque ab his Aegyptia perui-
cacia et indefessa pugnandi continuatione uincuntur.
2 Dux tamen Aegyptiorum Probatus Timagenis insi-

---

etenim *P DXCh* : et cum *v* || tui *add. edd.* || minores *P corr. Σ* :
in- *P ante corr.* || **4** aestas *om. Chv* || **5** cum *om. Σ* || ego *P DCh Verg.
Aen. 1,278* : ergo *v om. X* || nec metas *F corr. Σ Verg. ibid.* : ne m. *P* ||
ponam *P Σ* : pono *Verg. ibid. ed. Ven. 1489* || **6** quintillo *Σ* : -tilio *P* ||
consortem *P XChv* : sortem *D* || **7** galerio *P* : ua- *Σ*. || **XI. 1** timagene
Gruter : timog- *P Σ* || peruicacia *P Σ* : -aci *F corr.* || continuatione
P : -uitate *Σ Egnatius* || **2** timagenis *Gruter* : imaginis *P* tymogenis *DX*
thimogeriis *Chv*.

dans un guet-apens tendu par Timagène. Mais tous les
Égyptiens firent leur soumission à l'empereur romain
et prêtèrent serment à Claude, tout absent qu'il était.
3 Sous le consulat d'Antiochianus et d'Orfitus, la faveur
divine seconda les auspices de Claude. En effet, lorsque
la foule des tribus barbares qui avaient survécu se fut
dirigée vers l'Hémimont, elle y souffrit tellement de la
faim et de la peste que désormais Claude jugea superflu
de les vaincre aussi par les armes. **4** Finalement, cette
guerre très rude toucha à sa fin, et ces terreurs du nom
romain furent repoussées. **5** La bonne foi nous oblige
à dire la vérité, aussi afin que ceux qui désirent nous
faire passer pour flagorneurs sachent que nous ne tai-
sons pas ce que l'histoire exige qu'on dise : **6** dans le
temps que fut remportée la pleine victoire, la plupart des
soldats de Claude, enivrés par le succès, qui altère même
le caractère des sages, s'adonnèrent si bien au pillage
qu'ils en oublièrent qu'ils pouvaient être mis en fuite
par une poignée d'hommes cependant que, accaparés
corps et âme, ils se faisaient les esclaves du butin dont
ils s'emparaient. **7** Finalement, au moment même de la
victoire, près de deux mille soldats furent massacrés par
un petit nombre de Barbares, et ceux précisément qui
avaient fui. **8** Mais lorsque Claude apprend cela, il arrête, après avoir rassemblé l'armée, tous ceux qui avaient
manifesté un esprit de rébellion, et les envoie même en-
chaînés à Rome pour qu'ils y soient réservés pour les
jeux publics. De cette façon, le revers résultant de la mal-

diis interemptus est. Aegyptii uero omnes se Romano imperatori dederunt in absentis Claudii uerba iurantes. **3** Antiochiano et Orfito conss., auspicia Claudiana fauor diuinus adiuuit. Nam, cum se Haemimontum multitudo barbararum gentium quae superfuerant contulisset, illic ita fame ac pestilentia laborauit ut iam Claudius dedignaretur et uincere. **4** Denique finitum est asperrimum bellum, terroresque Romani nominis sunt depulsi. **5** Vera dici fides cogit, simul ut sciant hi qui adulatores nos aestimari cupiunt id quod historia dici postulat <nos> non tacere : **6** eo tempore quo parta est plena uictoria, plerique milites Claudii secundis rebus elati, quae sapientium quoque animos fatigant, ita in praedam uersi sunt ut non cogitarent a paucissimis se posse *fu*gari, dum occupati animo atque corporibus auertendis praedis inseruiunt. **7** Denique in ipsa uictoria prope duo milia militum a paucis barbaris et his qui fugerant interempta sunt. **8** Sed ubi hoc comperit, Claudius omnes qui rebelles animos extulerant, conducto exercitu, rapit atque in uincla Romam etiam mittit ludo publico deputandos. Ita id quod uel

---

dederunt *P v* : dedider- *DXCh Erasmus* || **3** antiochiano *Fasti cos.* : atticiano *P ed. pr.* attatiano (attaci- *v*) *DXv Egnatius* attaciono *Chv* || *ante* haemimontum *add. in Erasmus* || haemimontum *edd.* : he- *P* hemimonium (hermi- *X*) *Σ* haemi montem *Egnatius* || barbararum *P DXCh* : barbarorum *v* || superfuerant *P* : -fuerat *Σ* || **5** hi *om. Σ* || postulat *P corr. Σ* : postolat *P ante corr.* || nos non tacere *Casaubonus* : non tacere *P Σ* non taceri *Desbordes dubitanter* || **6** tempore *om. Σ* || parta *P DChv* : pacta *v* || fugari *Petschenig* : fatigari *P Σ def. Soverini ; uide comm.* || occupati *P DXCh* : -to *v* || praedis *Casaubonus* : praesidiis *P Σ* || inseruiunt *P DX* : -ruerunt *Chv* || **7** fugerant *P DChv* : fugiebant *X* || interempta *P* : -pti *Σ edd. ante Eyssenhardt* || **8** hoc *P* : haec *Σ*.

chance et de la soldatesque fut annihilé grâce à la vertu
d'un bon prince. Et c'est non seulement une victoire qui
fut acquise sur l'ennemi, mais aussi une vengeance qui
fut tirée de lui. **9** Dans cette guerre qui fut menée, le courage des cavaliers dalmates se manifesta d'une manière
particulièrement éclatante du fait que Claude semblait
originaire de cette province, quand bien même d'autres
affirmaient qu'il était Dardanien, et descendant d'Ilus,
l'ancêtre des Troyens, ainsi que de Dardanus lui-même.

XII. 1 Il y eut dans cette même période des Scythes
dans les parages de la Crète, et ils tentèrent de dévaster
Chypre, mais partout, du fait que leur armée souffrait
de la peste et de la famine, ils furent vaincus. **2** Après la
fin de la guerre contre les Goths, la grave épidémie se ré-
pandit avec une violence accrue, et alors Claude, atteint
à son tour par la maladie, quitta les mortels et gagna le
ciel, séjour en harmonie avec ses vertus. **3** Celui-ci ayant
rejoint les dieux et les étoiles, Quintillus, son frère, un
homme vénérable et, pour le dire en vérité, frère de son
frère, assuma le pouvoir suprême qui lui fut unanimement remis, non pas comme un bien héréditaire, mais
en raison de ses mérites, en homme qui aurait été désigné comme empereur, même s'il n'avait pas été le frère du
prince Claude. **4** Sous son règne, les Barbares qui avaient
survécu tentèrent de ravager Anchialos, aussi d'occuper
Nicopolis. Mais ils furent anéantis grâce au courage des

fortuna uel miles egerat uirtute boni principis antiquatum est. Nec sola de hoste uictoria, sed etiam uindicta
praesumpta est. **9** In quo bello quod gestum est equi-
tum Dalmatarum ingens extitit uirtus, quod originem
ex ea prouincia Claudius uidebatur ostendere, quamuis alii Dardanum et ab Ilo Tro*i*anorum <auctore>
atque ab ipso Dardano sanguinem dicerent trahere.

XII. 1 Fuerunt per ea tempora et apud Cretam
Scythae et Cyprum uastare temptarunt, sed ubique, morbo atque <fame> exercitu laborante, superati
sunt. **2** Finito sane bello Gothico, grauissimus morbus
increbruit, tunc cum etiam Claudius adfectus morbo mortales reliquit et familiare uirtutibus suis petit
caelum. **3** Quo ad deos atque ad sidera demigrante,
Quintillus, frater eiusdem, uir sanctus et sui fratris,
ut uere dixerim, frater, delatum sibi omnium iudicio
suscepit imperium, non hereditarium sed merito uirtutum, qui factus esset imperator, etiamsi frater Claudii
principis non fuisset. **4** Sub hoc barbari qui superfuerant An*ch*ialon uastare conati sunt, Nicopolim etiam
obtinere. Sed illi prouincialium uirtute obtriti sunt.

---

egerat *P* : -rit *Σ* || antiquatum *P corr.* : atiq- *P ante corr. B* aeq- *Σ*
Egnatius || **9** *post* quod *add.* a claudio *Helm Hohl* cum gothis *Peter ;*
uide comm. || dalmatarum *P corr. Σ* : al- *P ante corr.* || *ante* quod *add.*
eo *Σ* || ilo *Salmasius* : illo *P Σ* ilio *Egnatius* || troianorum *P corr.* :
traia- *P ante corr.* graia- *Σ* || auctore *add. Hohl* rege *Salmasius* || atque
P DXCh : et *v* || **XII. 1** *post* fuerunt *add.* et *v* || scythae et *P* : s.
ut *Σ* || uastare *P* : -rent *Σ* || temptarunt *P DXCh* : -rent *v* || fame *add.*
Salmasius sec. 11,3 || superati sunt *P* : extincti sunt et superati *Σ fort.*
recte propter cursum || **2** increbruit *P ante corr. B corr.* : -buit *P corr.*
B ante corr. Σ || cum *om. v* || mortales *P corr.* : -lis *P ante corr. Σ* ||
3 *post* deos *add.* translato *Σ* || hereditarium *P* : -ario iure *Σ* || qui *P* :
quique *Σ* || **4** anchialon *Kellerbauer p. 645* : ancialo (anti- *Σ*) *P Σ* ||
obtriti *P DChv* : obtenti *X*.

habitants de la province. **5** Quant à Quintillus, à cause de la brièveté de son règne, il ne put rien réaliser qui en fût digne, car il fut assassiné au bout de seize jours de la même manière que Galba, que Pertinax, parce qu'il s'était montré rigoureux et sévère et promettait d'être un véritable prince. **6** En ce qui concerne Dexippe, il ne dit pas que Claude fut mis à mort, mais seulement qu'il mourut, sans cependant ajouter que c'était de maladie, si bien qu'il semble éprouver un doute.

XIII. 1 Puisque nous en avons fini avec ses campagnes militaires, il convient de dire pour le moins quelques mots de la lignée et de la famille de Claude, pour éviter de paraître négliger des informations qui méritent d'être connues. **2** Claude, Quintillus et Crispus étaient frères. Crispus avait une fille, Claudia ; par elle et par Eutrope, personnage de haute noblesse issu de la lignée dardanienne, Constance César fut engendré. **3** Il y avait aussi des sœurs, dont l'une, nommée Constantine, mariée à un tribun des Assyriens, mourut en son jeune âge. **4** Concernant leurs ancêtres, nous ne savons pas grand-chose. Les témoignages divergent, en effet, dans leur majorité. **5** Claude lui-même était remarquable par l'austérité de ses mœurs, remarquable par sa vie exemplaire et sa chasteté sans pareille, sobre quant au vin, enclin aux plaisirs de la table, haut de taille, les yeux brillants, le visage large et plein, avec tant de force dans les doigts que, souvent, il fit sauter des dents d'un coup de poing à des chevaux et à des mulets. **6** Il avait aussi fait cela comme jeune homme à l'armée, une fois que, dans un concours en l'honneur

5 Quintillus autem ob breuitatem temporis nihil dignum imperio gerere potuit : nam septima decima die, quod se grauem et serium contra milites ostenderat ac uerum principem pollicebatur, eo genere quo Galba, quo Pertinax, interemptus est. **6** Et Dexippus quidem Claudium non dicit occisum, sed tantum mortuum, nec tamen addit morbo, ut dubium sentire uideatur.

XIII. 1 Quoniam res bellicas diximus, de Claudii genere et familia saltim pauca dicenda sunt, ne ea quae scienda sunt, praeterisse uideamur : **2** Claudius, Quintillus et Crispus fratres fuerunt. Crispi filia Claudia ; ex ea et Eutropio, nobilissimo gentis Dardanae uiro, Constantius Caesar est genitus. **3** Fuerunt etiam sorores, quarum una, Constantina nomine, nupta tribuno Assyriorum, in primis annis defecit. **4** De auis nobis parum cognitum. Varia enim plerique prodiderunt. **5** Ipse Claudius insignis morum grauitate, insignis uita singulari et unica castimonia, uini parcus, ad cibum promptus, statura procerus, oculis ardentibus, lato et pleno uultu, digitis usque adeo fortibus ut saepe equis et mulis ictu pugni dentes excusserit. **6** Fecerat hoc etiam adulescens in militia, cum ludicro Martiali in

---

5 breuitatem *F corr. Σ* : -amen *P ante corr.* -aten *P corr. ||* quod *P* : quo *Σ ||* grauem *P DX* : -ue *Chv ||* contra *P* : circa *Σ ||* ostenderat *P* : -ret *Σ ||* **6** claudium *P Σ* : quintillum *Salmasius edd. plerique ; uide comm. || post* dicit *iter.* quidem *DChv ||* tamen *om. X ||* ut *P DChv* : ne *X || ante* uideatur *add.* ne *Chv ||* **XIII. 1** claudii genere *P* : genitura c. *Σ ||* saltim *P* : -tem *Σ ||* ne *B corr. F corr. Σ* : nec *P ||* **2** *ante* claudius *add.* nam *Σ ||* filia *Σ Egnatius* : familia *P ante corr.* ex f. *P corr. ||* uiro *Σ* : uero *P ||* **5** insignis uita *P a scriba ipso corr.* : -gni uita *P ante corr. Σ ||* ad cibum *P DChv* : at cibi *X ||* pleno *P DChv* : plano *X ||* equis *P DXCh* : equi *v ||* excusserit *P* : excuteret *Σ.*

de Mars, il participait à une démonstration de lutte avec tous les hommes les plus forts. **7** En effet, furieux contre un adversaire qui lui avait tordu non pas le baudrier, mais les parties génitales, il lui fit sauter toutes les dents d'un seul coup de poing. Cette réaction lui valut le pardon d'avoir vengé sa pudeur, **8** puisque aussi bien alors l'empereur Dèce, en présence de qui l'incident avait eu lieu, fit publiquement l'éloge et de la vertu, et de la modestie de Claude ; puis, après l'avoir décoré de bracelets et de colliers, il lui prescrivit d'éviter tout contact avec les soldats, pour qu'il ne commît pas quelque acte plus violent que ne le comporte la lutte. **9** Claude lui-même n'eut pas d'enfants, Quintillus en laissa deux, Crispus, comme nous l'avons dit, une fille.

XIV. 1 Venons-en maintenant aux jugements des empereurs qui ont été formulés sur son compte par plusieurs d'entre eux, et en assez grand nombre du moins pour qu'il fût évident que Claude deviendrait un jour ou l'autre empereur. **2** Lettre de Valérien à Zosimion, procurateur de Syrie : « Nous avons attribué comme tribun à la cinquième légion Martia, très courageuse et très dévouée, Claude, un homme issu du peuple d'Illyricum, supérieur à tous les plus dévoués et les plus courageux des anciens. **3** Tu lui offriras comme salaire, pris de notre caisse privée, chaque année trois mille boisseaux de blé, six mille d'orge, deux mille livres de lard, trois mille cinq cents setiers de vin vieux, cent cinquante setiers d'huile de bonne qualité, six cents setiers d'huile

campo luctamen inter fortissimos quosque monstra-
ret. **7** Nam iratus ei qui non balteum sed genitalia
sibi contorserat, omnes dentes uno pugno excussit.
Quae res indulgentiam meruit pudor*is* uindictae, **8** si
quidem tunc Decius imperator, quo praesente fuerat
perpetratum, et uirtutem et uerecundiam Claudii pu-
blice praedicauit donatumque armillis et torquibus a
militum congressu facessere praecepit, ne quid atro-
cius quam luctamen exigit faceret. **9** Ipsi Claudio liberi
nulli fuerunt, Quintillus duos reliquit, Crispus, ut diximus, filiam.

XIV. 1 Nunc ad iudicia principum ueniamus, quae
<de> illo a diuersis edita sunt, et eatenus quidem
ut appareret quandocumque Claudium imperatorem
futurum. **2** Epistola Valeriani ad Zosimionem, procu-
ratorem Syriae : «Claudium, Illyricianae gentis uirum,
tribunum Martiae quintae legioni fortissimae ac deuo-
tissimae dedimus, uirum deuotissimis quibusque ac
fortissimis ueterum praeferendum. **3** Huic salarium de
nostro priuato aerario dabis annuos frumenti modios
tria milia, hordei sex milia, laridi libras duo milia,
uini ueteris sextarios tria milia quingentos, olei boni
sextarios centum quinquaginta, olei secundi sextarios

---

6 monstraret *P Σ* : -aretur *Peter* || **7** *ante* balteum *add.* sibi *Σ* ||
genitalia *P a scriba ipso corr.* : uitalia *P ante corr. Σ* || quae res *P Σ* :
quaerens *Jordan-Eyssenhardt Peter* || meruit *om. P* || pudoris *M. Haupt,
Hermes 3, 1869, p. 219-220* : -re *P Σ ; uide comm.* || **8** fuerat *iter. P* ||
praecepit *P a scriba ipso corr.* : cepit *P ante corr. Σ* || **9** quintillus *P corr.
Σ* : -los *P ante corr.* || **XIV. 1** de *add. Egnatius* || edita *Σ* : edicta *P* ||
quandocumque *P* : quandoque *Σ* || **2** zosimionem *P* : zozimonem *Σ* ||
legioni *P DX* : -ori *Chv* || ac deuotissimae *om. P* || **3** *ante* hordei *add.*
et *Σ* || laridi *P* : lardi *Σ*.

de second choix, vingt boisseaux de sel, cent cinquante livres de cire, du foin, de la paille, du vinaigre, des légumes, des herbes en quantité suffisante, trente dizaines de peaux de tente, six mulets par an, trois chevaux par an, dix chamelles par an, neuf mules par an, cinquante livres d'argent travaillé par an, cent cinquante philippes frappés à notre effigie par an, et en outre quarante-sept pour les étrennes et cent soixante tiers de pièces d'or. **4** De même onze livres de coupes, vases à boire et marmites. **5** Deux tuniques militaires rouges par an, deux capotes par an, deux fibules argentées et dorées, une boucle de ceinturon en or avec ardillon de cuivre. Un ceinturon argenté et doré, un anneau d'une once avec deux pierres précieuses, un bracelet de sept onces, un collier d'une livre, un casque doré, deux boucliers ornés d'or, une cuirasse, à rendre. **6** Deux lances herculiennes,

sescentos, salis modios uiginti, cerae pondo centum quinquaginta, feni, paleae, aceti, holeris, herbarum quantum satis est, pellium tentoriarum decurias triginta, mulos annuos sex, equos annuos tres, camelas annuas decem, mulas annuas nouem, argenti in opere annua pondo quinquaginta. Filippeos nostri uultus annuos centum quinquaginta et in strenis quadraginta septem et trientes centum sexaginta. **4** Item in cauco et scyfo et zuma pondo undecim. **5** Tunicas russas militares annuas <duas>, sagoclamydes annuas duas, fibulas argenteas inauratas duas, fibulam auream cum acu cyprea unam. Balteum argenteum inauratum unum, anulum bigemmem unum uncialem, brachialem unam unciarum septem, torquem libralem unum, cassidem inauratam unam, scuta chrysografata duo, loricam unam, quam refundat. **6** Lanceas Herculia-

---

paleae *P DXCh* : palei *v* ‖ tentoriarum *P* : -iorum *DXCh* -ium *v* ‖ camelas *P DChv* : -lla *X* ‖ nouem *P DX* : decem *Chv* ‖ annua *P* : -uo *Σ* ‖ strenis *P D* : strennis *XChv* ‖ **4** *post* item *add.* in cauco scyfo pondo undecim item *P edd. ante Casaubonum* ‖ in cauco et *om. Σ* ‖ cauco *Eyssenhardt* : -cos *P* caueos *ed. pr.* ‖ scyfo *P* : sycopho *Σ* ‖ et zuma *P* : condas *Σ* ‖ pondo *om. Σ* ‖ **5** tunicas russas *om. Σ* ‖ *post* militares *add.* clamides *Σ* ‖ annuas *P DChv* : ternas *X* ‖ duas *add. Casaubonus* ‖ sagoclamydes (-mides *DX*) *P DX* : sachoclamides *Chv* ‖ duas *ante* fibulas *om. Σ* ‖ inauratas *P a scriba ipso corr.* : au- *P ante corr. B ante corr. Σ* ‖ cum acu cyprea *om. Σ* ‖ acu cyprea *P corr. B corr.* : acum cypream *P ante corr. B ante corr.* ‖ balteum — uncialem *om. DXCh* balteum — inauratam unam *om. v* ‖ argenteum inauratum *P a scriba ipso corr.* : argentum auratum *P ante corr.* ‖ bigemmem unum *F Salmasius* : -me unum *P ante corr. B corr.* -meum *P corr. B ante corr.* ‖ torquem... unum *P* : t. ... unam *DXCh* ‖ inauratam *P a scriba ipso corr.* : au- *P ante corr. DXCh* ‖ chrysografata *scripsi* : cry- *P* crisogrifata (-ginfata *v ut uid.*) *Σ* chrysographata *edd. plerique* ‖ **6** lanceas *P v* : -cas *DXCh*.

deux javelots, deux faux, quatre faux pour le foin. **7** Un cuisinier, à rendre, un muletier, à rendre. **8** Deux belles femmes, prises parmi les captives. Une aube en demi-soie avec garniture de pourpre de Djerba, une tunique sans manches avec garniture de pourpre de Maurétanie. **9** Un secrétaire, à rendre, un maître d'hôtel, à rendre. **10** Deux paires de coussins de table de Chypre, deux chemises blanches, deux jambières d'homme, une toge, à rendre, un laticlave, à rendre. **11** Deux chasseurs, chargés de l'escorter, un charpentier, un intendant du prétoire, un porteur d'eau, un pêcheur, un pâtissier. **12** Mille livres de bois par jour, s'il y en a en abondance, sinon, autant qu'il y en aura et où il y en aura, quatre pelletées de bois sec par jour. **13** Un préposé aux bains et du bois pour les bains, sinon, qu'il se baigne en public. **14** En outre tu lui fourniras avec esprit d'économie tout le reste qu'il est impossible d'énumérer en détail vu son peu d'importance, mais de manière qu'il ne perçoive rien en équivalent de numéraire et, si quelque fourniture n'est pas disponible en quelque endroit, qu'elle ne soit pas mise à disposition ni qu'on en exige l'équivalent en espèces. **15** Or tout cela, je le lui ai attribué spécialement non pas comme à

nas duas, aclydes duas, falces duas, falces fenarias quattuor. **7** Cocum, quem refundat, unum, mulionem, quem refundat, unum. **8** Mulieres speciosas ex captiuis duas. Albam subsericam unam cum purpura Girbitana, subarmalem unum cum purpura Maura. **9** Notarium, quem refundat, unum, structorem, quem refundat, unum. **10** Accubitalium Cypriorum paria duo, interulas puras duas, fascias uiriles duas, togam, quam refundat, unam, latum clauum, quem refundat, unum. **11** Venatores, qui obsequantur, duo, carpentarium unum, curam praetorii unum, aquarium unum, piscatorem unum, dulciarium unum. **12** Ligni cotidiani pondo mille, si est copia, sin minus, quantum fuerit et ubi fuerit; coctilium cotidiana batilla quattuor. **13** Balneatorem unum et ad balneas ligna, sin minus, lauetur in publico. **14** Iam cetera, quae propter minutias suas scribi nequeunt, pro moderatione praestabis, sed ita ut nihil ad*a*eret et, si alicubi aliquid defuerit, non praestetur nec in nummo exigatur. **15** Haec autem omnia idcirco specialiter non quasi

ante aclydes *iter.* aolides duas *X* || **8** albam subsericam unam *P* : album -cum unum *Σ* || girbitana *P* : grabitana (-iana *X*) *Σ* || subarmalem *P* : sub armale *Σ* || **10** accubitalium *P XChv* : agub- *D* || interulas *P corr. Σ* : ite- *P ante corr.* || fascias uiriles duas *om. P* || quem *P DX* : quam *Chv* || **11** duo *P Ch* : duos *DXv* || curam... unum *P X* : c. ... unam *DChv* || **12** fuerit... fuerit *P DX* : -rat... -rit *Chv* || batilla *P edd. uett.* : baccilla (baci- *v*) *Σ* uatilla *Salmasius* || **13** sin *P* : si *Σ* || **14** adaeret *Gruter* : aderet *P Salmasius* addetur *D* -eretur *X ed. pr.* adesset *Chv* adaeretur *Casaubonus* || nummo *P Chv* : numero *DX ed. pr.* || **15** haec *P DXCh* : nec *v*.

un tribun, mais comme à un duc, pour cette raison que cet homme a de tels mérites qu'il conviendrait même de lui accorder davantage. »

XV. 1 De même, tiré d'une autre lettre du même adressée à Ablabius Murena, préfet du prétoire, extrait : « Cesse donc de te plaindre que Claude n'est encore que tribun et qu'il n'ait pas reçu le commandement d'une armée avec le grade de duc, ce dont tu prétendais que le Sénat aussi et le peuple se plaignaient. **2** Il a été nommé duc, à savoir duc de tout l'Illyricum. Il a sous son commandement les armées de Thrace, de Mésie, de Dalmatie, de Pannonie, de Dacie. **3** Cet homme éminent doit — c'est aussi notre sentiment — espérer le consulat, et, si cela lui convient, quand il voudra, qu'il reçoive la préfecture du prétoire. **4** Tu dois certes savoir que nous lui avons fixé par décret un salaire équivalant à celui du préfet d'Égypte, autant de vêtements que nous en avons accordé au proconsul d'Afrique, autant d'argent qu'en reçoit le directeur des mines d'Illyricum, autant de personnel que nous nous en accordons à nous-même dans chacune des cités, afin que tous comprennent quelle est notre opinion concernant cet homme si remarquable. »

tribuno sed quasi duci detuli, quia uir talis est ut ei plura etiam deferenda sint.»

XV. 1 Item ex epistola eiusdem alia inter cetera ad Ablabium Murenam praefectum praetorii : «Desine autem conqueri quod adhuc Claudius est tribunus nec exercitum ducis loco accepit, unde etiam senatum et populum conqueri iactabas. **2** Dux factus est, et dux totius Illyrici. Habet in potestatem Thracios, Moesos, Dalmatas, Pannonios, Dacos exercitus. **3** Vir ille summus nostro quoque iudicio speret consulatum et, si eius animo commodum est, quando uoluerit, [accipiat] praetorianam accipiat praefecturam. **4** Sane scias tantum ei a nobis decretum salarii quantum habet Aegypti praefectura, tantum uestium quantum proconsulatui Africano detulimus, tantum argenti quantum accipit curator Illyrici metallarius, tantum ministeriorum quantum nos ipsi nobis per singulas quasque decernimus ciuitates, ut intellegant omnes quae sit nostra de uiro tali sententia.»

---

quia *P DChv* : qua *X* || ei *P* : et *Σ* || **XV. 1** ex *om. Σ* || ablabium *scripsi* : -auium *P, edd.* -anium *Σ* || est *P DXCh* : esset *v* || exercitum *Mommsen apud Jordan-Eyssenhardt* : -tus *P Σ* || ducis *Mommsen ibidem* : ducem *P Σ Salmasius* ducendos *Casaubonus* -di *Gruter* || loco *P Σ* : e l. *Salmasius* locum *Gruter del. Casaubonus ; uide comm.* || accipit *Hartke, Kinderkaiser p. 160 cursus causa* : -cipit *P Σ edd.* || etiam *P* : et *Σ* || iactabas *P* : iactitabas *Σ* || **2** thracios *Peter* : -ias *P Σ* || moesos *Erasmus* : mysos *P* moesas (me- *X*) *Σ* || pannonios *P* : -ias *Σ* || *ante* dacos *add.* et *Σ* || **3** *post* summus *add.* et *X* || nostro quoque *P* : nostroque *DChv* nostro *X* || et *Salmasius* : est *P quod del. F corr. om. Σ* || *pr.* accipiat *del. Salmasius* || praefecturam *P DChv* : potestatem *X* || **4** ei (et *v*) *post* nobis *transt. Σ* || proconsulatui *P DChv* : con- *X* || metallarius *Mommsen apud Jordan-Eyssenhardt* : metlarius *P* : -anius *Σ* || decernimus *P* : decreuimus *Σ* || intellegant (-ligant *DX*) *P DX* : -ligat *Chv* || omnes *om. Σ* || sit *B corr. F* : sint *PB ante corr.* fuit *Σ.*

XVI. 1 De même, lettre de Dèce concernant le même Claude : « Dèce à Messala, gouverneur d'Achaïe, salut. » Extrait : « Quant à notre tribun Claude, excellent jeune homme, soldat très courageux, citoyen très ferme, indispensable aux camps, au Sénat et à l'État, nous lui prescrivons d'aller aux Thermopyles après lui avoir confié la défense des habitants du Péloponnèse, sachant que personne n'exécutera mieux tous les ordres que nous donnons. **2** Tu mettras à sa disposition deux cents soldats provenant de la région dardanienne, cent hommes détachés des catafractaires, soixante détachés des cavaliers, soixante des archers crétois, mille hommes bien armés pris parmi les recrues. **3** Ces nouvelles armées lui sont en effet confiées à bon escient ; car on ne trouve personne qui, plus que lui, soit dévoué, courageux, sérieux. »

XVII. 1 De même lettre de Gallien, après que les frumentaires lui eurent annoncé que Claude s'irritait de son mode de vie amolli : **2** « Rien ne m'a plus profondément ému que le fait que, dans ton rapport, tu m'as informé que Claude, notre parent et ami, est vivement irrité par des informations en grande partie fausses qui lui sont suggérées. **3** Je te prie donc, mon cher Vénustus, si tu m'es fidèle, de faire en sorte que Gratus et Hérennianus le calment, et ce à l'insu des soldats de Dacie, qui déjà manifestent leur violence, afin qu'ils ne prennent

XVI. 1 Item epistola Decii de eodem Claudio. «Decius Messalae praesidi Achaiae salutem.» Inter cetera : «Tribunum uero nostrum Claudium, optimum iuuenem, fortissimum militem, constantissimum ciuem, castris, senatui et rei publicae necessarium, in Thermopylas ire praecipimus, mandata eidem cura Peloponnensium, scientes neminem melius omnia quae iniungimus esse curaturum. **2** Huic ex regione Dardanica dabis milites ducentos, ex catafractariis centum, ex equitibus sexaginta, ex sagittariis Creticis sexaginta, ex tironibus bene armatos mille. **3** Nam bene illi noui creduntur exercitus; neque enim illo quisquam deuotior, fortior, grauior inuenitur.»

XVII. 1 Item epistola Gallieni, cum nuntiatum esset per frumentarios Claudium irasci, quod ille mollius uiueret : **2** «Nihil me grauius *affecit* quam quod notaria tua intimasti Claudium, parentem amicumque nostrum, insinuatis sibi falsis plerisque, grauiter irasci. **3** Quaeso igitur, mi Venuste, si mihi fidem exhibes, ut eum facias a Grato et Herenniano placari, nescientibus hoc militibus Daciscianis, qui iam saeuiunt, ne

XVI. 1 rei publicae *LF Σ* : rep[ublica] *PB* || ire *P DXCh* : ut *v* || praecipimus *P Σ* : -cepimus *edd. ante Hohl* || *post* mandata *iter.* ire *X* eidem *omittens* || cura *om. Σ* || peloponnensium *P DChv* : in peloponensum *X* || **2** *post* equitibus *add.* centum *Σ* centum et *Egnatius* || tironibus *scripsi* : tyron- *P edd.* theorn- *DChv om. X in lac.* || **3** bene illi *P* : berne (betinie *X*) nulli *Σ* || creduntur *P DXCh* : credunt *v* || exercitus *P DX* : -tur *Chv* || illo *P* : illis *Σ* || **XVII. 2** *post* me *add.* hercule *Klein, RhM 37, 1882, p. 287* || affecit *Cornelissen* : acceipt *P Σ edd.* accepi *Klein; uide comm.* || notaria *P* : notoria *Σ* || nostrum *om. X* || **3** herenniano *F edd.* : heremniano *P* eremonio (crem- *Chv*) *Σ* || placari *P* : -re *Σ* || daciscianis *P Gruter* : dacissianis (dacisianis *X ed. pr.*) *Σ*.

pas mal la chose. **4** Je lui ai, pour ma part, envoyé des cadeaux, tu t'arrangeras pour qu'il les accepte de bonne grâce. Il faut par ailleurs veiller à éviter qu'il se rende compte que je suis au courant de ses sentiments, qu'il pense que je suis en colère contre lui et, cédant à la nécessité, qu'il prenne un parti extrême. **5** Je lui ai donc envoyé deux patères ornées de pierres précieuses de trois livres, deux coupes en or ornées de pierres précieuses de trois livres, un plateau d'argent orné de grappes de lierre de vingt livres, un plat d'argent orné de pampres de trente livres, une patène d'argent ornée de feuilles de lierre de vingt-trois livres, un plat à champignons ciselé en argent de vingt livres, deux cruches en argent avec des incrustations d'or de six livres, ainsi que vingt-cinq livres de plus petits récipients en argent, dix vases à boire égyptiens diversement ouvragés ; **6** deux chlamydes ornées de bordures d'un éclat authentique, seize vêtements divers, une aube en demi-soie, une tunique à bordure brodée de trois onces, trois paires de chaussures parthes tirées de nos réserves, dix vêtements légers de Dalmatie, une chlamyde dardanienne en forme de manteau, une pèle-

grauiter re*m* ferant. **4** Ipse ad eum dona misi, quae ut libenter accipiat tu facies. Curandum praeterea est ne me hoc scire intellegat ac *sib*i suscensere iudicet et pro necessitate ultimum consilium capiat. **5** Misi autem ad eum pateras gemmatas trilibres duas, scyphos aureos gemmatos trilibres duos, discum corymbiatum argenteum librarum uiginti, lancem argenteam pampinatam librarum triginta, patenam argenteam hederaciam librarum uiginti et trium, boletar *tor*euticum argente*u*m librarum uiginti, urceos duos auro incusos argenteos librarum sex et in uasis minoribus argenti libras uiginti quinque, calices Aegyptios operisque diuersi decem; **6** clamydes ueri luminis limbatas duas, uestes diuersas sedecim, albam subsericam, paragaudem triuncem unam, zancas de nostris parthicas paria tria, singiliones Dalmatenses decem, clamydem Dardanicam mantuelem unam, paenulam Illyricianam

grauiter *P Σ* : grauiores *Salmasius* ‖ rem ferant *Petschenig 1879, p. 27* : reserum *P* referant *Σ* ferant *Egnatius* erumpant *Salmasius* ‖ **4** curandum *P corr.* : -ntum *P ante corr.* cura tantum *B corr.* cura tu *Σ* ‖ est *P corr.* : es *P ante corr.* om. *B Σ* ‖ ac *P* : ut *Σ* ‖ sibi suscensere *Salmasius* : uisus censere (-ret *X*) *P Σ* ei succensere *F corr.* ‖ iudicet *P* : et audiret *Σ* ‖ **5** corymbiatum *P* : corrab- *D* torin- *Chv* torimbiacum *X* ‖ lancem *P* : -ceam *Σ* ‖ et *ante* trium *om. Σ* ‖ boletar — uiginti *om. Σ* ‖ boletar *edd.* : uo- *P* ‖ toreuticum *Mommsen apud Jordan-Eyssenhardt* : alieu- *P uide comm.* ‖ argenteum *Egnatius* : -eam *P* ‖ auro *P* : -reos *Σ* ‖ incusos *scripsi* : inclusos *P Σ* ‖ argenteos *P* : -teis *Σ* ‖ librarum *P* : libris *X* libr. *DChv* ‖ libras *P* : libr. *DChv om. X* ‖ uiginti quinque *P* : u. sex *Σ* ‖ *post* diuersi *add.* libr. *v* ‖ **6** ueri luminis *om. Σ* ‖ paragaudem *P* : paragandem (per- *Chv*) *Σ* ‖ triuncem — clamydem *om. D* ‖ triuncem *om. XChv* ‖ zancas *P* : laneas *XChv Egnatius* ‖ parthicas *P a scriba ipso corr.* : -ticas *P ante corr.* -titis *XChv Egnatius* ‖ singiliones *P* : sygilliones (sigg- *Ch* sig- *v*) *XChv* ‖ dalmatenses *P X* : del- *Chv* ‖ illyricianam (yli- *D* ylli- *X* illi- *Ch*) unam *P DXCh* : illi- unum *v*.

rine illyrienne, un manteau à capuchon, deux bonnets à poil, quatre mouchoirs de Sarepta ; **7** cent cinquante valériens d'or, trois cents tiers de saloniniens d'or. »

XVIII. 1 Il fut aussi, avant son accession à l'Empire, l'objet de jugements dithyrambiques de la part du Sénat. En effet, quand eut été annoncé qu'il s'était battu courageusement avec Marcianus contre les peuplades en Illyricum, le Sénat lui adressa les acclamations suivantes : **2** « Claude, général très courageux, salut ! À tes vertus ! à ton dévouement ! À Claude nous dédions unanimement une statue. Nous souhaitons unanimement Claude comme consul. **3** Qui aime l'État agit ainsi, qui aime les princes agit ainsi, les soldats de l'ancien temps ont agi ainsi. Claude, grâce à l'opinion des princes, tu es favorisé par la chance, grâce à tes vertus, tu es favorisé par la chance, tu es consul, tu es préfet. Longue vie, Valérius, et puisses-tu être aimé par le prince ! » **4** Il serait trop long d'énumérer en détail les si nombreux éloges que mérita cet homme exceptionnel ; il y a un point cependant que je ne puis passer sous silence, à savoir que aussi bien le Sénat que le peuple, et avant qu'il accède à l'Empire, et quand il dirigeait l'Empire, et après qu'il eut dirigé l'Empire, éprouvèrent pour lui un tel attachement qu'il est clairement établi que ni Trajan, ni les Antonins, ni aucun autre prince ne fut à ce point aimé.

unam, bardocucullum unum, cucutia uillosa duo, oraria Sarabdena quattuor; **7** aureos Valerianos centum
quinquaginta, trientes Saloninianos trecentos.»

XVIII. 1 Habuit et senatus iudicia, priusquam ad
imperium perueniret, ingentia. Nam cum esset nuntiatum illum cum Marciano fortiter contra gentes in
Illyrico dimicasse, acclamauit senatus : **2** «Claudi, dux
fortissime, haueas! Virtutibus tuis, deuotioni tuae!
Claudio statuam omnes dicamus. Claudium consulem
omnes cupimus. **3** Qui amat rem publicam sic agit,
qui amat principes sic agit, antiqui milites sic egerunt. Felicem te, Claudi, iudicio principum, felicem
te uirtutibus tuis, consulem te, praefectum te. Viuas
Valeri et ameris a principe.» **4** Longum est tam multa
quam meruit uir ille perscribere; unum tamen tacere
non debeo, quod illum et senatus et populus et ante
imperium et in imperio et post imperium sic dilexit ut
satis constet neque Traianum neque Antoninos neque
quemquam alium principem sic amatum.

---

bardocucullum (-ulum *X*) *P DX, Egnatius* : bardacocculum *Chv* ‖
cucutia *P DX* : cuccutia (-usia *v*) *Chv* ‖ oraria *P* : oradria *D* ora-
tria *X* oracria *Chv* ‖ sarabdena *P* : sarbad- *Σ* ‖ **7** *post* ualerianos *iter.*
aureos *Chv* ‖ trientes *P* : habentes *Σ* ‖ saloninianos *P Erasmus* : sa-
lonianos (-anas *Chv*) *Σ Egnatius* ‖ **XVIII. 1** et *om. Chv* ‖ marciano
P corr. Ch : macri- *P ante corr.* marti- *DXv Casaubonus* ‖ **2** claudi *P*
X : -dii *DChv* ‖ dux *om. X* ‖ haueas *Casaubonus* : habeas *P Σ* ‖ **3**
qui amat principes sic agit *om. Xv* ‖ claudi *P X* : -dii *Chv* ‖ te *post*
consulem *om. Σ del. Egnatius* ‖ uiuas *Σ* : uicias *P* ‖ ualeri et *Casau-*
bonus dubitanter : -riae (-rie *Σ*) *P Σ* aureli et *prop. Casaubonus ; uide*
comm. ‖ **4** et *ante* populus *om. P* ‖ sic dilexit *om. DChv* ‖ dilexit *P* :
amauerit *X* ‖ quemquam *P X* : quemcumque *DChv* ‖ *Subscriptiones* :
Explicit Trevelli (trebelli *D*) Pollionis Divvs Clavdivs *P D*
explicit diuus claudius *Chv nullam subscriptionem habet X.*

COMMENTAIRE DE LA *VITA CLAVDII*

PRÉFACE (CHAP. 1-3)

1.0 (1-3) Pour les problèmes généraux concernant les préfaces dans l'*Histoire Auguste*, cf. le vol. V 1, p. 61-62. Commentaire détaillé de la présente préface dans den Hengst, *The Prefaces...*, p. 80-93 (dont je reprends en partie tacitement des éléments). Dans l'ordre chronologique de la collection, c'est la première préface à prendre de l'ampleur et à aborder des thèmes nettement différents de ceux qui apparaissent dans les préfaces antérieures. Sa délimitation n'apparaît pas comme évidente au premier coup d'œil. Le récit commençant au chap. 4 avec la citation d'un prétendu sénatus-consulte pris après l'accession de Claude au pouvoir suprême, il apparaît que la préface occupe les trois premiers chapitres, dont le contenu est essentiellement un éloge de Claude. Ce développement compte 68 lignes dans l'édition de Hohl sur un total de 424, il en constitue donc les 16 %. Sur le règne de Claude II, on dispose, outre la monographie classique de Damerau, de la synthèse détaillée et toute récente de U. Hartmann, dans Johne, *Soldatenkaiser...*, p. 297-308. La mise en forme avec clausules accentuelles des chap. 1-2 a été analysée par Zernial dans le Colloquium Maceratense..., p. 318-319.

1.1.1 (1,1-2) Ces lignes constituent la transition entre les *Trente Tyrans* et la *uita Claudii*. « Pollio » ayant consacré un *liber* à une série d'usurpateurs — et même à deux usurpatrices —, il se voit contraint d'accorder une attention accrue à Claude, qui fut un prince éminent. Ainsi la transition débouche sur le panégyrique de Claude, dont les différentes composantes occupent le reste de la préface. Dès la seconde ligne du paragr. 1 apparaît l'un des thèmes dominants de la biographie, ici plutôt suggéré que clairement formulé : la parenté de Claude II avec Constance Chlore, donné comme vivant et occupant au moment où « Pollio » rédige sa biographie la fonction de César, puisque « Pollio » prétend écrire par égard pour lui ; cela nous situe fictivement entre le 1.3.293 et le 1.5.305. Sur les incohérences qui apparaissent dès que l'on confronte entre elles les données de ce genre dispersées dans l'*HA*, cf. le vol. V 1, p. 203 et 207, ainsi que Syme, *Emperors...*, p. 261. La prétendue parenté entre Claude II et Constance Chlore constitue l'un des thèmes les plus discutés dans le contexte de la controverse sur la date de rédaction de l'*HA*. En effet, ce motif de propagande constantinienne, hors de notre collection de biographies, apparaît pour la première fois comme un secret qui vient d'être révélé dans le *Panégyrique* de 310 (7,2,1-2 Galletier). Il n'est donc pas possible que « Pollio », qui prétend écrire avant le 1.5.305, puisse le connaître. L'auteur de l'*HA* a découvert ce motif dans la « Kaisergeschichte » d'Enmann[1] : cf. Evtr. 9,22,1. Cette parenté est évoquée très fréquemment dans l'*HA* : *Heliog.* 2,4 ; 35,2 ; *Gall.* 7,1 ; 14,3 ; *trig. tyr.* 31,6 ; *Claud.* 1,1 ; 2,8 ; 3,1 ; 3,6 ; 9,9 ; 10,3 ; 10,7 ; 13,2 ; *Aurelian.* 44,4 ; cf. le vol. V 1, p. 206-207. L'argument tiré de la mention de cette fausse parenté dans l'*HA* constituant l'un des éléments essentiels qui permettent de prouver que la datation traditionnelle est fausse, le dernier grand défenseur de cette datation, Adolf Lippold, a voulu à plusieurs reprises le réfuter en soutenant que la fausse pa-

---

1. Damerau (p. 84) suppose que la pratique de l'*HA* d'appeler Constance Chlore *Constantius Caesar* pourrait — outre l'intention de suggérer une date de rédaction avant le printemps 305 — dériver aussi de l'influence de l'*EKG*, qui nommerait Constance Chlore (qui n'a été Auguste que très peu de temps) *Constantius Caesar* pour le distinguer de Constance II, Auguste dès 337. Cette date serait alors un *terminus post quem* pour la rédaction de l'*EKG*.

renté était déjà connue en 305[1]. Ces travaux, reprenant sans cesse à grand renfort d'érudition toujours les mêmes arguments peu convaincants, laissent une impression pénible de vain rabâchage. On trouvera des réflexions plus simples et plus convaincantes dans R. Syme, *The Ancestry...*. Sur le fond de la question, François Chausson a récemment tenté, avec un incontestable talent de sophiste rendant fort le discours faible, de présenter comme vraisemblable, sinon certaine, la fameuse parenté ; je dois dire qu'il ne m'a pas convaincu[2]. Son ouvrage offre cependant une synthèse détaillée et très claire de la question et constitue par conséquent à l'heure actuelle le meilleur livre la concernant. — *uentum est* : verbe habituellement utilisé dans des formules de transition : *Sept. Seu.* 21,4 ; *quatt. tyr.* 2,4 ; 13,6 ; *Car.* 3,8 ; 10,1. — *intuitu* : cf. *supra*, p. 68. — *cum cura* : cf. *Heliog.* 35,2 ; Claude mérite la même attention accrue (par rapport aux trente « tyrans ») qu'Alexandre Sévère (par rapport à Héliogabale) ; l'expression évoque Salluste : cf. *hist. frg.* 2,72 Maurenbrecher. — *digerendus est* : cf. *ThlL* V 1, 1119,45-1120,32 (A. Gudeman, 1912), « de scriptore i. q. scribendo ordinare, enarrare, exponere, demonstrare, describere recensere, referre sim. », dès Valère Maxime. Noter que, ici, le compl. direct (en fait le sujet du verbe au passif) est un personnage ; il n'y a apparemment pas de parallèle de cette tournure brachylogique. — Avec les mots *tumultuarii imperatores* et *reguli*, « Pollio » donne des équivalents intéressants pour *tyrannus* dans le sens d' « usurpateur ». Les mots *alios - regulos*

---

1. *Constantius Caesar, Sieger über die Germanen. Nachfahre des Claudius Gothicus?* Chiron 11, 1981, p. 347-369, réimprimé dans Id., *Die* Historia Augusta, Stuttgart, 1998, p. 160-182 ; *Kaiser Claudius II. (Gothicus), Vorfahr Konstantins d. Gr., und der römische Senat*, Klio 74, 1992, p. 380-394, repris *ibidem*, p. 183-197 ; Claudius, Constantius, Constantinus. *Die* v. Claudii *der HA. Ein Beitrag zur Legitimierung der Herrschaft Konstantins aus stadtrömischer Sicht*, Historiae Augustae Colloquium Perusinum, Bari, 2002, p. 309-343.

2. *Stemmata aurea...*, p. 25-95 ; cf. mon compte rendu, AntTard 15, 2007, p. 363-364.

constituent le compl. direct de *scripseram* : autre tournure brachylogique, les personnages étant mis pour « les biographies
des personnages » ; cf. *Prob.* 1,5 *Tacito Florianoque iam scriptis.* — *Cleopatranam... Victorianam* : sur les adjectifs dérivés
de noms propres, cf. *supra*, p. 191, n. 1. — Les mots *nunc detinet* suggèrent qu'il a existé une version antérieure des *trig. tyr.*
sans les deux biographies de femmes. Le présent emploi de *detinet* dans le sens de *continet* est sans parallèle dans l'*HA*. —
Paragr. 2. L'idée que c'est la comparaison avec Gallien qui
commande l'insertion de deux biographies de « tyrannes » a
déjà été exprimée en *trig. tyr.* 30,1 et 31,1.

1.1.2 (1,3) « Pollio » justifie longuement son projet d'écrire
une biographie de Claude en faisant l'éloge du personnage en
1,2 - 3,7. Il commence ici par un feu d'artifice rhétorique en
énumérant cinq mérites de Claude dans une longue période
formée de cinq membres de phrase commençant anaphori-
quement par *qui*, se concluant les cinq par un verbe et une
clausule accentuelle, les quatre premiers rimant en outre grâce
à la terminaison identique du parfait, 3e pers. du sing. Les cinq
membres de phrase se succèdent du plus bref au plus long, le
dernier contenant en plus un tricolon progressif anaphorique
avec polyptote *suis suis sua*. Les cinq mérites sont sa descendance, sa victoire sur les Goths, les remèdes apportés aux
malheurs publics, le fait d'avoir écarté Gallien du pouvoir et
d'avoir presque ressuscité les héros de l'époque républicaine.
Pour l'emploi transitif de *tacere*, cf. le vol. V 2, p. 40, n. 38, et
p. 180, n. 1. Avec *tantam generis prolem*, « Pollio » précise un
peu le lien de parenté entre Claude et Constance Chlore, qui
sera clairement explicité en 13,2. *Bellum Gothicum confecit* :
le récit de la guerre gothique de Claude se lit *infra* en 6,1-12,1.
Manum publicis cladibus... imposuit : il faut sans doute sous-
entendre ici *extremam* à côté de *manum* ; « mettre la dernière
main à », c'est-à-dire « achever » ; cf. *ThlL* VII 1, 655,31-39 (J.
B. Hofmann, 1937), alléguant le parallèle Prvd. *Psych.* 575-
576 *duello impositura manum*. « Pollio » dore ici la pilule :
l'ordre public était loin d'être restauré dans l'Empire à la mort
de Claude. *Prodigiosum* : cf. *supra*, p. 202. « Pollio » affirme ici

que Claude a chassé Gallien du pouvoir sans avoir été l'auteur du complot qui aboutit à ce résultat. Sur ce point, les sources divergent. Les sources grecques (Zosime 1,40,2 et Zonaras 12,25 [III, p. 148,25-149,5 Dindorf]) attribuent clairement à Claude un rôle dans le complot. En revanche, les sources représentant la tradition de l'*EKG*, c'est-à-dire Aurélius Victor 33,28, Eutrope 9,11,1 et l'*Epitome* 33,2-34,2, ne mentionnent pas Claude dans ce contexte, si ce n'est comme successeur de Gallien désigné par ce dernier. « Pollio » connaît évidemment la tradition d'une responsabilité de Claude dans la mort de Gallien mais, dans la droite ligne de sa présentation apologétique de cet empereur, il écarte de lui expressément à deux reprises ce reproche, en *Gall.* 14,2 et ici. Cf. sur cela Damerau, p. 44-45 ; le commentaire de Ratti, p. 160-162, mon commentaire à Zosime 1-2², p. 161-162, et l'analyse très détaillée de St. Ratti, *Sur la source du récit de la mort de Gallien dans l'*Histoire Auguste (Gall. 14,1-11), Historiae Augustae Colloquium Genevense, Bari, 1999, p. 259-276. *Imperaturus* : pour cet emploi du participe futur en attribut du sujet, cf. *supra*, p. 99. Pour l'expression *bono generis humani*, cf. *supra*, p. 110 et 120, et le *Lexicon...* de Lessing, p. 244 *s. u. humanus*. *Gubernaculis* : pour l'emploi de cette métaphore, cf. *supra*, p. 109. *Diutius* : le motif de la brève durée du règne de Claude est développé en 2,1-5 ; cf. Cic. *Brut.* 126 ; Paneg. 7,2,2 Galletier ; Ambr. *obit. Valent.* 46. *Scipiones... Camillos* : sur le pluriel de généralisation, cf. le vol. V 2, p. 60-61, et H. Szelest, *Die Historia Augusta und die frühere römische Geschichte*, Eos 65, 1977, p. 139-150, qui montre que, dans l'*HA*, l'histoire républicaine joue un rôle modeste, réduit à des lieux communs d'*ornatus*. Les *Camilli* ne sont du reste nommés nulle part ailleurs dans l'*HA* ; cf. 2,5. *Nobis* : peut-être élément discret d'actualisation ; faut-il entendre « à nous qui vivons aujourd'hui » ? On peut éventuellement admettre qu'un auteur qui prétend écrire dans les années 290 en arrive à imaginer qu'un Claude doué d'une longévité particulière pourrait vivre encore de son temps. Cf. sur cela Treucker, p. 273-275 ; 281.

1.2.0 (2) Reprenant au vol la notion exprimée en 1,3 par l'adverbe *diutius*, « Pollio » focalise la suite de son éloge en 2,1 et 4-5 sur l'idée de brièveté du règne de Claude, en y joignant des considérations sur la durée de la vie humaine. Les paragr. 2-3 et 6-8 contiennent en revanche des éléments de panégyrique étrangers à ce thème spécifique. On a ici un bon exemple de la structure désordonnée qui caractérise de si nombreux passages de l'*HA* : les paragr 4-5 seraient mieux à leur place s'ils suivaient immédiatement le paragr. 1. Den Hengst (*The Prefaces...*, p. 82-83) a bien mis en relief d'une part les lieux communs d'éloge (énumération d'exploits, vertus, descendants), d'autre part les procédés rhétoriques (questions rhétoriques, paragr. 2 et 6 ; hyperbate *breue... tempus* paragr. 1 ; tricolon progressif avec anaphore *quid non* et « cursus uelox » paragr. 2 ; parallélisme *ut non... sed* paragr. 3 ; anaphore d'*amauit* paragr. 6 ; groupe abondant *palam aperteque* paragr. 6) qui caractérisent le présent développement. Cf. aussi Treucker, p. 274-275. Ces lignes sont presque systématiquement pourvues de clausules accentuelles, sauf à la fin du paragr. 1, où apparaît la clausule métrique cicéronienne préférée péon 1-spondée.

1.2.1 (2,1-3) Paragr. 1. Pour le tic d'écriture *negare non possum*, cf. le vol. V 1, p. 22, n. 9. Pour *uita suppetit*, cf. *ibid.*, p. 142 ; ailleurs, l'auteur de l'*HA* applique cette formule à lui-même, ici elle concerne son héros. Cette allusion à une vie d'une plus grande durée, se prolongeant jusqu'aux limites imposées par la nature, va être reprise et développée aux paragr. 4-5. Le règne de Claude II, en effet assez bref, a duré assez exactement deux ans : il arrive au pouvoir aux environs du 1er septembre 268 (la date du 24 mars fournie en 4,2 est inventée) et meurt vers la fin d'août 270 ; cf. U. Hartmann dans Johne, *Soldatenkaiser...*, p. 299. — Paragr. 2. La structure rhétorique de ces deux lignes est en partie reprise en *Aurelian.* 9,4. — Paragr. 3. L'énumération de noms d'empereurs et, notamment, les listes de bons ou de mauvais empereurs sont assez fréquentes dans l'*HA* : cf. le vol. V 1, p. 197-200, avec détails sur les noms inclus ou exclus de ces listes. Pour les mentions d'Auguste, cf. plus précisément R. von Haehling, *Augustus in der Historia Augusta*, Historia-Augusta-Colloquium 1982/1983, Bonn, 1985, p. 197-220, en particulier p. 200. Ph. Bruggisser (*Le bouclier...*, p. 66 ; 74-75) a rapproché les vertus ici prêtées à Claude de celles d'Auguste énumérées sur le bouclier votif décerné à cet empereur en 27 av. J.-C : *uirtus, clementia, iustitia, pietas*. Deux des trois vertus de Claude sont identiques (*uirtus, pietas*), la *moderatio* peut correspondre à la *clementia* ; manque la *iustitia*, mais ce qui est dit aux paragr. 6-7 englobe diverses manifestations de cette vertu. L'énumération de vertus du paragr. 3 semble donc préparer l'apparition du bouclier en 3,3-4. — *et magnorum* : cf. app. crit. ; Shackleton Bailey athétise *et* par respect pour la règle qui veut que, dans une énumération, *et* soit placé devant chaque élément, ou bien que ceux-ci soient juxtaposés en asyndète, ou encore que le dernier soit lié à ce qui précède par *-que*, mais pas par *et*. Cette règle ne vaut cependant que pour la prose classique ; il n'y a pas lieu d'étendre l'*Histoire Auguste* sur ce lit de Procruste : cf. 3,2 (où Madvig, *Adv. crit.*, corrige *uita probitas* en *uitae probitas*) ; *Pius* 7,5 ; *Alex.* 57, 3, et R. Kühner - C. Stegmann, *Ausführliche Grammatik der lateinischen Sprache* II 2, Hannover, 1912, p. 31-32.

1.2.2 (2,4) Après quelques lignes mettant en œuvre d'autres lieux communs de panégyrique, « Pollio », par association d'idées avec les notions de la durée brève du règne et, par conséquent, limitée de la vie, fait une petite digression sur le thème de la durée maximale de la vie humaine. Phlégon de Tralles a consacré un ouvrage notamment aux gens qui ont vécu longtemps, intitulé Περὶ μακροβίων καὶ θαυμασίων (publié dans les fragments de paradoxographes grecs par A. Giannini, Milano, 1966 ; cf. aussi *F Gr Hist* 257/257 a). Pline l'Ancien a consacré un développement à cette question (7,153-164). Le durée maximale est fixée à cent vingt ans, implicitement ou explicitement, par plusieurs auteurs : Cicéron (*Cato* 69, avec le commentaire de J. G. F. Powell, Cambridge, 1988, p. 241-242), Tacite (*dial.* 17,3, avec le commentaire de A. Gudeman, 2ᵉ éd., Stuttgart, 1914, p. 59, n. 4), Plutarque

(*de placitis philosophorum* 5,30,6), Censorin (17,4), Arnobe
(*nat.* 2,71, p. 150,7-11 Marchesi), Lactance (*inst.* 2,12,3-13,3),
Servius (*Aen.* 4,653), Augustin (*diuers. quaest.* 58,2) ; cf. E. Ey-
ben, *Die Einteilung des menschlichen Lebens im römischen
Altertum*, RhM 116, 1973, p. 150-190. Cette durée de cent
vingt ans réapparaît dans l'*HA*, en *Tac.* 15,2 ; cf. le vol. V 1,
p. 307. Ici, « Pollio » allègue deux sources, les *mathematici*,
c'est-à-dire les astrologues, et les livres des Juifs, c'est-à-dire
l'*Ancien Testament*, un rapprochement qui implique peut-être
un sous-entendu au moins narquois relatif à ces livres[1]. L'âge
de cent vingt ans est mentionné dans la *Genèse* (6,3). Selon
le *Deutéronome* 34,7, Moïse mourut en effet à cent vingt ans,
mais il était en pleine forme, il avait bon œil, et toutes ses
dents. « Pollio » fait évidemment allusion à cette précision
quand il ajoute que Moïse se plaignit de devoir mourir jeune.
Cette protestation est aussi mentionnée par une légende tal-
mudique : averti plusieurs fois par des anges qu'il doit mourir,
Moïse refuse de les écouter ; il cède enfin quand Dieu, après
lui avoir promis de veiller à ses funérailles, recueille son âme
par un baiser[2]. L'*Ancien Testament* enregistre pourtant des
âges qui dépassent de très loin les cent vingt ans de Moïse ;
cf., par exemple, Noé, mort à neuf cent cinquante ans selon
gen. 9,29. « Pollio » se révèle cependant moins bon connaisseur des livres juifs quand il qualifie Moïse de *dei familiaris* :
en *Judith* 8,22, c'est Abraham qui est qualifié d'ami de Dieu
(mais cf. *exod.* 33,11). La désignation du dieu des Juifs par
l'expression *incertum numen*, déjà utilisée dans le même sens
par Lucain (2,593), fait allusion au fait que le nom du dieu
juif ne peut pas être prononcé[3] ; il n'est pas évident que cette

---

1. Cf. R. Syme, *Astrology in the Historia Augusta*, Historia-
Augusta-Colloquium 1972/1974, Bonn, 1976, p. 291-309.

2. Cf. J. Geffcken, *Religionsgeschichtliches in der Historia Augusta*,
Hermes 55, 1920, p. 279-295, ici p. 294.

3. Cf. ce qu'on lit dans les *Commenta Bernensia* sur le passage de
Lucain en question, citant un passage de Tite-Live, *perioch.* 102 : *Hiero-
solimis fanum cuius deorum sit non nominant, neque ullum ibi simulacrum
est, neque enim esse dei figuram putant.*

expression comporte une nuance péjorative. Globalement, le présent passage témoigne d'une connaissance surprenante de la Bible et notamment de l'*Ancien Testament*. On peut le rapprocher de *quatt. tyr.* 8,2-3 et 8,7, ainsi que de 12,3 ; cf. le vol. V 2, p. 250-251. Cf. plus généralement l'étude *Les Juifs dans l'Histoire Auguste*, de Th. Liebmann-Frankfort, Latomus 33, 1974, p. 579-607, ici p. 599. A. Birley[1] a suggéré que « Pollio », en mentionnant Moïse, établissait un lien de glorification implicite entre Claude II et le prétendu membre de sa famille Constantin, à plusieurs reprises mis en parallèle typologique avec Moïse par Eusèbe de Césarée dans sa *Vita Constantini* : 1,12 ; 1,19,1 ; 1,20 ; 1,38,5 ; 2,12,1 ; cf. l'édition de B. Bleckmann — H. Schneider, Turnhout, 2007, p. 101-104 et 159, n. 27. Plus généralement, sur les allusions au christianisme et à la Bible dans l'*HA*, cf. A. Chastagnol, *Quelques thèmes bibliques dans l'Histoire Auguste*, Historia-Augusta-Colloquium 1979/1981, Bonn, 1983, p. 115-126 ; Id., *Histoire Auguste...*, p. CXXXIV-CXXXVIII ; F. Paschoud, *Raisonnements providentialistes dans l'Histoire Auguste*, Historia-Augusta-Colloquium 1977/1978, Bonn, 1980, p. 163-178 ; Id., *L'auteur de l'*Histoire Auguste *est-il un apostat ?* dans *Consuetudinis amor. Fragments d'histoire romaine (IIe-VIe siècles) offerts à Jean-Pierre Callu*, « L'Erma » di Bretschneider, Roma, 2003, p. 357-369. *Iactitant* : verbe peu fréquent, attesté pour la première fois chez Tite-Live (7,2,11), puis à partir de Tertullien ; comme dans le présent passage, la nuance fréquentative n'est pas toujours très sensible ; cf. *ThlL* VII 1,47-48 (J. B. Hofmann, 1932). *Addentes* : verbe très fréquent dans l'*HA*, surtout au participe ; cf. le *Lexicon...* de Lessing, p. 9-10. *Vt locuntur* : expression se lisant à une exception près exclusivement dans les vies secondaires et tardives ; cf. *infra* 2,5 et 3,3, et le *Lexicon...* de Lessing, p. 326.

1.2.3 (2,5) La citation de Cicéron est tirée du *Pro Milone* 16, et concerne Scipion Émilien : *quis non arsit dolore, quem*

---

1. *Religion in the* Historia Augusta, Historiae Augustae Colloquium Parisinum, Macerata, 1991, p. 29-51, ici p. 48.

*immortalem, si fieri posset, omnes esse cuperent, eius ne neces-
sariam quidem exspectatam esse mortem ?* Sur l'introduction
du gérondif dans cette tournure par « Pollio », cf. den Hengst,
The Prefaces..., p. 89. Noter aussi la tournure pléonastique *ut... sic* ; cf. Tidner, *Adnotatiunculae...*, p. 151-152. Une
idée voisine est exprimée dans le *Panégyrique* de 310 (7,2,2
Galletier) à propos de Claude : *utinam diuturnior recrea-
tor hominum quam maturior deorum comes.* Scipion Émilien
était mort brusquement, peut-être assassiné, en 129 av. J.-C.,
âgé d'environ cinquante-six ans. C'est exactement aussi l'âge
qu'avait apparemment Claude en 270, quand il mourut de la
peste (cf. Malalas, p. 299,10 Bonn, 12,28, p. 230,29-30 Thurn).
Le parallèle est donc fort pertinent, mais sans doute sans que
« Pollio » s'en rende compte, car il est improbable qu'il ait eu
des lumières sur l'âge de Scipion Émilien et de Claude II. On
notera que les Scipions ont déjà été évoqués en 1,3. Scipion
Émilien sera encore mentionné en 7,6. Pour les citations de
Cicéron dans l'*HA*, cf. *supra*, p. 152. Il y apparaît sous le nom
de *Cicero, M. Tullius, Tullius* ; cf. l'index de l'édition de Hohl,
vol. II, p. 300. *Stupenda et mirabilis docet uita* : on a rapproché
cette expression de *Maximin.* 33,5 *quod... magnum stuporem
ac miraculum creat* ; *Gall.* 8,3 *ita ut miranda quaedam et stupenda monstrarent.*

1.2.4 (2,6) Les mots *res nostris temporibus comparanda miraculo* ont suscité de nombreuses discussions, car certains y
ont lu une allusion précise permettant de dater l'*HA* d'une
époque où les liens de famille auraient été foulés aux pieds.
Ainsi O. Seeck[1] y a vu un reflet des relations entre Hono-
rius et Stilicon vers 407-410. Cette thèse n'a pas convaincu
Lécrivain (p. 43-44). N. Baynes[2] pense que notre passage fait
écho aux meurtres dynastiques de 337 et au sort réservé par

---

1. *Studien zur Geschichte Diocletians und Constantins*, Jahrbücher
für classische Philologie 36, 1890, p. 609-639, ici p. 624 ; Id., *Politische
Tendenzgeschichte im fünften Jahrhundert n. Chr.*, RhM 67, 1912, p. 591-
608.
2. *The Historia Augusta...*, p. 60-61.

Constance II à ses cousins Gallus et Julien. Kl. Rosen[1] partage ce point de vue. Des lignes d'Aurélius Victor (39,29) sur l'entente qui régna entre les tétrarques, il n'y a rien à tirer pour l'élucidation de notre passage. On peut dire la même chose de *Prob.* 23,5 (cf. le vol. V 2, p. 161). Je partage l'opinion de Hartke (*Kinderkaiser...*, p. 40, n. 3 de la p. 38) : ces allusions sont trop vagues et générales pour qu'on puisse en déduire quoi que ce soit. Le meilleur commentaire de ces lignes controversées a été donné par Treucker, p. 273-274 et 277-281, qui insiste sur leur caractère fortement rhétorique ayant pour thème le motif d'éloge de l'amour de la famille et de proches, tel qu'il est par exemple développé par Pline le Jeune dans son *Panégyrique de Trajan* (83-86) ; cf. *Pius* 2,3. Le mot important du passage est *miraculo*, la comparaison n'oppose pas l'époque de Claude à une autre époque, mais les mérites de Claude à un miracle ; les mots *nostris temporibus* n'ont que la fonction accessoire de contribuer à étoffer le troisième élément d'un tricolon progressif avec anaphore d'*amauit* et épiphore de *miraculo : quid mirum ?* (3)... *iam potest esse dignum miraculo* (11)... *res nostris temporibus comparanda miraculo* (15). L'ensemble baigne dans le contexte sallustien implicite d'une décadence des mœurs, momentanément et miraculeusement interrompue par Claude ; cf. l'allusion aux *ueteres* de 1,3. *Domi forisque* : cf. *supra*, p. 207. *Iudices* : il s'agit certainement ici, sans doute par anachronisme, non pas de juges, mais de gouverneurs de province ; sur ce sens de *iudex*, cf. le vol. V 1, p. 193. Sur la question des fonctionnaires prévaricateurs dans l'*HA* et à la fin du IVe s., on consultera deux études de D. Liebs[2], qui insiste notamment sur leur châtiment public selon la *uita Alexandri* 19,2 et 20,2. Cette même

1. *Kaiser Julian in der* Historia Augusta, Historiae Augustae Colloquium Bambergense, Bari, 2007, p. 319-330, ici p. 324-325.

2. *Alexander Severus und das Strafrecht*, Historia-Augusta-Colloquium 1977/1978, Bonn, 1980, p. 115-147, et plus précisément p. 132-143 ; *Strafrechtliches in der Tacitusvita*, Historia-Augusta-Colloquium 1979/1981, Bonn, 1983, p. 157-171, ici p. 158-159.

idée est exprimée ici par le groupe pléonastique *palam aperteque*.

1.2.5 (2,7-8) La notation sur l'excellence des lois promulguées par Claude est un motif général d'éloge qu'il n'y a pas lieu de mettre en relation avec les quelques lignes de Zonaras (12,26, [III, p. 149,27-150,8 Dindorf]) relevant et illustrant l'amour des lois de ce prince. Intervient peut-être ici tout simplement l'influence du schéma biographique suétonien, qui comporte des données sur l'activité législative du héros; cf., par ex., Evtr 10,8,1. Seuls deux lambeaux de la législation de Claude II nous sont connus : Cod. Ivst. 3,34,6; Frg. Vat. 73. Sur la *iustitia* de Claude, cf. aussi *supra*, p. 249. Les *summi principes* du paragr. 8 sont Dioclétien et Maximien. Ils sont *perreuerentes Romani senatus* (*Car.* 18,4) et semblent ici accéder à la demande du Sénat de faire entrer dans le collège impérial Constance Chlore, qui se trouve avoir un lien de parenté avec Claude II. L'auteur de l'*HA* semble donc suggérer que Claude a permis à Dioclétien et à Maximien de déférer au souhait du Sénat en choisissant le meilleur candidat possible tout en respectant le principe dynastique, combinant ainsi des exigences contradictoires; cf. *infra*, 12,3. *Emendatior* ne semble pas comporter une nuance d'amélioration; il s'agit d'un terme laudatif sans coloration spécifique; le *ThlL* V 2, 467, 21-22 et 34-36 (Fr. Krohn, 1933) voit dans le présent passage une sorte de titre honorifique.

1.3.0 (3) « Pollio » conclut sa préface à la *uita Claudii* en se défendant de tout soupçon de flatterie envers le César Constance et son prétendu ancêtre Claude (3,1; 3,7; motif repris en 6,5; 8,2 et 11,5; cf. déjà *Heliog.* 35,3; dans d'autres panégyriques : Plin. *paneg.* 1,6; Themist. *or.* 11,144 B; etc.). Cette *occupatio* lui fournit le prétexte d'énumérer les honneurs extraordinaires qui ont été décernés à Claude par de multiples instances, lesquels prouvent du coup que lui-même est innocent de toute flagornerie. Ce thème est lié à celui de la *fides*, la qualité de celle-ci résultant de l'absence de celle-là; cf. *supra*, p. 102. La mention du César Constance relève du lieu commun d'éloge *ex iudicio posteritatis*; cf. den Hengst, *Pre-*

faces..., p. 83. La mise en forme rhétorique continue à être sensible : polysyndète avec chiasme et asyndète (paragr. 1) ; quintuple anaphore avec polyptote de *ille* (paragr. 3-6), quadruple anaphore d'*adulator* avec *figura etymologica* ; triple anaphore d'*omnis* avec polyptote suivie d'une liste asyndétique (paragr. 7). Ce dernier procédé se retrouve par exemple en *Gall.* 15,1 ; *trig. tyr.* 12,5 ; *Claud.* 8,2. L'auteur parle ici à la première personne du singulier (comme en *Valer.* 7 ; 8,5 ; *trig. tyr.* 31,8 ; *Aurelian.* 1,4 ; 2,1, et s'adresse à la deuxième personne du singulier à un interlocuteur anonyme, apparemment le dédicataire de la biographie ; cf. *supra*, p. 102.

1.3.1 (3,1-2) Paragr. 1. La formule *in gratiam* n'est pas rare dans l'*HA* : cf. le *Lexicon...* de Lessing, p. 226, 2ᵉ col. au bas. En revanche, *gratiosus* n'est utilisé qu'ici ; le sens actif, « flatteur, officieux », avec une nuance fréquemment péjorative, appliqué le plus souvent à une chose, est rare ; on a ici l'un des deux emplois attestés de l'adjectif substantivé : cf. *ThlL* VI 2243,13-32 (O. Hey, 1933). — Paragr. 2. L'emploi de *loquor* avec un nom de personne comme complément direct n'est pas fréquent, mais classique, souvent avec une couleur particulière, « avoir toujours à la bouche », ici « parler en termes élogieux » : cf. Cɪᴄ. *Mil.* 63 ; *parad.* 50 ; Tᴀᴄ. *hist.* 1,50,2 ; *ann.* 16,22,2 ; *HA Pert.* 13,5 ; *Prob.* 12,4 ; *Car.* 2,3. *Nouis honoribus* : ces honneurs sont énumérés dans ce qui suit : le bouclier (paragr. 3), la statue de dix pieds (paragr. 4), la colonne avec statue (paragr. 5). L'authenticité de ces données et le caractère nouveau de ces honneurs sont discutés ci-dessous.

1.3.2.0 (3,3-5) Première rencontre dans cette biographie de données dont on trouve l'équivalent dans les sources parallèles : Evᴛʀ. 9,11,2 *senatus eum ingenti honore decorauit, scilicet ut in curia clipeus ipsi aureus, item in Capitolio statua aurea poneretur.* Hɪᴇʀ. *chron.* p. 222,1-3 Helm *ob quae in curia clipeus ei aureus et in Capitolio statua aurea conlocata est.* Ps. Avʀ. Vɪᴄᴛ. *epit.* 34,4 *ex auro statuam prope ipsum Iouis simulacrum atque in curia imaginem auream proceres sacrauere.* Oʀᴏs. *hist.* 7,23,1 *cui a senatu clipeus aureus in curia et in Capitolio statua aeque aurea decreta est.* Iᴏʀᴅ.

Rom. 288 ... *ut in curia ei clypeus aureus et in Capitolio statua aurea poneretur.* Prosp. *chron. I* p. 442,896 *ob quae illi in curia clipeus aureus et in Capitolio statua aurea conlocatur* ; etc. Il paraît donc évident que la « Kaisergeschichte » d'Enmann mentionnait le bouclier dans la curie et la statue au Capitole, et il est probable que le verbe *conlocare* était utilisé dans ce contexte. On remarquera que la formulation dans l'*Epitome* diffère passablement de celles, fort semblables, qu'on trouve dans les autres sources parallèles. En outre, l'*Epitome* précise l'emplacement de la statue d'or *prope ipsum Iouis simulacrum*, la seule autre source qui fournit aussi une précision de même nature étant l'*HA*, *ante Iouis Optimi Maximi templum.* Hartke (*Geschichte und Politik...*, p. 55-56) s'était intéressé à ce passage : il pensait qu'il y avait là un lien entre l'*HA* et *l'Epitome* ; se fondant sur l'apparition des formes à coloration sallustienne *dedere* (*HA Claud.* 3,2) et *sacrauere* (*Epitome* 34,4), il y voyait l'influence de ce qu'il appelle « die sallustische annalistische Quelle » (c'est-à-dire dans son esprit Nicomaque Flavien). Vu cependant le rôle que joue Salluste dans la formation littéraire à l'époque de l'*HA*, les traces sallustiennes assez nombreuses que l'on y décèle ne sont nullement des indices clairs d'utilisation d'une source marquée de ces mêmes spécificités : cf. par ex. *supra*, p. 81, 83 et 253 ; *infra*, p. 268, Klebs, *Die Scriptores...*, p. 537-540, et Syme, *Ammianus*, p. 127-128. Schlumberger, *Die Epitome...*, p. 156-157, semble admettre que la donnée supplémentaire de l'*Epitome* provient d'une source grecque (Dexippe ?). Si tel était bien le cas, il faudrait en déduire que l'*HA* et l'*Epitome* reflètent ici Dexippe indépendamment l'une de l'autre. Pour sa part, Festy (p. 160-161) fait à bon droit remarquer qu'Aurélius Victor ne parle pas des honneurs décernés à Claude, mais qu'il y a chez lui, en 34,7, une lacune, où il pourrait fort bien en avoir été question, en des termes voisins de ceux qu'on lit dans l'*Epitome* ; il y relève notamment l'apparition du terme *proceres*, seul emploi dans l'*Epitome*, mais attesté trois fois chez Victor (1,1 ; 31,3 ; 36,1). Par ailleurs cependant, Festy admet aussi (p. xxviii) que l'*Epitome* exploite Nicomaque Flavien à partir de Sévère

Alexandre, si bien qu'il ne devrait pas être fondamentalement hostile à l'explication de Hartke, laquelle du même coup apporte de l'eau au moulin de l'hypothèse de Bleckmann, selon laquelle l'*HA* n'aurait connu Dexippe qu'à travers Nicomaque Flavien (cf. l'*Introduction* du présent vol., p. VIII-IX), ce qui expliquerait la couleur sallustienne du *dedere* de 3,2. La question donc de savoir si le détail sur l'emplacement de la statue en or dans l'*HA Claud.* 3,4 et l'*Epitome* 34,4 dérive de la tradition de l'*EKG*, de Dexippe directement ou de la « source annalistique sallustienne » exploitant Dexippe me paraît difficile à trancher. En tout état de cause, une influence directe de Nicomaque Flavien est peu évidente.

1.3.2.1 (3,3) Les quelques lignes de ce paragr., riches en difficultés, ont fait l'objet de deux études exhaustives Ph. Bruggisser[1]. Déjà *locuntur* est ambigu : l'emploi du neutre *clypeum* constitue-t-il une manière de s'exprimer propre aux grammairiens (*locuntur = dicunt*) — ce qui serait assez insolite — , ou bien faut-il entendre *locuntur* dans le sens de *dicere suadent* : les grammairiens recommanderaient la forme neutre comme plus correcte. Bruggisser a dressé la liste des témoignages d'une série de grammairiens (*Pour parler...*, p. 71-81), qui ne permettent pas de trancher l'ambiguïté : il n'y a pas chez les grammairiens une spécificité consistant à utiliser *clypeum* au neutre, ni une recommandation de donner la préférence à la forme neutre. L'article *clipeus* du *ThlL* (III 1351-1355 [H. Hoppe, 1909]) montre qu'il y a, pour ce substantif, variation au niveau de l'orthographe (*cli-, clu- cly-*) et du genre (m. ou n. ; cf. 1351,10-45). Les témoignages rassemblés dans ces lignes révèlent que la variation orthographique et la variation de genre ont été mises en relation avec une origine étymologique différente et une différence de sens (bouclier, ornement), mais que ces distinguos subtils ne font pas l'unanimité dès l'antiquité. L'utilisation réelle du terme, plus

---

1. *Pour parler comme les grammairiens*, Historiae Augustae Colloquium Argentoratense, Bari, 1998, p. 67-82 ; *Le bouclier d'or...*

fréquemment n. que m., confirme l'inexistence de ces prétendues nuances. Il paraît donc évident que « Pollio » se moque
ici de ces arguties en en inventant une nouvelle ; cf. aussi den
Hengst, *Prefaces...*, p. 90. Ces déploiements d'érudition factice et moqueuse sont l'un des traits spécifiques de l'auteur
de l'*HA* ; cf. par ex. *Ael.* 2,3-5 ; *Carac.* 7,3-5 ; *Diad.* 6,5-
10 ; *Heliog.* 7,6-10 ; *Max. Balb.* 11,5-7 ; *Gall.* 14,11 ; 20,5 ;
Tac. 1 ; *quatt. tyr.* 2. En ce qui concerne l'objet lui-même,
il s'agit d'un type d'ornement circulaire d'où ressort en relief le buste d'un personnage ; on en a un excellent exemple
dans Bruggisser (reproduction dans *Le bouclier...*, p. 85) ; cf.
Daremberg-Saglio I, p. 1258-1260 (M. Albert). Les modernes
utilisent fréquemment pour désigner cet objet l'expression
clipeata imago (attestée en latin dans Macrobe, *Sat.* 2,3,4) ;
on notera du reste à ce propos que l'*Epitome* 34,4 ne parle
pas de *clipeus*, mais d'*imago*. Cet objet est bien décrit par
les mots *expressa thorace*, « le buste étant en ronde-bosse » ;
pour le sens d'*expressus*, cf. *trig. tyr.* 14,6 ; 32,6. Le féminin
expressa suscite cependant l'étonnement : cf. l'app. crit. et
Ph. Bruggisser, *HA Claud. 3,3. Notes de critique textuelle*,
Mnemosyne 53, 2000, p. 460-465. *Thorax, -acis* est toujours
m. La suggestion de Saumaise consistant à corriger *expressa*
en *expresso* mérite donc d'être prise en considération. Mais,
vu la perversité de « Pollio », étant donné qu'il a discuté
deux lignes plus haut du genre de *clypeus/-um*, on ne saurait exclure que sa fantaisie ait été stimulée au niveau du
genre des substantifs au point de le pousser à imaginer délibérément une forme féminine grécisée *thorace, -es*, f. La
suggestion de den Hengst, *expressus* qualifiant *uultus*, laisse
thorace tout seul dans une fonction peu claire. Si l'on entend *expressus* dans le sens de « en ronde-bosse », ce participe
qualifie plus logiquement *thorax* (l'ensemble du buste) que
uultus (le visage seul). Egnatius élimine la difficulté en ajoutant *imago* après *uultus eius* (signalé par Gruter et Saumaise).
L'authenticité de cet honneur décerné à Claude est hors de
doute (cf. aussi *infra*, 7,6). Mais était-il nouveau ? C'est la
question que s'est appliqué à résoudre Bruggisser dans son

étude *Le bouclier d'or*.... Les *Res Gestae Diui Augusti* 34,2 nous apprennent que le Sénat et le Peuple romains ont suspendu en l'honneur d'Auguste un bouclier d'or dans la Curie Julienne. L'emplacement pour le bouclier de Claude n'est donc pas nouveau, mais la nouveauté peut être que l'hommage est rendu à Claude II *post mortem*, alors qu'il l'a été de son vivant pour Auguste. Par ailleurs, le bouclier d'Auguste était inscrit, mais aniconique (cf. l'illustration dans Bruggisser, *Le bouclier...*, p. 85). Cependant une série d'empereurs romains ont été honorés d'*imagines clipeatae*, dont il est possible qu'elles aient été suspendues dans la curie (Bruggisser, *ibid.*, p. 60-65). Il est donc difficile de trancher la question de savoir si l'hommage rendu à Claude II était vraiment nouveau et, si tel fut effectivement le cas, en quoi exactement a consisté la nouveauté. Du reste, comme me le fait observer B. Bleckmann, cette insistance sur la nouveauté doit appartenir à « Pollio » lui-même. On peut en effet penser que, ici, l'auteur de l'*HA* s'amuse d'une idiosyncrasie de l'époque républicaine consistant, pour un membre de la *nobilitas*, à se vanter d'avoir reçu des distinctions inédites : cf. R. Gest. diu. Aug. 12 ; Plin. nat. 34,20 ; M. Sehlmeyer, *Stadtrömische Ehrenstatuen der republikanischen Zeit*, Stuttgart, 1999, dresse la liste de ces distinctions. Il est en tout état de cause probable que « Pollio » vise à établir ici un lien entre le bouclier d'Auguste et celui de Claude, et donc un parallèle entre ces deux souverains, le premier, fondateur du régime impérial, le second, rénovateur de ce régime par ses exploits et sa prétendue future descendance. Treucker (p. 281-283) souligne que l'actualisation qui conclut la donnée sur le bouclier est toute différente de celle de 2,6 (*nostris temporibus*) : elle atteste concrètement l'existence de l'objet décrit au moment où l'auteur rédige son œuvre.

1.3.2.2 (3,4) La mention de la *statua aurea in Capitolio* par les diverses sources parallèles citées *supra*, p. 255-256 garantit l'authenticité de cette information. « Pollio » répète ici que cet hommage est sans précédent (cf. paragr. 2). La donnée est ici également ambiguë : qu'est-ce qui est nouveau, le financement par le peuple romain (contredit par les sources parallèles, qui parlent d'un hommage du Sénat), l'emplacement de la statue, sa taille? Celle-ci est donnée comme équivalent à 30 m par Chastagnol, *Histoire Auguste...*, p. 934, n. 5. On aurait ici une quasi-rivale à la statue de la Liberté de New York (46 m). En fait, il y a ici confusion entre *pes* et *passus*. La statue en question mesurait un peu moins de 3 m. Elle sera encore évoquée en 7,6, et a une sœur jumelle inventée dans la statue d'or d'Aurélien que Tacite voulut, sans succès, dresser au Capitole: cf. *Tac.* 9,2, ainsi que le vol. V 1, p. 280. Sur les statues d'or, cf. G. Lahusen, *Goldene und vergoldete römische Ehrenstatuen und Bildnisse*, MDAI(R) 85, 1978, p. 385-395.

1.3.2.3 (3,5) Avec la colonne et la statue qui s'y dresse, dont il n'est question dans aucune source parallèle, « Pollio » pénètre dans le domaine de la fiction; cf. Lécrivain, p. 343-344, qui met l'invention en relation avec la citation d'Ennius en 7,7. *Totius orbis iudicio* est une absurdité intentionnelle, car elle implique une manifestation de la volonté du peuple, impensable à l'époque impériale. Ce monument honorifique aux Rostres fait penser au monument à cinq colonnes des tétrarques dressé au même endroit: cf. H. Wrede, *Der Genius populi Romani und das Fünfsäulendenkmal der Tetrarchen auf dem Forum Romanum*, BJ 181, 1981, p. 111-142. La formulation de cette brève phrase contient une ambiguïté sans doute voulue: à quel substantif faut-il accrocher l'adjectif *palmata*? À première lecture, le mouvement de la phrase invite à lier l'adjectif à *columna*, *statua* étant déjà qualifié par *superfixa* (c'est ce que fait le bon Lécrivain, *loc. cit.*, qui est tombé dans le piège). Mais on ne voit pas ce que peut être une colonne *palmata*. Sensibles à cette difficulté, les éditions antérieures à Casaubon, à Gruter et à Saumaise, impriment *columna cum palmata statua*, mais aucun ms. ne porte *cum*, il s'agit d'un ajout d'Egnatius. Dans son commentaire, Saumaise corrige et place une virgule après *columna*, par quoi il indique qu'il lie *palmata* à *statua*. Cette interprétation est à juste titre adoptée par le *ThlL* X 1, 150,59-60 (N. Adkin, 1982), signalant un emploi métonymique, l'adjectif qui qualifie normalement un vêtement portant ici sur une statue vêtue d'une *tunica palmata* (portée par le triomphateur ; cf. *Aurelian*. 13,3 et le vol. V 1, p. 99-100). Ce qui fait naître ici le soupçon que l'ordre des mots est volontairement ambigu, c'est que la colonne est dressée aux Rostres, la tribune aux harangues du forum, ainsi nommée parce qu'elle était décorée d'éperons de vaisseaux de guerre[1]. Or, il existe un type de colonne ornée d'éperons de navires de guerre, nommée *columna rostrata* (cf. l'illustration dans Daremberg-Saglio I, p. 1351, et aussi Sehlmeyer, cit *supra*, p. 259, ainsi que M. Jordan-Ruwe, *Das Säulenmonument : zur Geschichte der erhöhten Aufstellung antiker Porträtstatuen*, Bonn, 1995). On peut donc se demander si, dans ces lignes fantaisistes, « Pollio », faisant l'amalgame entre Rostres et colonne rostrée, ne construit pas un piège en croisant les spécifications, et suggère qu'il y a aux Rostres une colonne palmée avec une statue, alors qu'il veut en fait dire qu'il y a une colonne rostrée avec une statue palmée. Cf. Pekári, *Statuen...*, p. 163-166 (en part. 166), qui pense que Tite-Live 38,56,12, concernant Scipion l'Africain, *prohibuisse statuas sibi in comitio, in rostris, in curia, in Capitolio, in cella Iouis poni*, a joué un rôle dans la genèse d'invention du présent passage, et relève que le poids de la statue, 1500 livres, équivaudrait à celui d'un quadrige d'Hadrien (*CIL* IX 1619 ; *ILS* 5502) ; cf. aussi Damerau, p. 40, n. 1, et p. 81-82.

1.3.3 (3,6-7) L'expression *futurorum memor* suscite à bon droit l'étonnement. Grâce au *ThlL* VIII 658,21-22 (O.Prinz, 1942), on peut alléguer trois passages où apparaît la notion de mémoire d'une chose à venir, qui sont cependant moins ouvertement paradoxaux que le présent emploi : Verg. *georg*. 4,156 *uenturae... hiemis memores* ; Hor. *epist*. 2,1,144 *memorem breuis aeui* ; Ov. *ars* 3,59 *uenturae memores... senectae*. Cf. en *trig tyr*. 21,1 une expression plus normale : *prouidum futurorum*. L'avenir que devine ici Claude est l'accession à la dignité

---

1. Cf. P. Verduchi, *Lexicon Topographicum Vrbis Romae*, vol. IV, Roma, 1999, p. 215, *s. u. Rostra Augusti* ; Ph. Bruggisser, *Constantin aux Rostres*, Historiae Augustae Colloquium Perusinum, Bari, 2002, p. 73-91.

de César de Constance Chlore. Casaubon et Saumaise se sont perdus en conjectures sur le sens de *gentes Flauias... propagauit*. Si ces éminents érudits s'étaient souvenus de SVET. *Dom.* 1,1 et de *trig. tyr.* 33,6, ils auraient compris que « Pollio » parle ici d'un édifice que Claude aurait agrandi[1] ; cf. *supra*, p. 216-217. Il soulignera plus loin le lien entre Claude II et les nouveaux Flaviens en affublant Claude du nom de Flavius, qu'en réalité il n'a jamais porté ; cf. *infra*, 7,8, ainsi qu'*Aurelian.* 17,2, avec mon commentaire, vol. V 1, p. 111. Les mots *nolo autem dicere Domitiani* reviennent sur une idée déjà formulée en *Auid.* 2,6, et dans une épigramme de Martial conservée uniquement grâce aux SCHOL. *Iuu.* 4,37, insérée par Lindsay à la fin du *liber spectaculorum*: *Flauia gens, quantum tibi tertius abstulit heres ! / paene fuit tanti, non habuisse duos !* L'auteur de l'*HA*, qui connaît les *Scholies à Juvénal* (cf. le vol. V 2, p. 246), peut avoir eu cette épigramme en tête au moment de rédiger le présent passage. Noter que, ici, le verbe *implere* comporte le sens de « terminer, mettre fin à », fréquent à l'époque impériale (*ThlL* VII 1, 634-638 [A. Labhardt, 1937]) ; cf. en particulier STAT. *silu.* 5,3,134-135 *certamina... / uix implenda uiris* ; EVTR. 1,16,1 *omne certamen implendum*. « Pollio » anticipe ici sur la guerre contre les Goths, qu'il narrera dans les chap. 6-9. À la fin du paragr. 7, les mots *aris ac templis* insérés après *principem* donnent un ordre des mots peu défendable (malgré la présence de la clausule métrique du double crétique ; mais avec la variante de la branche Σ *honorauerunt*, on a un « cursus uelox ») ; cf. l'app. crit. Klotz a suggéré de les déplacer avant *bonum principem*, alors que Novák et Hohl, à sa suite, les avaient athétisés. Les deux corrections créent en fin de chap. un cursus octosyllabe. Celle de Klotz rompt l'asyndète par une copule insérée avant le dernier terme d'une énumération, ce qui choque les puristes, mais cf. *supra*, p. 249. On peut hésiter entre ces deux corrections.

---

1. Tel est ici le sens de *propagare* : cf. *ThlL* X 2, 1946,44-45 (I. Burch, 2002 ; le renvoi doit être corrigé : 1847,65).

II. Partie biographique (chap. 4-12)

2.0 (4-12) Les chap. 4-12 forment la partie à proprement parler biographique de la *uita Claudii*. Elle est fort déséquilibrée et incomplète. D'une part, on n'y trouve aucun détail sur la vie de Claude avant son accession à l'Empire. D'autre part, le récit de la guerre contre les Goths y occupe une place disproportionnée sans pour autant être satisfaisant, tandis que d'autres épisodes sont complètement passés sous silence — par exemple la grande victoire remportée sur les Alamans, mentionnée par la seule *Epitome* 34,2[1]. Des insertions fantaisistes sont consacrées aux acclamations adressées à Claude par le Sénat après son élévation à l'Empire (chap. 4) et à des présages concernant ce prince (chap. 10)[2]. « Pollio » est certes en bonne partie victime de ses sources : comme c'est le cas pour tous les souverains de cette période, Claude ne sort du néant qu'au moment où il s'est assez profilé comme général victorieux pour avoir des titres au pouvoir suprême. Après deux mentions anodines, il apparaît pour la première fois dans l'*HA* en *Gall.* 7,1 dans le contexte de la lutte de Gallien contre Postumus et Auréolus en 268, puis en 14,2 dans celui de son accession à l'Empire à la mort de Gallien. Inventions mises à part, il est clair que la tradition n'avait conservé aucune trace de Claude avant 268, avec peut-être l'exception de sa date de naissance (si celle-ci est authentique : cf. *supra*, p. 252). Le rôle que Claude II joue comme officier de haut rang dans les événements — du reste assez confus — de 268 et la mort de Gallien

---

1. Le silence des autres sources sur ce grand succès — bien réel, car confirmé par l'épigraphie et la numismatique — est étonnant, surtout dans le contexte de la *uita Claudii*, si marqué d'intentions panégyriques. Schlumberger, *Die Epitome...*, p. 154-155, en déduit à juste titre que cette victoire était inconnue aux deux traditions, aussi bien de l'*EKG* que de Dexippe, et que donc cette donnée de l'*Epitome* dérive d'une mystérieuse autre source. Cf. aussi Festy, p. 159.

2. Sur les spécificités de la composition et du contenu de la *uita Claudii*, cf. Chastagnol, *Histoire Auguste...*, p. 923-929, et *supra*, p. XLVIII-L.

n'est pas clair, et a subi des embellissements pour l'exonérer de toute responsabilité dans l'élimination de son prédécesseur : cf. *supra*, 1,3, et p. 97 et 247. « Pollio » ne revient pas ici sur cette problématique, et commence son récit biographique en reprenant le fil des événements au moment où la nouvelle de l'accession de Claude au pouvoir suprême arrive à Rome. Il n'a donc pas jugé bon d'inventer pour Claude toute une vie avant l'Empire, comme l'a fait son jumeau « Vopiscus » pour Aurélien (cf. *Aurelian.* 3-18,1). Pour la bibliographie sur Claude II, cf. *supra*, p. 243. Pour son avènement, cf. aussi l'*Epitome* 34,2 et A. Goltz - U. Hartmann dans Johne, *Soldatenkaiser...*, p. 229-230 et n. 41.

2.1.1 (4,1-2) *Orbis humani* : cf. *supra*, p. 110. « Pollio » mentionne ensuite des sénatus-consultes dignes d'être connus ; cependant, aux paragr. 3-4, ce sont des acclamations qui sont citées, ce qui n'est pas exactement la même chose. Il est cependant vrai que, à l'époque impériale, des acclamations peuvent équivaloir à un sénatus-consulte. Cf. Th. Mommsen, *Römisches Staatsrecht*, III 2^3, Leipzig, 1888, p. 950-951 ; R. J. A. Talbert, *The Senate of Imperial Rome*, Princeton, 1984, p. 297-302. La substitution d'une des formes que le Sénat possède pour manifester son opinion par une autre est explicitée dans ce qui suit. La nouvelle de l'élévation de Claude à l'Empire est arrivée, prétend « Pollio », un 24 mars. Il précise que c'est un jour de fête, le *dies sanguinis*. Cette période est, à partir du second siècle de notre ère, celle des jours de fête de la *Magna Mater Idaea*, au nombre de six, les 15, 22, et 24-27 mars. C'est une fête printanière de la mort et de la résurrection de la végétation. Le 24 mars, *dies sanguinis*, l'on commémore la mort d'Attis. L'archigalle ne s'émascule pas comme Attis, il se borne à se lacérer symboliquement les bras pour faire couler son sang, qui donne son nom à ce jour. Le lendemain, 25, est celui de la résurrection, celui des *Hilaria*, qui jouent un rôle important en *Aurelian.* 1,1 (cf. le vol. V 1, p. 62-63). Le 24 mars est l'un des trois *dies fissi*, désignés par *QRCF* (*quando rex comitiauit fas*) : on ne peut s'y adonner aux affaires habituelles qu'après la célébration de certains rites. Sur tout cela, cf. Wissowa, p. 317-327 et 435 avec la n. 5. Cette notion complexe de la vieille religion romaine semble être implicitement prise en compte ici par « Pollio », puisqu'il admet que le Sénat n'a pas pu se réunir dans les formes ce 24 mars afin d'y prendre un sénatus-consulte, mais a trouvé le subterfuge décrit dans ce qui suit. Il faut donc conclure que tout cela se passe dans la matinée, avant que soient achevées les cérémonies religieuses du jour. Il est cependant important de souligner que tout le passage s'inscrit dans un contexte purement fictif, car la date du 24 mars est inventée, comme cela a été enfin établi clairement après de multiples discussions : Claude II a en réalité accédé au pouvoir suprême aux environs du 1er septembre 268. Cf. M. Christol, *Les règnes de Valérien et de Gallien (253-268)*, ANRW II 2 (1975), p. 823-827, ici p. 824 ; J. Lafaurie, *L'Empire gaulois. Apport de la numismatique*, *ibid.*, p. 853-1012, ici p. 866 et 986 ; H. Huvelin, *Le début du règne de Claude II, empereur illyrien. Apport de la numismatique*, dans E. Frézouls — H. Jouffroy, éd., *Les empereurs illyriens*, Strasbourg, 1998, p. 87-95. Les sénateurs ne pouvant se réunir en séance régulière, ils se déplacent du *sacrarium Matris* au temple d'Apollon et, à défaut d'un vote, ils entérinent par acclamations l'accession de Claude à l'Empire. L'expression *sacrorum celebrandorum causa* est maladroite et inexacte, si du moins l'on pense que « Pollio » a ici en tête le contexte religieux décrit ci-dessus : il devrait dire *quia prius sacra celebranda erant*. Sur les deux sanctuaires nommés ici par « Pollio », cf. Coarelli, *Guida...*, p. 140-141 et 144-145, ainsi que le plan du Palatin des p. 136-137, qui montre qu'ils se situent à moins de 100 m l'un de l'autre. La scène imaginée s'inscrit donc dans un contexte topographique tout à fait réaliste, ce qui a pour conséquence que le présent passage fait partie de ceux qui suggèrent que l'auteur de l'*HA* était un « Romano di Roma » qui connaissait bien les lieux : cf. F. Kolb, *Zur Topographie...*, p. 149-172, ici p. 156-157. L'expression *cogi senatus* ne se lit qu'ici dans l'*HA*, mais elle est tout à fait classique : cf. *ThlL* III 1519,81-84 (O. Hey, 1910).

2.1.2 (4,3-4) Les acclamations constituent une catégorie bien représentée parmi les nombreux faux documents insérés dans l'*HA* : cf. les détails fournis dans les vol. V 1, p. 260-261, 263-264 et 274, et V 2, p. 94, ainsi que Damerau, p. 17-18. La discussion sur les acclamations dans l'antiquité tardive a été enrichie par une inscription de Perge : cf. Ch. Rouéché, *Floreat Perge*, Papers presented to Joyce Reynolds, Cambridge, 1989, p. 206-228, et *AE* 1989, 724 ; cf. H.-U. Wiemer, *Akklamationen im spätrömischen Reich*, AKG 86, 2004, p. 27-73. Ce qui frappe dans la présente citation, ce sont les nombreuses itérations, comme en *Tac.* 5 ; plus loin dans notre biographie, en revanche, en 18,2-3, il n'y pas d'itérations. Elles reflètent une certaine réalité. Dans les acclamations enregistrées en tête du COD. THEOD. (p. 1-4 Mommsen), il y a un total de 748 acclamations. Il n'y en a ici que 244. Mais qu'une même expression ait été répétée quarante, voire quatre-vingts fois, relève évidemment de la plaisanterie. La succession 60-40-40-80-5-5-7-7, avec deux groupes, le premier comportant des répétitions beaucoup plus nombreuses que le second, révèle un petit jeu arithmétique que l'on retrouve ailleurs en relation avec des nombres de monnaies : cf. le vol. V 1, p. 84. L'inauthenticité des présentes acclamations se manifeste ici notamment par deux détails. Tout d'abord les mots *qualis tu es* : il est évidemment impensable que, dans un contexte tel que le décrit ici « Pollio », les sénateurs aient pu formuler pesamment l'idée qu'il pouvait exister ailleurs dans l'Empire un ou plusieurs individus dont les mérites eussent égalé ceux de Claude. Ensuite la mention de Tétricus. La présente scène se situe en 268, or Tétricus arrive au pouvoir au printemps 271, il se rend à Aurélien en été 274 (cf. *supra*, p. 159) : la chronologie rend donc sa mention impossible, à moins de supposer que le Sénat ait pu deviner trois ans à l'avance que Tétricus pouvait constituer un candidat potentiel à l'usurpation. En outre, la chronologie véritable de l'élimination d'Auréolus est également violée ici : cf. *infra*, p. 267-268. Ce type de bévues, plutôt que de trahir une indifférence envers la chronologie de la part de « Pollio », révèle plutôt qu'il n'avait pas la possibilité de contrôler aisément les dates. Le Sénat semble du reste ici mettre à part le sénateur Tétricus et prévoir en outre le pardon qu'Aurélien devait lui accorder (cf. *trig. tyr.* 24,5). C'est l'un des nombreux passages où l'auteur de l'*HA* manifeste sa sympathie envers le Sénat. Vitruvia est l'autre nom de l'improbable usurpatrice Victoria ; c'est le seul passage où il la nomme simplement Vitruvia : cf. *supra*, p. 196. Sa chronologie est des plus douteuses, tout comme le fait qu'elle fut plus ou moins au pouvoir en même temps que Zénobie, selon *trig. tyr.* 30,23.

2.2.1 (5,1-3) J'ai énuméré plus haut les nombreuses données des sources, et notamment de l'*HA*, concernant Auréolus, et signalé leur caractère complexe, confus, voire contradictoire. « Pollio » n'hésite pas à brouiller délibérément les pistes, sans doute d'une part par négligence, mais aussi surtout pour priver Gallien du mérite d'avoir battu Auréolus au *Pons Aureoli* et attribuer à Claude la chute de l'usurpateur. Cf. *supra*, p. 96-97, et notamment la contradiction entre *trig. tyr.* 11,4 et *Claud.* 5,3. Ce qu'il dit ici est en grande partie faux. C'est Gallien, et non pas Claude, qui a vaincu au combat Auréolus, et cet épisode se situe avant l'arrivée de Claude au pouvoir suprême. Auréolus n'a pas davantage accablé l'État que d'autres usurpateurs de la même période. L'affirmation qu'« il plaisait beaucoup à Gallien » doit être une extrapolation à partir de la donnée de *Gall.* 4,6 faisant état d'un accord entre Gallien et Auréolus pour lutter contre Postumus. La tirade contre les mœurs d'Auréolus, prétendument semblables à celles de Gallien, résulte d'une pure invention, et elle n'a d'autre fonction que de justifier et d'introduire les détails fictifs des paragr. 4-5. En revanche, la tentative avortée d'Auréolus de parvenir à un accord avec Claude et sa mise à mort par ses propres soldats, voire par ceux de Claude, dérivent de la tradition de Dexippe telle qu'elle nous est conservée grâce à Zosime (1,41) et à Zonaras (12,26 [III, p. 149,24-27 Dindorf]). Cependant la réponse de Claude à Auréolus est elle aussi bien évidemment inventée. Ainsi donc, dans les paragr. 1-3, seuls le début de 2 et le début de 3 ont une valeur historique. Les clausules accentuelles de tout le segment des chap. 5-7 ont été analysées par

Zernial, *Über den Satzschluss...*, p. 82-84. — Paragr. 1. Pour
l'expression *conflictu habito*, cf. *supra*, p. 87. Pour l'emploi de
la métaphore *rei publicae gubernacula*, cf. *supra*, p. 109. —
Paragr. 2. Le groupe *grauis et serius* se lit aussi en *Aur.* 4,10 ;
Claud. 12,5. La réponse de Claude, qui établit un lien artificiel entre une communauté de mœurs et un sentiment de
crainte, en une formule plus brillante que profonde, fait penser au genre de *sententiae* collectionnées par Sénèque le Père,
et sent davantage son école de rhétorique que la rudesse des
camps. — Paragr. 3. *dignum exitum uita* : cf. app. crit. *Dignus*
et *indignus* sont normalement construits avec l'ablatif, et cette
règle est respectée très généralement par l'*HA* (cf. notamment
Max. Balb. 15,1 *indignum uita et moribus suis*) ; en *Prob.* 24,6,
P donne le datif, *Σ* l'abl. La correction de Madvig semble
donc s'imposer ici.

2.2.2 (5,4-5) Gallus Antipater, prétendu historien, apparemment d'Auréolus considéré comme empereur légitime
(*imperatorem nominis sui*), est l'un des nombreux écrivains nés
de l'imagination de l'auteur de l'*HA*. Son nom fait penser à
l'historien réel Caelius Antipater. Comme il est qualifié très
durement, on peut se demander s'il ne sert pas de camouflage
à quelque contemporain honni pour sa flagornerie. « Pollio »
imite Salluste pour censurer Antipater : *ancilla honorum et
historicorum dehonestamentum* (avec la « figura etymologica »
honorum - dehonestamentum) varie *or. Lep.* 21 *Fufidius, ancilla turpis, honorum omnium dehonestamentum*. On relèvera
l'emploi du mot *ancilla* pour désigner un homme, apparemment sans parallèle ailleurs : cf. *ThlL* II 23,8-10 (A. Klotz,
1900) ; il comporte évidemment une triple et très forte connotation négative : mollesse, vénalité et flatterie éhontée. D'où
ma traduction. Le mot *dehonestamentum* est sans parallèle
dans l'*HA*. Il apparaît aussi, seulement une fois, dans Ammien
26,6,16, qui lui également imite Salluste. Le terme est rare. Il
n'est attesté qu'à partir de Salluste, chez quelques historiens,
puis au IVe s., jamais en poésie. Il ne désigne par métonymie
une personne, comme ici et dans le passage imité de Salluste,
que dans deux autres passages : TAC. *hist.* 2,87,2, où il est em-

ployé à propos de *scurrae, histriones, aurigae*, qui pourraient bien avoir suscité l'apparition des gladiateurs dans notre texte quelques lignes plus loin, au paragr. 5 ; Ivst. 23,4,6, où il surgit à quelques mots de distance du mot *ancilla*. Cf. *ThlL* V 1, 390,57-76 (A. Gudeman, 1910). Le prétendu début du récit d'Antipater sur Auréolus aurait contenu un jeu de mots sur le nom de l'usurpateur, personnage « en or ». Cette plaisanterie, qualifiée paradoxalement de parfaitement ridicule au paragr. 3 par celui qui est son véritable auteur, appartient à la vaste catégorie des liens établis dans l'*HA* entre les noms de divers personnages et leurs spécificités, selon le principe *nomen est omen*, formulé ici par les mots *imperator nominis sui* (employés aussi en *Comm.* 17,11 ; *Sept. Seu.* 14,13 ; *Prob.* 4,1). Cf. le vol. V 1, p. 268 et 313 (avec les renvois aux travaux de Dessau et de Hohl), ainsi que Ph. Bruggisser, *Probus... uere probus*, Historiae Augustae Colloquium Genevense, Bari, 1994, p. 63-69, ici p. 64-65. « Pollio » prolonge sa remarque sur le nom d'Auréolus par un élément d'actualisation (*proxime*) : cf. Treucker, p. 281. L'emploi d'*adpositum* révèle que le nom d'Auréolus a été ajouté comme surnom ou sobriquet au premier nom des personnages en question (*agnomen* signifie « surnom supplémentaire »). De fait, le nom d'esclave Auréolus, qui n'est en réalité pas fréquent — *saepius* est donc inexact —, est effectivement attesté pour des gladiateurs : cf. *ThlL* II 1492,29-35 (W. Otto, 1904). Pour l'éventuelle association d'idées qui a peut-être suggéré la mention de gladiateurs et de *ludii* dans le présent contexte, cf. ci-dessus. « Pollio » s'adresse ici directement à la deuxième personne au dédicataire de son œuvre, comme déjà en 3,1 ; cf. *supra*, p. 102. Le *libellus munerarius* était le programme qui annonçait des jeux de cirque, avec les différents numéros du spectacle et les noms de participants : cf. Cic. *Phil.* 2,97 ; Ov. *ars* 1,167 ; *RE* Suppl. III 780 *s.u. gladiatores* (K. Schneider, 1918). L'*index* est une partie du *libellus*, à savoir la liste des combattants. Le substantif *ludius, -ii*, m., qui n'apparaît pas ailleurs dans l'*HA*, désigne normalement des acteurs, des danseurs, des chanteurs ou des mimes, avec une nuance souvent péjorative. Ici, le contexte impose le sens de « gladiateur », pour lequel il n'existe pas de parallèle : cf. *ThlL* VII 2, 1769,48 (H. Beikircher, 1978). Ce terme est peut-être employé dans le présent contexte pour suggérer que les gladiateurs en question sont des sortes de catcheurs, c'est-à-dire qu'ils ne combattent pas véritablement, mais miment des combats avec des exagérations ridicules.

2.3.0 (6-9 ; 11,3-12,1) Le récit des opérations de Claude II contre les Goths dans l'*Histoire Auguste*, confus et gonflé d'insertions rhétoriques exaltant les exploits du prince victorieux, soulève de nombreuses difficultés, que les sources parallèles, elles aussi à divers égards problématiques, n'aident qu'en partie à résoudre :

6,1. Un lien explicite est établi entre la guerre de Claude II contre les Goths et un épisode narré antérieurement, où un général nommé Marcianus laisse s'échapper des Goths. Ce récit, annoncé en *Gall.* 5,6 et 6,2, intervient en 13,6-10. C'est la célèbre équipée des Érules — une tribu gothique — qui descendirent en 267-268 jusqu'en Grèce et menacèrent Athènes, défendue par Dexippe.

6,2-3. Récit résumé de l'invasion d'une multitude de tribus gothiques, arrêtée avec quelque retard par Claude, retenu auparavant ailleurs.

6,4-6. Variations sur le nombre très élevé des envahisseurs (320 000).

7,1-5. Lettre de Claude au Sénat et au peuple sur sa victoire.

7,6-8. Commentaire élogieux sur cette victoire.

8,1-2. Les Barbares disposèrent en outre de 2 000 navires ; succès de Claude face à ces effectifs énormes.

8,3-9,2. Lettre de Claude à Brocchus sur ses succès.

9,3-9. Détails sur cette victoire et ses suites.

11,3-12,1. Nouveaux détails sur la victoire de Claude. Le goût des soldats pour le pillage met momentanément en péril le succès de l'empereur. Autres expéditions des Barbares, finalement anéantis par la peste et la famine.

Ce récit est plus ou moins corroboré par Zosime : 1,39,1 ; 1,40,1, les Scythes descendent en Grèce et ravagent Athènes ;

Gallien s'oppose à eux, puis confie les opérations à Marcianus. 1,42-43 et 45-46, les Scythes survivants de la précédente équipée se rallient d'autres tribus et partent en campagne avec 320 000 hommes et 6 000 navires ; ils descendent jusqu'à la Propontide, où beaucoup de leurs navires sombrent ; ils se dirigent alors vers la Macédoine ; Claude leur inflige une grave défaite à Naïssus ; dans un combat ultérieur, la mésentente entre l'infanterie et la cavalerie romaines compromet momentanément la victoire des Romains ; anéantissement final des envahisseurs goths. Le Syncelle (p. 717,9-20 et 720,15-18 Bonn, p. 467,15-24 et 469,18-20 Mosshammer) mentionne aussi l'expédition des Goths (il précise qu'il s'agit d'Érules) jusque vers Athènes ; Gallien s'oppose à eux et les vainc sur le Nestos, le fleuve qui sépare la Macédoine de la Thrace. Il parle plus loin d'une seconde expédition. D'autres sources grecques (notamment Cédrénos et Zonaras 12,24 et 26 [III, p. 143,8-9 et 150,19-151,9 Dindorf]) et latines (notamment Aurélius Victor, Eutrope et Orose) mentionnent ces événements, mais leurs récits sont si fortement abrégés qu'on ne peut rien en tirer d'utile pour une meilleure compréhension. A. Alföldi a élaboré durant les années 30 du siècle dernier une théorie qui connut pour un certain temps une grande vogue, due au prestige de son auteur (cf. ses *Studien*..., p. 324-325 et 436-439) : les deux expéditions distinguées par « Pollio » et Zosime — une première au cours de laquelle les Barbares s'avancent jusque vers Athènes, une seconde dirigée vers la Propontide et la Macédoine — n'en formeraient en réalité qu'une seule, postérieure aux succès et à la mort d'Odénat, qui se serait déroulée essentiellement sous le règne de Gallien. La confusion serait née, en partie du moins, du fait que, à un certain moment de la tradition, on aurait repoussé sous Claude II des succès acquis contre les Goths sous Gallien encore. Cette « adaptation » aurait évidemment été réalisée sous Constantin, quand ce dernier eut répandu la légende selon laquelle sa famille se rattachait à celle de Claude II, et que l'historiographie s'ingénia à glorifier le plus possible ce prince. Aux p. 438-439 de ses *Studien*..., Alföldi met en parallèle une série d'éléments des deux expéditions qu'il considère comme des doublets, notamment la victoire de Gallien sur le Nestos selon le Syncelle, et celle de Claude II à Naïssus selon Zosime. Cette interprétation fut adoptée sans réserve par Straub, *Studien...*, p. 59-74, et encore par Chastagnol, *Histoire Auguste...*, p. 923. Elle a maintenant été abandonnée, et l'on en est revenu à faire confiance aux récits de « Pollio » et de Zosime, qui se corroborent l'un l'autre et dérivent évidemment tous les deux de la tradition de Dexippe. Le récit d'É. Demougeot[1], fondé sur une chronologie aujourd'hui dépassée et une exploitation peu éclairée des sources, n'est guère satisfaisant. La chronologie des événements se présente ainsi : 267-268, descente des Érules en Grèce jusqu'à Athènes, repoussés ensuite et vaincus sur le Nestos par Gallien ; seconde moitié de 268-270, grande invasion de multiples tribus gothiques. Des réserves face à la reconstruction d'Alföldi ont été exprimées dès 1934 par Damerau (p. 63-65), puis en 1970 par Kerler (p. 193-212), qui observe justement que la politique extérieure est le thème pratiquement unique des parties de la *uita Claudii* qui ont une valeur historique. Une réfutation systématique de la thèse d'Alföldi a été présentée simultanément par Bleckmann, *Die Reichskrise...*, p. 191-201, et Kettenhofen, *Die Einfälle...* ; cf., en outre, T. Kotula, *Νέσσος et Νάϊσσος : problème topographique et historique des campagnes de Gallien et de Claude II contre les Goths*, Eos 79, 1991, p. 237-243 ; mon commentaire à Zosime 1-2[2], p. 159-160 et 163 ; Ratti, p. 157-160 . Pour l'état de la question le plus récent, avec renvois détaillés aux sources et à la bibliographie, cf. U. Hartmann, dans Johne, *Soldatenkaiser...*, p. 284-285 et 301-304.

2.3.1.1 (6,1) Cf. app. crit. Les mss ajoutent *triginta* après *diximus* ; il s'agit évidemment d'une glose de renvoi aux *Tyranni triginta* précisant *superius* qui s'est glissée dans le texte ; mais le renvoi exact est *Gall.* 13,9-10 ; la confusion s'explique

---

1. *La formation de l'Europe et les invasions barbares. Des origines germaniques à l'avènement de Dioclétien*, Paris, 1969, p. 408 et 422-428.

par le fait que les mss mentionnent ici par erreur Macrianus (pour Marcianus), qui est effectivement le héros de *trig.
tyr.* 12. Le paragr. *Gall.* 13,10 est un passage très évidemment endommagé par une lacune d'une certaine ampleur,
comme l'admettent tous les éditeurs depuis Saumaise. Les
présentes lignes permettent de combler tant soit peu cette lacune, mais c'est surtout le texte parallèle de Zosime 1,40,1
qui aide à mieux comprendre le contexte événementiel : après
que Gallien eut vaincu les Goths sur le Nestos, il fut en 268
rappelé en Italie par la menace que constituaient Postumus
et Auréolus, et il confia la suite des opérations à Marcianus,
déjà plusieurs fois mentionné dans *Gall.* (cf. 6,1 ; 13,10 ; 14,1
et 7 ; 15,2) ; il va réapparaître en *Claud.* 18,1 ; il est attesté
aussi dans une inscription de Philippopolis (*AE* 1965, 114) ;
cf. *PLRE* I, p. 553-554. Il participa au complot contre Gallien. La précision que Claude aurait en vain tenté d'empêcher
les Barbares de s'échapper n'est fournie que par « Pollio » ;
il semble qu'il s'agit d'une invention destinée à souligner les
mérites de Claude ; cf. Bleckmann, *Zu den Quellen...*, p. 76,
n. 6. La fin du paragr. fournit le lien logique entre les deux
expéditions des Goths.

2.3.1.2 (6,2-3) « Pollio » énumère les multiples tribus gothiques ralliées à leur seconde entreprise par les Érules, dont
nous savons, grâce au Syncelle (p. 467,15 Mosshammer),
qu'ils sont les seuls acteurs de la première expédition. Ce
ne sont pas moins de huit tribus qui sont nommées ici. Cf.
app. crit. Sur les huit noms cités de tribus scythes, seuls les
Peuci, les *Celtae* et les *Eruli* sont transmis correctement par
les mss. Pour les *Grutungi* et les *Austrogoti*, des corrections
minimes rétablissent sans contestation possible les noms corrects (la première est de Saumaise). Le groupe de trois noms
qui suit est gravement endommagé dans *P* ; *Teruingi* a été
restitué par E. von Wietersheim, *Geschichte der Völkerwande-
rung*, III, Leipzig, 1862, p. 454, *Visi* par K. Müllenhoff, *Zwei
Stellen der Historiae Augustae*, Zeitschrift für deutsches Al-
terthum und deutsche Literatur 9, 1853, p. 137, *Gipedes* par
Casaubon. Le texte parallèle de Zosime 1,42,1 n'en nomme

que trois, Érules, Peuces et Goths ; les deux auteurs font de ces tribus des membres du peuple des Scythes. Je ne m'attarde pas sur le fait bien connu que Zosime, reflétant la pratique des historiens grecs tardifs, ne distingue pratiquement pas entre Scythes et Goths ; il utilise le plus souvent le premier nom de préférence au second, parce qu'il est pourvu d'une patine littéraire qui fait défaut à l'autre. L'auteur de l'*HA* connaît bien l'équivalence Scythes = Goths et joue plus ou moins perfidement avec elle ; un coup d'œil à l'*index nominum* de l'édition de Hohl révèle que les emplois de *Gothi* sont un peu plus nombreux que ceux de *Scythae*, qui est certainement celui qu'utilise exclusivement le puriste thucydidéen Dexippe, sauf quand il doit distinguer entre diverses tribus de ce vaste peuple. On peut être à peu près sûr que, dans le passage que reflètent ici « Pollio » et Zosime, Dexippe utilisait le nom générique des Scythes, puis alignait au moins les trois noms de tribus spécifiques qu'on retrouve chez Zosime. Pour les Érules et les Peuces, que « Pollio » a en commun avec Zosime, cf. mon commentaire de Zosime 1-2², p. 162-163. Par simple soustraction, on en déduit que les six noms supplémentaires de « Pollio » résultent sans doute de son invention, et qu'ils font donc problème. Les *Grutungi*, qui réapparaissent sous la forme *Grauthungi* en *Prob.* 18,2, ne surgissent ailleurs qu'à partir d'Ammien 27,5,6, donc vers 390 au plus tôt. Il y a donc ici un fort soupçon d'anachronisme ; cf. le vol. V 2, p. 130, où est aussi évoquée la prétendue identification des *Grutungi* avec les Ostrogoths sur la base d'un argument assez léger, à savoir qu'ils sont cités ensemble chez Claudien (*in Eutr.* 2,153-154). Ce qu'il y a de sûr, c'est que notre passage est souvent considéré comme la première attestation du nom Ostrogoth, dans le contexte de l'an 269, alors que le nom n'apparaît pas ailleurs avant le passage de Claudien cité ci-dessus. Ici encore naît un fort soupçon d'anachronisme, avec un indice, comme pour les *Grutungi*, pointant vers les années 390. M'est avis que la manière la plus simple d'expliquer ce passage est d'admettre que « Pollio » est aller pêcher les deux noms de *Gruthungi* et d'*Austrogothi* chez Claudien. Je dirais même qu'on dispose ici d'une preuve assez convaincante de l'utilisation de Claudien dans l'*HA*. Les *Teruingi* apparaissent pour la première fois dans le *Panégyrique* de Maximien par Mamertin de 291 (3,17,1 Galletier), où ils sont apparemment qualifiés de *pars alia Gothorum*[1], puis chez Eutrope 8,2,2 et Ammien en 31,3,4 et en 31,5,1 ; cf. la Not. dign. or. 6,61. Quant aux *Visi*, ils correspondent évidemment aux Visigoths ; hors de l'*HA* qui ne les nomme qu'ici, ils apparaissent pour la première fois chez Claudien — encore lui ! — *cos. Stil.* 1,94 (an 400), puis chez Sidoine Apollinaire (*carm.* 5,476 ; 7,399 et 431) ; cf. la Not. dign. or. 5,61. Sur ces diverses tribus gothiques, Bleckmann (*Remarques...*) fournit les précisions suivantes : « Die Terwingen sind die im ehemaligen Dakien siedelnden Goten, die Greuthungen wohnen in Südrussland. Nach dem Einfall der Hunnen und der Schlacht von Adrianopel werden diese alten Einheiten zerstört : Die Westgoten [Visigoths] sind die Goten, die sich nach den Umwälzungen aus tervingischen und greuthungischen Splittern neuformen und unter der Führung von Alarich eine neue, 418 dann gefestigte Identität erhalten. Die Ostgoten [Ostrogoths] bilden sich aus den Goten, die ausserhalb des Reiches leben und unter hunnischer Kontrolle sind. Jede Erwähnung von Ost- und Westgoten vor ca.378/390 ist daher anachronistisch. » Cf. P. J. Heather, *Goths and Romans, 332-489*, Oxford, 1991, p. 162-163 et 331-333 ; l'article « Ostgoten » dans le *Reallexikon der Germanischen Altertumskunde* XXII, p. 344-345 (H. Castritius, 2003) ; B. Bleckmann, *Die Germanen*, München, 2009, p. 175 et 226-231. Je laisse en suspens le point de savoir si la succession des noms *Grutungi,*

---

1. Du moins si l'on admet la ponctuation de Galletier : *Gothi Burgundos penitus excidunt rursumque pro uictis armantur Alamanni itemque Teruingi, pars alia Gothorum, adiuncta manu Taifalorum, aduersum Vandalos Gipedesque concurrunt* ; mais Mynors ponctue ... *Teruingi ; pars alia...* Cependant l'ensemble de la phrase est peu clair et, paradoxalement, Galletier traduit en ne suivant pas sa propre ponctuation, mais celle de Mynors ! Il est toutefois évident que, avec la ponctuation de Mynors, on a deux membres de phrase, l'un commençant par *Gothi*, l'autre par *pars alia Gothorum*, ce qui n'est guère logique.

Austrogoti, Teruingi, Visi ne désigne que deux peuples, chacun d'eux recevant deux noms différents. En tout état de cause, il ne me paraît nullement évident que « Pollio » ait vraiment été conscient de ces deux identifications, et qu'il joue ici délibérément avec elles. Ce qui me paraît en revanche incontestable, c'est d'une part le caractère anachronique de ces données, aussi bien pour la date des événements en question (269) que pour celle de la prétendue rédaction de la *uita Claudii* avant 305, d'autre part l'influence de Claudien sur l'imagination de « Pollio ». Les efforts héroïques d'A. Lippold pour évacuer ces anachronismes ne convainquent guère[1]. Reste à parler des *Gipedes* et des *Celtae*. Les premiers, dont le véritable nom est plutôt Gépides, sont aussi mentionnés pour la première fois dans le passage du *Panégyrique* mentionné ci-dessus, puis ne réapparaissent que chez Jérôme et des auteurs postérieurs. Il est à nouveau question d'eux dans l'*HA* en *Prob.* 18,2 ; pour plus de détails, cf. le vol. V 2, p. 130. Que viennent ensuite faire au milieu de tous ces Germains les *Celtae* ? Il s'agit du peuple que les Romains nomment Gaulois, comme le précise César dans la célèbre première phrase de la *Guerre des Gaules*. Alföldi, dans une étude inédite citée par Straub (*Studien...*, p. 30) pense que cette invention est inspirée par la présence côte à côte des Celtes et des Érules dans la Not. dign. oc. 5,161-162, comme dans l'*HA*. La rencontre est en effet curieuse, mais suffit-elle à établir une filiation Not. dign. — *HA* ? Cela est à la rigueur possible, mais nullement évident. Il règne en fait dans l'antiquité tardive une grande confusion à propos du nom des Celtes, souvent considérés comme des Germains ; c'est ce qui explique leur apparition dans le présent contexte ; sur cette problématique, cf. D. Hoffmann, *Das spätantike Bewegungsheer und die notitia dignitatum*, Düsseldorf, 1969-1970, vol. I, p. 134-135 et 145 ; vol. II, p. 46, n. 33. Concernant le détail du texte des paragr. 2-3, les points suivants doivent encore être commentés : a) *praedae cupiditate* :

---

1. *Constantius Caesar...*, cité *supra*, p. 245, n. 1, p. 364-369 (177-182).

l'expédition des Goths de 268-269 est un raid de pillage, non pas une invasion, ou une migration, contrairement à ce que pourrait faire croire la mention, dans les paragr. 4-6, d'effectifs énormes, de familles, de chariots. Ces détails sont des inventions ajoutées par « Pollio », et rien ne permet de dire que les Goths se sont mis en route « mit Kind und Kegel », comme dit O. Seeck[1], qui rappelle cependant opportunément que les rois de Perse partaient en campagne avec leur harem[2]. De même, des femmes accompagnaient les bandes de Goths pillards. b) *Romanum solum* : cf *supra*, p. 70. c) *uenerunt* : cf. app. crit. ; avec Saumaise et Soverini, j'athétise *in re p.*, qu'il convient de considérer comme une glose qui s'est introduite dans le texte ; cf. 7,3. d) *aliis occupatus* : expression semblable dans une prétendue lettre de Claude à Aurélien, *Aurelian.* 17,4. Ces mots introduisent un couplet laudatif, mais correspondent néanmoins à la réalité historique. Quand commence la grande expédition gothique, Claude, qui vient d'accéder au pouvoir suprême, est occupé au nord de l'Italie à combattre les Alamans : cf. *supra*, p. 263. Ce n'est qu'en 269 qu'il put aller affronter les Goths. e) *imperatorie* : adverbe rare, attesté trois fois seulement ; outre le présent passage, *HA Heliog.* 23,6 (texte corrigé) ; HEGES. 1,40,4 (cf. FLAV. IOS. *bell. Iud.* 1,481 ὡς βασιλεύς). f) *lentata* : le verbe *lentare* n'apparaît qu'ici dans l'*HA* ; il est rare (dès VERG. *Aen.* 3,384) et exclusivement poétique avant la fin du IVe s. ; cf. *ThlL* VII 2,1161 (S. Collassero, 1974). g) *toto penitus orbe* : la même expression se retrouve en *Gall.* 3,1 et *Aurelian.* 37,7 et 41,7. L'emploi d'*imperatorie* et de *lentare*, puis la répétition maladroite *ut gloria... adcresceret* et *fieret gloriosior* marquent la transition du style narratif simple

1. *Geschichte des Untergangs der antiken Welt* V[2], Stuttgart, 1920, p. 461-462.
2. Cet avis n'est pas partagé par B. Scardigli, *Die gothisch-römischen Beziehungen im 3. und 4. Jahrhundert n. Chr. I Das 3. Jahrhundert*, ANRW II 5.1 (1976), p. 200-285, ici p. 240, qui prend au sérieux ce qui n'est qu'une amplification née de l'imagination de « Pollio », lequel extrapole à partir des expériences de son propre temps, la fin du IVe s. ; cf. Damerau, p. 68.

à l'emphase propre au panégyrique qui se déploie à partir du paragr. 5.

2.3.1.3 (6,4-6) Ce développement commence par une simple donnée factuelle sur les effectifs d'*armati*. « Pollio » ne parle ici que des troupes terrestres, il complétera cette donnée en fournissant en 8,1 le chiffre de 2 000 navires. Zosime 1,42,1 mentionne 320 000 hommes et 6 000 navires[1], Ammien 31,5,15 2 000 navires dans une allusion à l'expédition des « Scythes » en 268-269 insérée dans un contexte chronologique peu clair, Dexippe (*Frg.* 24 Müller, 6 Jacoby, 28,11 Martin) 300 000 hommes, le Syncelle (p. 467,15 Mosshammer) 500 navires. Zonaras 12,24 (III, p. 143,6 Dindorf) parle de 300 000 Alamans vaincus par Galien. Ces chiffres sont évidemment très exagérés, surtout que « Pollio », en précisant *armati* et en parlant au paragr. 6 d'esclaves et de familles, suggère un nombre total encore beaucoup plus élevé. Il est amusant de constater que, si, dans la présente biographie, Claude est porté au pinacle, Probus, plus loin, sera présenté comme encore supérieur à Claude (*Tac.* 16,6 ; *Prob.* 12,2), et en toute logique les ennemis qu'il anéantit sont encore plus nombreux : près de 400 000 selon *Prob.* 13,7 ; cf. le vol. V 2, p. 109. Cette donnée chiffrée va servir de motif d'inspiration principal à « Pollio » jusqu'à 8,6 et faire l'objet d'amplifications rhétoriques sans fin. En 6,5-6, le lecteur est directement interpellé, le chiffre répété deux fois, trois questions rhétoriques sont mises en évidence par l'anaphore et le polyptote, suivies au paragr. 6 d'un tricolon progressif avec anaphore d'*adde* (cf. Paneg. 12,4,4 Galletier et *HA*, vol. V 2, p. 96), le dernier membre étant lui-même subdivisé en trois avec polysyndète, à quoi s'ajoute encore un dernier élément

---

1. Ce passage de Zosime est aussi attesté en tradition indirecte par une péricope de la *Suda*, Σ 703, qui fournit cependant un chiffre différent pour le nombre de navires : ἐννακόσια (IV, p. 389,5 Adler). Quant à Casaubon, dans son commentaire au présent passage de l'*HA*, il propose de corriger ἑξακισχίλια en ἐς δισχίλια. Cf. Damerau, p. 67-68.

avec changement de construction en dissymétrie. Pour le détail du texte des paragr. 5-6, les points suivants doivent encore être commentés : a) *adulationis* : reprise du motif de 3,1 et 3,7, qui réapparaîtra en 8,2 et 11,5. b) *amabilem* : trait de caractère souvent prêté aux bons souverains par les divers prétendus auteurs de l'*HA* ; cf. le *Lexicon* de Lessing, p. 25. c) *Xerxes* : en fait, les chiffres fournis par Hérodote 7,60 et 7,87 sont beaucoup plus élevés : 1 700 000 hommes et 80 000 cavaliers. La comparaison avec Xerxès se trouve aussi dans les *Panégyriques* 4,7,1 et 9,10,1 Galletier. d) Noter la reprise du pluriel *trecenta uiginti milia* par le singulier *hoc* : cf. Hallén, p. 27, et Hofmann-Szantyr, p. 432. e) *seruos..., familias* : données fantaisistes, dont il ne faut pas tirer des conséquences indues ; cf. 8,2 et 8,6, et *supra*, p. 276, lettre a). f) *carraginem* : sur ce mot rarissime, attesté seulement cinq fois dans l'*HA* et une fois dans Ammien, cf. le vol. V 1, p. 88-89[1]. En *Gall.* 13,9, le terme signifie très clairement « train de chariots », alors que le sens chez Ammien est « barricade de chariots ». Dans le présent contexte, la nuance de sens n'est pas évidente. Comme il s'agit cependant de Barbares en train de se déplacer, et non en position stationnaire de défense, je pense qu'il convient ici de donner la préférence au sens « train de chariots » ; même choix de Chastagnol, *Histoire Auguste...*, p. 924-926 ; 938-939 et n. 2. Le procédé de la muraille de chariots est bien antérieur au terme commenté ici : cf. Arrien, *anabase* 1,1,7 ; 5,21,4.

---

1. Dans ce passage, je signale que l'interprétation de Straub (*Studien...*, p. 19-39) a suscité des réserves, notamment de la part d'E. Hohl, *Gnomon* 26, 1954, p. 45-51. Il faut savoir que, au début des années 50, Straub a été le premier à établir un lien entre Ammien et l'*HA*, ce qui a alors suscité de l'émotion chez beaucoup de spécialistes qui avaient adhéré à la démonstration de N. Baynes (situant l'*HA* à l'époque de Julien), dont Hohl et Ensslin. Aujourd'hui, le point de vue de Baynes n'a plus guère de partisans, et les nombreux contacts découverts depuis lors entre Ammien et l'*HA* ne laissent plus guère de doute sur la réalité du lien qui unit ces deux textes. Cf. par exemple les renvois à « Ammien Marcellin » dans l'index des matières des vol. V 1 (p. 328) et V 2 (p. 414). Sur Baynes et Hartke, cf. SO 73, 1998, p. 83 et n. 16.

g) *epotata flumina* : le participe passé normal du verbe *epotare* est *epotus* (les éditions jusqu'à Eyssenhardt impriment du reste *epota*) ; la forme *epotatus* est très rare et tardive : cf. *ThlL* V 2, 698,30-32 (G. Bannier, 1934). Le groupe verbal *epota... flumina* apparaît déjà chez Juvénal (10,177), varié en *epoti... amnes* par Claudien (*cos. Stil.* 1,171). Que « Pollio » s'inspire ici de Juvénal n'est pas évident, car le motif du fleuve asséché pour illustrer la foule des buveurs est peut-être un lieu commun : cf. Hérodote 7,127 et Justin 2,10,19.

2.3.2.1 (7,1-2) On trouve dans l'*HA* diverses catégories de lettres impériales. Composées par le *magister memoriae* : *Ael.* 4,7 ; *Diad.* 8,9 ; dictées par l'empereur : *Hadr.* 20,7 et ici ; autographes : *Alb.* 2,2 ; *trig. tyr.* 9,6-9 ; cf. *Aurelian.* 27,6 et 30,3 ; *Tac.* 8,1. — Paragr. 1. *indicat de numero* : la substitution à un complément direct d'un ablatif précédé de la préposition *de* relève typiquement du latin dit vulgaire. Elle est attestée par Bell. *Afr.* 26,2 et 84,1 ; Vitr. 5,12,1 ; Tert. *adu. Marc.* 5,11, p. 614,11 Kroymann ; Sort. *Sangall.* 2,7 ; cf. Löfstedt, *Kommentar...*, p. 105 ; Hofmann-Szantyr, p. 262, et *ThlL* VII 1, 1153,23-26 (M. Lambertz, 1942). — Paragr. 2. Les mots *hanc autem — non requiro* sont surprenants. Le passage doit être rapproché de *Car.* 8,4, où la fonction d'un personnage est définie par les mots *qui ad memoriam dictabat* ; cf. le vol. V 2, p. 357-358, où le passage de la *uita Cari* est commenté en détail, avec bibliographie et explications concernant aussi le présent passage de la *uita Claudii* ; cf. aussi *Alex.* 31,1. Une donnée essentielle est fournie par la Not. dign. oc. 19,6, définissant la fonction — anachronique en 269 — du *magister memoriae* : *adnotationes omnes dictat*. Dans ce contexte, le verbe *dictare* a évidemment un sens technique très précis. Sur la base d'un document, le plus souvent une demande, portant dans la marge en style télégraphique la réponse de l'empereur écrite de sa propre main, le *magister memoriae* rédigeait une réponse stylistiquement mise en forme, laquelle était publiée, puis conservée dans les archives ; cf. *ThlL* V 1,1011,62-1012,39 (P. Graeber, 1912). C'est à la lumière de ces éclaircissements que les mots de la *uita Claudii* 7,2 peuvent être compris.

« Pollio » veut dire que le texte qu'il va citer est celui qui a été mis en forme par l'empereur lui-même, et non pas la version conservée dans les archives (cf. *trig. tyr.* 10,9 *in authenticis*), qu'il n'a pas pris la peine de rechercher. Cette précision de sa part comporte deux affirmations implicites aussi absurdes l'une que l'autre : il faudrait admettre d'une part que le *magister memoriae* a rédigé une seconde mise en forme stylistique, différente de celle que l'empereur avait précédemment élaborée, d'autre part que « Pollio » a eu accès à cette première version, qui n'est pas celle qu'on trouve dans les archives. Ici donc, une fois de plus, l'auteur de l'*HA* brouille avec la plus grande désinvolture les données institutionnelles ; cf. R. Syme, *The Historia Augusta. A Call of Clarity*, Bonn, 1971, p. 81.

2.3.2.2 (7,3-5) La lettre de Claude ne montre pas l'auteur de l'*HA* au mieux de ses capacités d'*inuentio* ; cf. Damerau, p. 18. Elle ne contient rien d'autre que des répétitions ou des variations rhétoriques de données précédemment fournies. Le prince connaît les effectifs de l'ennemi avant d'être entré en contact avec lui et, malgré son apparente modestie, il semble promettre un succès au moins partiel en prenant la pose d'unique défenseur face à la malice du temps (cf. la fin du paragr. 5). Claude enchaîne en citant le nom de Valérien sans aucun commentaire. Le lecteur est censé se rappeler les malheurs de cet excellent prince, sa capture par les Perses et les diverses catastrophes qui s'ensuivirent, mais l'auteur admet que ce même lecteur ne se souvient pas que, en *trig. tyr.* 15,1, il est dit qu'Odénat, après la capture de Valérien, a sauvé l'Empire d'Orient *fessis Romanae reipublicae uiribus* (à quoi répond ici même au paragr. 4 *fatigata est*). Suit l'énumération d'une série d'usurpateurs, qui comporte deux noms falsifiés et inclut un usurpateur inventé ; cette liste, avec ses fantaisies, répète servilement les données fournies dans *trig. tyr.* : Ingenuus (cf. chap. 9) ; Régilianus (pour Régalianus ; cf. chap. 10) ; Lollianus (pour Laelianus ; cf. chap. 5) ; Postumus (cf. chap. 3) ; Celsus (inventé ; cf. chap. 29). Les noms *Galliae* et *Hispaniae* comportent un anachronisme, car ils semblent clairement désigner les diocèses de ce nom créés sous Dioclétien. La mention de Tétricus est également anachronique, car cet usurpateur n'a surgi qu'après la mort de Claude : cf. *supra*, p. 159. Au niveau de l'expression, on retrouve ici divers tics d'écriture. *Romanum solum* : cf. *supra*, p. 70. *Vicem reddite* : cf. *Ver.* 4,2 ; *Alb.* 12,8 ; *Carac.* 2,11 ; *Gord.* 27,10 ; *Gall.* 9,8. *Fatigata est* : cf. *supra*, p. 122. *Contemptu Gallieni* : cf. *supra*, p. 48. *Quod pudet dicere* : l'expression se retrouve en *quatt. tyr.* 8,9 ; *Car.* 16,1 ; cf. *Valer.* 7 ; *Gall.* 6,3 ; *trig. tyr.* 26,1. Le terme *spatha* ne se rencontre que quatre fois dans l'*HA* : *Hadr.* 10,5 ; *Maximin.* 29,9, ici et *Claud.* 8,5. Il désigne spécifiquement une épée à large lame, mais, plus globalement, à l'époque tardive, les diverses épées d'ordonnance du fantassin : cf. Végèce (*mil.* 2,15,4 et 3,14,13 Önnerfors) et Daremberg-Saglio IV, p. 1120 (A.-J. Reinach). A. Chastagnol[1] pensait que l'apparition de ce terme dans le présent contexte était un emprunt à Végèce ; en réalité, ce rapprochement sur un terme isolé n'est nullement significatif, car le mot *spatha* peut très bien appartenir au vocabulaire courant de l'auteur de l'*HA*. *Sagittarios* : l'armée romaine a progressivement emprunté la mise en ligne d'archers à ses adversaires. L'ordre de bataille de l'antiquité tardive comporte un nombre important d'unités d'archers, tous formés d'auxiliaires recrutés parmi les peuples orientaux. Festus (24,1 Arnaud-Lindet) mentionne expressément la présence d'archers dans l'armée de Zénobie. Cf. Daremberg-Saglio IV, p. 1006-1007 (R. Cagnat).

2.3.2.3 (7,6-8) Ces lignes poursuivent le panégyrique de Claude en anticipant sur l'avenir. Le paragr. 6 fait sans doute allusion à la victoire de Naïssus-Nish, escamotée en 9,9 et en 11,3 (cf. *infra*, p. 301-302). Le reste du développement n'est qu'une variation exaltée et sans grand intérêt sur les honneurs décernés à Claude, le bouclier et la statue dont il a été question au chap. 3,3-4. La tonalité devient de nouveau sublime, avec les habituelles figures de rhétorique. Paragr. 6 : anaphore de *hos* avec polyptote (*de his*) et tricolon dont chaque

---

1. *Végèce...*, p. 70.

membre se termine par un verbe au parfait, suivi de deux questions rhétoriques. Au paragr. 8, anaphore de *non* dans deux brefs membres de phrase avec rime, et antithèse introduite par *sed*. Pour les clausules, cf. Zernial, *Weitere Akzentklauseln...*, p. 320. La (prétendue?) citation d'Ennius ne se trouve nulle part ailleurs. Il faut la mettre sur le lit de Procruste si l'on veut la transformer soit en hexamètre, soit en séquence ïambo-dactylique. Ennius est aussi mentionné en *Hadr.* 16,6 et cité en *Auid.* 5,7. À l'époque de « Pollio », il n'existait apparemment plus d'exemplaire complet du *Scipio* ou des *Annales* d'Ennius. C'est pourquoi O. Skutsch (*The* Annals *of Quintus Ennius*, Oxford, 1985, p. 753) admet que la présente citation est empruntée à une source, peut-être Cicéron. Une autre possibilité serait qu'elle constitue une invention *ad hoc* de « Pollio ». Cette citation est évidemment liée au retour sur le motif « colonne et statues » des paragr. 6-8, qui prend pour finir un aspect absurde : le rappel des statues et de la colonne débouche sur l'affirmation que Claude aurait très bien pu se passer de ces honneurs. B. Bleckmann (*Observations...*) se demande si le vers d'Ennius — dans cette hypothèse il serait authentique —, en soulignant la vanité de tels honneurs, ne ferait pas allusion par contraste à l'insistance de certains généraux de l'époque républicaine pour en obtenir : cf. *supra*, p. 259. Selon Tite-Live (38,56,12) et Valère Maxime (4,1,6), Scipion le premier Africain ne souffrit pas qu'on lui dressât des statues. Sur les Scipions dans l'*HA*, cf. Pekári, *Statuen...*, p. 165. Claude II n'a pas porté le nom *Flauius* : cf. *supra*, p. 262, le vol. V 1, p. 111, et H. Huvelin - X. Loriot, *La nomenclature de Claude II d'après l'Histoire Auguste, la numismatique et l'épigraphie*, BSFN 39, 1984, p. 440-445. Cette invention a pour but de confirmer le prétendu lien de famille qui aurait existé entre Claude II et Constance Chlore : cf. 1,1 ; 2,8 et 13,1-2.

2.3.3.0 (8,1-9,2) Ce segment développe le panégyrique de Claude en variant des thèmes déjà abordés précédemment. Il ne contient donc aucune donnée nouvelle et ne consiste qu'en vains ornements rhétoriques sur les effectifs que Claude a dû affronter, en protestations réitérées contre l'accusation de flatterie et en invectives contre Gallien, responsable des épreuves que Claude doit surmonter. Il commence par un commentaire de « Pollio » (8,1-2). Noter le parallèle historique avec abondance maladroite (Grèce, Thessalie[1]), l'antithèse mythe-histoire (8,1), la succession de trois verbes rimant en asyndète, l'abondance *aptare... et parare*, l'anaphore de *qui* et de *nunc* (8.2). Le même ton se poursuit dans le faux document qui suit, une prétendue lettre de Claude à un dénommé Brocchus (8,4-9,2), dont le contenu n'est constitué que de répétitions et de lieux communs. À de brèves notations de style militaire (*imperatoria breuitas*), formées d'une succession de petites propositions indépendantes (8,4-5), s'enchaîne en 9,1 une longue phrase de nouveau ornée : trois exclamations, membres parallèles introduits par deux *utinam* et deux *saluis* (ceux-ci suivis de deux ablatifs rimant ensemble, repris chacun par une relative, avec polyptote de *quos* et *quas*). Pour les clausules et la colométrie, cf. Zernial (*Weitere Akzentklauseln...*, p. 320-321, et *Akzentklausel...*, p. 7). Hohl a été le premier à comprendre que 9,1-2 faisait encore partie de la lettre à Brocchus. Le *nostra* de 9,2 montre bien que c'est Claude qui parle, et non pas « Pollio ». En bonne logique, et en violation du principe qu'il ne faut jamais modifier une numérotation, 9,1-2 devrait être numéroté 8,7-8.

2.3.3.1 (8,1) Revenant sur la question des effectifs, déjà traitée en 6,4 et 7,3, « Pollio » s'aperçoit qu'il n'a pas parlé des navires, et répare ici cette omission. Cf. *supra*, p. 278 et n. 1, et notamment Ammien 31,5,15. L'influence de cet historien dans le présent passage semble aussi se révéler par la double réapparition du terme *carrago* en 8,2 et 8,5, attesté chez Ammien dans le passage tout proche de 31,7,7 ; cf. *supra*, p. 279. Dans les deux présentes occurrences, le sens de *carrago* n'est à nouveau pas évident, et il n'est nullement exclu qu'il faille y

---

1. Le couplage du nom d'une région plus vaste avec celui d'une région plus petite qui en fait partie est absurde.

voir plutôt une mention du train de chariots : cf. Straub, *Studien...*, p. 32. À cela s'ajoute encore, en 8,5, le fait que les mots *campi ossibus latent tecti* ne peuvent pas ne pas faire penser à un célèbre passage d'Ammien, sa description du champ de bataille d'*Ad salices*, et notamment 31,7,16 *albentes ossibus campi*, mots qui eux-mêmes démarquent Virgile (*Aen.* 12,36) et Tacite (*ann.* 1,61,2)[1]. Il paraît difficile de ne pas conclure que, lorsque « Pollio » rédigeait *Claud.* 8, il avait en tête le livre 31 d'Ammien. Les Anciens calculaient le nombre des navires avec lesquels les Grecs s'étaient rendus à Troie en se fondant sur le catalogue des vaisseaux (« Béotie »), dans l'*Iliade* 2,494-779. Le chiffre traditionnel est 1186[2]. Thucydide 1,10,4 parle de plus de 1200 vaisseaux. Barnes, *The Sources...*, p. 74, estime qu'il y a ici utilisation d'une source grecque. Cette supposition me paraît inutile : le chiffre de mille peut très bien être un élément traditionnel appartenant à la culture générale de « Pollio » (cf., par exemple, Thersite et Sinon mentionnés en *Aurelian.* 1,5). L'emploi du pluriel *urbes Asiae* (dans le sens d'Asie Mineure) est justifié, car, pendant les neuf premières années du siège, les Grecs entreprirent une série de campagnes dans le secteur et s'emparèrent de diverses villes, par exemple Thèbes de Mysie et Lyrnessos[3]. L'auteur fait ici état de son attachement à la vérité historique, par opposition aux inventions de la poésie ; cf. 11,5. Sur le sens caché qui se dissimule derrière la notion de *fides historica*, cf. le vol. V 2, p. xx, et A. Birley, « *Trebellius Pollio* »... L'apparition dans le présent contexte du verbe *fingit* résulte peut-être encore d'un souvenir (inconscient ?) d'Ammien ; ce même verbe apparaît en effet

---

1. Cf. Hartke, *Kinderkaiser...*, p. 68, n. 3 ; Straub, *Studien...*, p. 32-33 ; G. Kelly, *Ammianus Marcellinus. The Allusive Historian*, Cambridge, 2008, p. 13-30.

2. Cf. Casaubon *ad loc.* (avec deux coquilles dans la réimpression de l'édition de 1671) ; V. Magnin, édition classique de l'*Iliade*, Hachette, Paris, 1928, p. 80, n. 493.

3. Cf. Saumaise *ad loc.* ; P. Grimal, *Dictionnaire de la mythologie grecque et romaine*, Paris, 1958[2], p. 7.

en 31,5,17, aussi à propos d'une donnée chiffrée, à quelques lignes du paragr. 15 mentionné ci-dessus.

2.3.3.2 (8,2-3) *adulamur* : cf. app. crit. Ce verbe suit le plus souvent la conjugaison déponente, mais des formes actives sont attestées, tant à l'époque archaïque qu'à l'époque tardive ; cf. *ThlL* I 877,58-64 (H. Oertel, 1900) ; Klotz, *Beiträge...*, p. 273 ; P. Flobert, *Les verbes déponents latins des origines à Charlemagne*, Paris, 1985, p., 287. La forme *adulamus* ne doit donc pas forcément être rejetée. Après avoir été mentionnés séparément en 6,4-5 et 8,1, les chiffres d'hommes et de navires sont répétés ensemble ici et en 8,4. « Pollio » reprend aussi sa protestation contre l'accusation de flatterie ; cf. 3,1 ; 6,5 ; 11,5. Le temps des verbes au passé, ici et dans l'essentiel de ce qui suit, montre que le narrateur évoque la victoire définitive comme déjà acquise, alors même que le récit des opérations n'a pas commencé. Il ne s'insérera d'une manière extrêmement concise qu'en 9,3, 9,8-9 et 11,3-12,1, dont les données, notamment chiffrées, complétées par celles des sources parallèles, ne sont pas faciles à rendre cohérentes avec les présents développements laudatifs ; cf. *infra*, p. 302. Pour la mention des *familiae*, cf. 6,6 et 8,6, ainsi que *supra*, p. 277. Le nom propre *Brocchus* est un sobriquet ; il s'agit en fait d'un adjectif, dont le sens est fourni par Nonius (p. 27 Lindsay) : *bronci sunt producto ore et dentibus prominentibus*. Ce personnage, qui n'est attesté nulle part ailleurs, est certainement inventé. Son gentilice Iunius est aussi celui d'une brochette d'autres personnages fictifs de l'HA : cf. le vol. V 2, p. 408 et n. 195. On notera du reste que son grade n'est pas indiqué, et que l'Illyricum est, au IIIe s., une région géographique, et non pas une subdivision administrative ou militaire de l'Empire ; cf. 15,2, et *supra*, p. 90 et n. 2.

2.3.3.3 (8,4-6 ; 9,1-2) Paragr. 8,4-6. En 6,2, « Pollio » avait énuméré une série de peuples scythes. Ici, il les désigne tous ensemble du nom générique de Goths. Il continue à considérer les faits comme si la victoire était déjà acquise ; cf. ci-dessus, § 2.3.3.2. Pour les motifs des os jonchant le champ de bataille et de la *carrago*, cf. *supra*, p. 284-285. *lanceolis* : cf. *Maxi-*

min. 30,2. Ce diminutif est rarissime : cf. *ThlL* VII 2,918-919
(W. Buchwald, 1972). La nuance « petite lance » semble absente dans le présent contexte ; l'abus du diminutif est un
trait de la langue vulgaire. Ainsi *auricula* a fait disparaître
auris et donne en français « oreille » ; cf. Löfstedt, *Kommentar...*, p. 310-311. La mention de lances est ici sans doute en
outre anachronique : cf. Lippold, *Kommentar...*, p. 364-365.
De *nullum iter purum est*, Casaubon rapproche *Iliade* 8,491 ἐν
καθαρῷ, désignant un emplacement non souillé de cadavres.
L'auteur de l'*HA* joue volontiers avec les noms de nombres
distributifs au choix : *Heliog.* 21,2 ; 29,2 ; *Alex.* 41,3 ; 42,3 et 4 ;
Maximin. 6,5 ; *Gord.* 19,3 ; *Aurelian.* 26,4 ; *Tac.* 1,2. — Claude
poursuit en 9,1-2 sa lettre par une invective contre Gallien, un
motif sans cesse repris dans les *Trente Tyrans* : cf. *supra*, p. 62.
Vtinam... non esset passa res publica : cf. *trig. tyr.* 31,7 et le
vol. V 2, p. 331. *Sescentos* : mot latin habituellement employé
pour évoquer un nombre très élevé non précisé, équivalant en
français à « mille » ; d'où ma traduction. *Tyranni* : énumérés
en partie en 7,4-5, dans la lettre de Claude au Sénat et au
Peuple. *Male uictor* : victoires malencontreuses, car rempor-
tées dans le contexte de guerres civiles qui ont pour premier
effet d'affaiblir l'Empire romain. Gallien a épuisé les forces
de l'Empire en combattant des usurpateurs plutôt que des
ennemis extérieurs ; même idée chez Eutrope 10,12,1 à propos
de la bataille de Mursa. Le paragr. 9,2 tel que l'ont transmis les
mss est peu compréhensible, et il a suscité diverses conjectures.
Je me suis rallié au texte proposé par Soverini (*Problemi...*,
p. 133-138), qui justifie en détail ses conjectures. Les mots
reliquias naufragii publici colligit peuvent être confirmés par
divers parallèles : Cic. *Sest.* 15 *rei publicae naufragium... in quo
colligendo* ; Liv. 28,39,3 *uelut ad colligendas reliquias naufragii
nostri* (au sens figuré) ; Liv. 33,41,9 *collectis reliquiis naufragii*
(au sens propre) ; et surtout *HA quatt. tyr.* 5,3 *Firmum... feminei
propudii reliquias colligentem*. Pour *rei publicae restitutionem*,
cf. *HA trig. tyr.* 12,8 *qui... rem publicam restituant*.

    2.3.4.1 (9,3-9) Ces sept paragr. constituent, avec 11,3-12,1,
tout ce que « Pollio » a vraiment de concret à dire sur la

guerre gothique de Claude, le reste n'étant que remplissage, rhétorique et répétitions. En général, l'auteur de l'*HA* ne s'intéresse guère aux opérations guerrières. À ce titre, le récit assez circonstancié des opérations d'Aurélien contre les Palmyréniens (*Aurelian.* 22-31) constitue une exception. Dans le présent segment lui-même, les paragr. 4 fin, 5-6 et la fin de 9 ne sont que des amplifications laudatives développant des lieux communs. Le reste fournit des données authentiques, mais désordonnées et incohérentes. Des éléments d'*ornatus* apparaissent aussi bien dans les parties narratives que laudatives : *pugnatum est* de 3 est repris en triple anaphore en 7, 8 et 9. Les quatre membres de phrase de 4 s'articulent d'abord sur *multi* et *plerique*, puis sur *capti, captae* (polyptote) et *impletae* ; noter en outre l'abondance *seruis... cultoribus*, repris encore par *colonus*, les trois questions rhétoriques avec triple anaphore de *quid* de 5-6, et l'abondance des clausules accentuelles. Le récit parallèle de Zosime (1,42-46) aide à y voir plus clair, mais cet historien n'est pas non plus, comme on sait, « le phénix des hôtes de ces bois ». Les noms propres de Mésie et de Marcianopolis[1] mentionnés en 9,3 apparaissent aussi chez Zosime 1,42,1. Vu le contexte, le lecteur pense, bien que cela ne soit pas précisé explicitement, qu'il s'agit de combats où Claude était présent. Le récit de Zosime 1,42,1-2 nous apprend que ces affrontements appartiennent au début de la grande invasion mentionnée en 6,1-2, qui se situe dans la seconde moitié de 268 : les Barbares, descendant du Nord, tentèrent vainement de s'emparer de Tomes, puis se dirigèrent vers la Mésie et Marcianopolis. N'étant pas non plus parvenus à s'emparer de cette ville, ils continuèrent leur raid en direction des détroits, où ils perdirent la plus grande partie de leurs navires, incapables qu'ils furent de les diriger dans les courants du Bosphore. Comme on peut le déduire de 6,2 et

---

1. Il s'agit ici de la Mésie inférieure, où se situe Marcianopolis, fondée par Trajan en l'honneur de sa sœur Marcia, auj. Pravadi (cf. l'Atlas Barrington, carte 22, E5).

de Zosime 1,43,1, Claude n'était alors pas encore dans les parages, et peut-être même pas encore empereur. Le paragr. 9,4 fait un amalgame entre les pertes subies par les Barbares en mer, dues à leur seule méconnaissance de la navigation, et les nombreux prisonniers faits dans des combats. Cette information est aussi donnée par Zosime en 1,46,2, qui cependant la situe correctement après la défaite définitive des Barbares, en 270. Ce motif des nombreuses prises en hommes et en animaux est ensuite développé par « Pollio » à la fin du paragr. 4 et dans les paragr. 5-6. Le paragr. 7 est problématique. La mention des « Byzantins survivants » évoque un épisode antérieur : les troupes de Gallien s'étaient déchaînées contre les Byzantins, sans doute parce qu'ils avaient pris parti pour les deux Macriens père et fils (261-262 ?), et furent ensuite châtiées : cf. *Gall.* 6,8-9 et 7,2.4, avec le commentaire de Ratti, p. 117-119. Zosime ne mentionne pas un épisode à Byzance lors du raid de 268, et son récit en 1,43,1 le fait paraître peu vraisemblable : « Par suite de cette catastrophe (leurs malheurs dans le Bosphore), les Barbares se retirèrent du détroit de la Propontide et naviguèrent vers Cyzique ». Il est vrai que le Syncelle (p. 467,15-16 Mosshammer) parle d'une prise de Byzance et de Chrysopolis, mais son récit semble amalgamer les deux expéditions des Barbares, celle de 267-268 et celle de 268-270, car il enchaîne immédiatement avec l'attaque contre Athènes, qui appartient à la première expédition (p. 467,21). Cf. *Gall.* 13,6, avec le commentaire de Ratti, p. 158. Mais on ne peut évidemment pas exclure qu'il y ait eu en 268 aussi quelques opérations autour de Byzance mentionnées par la source utilisée par « Pollio ». Avec le paragr. 8, on reprend pied dans un contexte plus solide, éclairé par Zosime 1,43,1 : ayant échoué devant Cyzique, les Barbares se dirigèrent vers Thessalonique[1], « et peu s'en fallut qu'ils ne s'en emparassent. » Ils montèrent ensuite à l'intérieur des terres.

---

1. Sur les rares mentions de Byzance et de Thessalonique dans l'*HA* et leur signification, cf. Johne, *Kaiserbiographie...*, p. 156-176, et plus spécialement 157 et 170.

Le récit de Zosime est ici extrêmement resserré, et dissimule la longue durée de ces opérations. En 1,43,1, il est question d'un empereur romain qui s'approche : il s'agit de Claude, qui ne parut pas dans ces parages avant 269. Les allusions très concises et vagues du paragr. 9 englobent toute la suite des opérations jusqu'à la mort de Claude. Après les deux digressions de 10 et de 11,1-2, « Pollio » revient de 11,3 à 12,1 à la guerre gothique en fournissant quelques détails dans la plus grande confusion ; cf. *infra*, p. 301-302. Malgré les déficiences graves du récit de « Pollio », et celles, plus vénielles, de Zosime, il est évident que ces deux auteurs puisent dans la même tradition, et qu'il s'agit de celle de Dexippe. Cf. sur tout cela Damerau, p. 69-70 ; Kerler, p. 197-200, mes notes aux passages cités de Zosime dans mon édition de 2000, et Hartmann, dans Johne, *Soldatenkaiser...*, p. 302-303.

2.3.4.2 (9,3-9) Ce développement appelle un certain nombre de commentaires de détail. — Paragr. 4. La mention de femmes capturées peut faire penser à une invasion plutôt qu'à un raid : cf. *supra*, p. 277. L'expression *limes barbarus* (qui résulte d'une correction, cf. l'app. crit.) peut étonner. Normalement, *limes* est accompagné d'un adjectif ou d'un substantif désignant la province dont la frontière est en question, ou bien le peuple dont il est censé protéger l'Empire, par exemple *limes Saxonicus*. Le seul emploi parallèle semble se trouver chez Jérôme (*epist.* 16,2) : *barbarus Syriae limes*, plus proche des tournures habituelles. Si l'on comprend bien que *limes* ne désigne pas forcément une ligne étroite, mais peut aussi s'appliquer à une zone frontalière, à un glacis, et qu'on tient compte du fait qu'une frontière a forcément deux faces, on peut comprendre que *barbarus limes* définit un secteur frontalier entre le territoire romain et le *Barbaricum*. Pour ce qui concerne les colons, il convient de rapprocher le présent passage de Zosime 1,46,2, où il est dit qu'une partie des ennemis survivants « reçurent des terres et s'y adonnèrent à l'agriculture » ; cf. le vol. V 1, p. 273. Le terme *colonus* n'apparaît que trois fois dans l'*HA* : *Alex.* 13,6, ici et *Tac.* 6,8. Les colons sont à l'origine des travailleurs de condition libre à qui les grands propriétaires fonciers ou l'État afferment des terres. L'institution, fort ancienne — Caton en parle déjà —, se développe sous l'Empire avec le tarissement des guerres de conquête et la diminution des esclaves pris à la guerre. L'auteur en parle certainement selon les conceptions de son temps, où les colons sont désormais attachés à la glèbe et réduits à un statut proche de l'esclavage, et donc dans une perspective anachronique. Le COD. THEOD. 5,6,3, de 409, est le seul texte qui donne des détails sur les modalités de l'installation de prisonniers germaniques comme ouvriers agricoles à l'intérieur de l'Empire : cf. K.-P. Johne, *Kolonen und Kolonat in der Historia Augusta*, Historia-Augusta-Colloquium 1986/1989, Bonn, 1991, p. 107-116, et plus spécialement 112-114. — Paragr. 5. L'expression *triumphali seruitio* est insolite, comme du reste l'a ressenti « Pollio », qui ajoute *quodam* : je l'ai traduite littéralement ; le sens semble être : « une réduction en esclavage qui équivaut à un triomphe ». — Paragr. 6. *bouum* : cf. app. crit. Les mss *P ante corr. Σ* donnent *bonum* ou *bouum*. La forme du gén. pl. canonique de *bos* est certes *boum* (PROB. *inst. gramm.* IV 121,39), mais la forme *bouum* est largement attestée comme variante dans de nombreux mss de nombreux auteurs : cf. *Heliog.* 4,4, et *ThlL* II 2135,65-76 (K. Münscher, 1906) ; elle ne doit donc pas forcément être éliminée ici. L'apparition de juments celtiques semble résulter d'une invention gratuite, tout comme la présence de Celtes dans la liste de peuples de 6,2 ; « celtique » peut ici signifier « germanique » ; cf. aussi *Gall.* 7,1, et *supra*, p. 276-277. — Paragr. 9. L'expression *auspicia Claudiana* se retrouve en 11,3 et en *Aurelian.* 17,5. Elle est prudemment choisie. Sous l'Empire, l'empereur est le seul véritable *imperator*, il a seul le droit de triompher, et tous les combats, qu'ils soient dirigés par lui-même ou tel ou tel de ses légats, sont livrés sous ses propres auspices. En recourant à cette expression, « Pollio » laisse dans un flou discret le point de savoir si telle ou telle campagne a été dirigée par Claude lui-même ou bien par l'un de ses sous-ordres. Le détail des campagnes étant compliqué et peu clair, la présence de Claude parfois douteuse, le recours à *auspicia Claudiana* constituait une échappatoire commode. Pour l'adjectif dérivé d'un nom propre *Claudianus*, cf. *supra*, p. 191, n. 1. Par ailleurs, l'expression *auspicia Claudiana* peut faire penser à la célèbre histoire de Claudius Pulcher, consul en 249 av. J.-C., vaincu par les Carthaginois à Drépane; les poulets sacrés n'ayant pas donné un présage favorable en refusant de manger, il les fit jeter à l'eau, *ut biberent, quoniam esse nollent* (Cic. *nat. deor.* 2,7). Pour la prétendue parenté entre Claude II et Constance Chlore, cf. *supra*, p. 202. La nature exacte de cette parenté varie selon les sources : cf. *infra*, 13,2 et p. 313-315. Pour « Pollio », Constance Chlore est le petit-neveu de Claude II, selon Eutrope (9,22,1) et d'autres, le petit-fils. Comment dès lors traduire ici *nepos*? par cohérence avec 13,2, j'ai choisi « petit-neveu ». Selon l'*Anonyme de Valois* 1,2, Constance Chlore est *Claudii... nepos ex fratre*, ce qui confirme ma traduction; cf. Syme, *Emperors...*, p. 205, n. 1.

2.3.5.0 (10) Le début de ce chap., *et bene uenit in mentem* (pour l'expression, cf. *supra*, p. 139 et *Did.* 7,1), le signale comme constituant une digression, qu'il est insolite de voir insérée ici, au milieu du récit des campagnes contre les Goths. Elle serait plus à sa place dans l'appendice, qui commence avec le chap. 13. Il ne s'agit pas vraiment d'*omina imperii* (sur ce motif et les contextes de son insertion, cf. le vol. V 1, p. 314-315), puisque les quatre prophéties sont des réponses données à Claude *factus imperator.* Il n'y est donc pas question d'une future accession au pouvoir suprême, mais de la durée de son règne et du destin de son frère Quintillus. Ce chapitre tout entier est bien évidemment le fruit de la fantaisie de « Pollio ». Sur les clausules de ce chap., cf. Zernial, *Weitere Akzentklauseln...*, Colloquium Argentoratense, p. 359-360.

2.3.5.1 (10,1-3) Le nom de l'endroit où fut donnée à Claude la première réponse fait problème : cf. l'app. crit. Les données des mss ne fournissent aucun sens satisfaisant. La correction de Gruter, adoptée par Saumaise et les éditeurs récents[1], *Commagenis*, ne résout qu'en partie la question. La forme *Commagene* (f. sing.) est l'ancien nom d'une région de Syrie, incorporée dans la la province Euphratensis durant l'antiquité tardive (rive droite de l'Euphrate). Hartke, *Kinderkaiser...*, p. 391-392 et n. 2 de la p. 391, pensait que « Pollio » faisait ici allusion à cette région orientale riche en sanctuaires. Cette identification est cependant ruinée par le fait que Claude II ne s'est jamais rendu dans ce secteur, tenu alors par les Palmyréniens. Il est donc préférable de songer avec Saumaise à la petite ville de *Commagenae* (f. pl., plutôt écrite avec un seul m), en Norique, sur la rive droite du Danube, à peu de distance en amont de Vienne, auj. Tulln (cf. l'Atlas de Barrington, carte 13, B4). Bien évidemment, cette petite ville proche du *Barbaricum* n'est en rien le site rêvé pour un sanctuaire oraculaire rendant des réponses en des vers lyriques savants. Nous manquons d'informations pour mesurer la part exacte de fiction qu'il y a dans cette localisation et deviner ce qui a pu alimenter la fantaisie de « Pollio ». Au pire, le nom même a pu être inventé. Hartke (*Geschichte und Politik...*, p. 79) tend à attribuer cet oracle à Nicomaque Flavien. *Diuinitus constitutum* : la même expression est employée par Pline pour Trajan dans le *Panégyrique* (1,4) ; le même adverbe se retrouve dans des contextes proches en *Auid.* 2,2 et *trig. tyr.* 5,6 ; cf. aussi Lact. *epit.* 65,7 ; Avg. *ciu.* 22,24, p. 612 DK. Le procédé mentionné au paragr. 2 est une espèce de tirage au sort, comme le révèlent les mots *sors* et *emersit* : il doit s'agir d'une urne dans laquelle se trouvent plusieurs papiers portant chacun un texte ; c'est ce qui est nommé ici *sors* ; on en tire un au hasard, et on peut donc dire que la *sors* en « sort », comme on dit, au cours d'une loterie, que tel numéro « sort ». Le texte cité par « Pollio » est surprenant. Alors que les prophéties sont en principe rédigées

---

1. Zernial, *op.* et *loc. citt.* ci-dessus, p. 292, pour rétablir un « cursus », suggère *Comacia*, autre petite ville danubienne. Mais il est excessif de vouloir étendre l'auteur de l'*HA* sur le lit de Procruste d'un respect des clausules ne souffrant aucune exception.

en hexamètres dactyliques, nous avons ici un vers lyrique fixe, savant, et relativement rare, utilisé notamment par Catulle, Stace, Martial et Ausone : l'hendécasyllabe phalécien. Sur ce vers, cf. L. Nougaret, *Traité de métrique latine classique*, Paris, 1956[2], p. 102-103. Dans ce vers, l'antépénultième syllabe doit être brève ; le premier vers de la prophétie est donc incorrect, car la dernière syllabe de *gubernas* est longue. Les vers 3 et 4 ne deviennent compréhensibles et corrects qu'au prix de corrections : cf. l'app. crit. L'origine de ces vers est inconnue ; il est impossible de dire si « Pollio » les a composés lui-même ou bien empruntés à un tiers. Ph. Bruggisser[1] les a récemment étudiés. Le groupe du v. 2 *arbiter deorum* se lit déjà chez Stace (*Theb.* 4,751-752), un poète cité par l'*HA Gord.* 3,3, et se retrouve chez Claudien, 20 (*in Eutr.*), 160-161. Dans ces deux passages, l'expression désigne Jupiter, dans celui de l'*HA* Claude, apparemment assimilé à Jupiter, puisqu'il ne dirige pas seulement sa patrie, mais le monde entier. Le *ThlL* II 407,2 (O. Hey, 1900) classe notre passage parmi les sens métaphoriques, ici « dominus, praefectus », *deorum* ayant dès lors nécessairement une nuance spécifique, non pas « des dieux », mais « établi par la volonté des dieux ». Le terme *nouellus*, vu le contexte, signifie évidemment ici au v. 3 « descendant ». Cette acception peut sembler nouvelle, mais on la trouve en fait plus ou moins déjà chez Tibulle 2,2,21-22, dans l'élégie adressée à un certain Cornutus pour son anniversaire ; le poète lui souhaite une longue vie et une belle postérité : *hic ueniat Natalis auis prolemque ministret, / ludat et ante tuos turba nouella pedes.* L'emploi du comparatif substantivé *minores* au pluriel des v. 4 et 5 pour désigner les descendants, par opposition aux *maiores*, les ancêtres, est bien attesté dès Lucrèce, 5,1197 : cf. *ThlL* X 1,559,8-19 (G. Kuhlmann,1988). La succession *nouelli — minores — minores* suggère trois générations, éventuellement identifiables avec Constance Chlore,

---

1. *Claude le Gothique* arbiter deorum. *Une réminiscence de Stace dans le contexte de la propagande constantinienne*, Historiae Augustae Colloquium Bambergense, Bari, 2007, p. 83-93.

Constantin Ier et, enfin, ses fils. Dans ce cas, les pluriels de *nouelli* et des premiers *minores* ne seraient pas corrects, mais on peut supposer que « Pollio » n'a pas réussi à découvrir, inventer ou adapter des vers qui correspondent exactement à la prétendue future descendance de Claude. Il n'en est du reste pas à cela près quant aux approximations ! Cf. Dessau, *Ueber die Scriptores...*, p. 581-582. Pour les citations en vers dans l'*HA*, cf. *supra*, p. 100-101. Le verbe *imperaturus esset* montre que *regnare* (v. 4 ; cf. aussi paragr. 4), verbe en principe choquant pour une oreille romaine, n'est ici, comme ailleurs dans l'*HA*, utilisé que comme simple synonyme d'*imperare*.

2.3.5.2 (10,4-7) Les trois prophéties suivantes appartiennent à la sous-catégorie des *sortes Vergilianae*. Ce procédé de cléromancie fondé sur des vers de Virgile auxquels est conférée une signification prophétique apparaît à plus d'une reprise dans l'*HA* : *Hadr.* 2,8 ; *Alb.* 5,4 ; *Alex.* 4,6 et 14,5, ainsi qu'ici ; cf. *Gord.* 20,5 (le nom de Virgile n'apparaît cependant que dans le premier et le quatrième de ces six passages). On ne s'étonne pas qu'il s'agisse presque dans chacun de ces cas de vers provenant du livre 6 de l'*Énéide*. C'est Augustin qui est notre meilleure source sur cette pratique, en vue de laquelle les païens utilisaient Homère, Hésiode et Virgile, les chrétiens la Bible. Dans l'*epist.* 55,37 (vers l'an 400 : cf. l'édition des *Lettres* de Goldbacher, vol. 5, CSEL 58, 1923, p. 18-19), il se borne à dire qu'il vaut mieux utiliser la Bible que des ouvrages profanes pour ce genre d'exercice, qui cependant par principe lui déplaît. Dans les *Confessions*, qui datent de la même période, il est beaucoup moins négatif. En 4,3,5, il évoque les prédictions faites par Vindicianus : lisant au hasard un poète parlant d'un sujet quelconque, il y trouvait des réponses concernant ses propres préoccupations du moment. Le texte de 8,12,29 est le plus intéressant. C'est la célèbre scène du *tolle, lege* : quand il entend ces mots, Augustin prend en main un tome des *Épîtres* de l'apôtre Paul et l'ouvre au hasard. Ses yeux tombent sur un passage de l'*Épître aux Romains* (13,13-14), une exhortation à la vigilance et à la pureté qui décide de sa conversion. C'était là une des méthodes de cette pratique. Une autre consistait à mettre dans une urne des billets portant un ou quelques vers et de les en tirer au hasard. La première méthode ne fonctionnait pas avec des *uolumina*, elle n'est donc pas antérieure à la diffusion des *codices*. La convergence des premières attestations vers l'an 400 chez Augustin peut servir d'indice supplémentaire pour une datation tardive de l'*HA*, dont les témoignages sont des inventions sans aucune valeur historique. Pour tout cela, cf. Dessau, *Ueber die Scriptores...*, p. 582-585 ; *RE* VIII A, 1468,22-41 (K. Büchner, 1958) ; *Lexikon der alten Welt* (Zürich-Stuttgart, 1965), 2840 ; Y. de Kisch, *Les sortes Vergilianae dans l'Histoire Auguste*, MEFR 82, 1970, p. 321-362 ; N. Horsfall, *Apuleius, Apollonius of Tyana, Bibliomancy*, Historiae Augustae Colloquium Maceratense, Bari, 1995, p. 169-177, ici p. 175-177 ; Fündling, *Kommentar...*, p. 304-306. Le site oraculaire sur l'Apennin est aussi une invention de l'auteur de l'*HA*, qui en reparle en *quatt. tyr.* 3,4 : cf. le vol. V 2, p. 218. Le premier oracle provient d'*Aen.* 1,265, concernant la durée du règne d'Énée au Latium, et annonce une durée de trois ans pour le règne de Claude, ce qui est évidemment faux, car cet empereur n'a régné qu'assez exactement deux ans (cf. *supra*, p. 248). Mais l'auteur de l'*HA* n'a aucun souci de chronologie exacte, et du reste la durée du règne de Claude était un objet de controverse dans l'antiquité : cf. Eunape, *hist. frg.* 1,7 (dans mon édition de Zosime, vol. I², p. 287). Le second oracle provient d'*Aen.* 1,278 ; c'est la célèbre prophétie annoncée par Jupiter à Vénus concernant l'avenir de Rome. Elle est ici appliquée à la descendance de Claude, censée se perpétuer sans fin. La mention de ce vers de Virgile a suscité des controverses multiples. Les tenants de l'authenticité des données du présent chapitre et de la datation traditionnelle de l'*HA* pensaient qu'une telle prophétie ne pouvait avoir été répandue qu'à l'époque de Dioclétien et de Constantin (Mommsen, *Die Scriptores...*, p. 229). Dessau affirmait que le contenu du chapitre 10 était impensable sous le règne de Dioclétien et de Maximien (*Ueber die Scriptores...*, p. 564-566), qu'il ne fallait pas prendre trop au pied de la lettre les mots *nec tempora ponam*, et que, si l'Anonyme avait voulu insister sur la notion de durée éternelle, il aurait encore ajouté les mots qui suivent, *imperium sine fine dedi* (*ibid.* p. 579-585). O. Seeck[1] estimait que ce vers était un argument pour situer l'*HA* sous l'usurpateur Constantin III (407-411). Baynes (*The H. A. ...*, p. 52-57) était convaincu que ce vers fournissait un « terminus ante quem » en juin 363, date de la mort de Julien, dernier rejeton de la famille constantinienne à la tête de l'Empire. La suggestion à mon sentiment la plus séduisante fut proposée par Hartke (*Geschichte und Politik...*, p. 77-80), développant une indication de Mommsen : le nom de Flavius fut porté non seulement par les membres de la dynastie constantinienne, mais aussi par pratiquement tous les empereurs romains jusqu'au-delà de 450. La pérennité formelle de la descendance de Constance Chlore a donc pu être affirmée sans proférer une énormité dans une œuvre publiée n'importe quand pendant un siècle et demi, de 300 à 450. Par ailleurs, il ne faut pas oublier les liens qui ont existé entre les dynasties constantinienne et valentinienne. Gratien épouse Constantia, fille de Constance II, Justine était la fille de Justus, sans doute apparenté à la dynastie constantinienne, sa fille Galla est la seconde femme de Théodose Ier, Galla Placidia est sa petite-fille. Cf. sur cela Chausson, *Stemmata aurea...*, p. 97-187, et Socrate, *hist. eccl.* 4,31,11-13. Le troisième oracle provient d'*Aen.* 6,869 : Anchise aux Enfers annonce que la vie de Marcellus sera brève. Ici, il est appliqué à la très courte durée du règne de Quintillus, le frère de Claude, dont il va être question au chap. 12. Ce même vers apparaît, dans un contexte plus étendu, en *Ael.* 4,1 et dans l'un des passages énumérés ci-dessus, *Gord.* 20,5. Le paragr. 7, censé avoir été écrit avant le 1er mai 305, c'est-à-dire quand Dioclétien et Maximien étaient Augustes, suffit à lui seul à prouver que la date de rédaction de la *uita Claudii* qu'on tire des allusions du texte ne peut être que fictive. Il était en effet non seulement impossible de prévoir alors déjà la future grandeur de Constantin

---

1. *Politische Tendenzgeschichte im 5. Jahrhundert*, RhM 67, 1912, p. 591-608.

et de ses fils, mais eût-ce été néanmoins possible qu'une telle
annonce aurait constitué un crime de lèse-majesté en privi-
légiant l'un des Césars aux dépens de l'autre et, surtout, en
anticipant une future décision des deux Augustes. « Pollio »
est si bien conscient de l'énormité de ce qu'il propose à son
lecteur qu'il tente — bien faible précaution ! — de le rassu-
rer par l'adjonction de la clause de style *saluis...* etc. En outre,
Constance Chlore ne peut pas être qualifié d'ancêtre d'*Augusti
multi* avant 337. Cf. en *Tac.* 16,4 une annonce de même type
relative à la descendance de Tacite et de Florien. Pour *ponere*
dans le sens de « citer », cf. le vol. V 1, p. 243, n. 13.

2.3.6.1 (11,1-2) Après cette digression sur les prophéties
révélées à Claude issues de sa propre fantaisie, « Pollio » en
revient au fil de son récit des guerres sous Claude, et il se
lance dans une seconde digression, une insertion concernant
la situation en Orient, qui s'intercale dans la narration de
la guerre gothique. Cette seconde digression résulte, elle, de
la fidélité de « Pollio » à sa source, comme le prouve la disposition identique du récit parallèle de Zosime : 1,42-43,
seconde équipée des Goths commençant en été 268 ; 1,44,
événements en Orient ; 1,45-46, suite de la guerre gothique
jusqu'à la mort de Claude. Cette disposition reflète de toute
évidence celle de la tradition de Dexippe. J'aurais personnellement tendance à penser que « Pollio » suit ici directement
Dexippe : trois indices me semblent converger en ce sens
dans les quelques lignes du début du chap. 11 (paragr. 1-
3). Tout d'abord la disposition insolite consistant à insérer
une digression sur les événements d'Orient dans le récit de
la guerre gothique. Ensuite l'apparition d'une date consulaire
en 11,3. Enfin, dans le même paragr., le groupe *fame ac pestilentia*, évidente traduction d'un couple de substantifs grecs
formant paronomasie, attesté déjà chez Hésiode (*erga* 243) et
surtout Thucydide (2,54,2-3), le grand modèle de Dexippe :
λιμῷ καὶ λοιμῷ, deux substantifs qui, du reste, à l'époque
tardive se prononcent de manière identique. Qu'une source intermédiaire ait conservé ces trois traits spécifiques en quelques
lignes et que « Pollio » les eût fidèlement repris me semble, si-

non impossible, du moins peu vraisemblable. Le contenu des paragr. 1-2 est très peu clair. Il s'agit d'un résumé extrême et intentionnellement trompeur d'une suite assez complexe d'événements dont on trouve le récit détaillé chez Zosime 1,44. Les deux sources grecque et latine présentent plusieurs différences, mais surtout commettent la même erreur chronologique en situant l'ensemble de l'épisode oriental du vivant de Claude, soit avant septembre 270. Or tout porte à croire que les entreprises des Palmyréniens contre l'Égypte ne commencent qu'en 270, et que la conquête de ce territoire fut en fin de compte facilitée par la nouvelle de la mort de Claude. En effet, la monnaie d'Alexandrie a encore émis des pièces au nom de Claude II et de Quintillus, ce qui prouve que la ville reconnut encore brièvement l'autorité de Rome immédiatement après la mort de Claude, après être tombée provisoirement une première fois aux mains des Égyptiens. C'est du moins cet enchaînement un peu compliqué que semble suggérer le récit de Zosime 1,44,1-2. L'erreur de datation est confirmée par l'apparition de la date consulaire de 270 en 11,3. Comme cette date provient certainement de Dexippe, il faut en conclure que l'historien athénien était peut-être insuffisamment renseigné pour établir la chronologie relative de la guerre gothique et des événements d'Égypte. Une autre possibilité est qu'une insertion maladroite de la notice sur les événements d'Orient entre deux autres notices relatives à la guerre gothique, placées l'une en 269, l'autre en 270, ait créé quelque confusion dans sa *Chronique*. Le *Frg.* 1 de l'ouvrage historique d'Eunape prouve du reste que Dexippe n'était pas tout à fait au clair quant à la chronologie du règne de Claude : cf. *supra*, p. 296. Outre l'erreur chronologique commune à « Pollio » et à Zosime, les lignes de 11,1-2 comportent encore plusieurs inexactitudes. Le personnage nommé Saba dans l'*HA* s'appelait en réalité Zabdas. Les éditeurs corrigent l'erreur des mss « Timogène » en « Timagène » d'après Zosime, mais on ne peut exclure que la faute remonte à « Pollio » *ipsissimus* ; ce personnage était le chef du parti palmyrénien en Égypte. La victoire momentanée des Égyptiens ne fut en outre de loin pas aussi complète que le dit « Pollio » puisque, après un premier succès favorable aux Romains, le pays tomba derechef au pouvoir des Palmyréniens. On peut remarquer en passant, non sans sourire, que « Pollio » fait ici un grand éloge des Égyptiens dont son *alter ego* « Vopiscus » brosse un tableau très peu flatteur (*quatt. tyr.* 7-8). Le personnage nommé Probatus est en réalité Tenagino Probus, préfet d'Égypte en 269-270 (nommé ici *dux Aegyptiorum*). Les Palmyréniens profitèrent de son absence — il était en train de pourchasser les Goths embarqués en divers points de la Méditerranée orientale — pour lancer leur première attaque contre l'Égypte. Il fut finalement vaincu par les Palmyréniens et se donna la mort (comme le précise Zosime 1,44,2). « Pollio » escamote complètement le fait que cette mort n'intervient qu'après une seconde attaque des Palmyréniens contre l'Égypte. Il est fort probable que la déformation du nom de Probus en Probatus soit ici intentionnelle, car « Vopiscus », en *Prob.* 9, attribue au futur empereur Probus tous les exploits de Tenagino Probus et le fait donc survivre, alors qu'ici il meurt. L'auteur de l'*HA* ne pouvant suggérer à son lecteur que ce Probus soit ressuscité, il est bien obligé de distinguer deux personnages, mais comme il ignore tout de Tenagino Probus, il recourt au subterfuge d'un petit changement de nom. Les Égyptiens ne retombèrent définitivement sous l'autorité romaine qu'en 272, et l'empereur qui y fut alors reconnu n'était plus Claude II, mais Aurélien. Il est donc évident que « Pollio » arrange et embellit ici les choses *ad maiorem Claudii gloriam*. Bien loin d'ailleurs de se soumettre volontiers à Rome, les Alexandrins se révoltèrent et tentèrent de devenir une ville libre : cf. le vol. V 2, p. 208-209. J'ai expliqué tout ce qui est en rapport avec la conquête de l'Égypte par les Palmyréniens dans mon commentaire de Zosime, vol. I^2, p. 163-164, ainsi que dans le vol. V 2, p. 78-85. Je renvoie donc à ces développements pour tout ce qui concerne le détail de la chronologie, de la prosopographie, de l'enchaînement des événements, des falsifications, des inventions et de la bibliographie. Cf. en outre Damerau, p. 57-59, et U. Hartmann, dans Johne, *Soldatenkaiser...*, p. 360-361.

2.3.6.2 (11,3-4) Après les deux digressions de 10 et de 11,1-2, « Pollio » reprend le récit de la guerre contre les Goths, interrompu après 9,9, se concluant sur la notation très vague et très concise *pugnatum in diuersis regionibus et ubique auspiciis Claudianis uicti sunt Gothi*. Le récit offert en 11,3-12,1 est si gravement lacunaire et confus qu'il serait totalement incompréhensible sans le secours du récit parallèle de Zosime 1,43,2 et 45,1-46,1. Il commence par la date consulaire de 270, évidemment tirée de Dexippe, mais insérée apparemment au hasard : cf. *supra*, p. 299, où il est précisé que les événements rapportés en 11,1-2 sont en partie postérieurs à la mort de Claude, donc postérieurs à ce qui est narré en 11,3-12,1. C'est ici la dernière date consulaire qu'on trouve ans l'*HA* ; cf. *supra*, p. 85. Le lien avec 9,9 est mis en évidence par la répétition de l'expression *auspicia Claudiana*, d'un flou voulu : cf. *supra*, p. 291-292. Ici cependant, Claude est vraiment présent. Le premier événement enregistré est la retraite de la masse des Barbares vers l'Hémimont. On est ici une fois de plus en présence d'un anachronisme : *Haemimontus* est le nom d'une des six provinces du diocèse de Thrace créées en 297 par Dioclétien ; son chef-lieu était Andrinople. Son nom dérive de *Haemus*, la chaîne montagneuse qui sépare la vallée inférieure du Danube de celles du Strymon et de l'Hèbre ; cf. Amm. 27,4,11-13. Même anachronisme en *Aurelian.* 17,2 ; cf. le vol. V 1, p. 112. « Pollio » disant *Haemimontum* tout court, sans *in* (qu'Erasme propose de rajouter, cf. app. crit.), on peut se demander s'il ne prend pas ici ce nom de province pour un nom de ville. Zosime 1,45,1, enregistrant le même épisode, dit plus correctement que les Barbares se replièrent « vers l'Hémus ». Ce qu'il y a de plus intéressant dans ce paragr. de Zosime est cependant d'une part qu'il s'insère exactement comme dans l'*HA*, immédiatement après la parenthèse égyptienne de 1,44, et surtout qu'il précise que les Barbares en question sont les « survivants après la bataille livrée à Nish ». Qu'il s'agisse bien de ce contexte est confirmé par le fait que le περιλειφθέντες de Zosime 1,45,1 a son exact équivalent dans le *quae superfuerant* de 11,3. On est ainsi amené à la conclusion que « Pollio » escamote entièrement la grande victoire contre les Goths de Nish — qui valut à Claude d'être le premier empereur romain à porter le surnom honorifique de *Gothicus*, proclamé par l'épigraphie et la numismatique — et qu'il se borne à l'englober dans les mots *pugnatum in diuersis regionibus* de 9,9 ; cf. aussi l'allusion obscure de 7,6, qui concerne sans doute cette bataille. On peut ajouter à sa partielle décharge que l'excellent Zosime mentionne ici le nom de cette victoire une fois qu'elle est accomplie, lequel nom cependant ne paraît pas dans les lignes qu'il lui a consacrées précédemment en 1,43,2. Selon lui, dans cette bataille, les Barbares auraient perdu 50 000 hommes, plus 3 000 hommes dans la rencontre avec les cavaliers dalmates immédiatement avant la grande bataille. Ce chiffre ne concorde guère avec celui de 320 000, longuement exalté en 6,4-8,4 ! Pour le détail des opérations dans lesquelles s'inscrit la bataille de Nish, cf. Damerau, p. 70-71 (avec la liste des sources parallèles p. 71, n. 19), et Kerler, p. 200-201 et 206. Les ravages provoqués chez les Barbares par la famine sont dûment enregistrés par Zosime (qui ne parle cependant pas de la peste en 1,45,1 ; mais cf. 1,46,1), toujours dans le même contexte de 1,45,1. Sur les déductions qu'on peut tirer de l'emploi par « Pollio » des mots *fame ac pestilentia*, cf. *supra*, p. 298.

2.3.6.3 (11,5-8) Selon sa fâcheuse habitude — qui est du reste aussi celle de Zosime ! —, « Pollio » escamote des événements importants, mais il aime à s'arrêter sur des épisodes plutôt anecdotiques. C'est ce qu'il fait ici en 11,5-8. Zosime 1,45,2 nous apprend que, après la retraite des barbares vers l'Hémus, les Romains subirent un revers résultant d'un manque de coordination entre l'infanterie et la cavalerie, qui aurait amené Claude à combattre avec la seule infanterie. Mise en fuite après avoir subi de lourdes pertes, elle aurait été sauvée par l'intervention tardive de la cavalerie. Le récit de « Pollio » est, on le constate, assez différent. Ce même épisode est encore mentionné en *Aurelian.* 18,1 : avant que le futur empereur Aurélien prenne le commandement de la cavalerie, les chefs de celle-ci avaient commis la faute d'engager le combat (dans un contexte non précisé) sans l'ordre de Claude. Ces diverses données semblent difficiles à coordonner : cf. le vol. V 1, p. 114. On peut cependant tenter une reconstitution en complétant les uns par les autres les trois récits. Un malentendu (volontaire ou non ?) dû aux responsables de la cavalerie empêche une action coordonnée de l'infanterie et de la cavalerie. Claude engage le combat avec la seule infanterie, sans attendre l'arrivée de la cavalerie. Il remporte la victoire ; les soldats se livrent au pillage ; ils sont alors attaqués par l'ennemi et subissent de lourdes pertes ; l'intervention tardive de la cavalerie sauve la situation. Un facteur supplémentaire d'incertitude est constitué par la mention des cavaliers dalmates en 11,9 : cf. *infra*, p. 304-305. Quoi qu'il soit, il est clair que « Pollio » monte l'épisode en épingle. Il commence, en haussant le ton, par se défendre une fois de plus, au moment d'exalter Claude, d'être un flagorneur : cf. *supra*, p. 254. — Paragr. 5. Pour le motif de la *fides historica*, cf. *supra*, p. 102. Pour l'emploi transitif de *tacere*, cf. le vol. V 2, p. 40, n. 38. Dans la liste de cette dernière note, ce sont les occurrences de *tacere aliquem* qui sont enregistrées ; dans le cas présent, on a la construction *tacere aliquid*, qui est plus fréquente : cf. le *Lexicon...* de Lessing, p. 651, chiffre 2) a). La combinaison de *historia* avec *tacere* se retrouve en *trig.* tyr. 22,9 et *Aurelian.* 37,5. — Paragr. 6. *secundis rebus — animos fatigant* : cf. SALL. *Catil.* 11,7 *secundae res sapientium animos fatigant.* Pour les échos de Salluste dans l'*HA*, cf. *supra*, p. 83 et 268-269. *fugari* : cf. app. crit. Soverini, *Scrittori...*, I, p. 120, défend la leçon des mss *fatigari*. Le sens qu'il donne ici à ce verbe n'est guère attesté ; il doit bien plutôt s'agir d'une répétition mécanique de *fatigant*, employé deux lignes plus haut dans son sens habituel. Cf. en outre Zosime 1,45,2 καρτερᾶς γενομένης μάχης ἐτρέποντο Ῥωμαῖοι. — Paragr. 7. *fugerant interempta sunt* : cursus octosyllabe, comme *infra*, 12,5 *Pertinax interemptus est.* — Paragr. 8. « Pollio » insiste sur le fait que la responsabilité du revers est imputée aux soldats, tandis que le succès qui suit l'est au courage du prince. Ainsi ce détail, mentionné par souci de privilégier la vérité, au prix même d'être moins flatteur à l'égard de Claude, revient en fait à compléter son panégyrique. Le groupe *rebelles animos* est repris de *Hadr.* 5,2 ; cf. *Aurelian.* 38,3 *rebelles spiritus*. Les soldats coupables sont ici destinés aux combats dans l'arène à Rome. Ils y étaient apparemment opposés à des gladiateurs ou à des bêtes féroces sans moyen de défense : cf. Firm. *math.* 7,8,7 ; Cod. Theod. 9,18,1 (a. 315) ; Symm. *rel.* 47. *Antiquatum est* : seul emploi de ce verbe dans l'*HA*. *Praesumpta est* : dans le présent emploi, la nuance du préverbe est complètement effacée : cf. *ThlL* X 1,962,1 (M. Hillen, 1991).

2.3.6.4 (11,9) Les mots *in quo bello* sont ambigus, car *bellum* peut aussi bien signifier « guerre » (opérations comportant plusieurs combats) que « combat » : cf. *ThlL* II 1823,23-24 et 1824,69-70 (B. A. Müller, 1905). Le second sens n'apparaît d'abord que chez les poètes, mais se généralise à l'époque tardive. Selon le *Lexicon...* de Lessing, p. 50, 5), le sens « combat » serait attesté dans l'*HA* en *Maximin.* 6,2 ; *Gord.* 15,3 ; 16,1 et 2 ; ici donc, le sens serait « guerre ». Il est difficile de trancher. Si l'on adopte le sens « guerre », l'expression désignerait la guerre contre les Goths dans son ensemble, et le combat livré par les cavaliers dalmates correspondrait à ce qui est narré par Zosime 1,43,2, où les Barbares perdirent 3 000 hommes, lequel se situe immédiatement avant la bataille de Nish. Il y aurait dans ce cas un retour en arrière chez « Pollio », car la notice devrait s'insérer avant 11,3. Dans le grand désordre du récit de l'*HA*, une telle maladresse ne serait en rien surprenante. C'est ainsi que Damerau, p. 70, comprend le présent passage. Plus gênante est l'expression *in quo bello quod gestum est*, qui semble bizarrement incomplète, ce qui a suggéré à Helm, suivi par Hohl, d'ajouter *a Claudio* après *quod*. Dans ce cas, le passage semblerait concerner le combat narré immédiatement auparavant, aux paragr. 6-8, et *bellum* signifierait ici « combat ». Les cavaliers dalmates seraient les cavaliers non identifiés dont l'intervention sauva la victoire selon Zosime 1,45,2 ; le début du paragr. 9 ne serait qu'un complément maladroit à ce qui précède immédiatement. Cependant Peter, sensible comme Helm et Hohl au *quod gestum est* apparemment incomplet, avait suggéré comme ajout *cum Gothis*, maintenant ainsi assez évidemment l'ambiguïté de *bellum* dans le présent contexte. Ce qui me fait pencher en faveur du sens « guerre », et donc d'une insertion fautive du début du paragr. 9, c'est que celle-ci est évidemment à la gloire des Dalmates, alors que, dans le combat dont il est question aux paragr. 6-8, le rôle de la cavalerie, tu par « Pollio », mais mentionné par Zosime 1,45,2 et « Vopiscus » *Aurelian.* 18,1, est peu clair et nullement au-dessus de tout éloge. En tout état de cause, la cavalerie dalmate joue un rôle important dans l'armée romaine tardive : cf. *Gall.* 14,4 et 9 ; Zosime 1,40,2 et 1,52,3, et surtout les très nombreuses unités de cavalerie dalmate enregistrées dans la Not. dign. (cf. l'index de l'édition de Seeck, p. 317). Le lien causal établi par « Pollio » entre la valeur des cavaliers dalmates et l'origine de Claude est absurde et évidemment inventé. Cette origine n'est pas vraiment connue, et les diverses versions en circulation sont toutes suspectes : cf. Damerau, p. 19-20 et 41-42. La Dardanie est une province du diocèse des Mésies. La Dalmatie est une province du diocèse des Pannonies. Ces deux provinces ne sont pas très éloignées l'une de l'autre et appartiennent toutes deux au même grand secteur nommé Illyricum. Les deux origines concurrentes mentionnées ici n'en forment donc au fond qu'une seule. La nièce de Claude aurait épousé un noble Dardanien (*infra* 13,2) ; Claude appartiendrait à l'*Illyriciana gens* (*infra* 14,2) ; Constance Chlore était originaire d'Illyricum (Aurélius Victor 39,26), et il avait eu des liens avec la Dalmatie quand il avait précédemment été *praeses Dalmatiarum* (ANON. Vales. 1,2 ; *HA Car.* 17,6). Par ailleurs, *Dalmatius / Delmatius* est un nom qui apparaît dans la dynastie constantinienne. La version de l'*Epitome* 34,2 est plus piquante : Claude serait le fils d'une femme expérimentée chargée de déniaiser Gordien III (*dum adulescens a muliere matura institueretur ad uxorem*). On voit bien qu'on est ici en présence d'un montage visant à établir des liens d'une part avec Constance Chlore, d'autre part — en jouant sur l'équivoque Dardanie, qui peut aussi désigner la région de Troie — avec Énée, le *Dardanius dux* de Virgile (*Aen.* 4,224), d'ascendance divine, et ancêtre de César et d'Auguste. En outre, Nish, lieu de naissance de Constantin Ier, était le chef-lieu de la Dardanie, et Constantin aurait voulu à un certain moment établir sa nouvelle capitale dans le secteur de Troie, en Dardanie (Zosime 2,30,1). Dardanus est le fondateur de Troie et l'ancêtre d'Ilus, lui-même ancêtre commun de Priam et d'Énée. Cf. R. Syme, *The Ancestry of Constantine...*

2.3.7.1 (12,1) Ici de nouveau, comme en 9,1-2, la subdivision en chapitres est maladroite : le paragr. 12,1 devrait logiquement encore faire partie du chapitre 11, comme paragr. 10. Ces lignes concernent les opérations maritimes des Goths plus ou moins contemporaines des événements en Macédoine. Le parallèle le plus proche est fourni par Zosime 1,46,1, qui évoque dans ce contexte les effets de la peste, mentionne, comme « Pollio », la Crète, mais parle en outre non pas de Chypre, mais de Rhodes. Ces deux sources continuent à dépendre ici d'une tradition dexippéenne qu'apparemment elles abrègent chacune à leur manière. Les mots d'Ammien 31,5,16 *insulae populatae conplures* concernent sans doute ces mêmes épisodes, qui s'inscrivent vraisemblablement dans le contexte des opérations de Tenagino Probus contre les pirates mentionnées en passant par Zosime 1,44,2, et du siège de Sidè dont parle Dexippe (*Frg.* 29 Jacoby, 27 Martin) : cf. *supra*, p. 300 ; Kerler, p. 209-210 ; Kettenhofen, *Die Einfälle...*, p. 300-304, ainsi que mon commentaire de Zosime 1-2², p. 165, n. 74. Pour le motif « peste et famine », cf. *supra*, p. 298. Pour l'expression *per ea tempora*, cf. *Hadr.* 12,6.

2.3.7.2 (12,2) *Finito... bello...* : sur l'éventuel indice qu'on pourrait tirer de la présence de cet ablatif absolu en tête de segment narratif, cf. le vol. V 2, p. 106. Au cas où cette formule révélerait effectivement un emprunt à Nicomaque Flavien, ce serait pour Bleckmann un argument supplémentaire corroborant sa thèse, selon laquelle ce serait à travers cet auteur latin que « Pollio » connaîtrait Dexippe. Que Claude II ait été victime de la peste est rapporté aussi bien par la tradition de l'*EKG* (Evtr. 9,11,2) que par celle de Dexippe (Zosim. 1,46,2 ; Zonar. 12,26 (III, p. 151,9-10 Dindorf), qui précise que Claude mourut à Sirmium). Sur l'autre version de la mort de Claude et la controverse qui en découle, cf. *infra*, p. 309-312. Sur la divinisation de Claude, cf. EVTR. 9,11,2, A. Birley, *Religion in the* Historia Augusta, Historiae Augustae Colloquium Parisinum, Macerata, 1991, p. 29-58, ici p. 48-49, et G. Bonamente, *Il canone dei* divi *e la* Historia Augusta, *ibid.*, p. 59-82, ici p. 60 et 63. La graphie *increbruit* est correcte, la graphie -*buit* est une simplification attestée déjà à l'époque classique, mais plus fréquente à l'époque tardive : cf. *ThlL* VII 1,1036,55-60 (J. B. Hofmann, 1940). Le groupe *tunc cum* se lit dans l'*HA* en *Pesc.* 6,4 ; *trig. tyr.* 3,5 ; *Aurelian.* 10,3 ; il semble plus fréquent en poésie, notamment chez Ovide ; cf. Hofmann-Szantyr, p. 619. *merito uirtutum* : cf. *supra*, p. 113 et 202.

2.3.7.3 (12,3-5) Le jugement très favorable de « Pollio » sur Quintillus a son parallèle chez Eutrope (9,12). Il provient donc de l'*EKG*. Selon Zonaras (12,26 [III, p. 151,18-19 Dindorf]), au contraire, c'était un incapable. Au moment de son avènement, il était procurateur en Sardaigne. Cf. Damerau, p. 87-88 ; *PLRE* I, p. 759 ; Kienast, p. 233 ; U. Hartmann, dans Johne, *Soldatenkaiser...*, p. 307-308 ; K.-P. Johne, dans Johne, *Soldatenkaiser...*, p. 607 ; Th. Gerhardt-U. Hartmann dans Johne, *Soldatenkaiser...*, p. 1176. Sur la forme exacte de son nom, cf. Bleckmann, *Die Reichskrise...*, p. 296 et n. 83 ; Festy, p. 161. « Pollio » ne laisse pas échapper l'occasion qui lui est offerte par l'accession au pouvoir du frère de Claude d'introduire un énième commentaire sur un problème à propos duquel il est intarissable : est-ce l'hérédité qui rend digne du pouvoir suprême, ou bien le mérite personnel ? On trouvera dans Johne, *Kaiserbiographie...*, p. 102, n. 3, la liste impressionnante des passages de l'*HA* où ce thème est abordé. Cf. en outre le vol. V 1, p. 269-270. L'adjectif *hereditarius* réapparaît en *Tac.* 14,1 à propos de Florien, le frère de Tacite, qui constitue le cas inverse de celui de Quintillus : il s'empare du pouvoir avec la seule justification d'être le frère de l'empereur défunt ; cf. le vol. V 1, p. 301, ainsi que *Prob.* 10,8 et 11,2-4 ; PLIN. *paneg.* 7,6 ; PANEG. 6,5,3 Galletier ; AVR. VICT.

Caes. 36,2. Anchialus (-*li*, f. ; -*lon* est un acc. de forme grecque) est une ville de Thrace située au bord de la Mer Noire (cf. l'Atlas Barrington, carte 22, E6). Nicopolis ad Istrum est une ville de Mésie inférieure, au pied nord de l'Hémus (cf. l'Atlas Barrington, carte 22, C5). Ces deux villes sont mentionnées ensemble par Ammien (31,5,16) dans un contexte chronologique peu clair ; selon cet historien, elles auraient été prises, ce qui contredit « Pollio ». Zosime (1,34,2) cite le nom d'Anchialos dans le contexte des années 255-256, mais il ne parle jamais de Nicopolis. Jordanès (*Get.* 108), dans un contexte chronologique obscur, mentionne lui aussi seulement Anchialos. « Pollio » dit clairement au paragr. 2 que la guerre contre les Goths fut achevée avant la mort de Claude, et au paragr. 5 que Quintillus régna seize jours. Il paraît donc évident que les épisodes relatifs aux deux villes du paragr. 4 ne peuvent pas être situés durant le règne de ce prince éphémère. « Pollio » sera allé pêcher ces noms dans le contexte des années antérieures, et il fonde sur eux une invention laudative relative à Quintillus, sur lequel il n'a par ailleurs rien à dire. Cf. Damerau, p. 74-75 ; Straub, *Studien...*, p. 35-36. Lécrivain (p. 347) songeait à une source grecque, donc à la tradition de Dexippe. Syme, *The Ancestry of Constantine...*, p. 244 et n. 25, relève que plusieurs éléments fournis par « Pollio » en 12,2-5 se trouvent aussi chez Eutrope 9,11,2-12. Le contexte de ces paragr. semble donc dériver de l'*EKG*. Mais il serait hardi de prétendre que cette source parlait d'Anchialos et de Nicopolis précisément à propos du règne de Quintillus. Les mots *ob breuitatem temporis nihil dignum imperio gerere potuit* ont leur pendant très proche chez Zosime 1,47,1 ὀλίγους ... βιώσαντος μῆνας καὶ μνήμης οὐδὲν ἄξιον πεπραχότος. « Vopiscus » dit à peu près la même chose sur Tacite, *Tac.* 13,4, et Eutrope 9,16 sur Tacite et Florien. Il y a divergence sur la durée du règne de Quintillus : les seize jours proviennent de l'*EKG*, qui se reflète en *Aurelian.* 37,6 (dix-neuf jours), ainsi que chez Eutrope (9,12), Jérôme (*Chronique*, p. 222,6 Helm), Orose (*hist.* 7,23,2) et Jordanès (*Rom.* 289, dix-sept jours). Cependant la tradition grecque connnaît aussi ces seize ou dix-sept jours : cf. Zonaras 12,26 (III, p. 151,22-23 Dindorf). Une autre tradition, plus vraisemblable eu égard au nombre de monnaies frappées à son nom, prête à Quintillus une durée de règne moins ridiculement brève, et assez vraisemblable : *Chronographe de 354* (*Chron. min.* I, p. 148,7 Mommsen), soixante-dix sept jours ; Zosime 1,47,1 quelques mois ; cf. Damerau, p. 30, n. 3. Le problème était déjà obscur pour les contemporains. Si la date de la mort de Claude peut être située assez précisément autour du 1er septembre 270, celle de l'avènement d'Aurélien a été l'objet d'une manipulation pour effacer le règne de Quintillus, considéré comme usurpateur, et donc avancée pour coïncider avec celle de la mort de Claude. Pour une reconstitution vraisemblable de la manière dont se sont succédé ces épisodes complexes, cf. le vol. V 1, p. 107 et 179-180. Il y a aussi divergence sur la manière dont Quintillus est mort. Il se serait suicidé par crainte d'Aurélien selon *Aurelian.* 37,6, Zosime 1,47,1 et Zonaras 12,26 (III, p. 151,20-22 Dindorf). La tradition de l'*EKG*, suivie ici par « Pollio », est plus glorieuse : il aurait été victime de sa juste sévérité. Cette version se lit en *Aurelian.* 16,1 et chez Eutrope 9,12, Jérôme (*Chronique*, p. 222,7 Helm), dans l'*Epitome* 34,5, et chez Orose, *hist.* 7,23,2. Cf. sur tout cela Damerau, p. 87-91, ainsi que mon édition de Zosime 1-2^2, p. 166. Le meurtre de Galba est décrit par Suétone (*Galba* 19-20), celui de Pertinax par l'*HA Pert.* 11. La mention en parallèle de Galba et de Pertinax montre que, dans l'antiquité déjà, on avait été sensible à la similitude entre les situations de 69 et de 193. La glorification ou la censure explicites ou implicites des empereurs sévères envers les soldats — ce qui leur coûte parfois la vie — est un thème qui apparaît fréquemment dans l'*HA* : cf. *Hadr.* 10 ; *Auid.* 4-6 ; *Pert.* 3 et 10 ; *Pesc.* 10 ; *Alb.* 11,6 ; *Opil.* 12 ; *Alex.* 25,2 ; *Maximin.* 8,5-11 ; *trig. tyr.* 6,6 ; 23,4 : 33,3 ; *Aurelian.* 7,3-8,5 ; *Prob.* 20,2.

2.3.7.4 (12,6) Les trois lignes de ce paragr. constituent le passage le plus difficile à comprendre de toute la *uita Claudii*. Je les ai commentées en détail dans mon étude *L'Histoire Auguste et Dexippe...*, p. 245-250. Telles quelles, elles semblent constituer un retour en arrière sur la mort de Claude, dont il a été précisé, en 12,1, qu'il a été victime de la peste. S'agit-il d'un repentir tardif, qui aurait inspiré à « Pollio » le scrupule de contrôler dans la tradition grecque de Dexippe l'affirmation de 12,1, tirée de la tradition latine de l'*EKG*? Ce qui dans un tel cas susciterait l'étonnement, ce n'est pas tellement l'insertion maladroite de ce retour en arrière — ce type de maladresse est très fréquent dans l'*HA*! —, mais bien les mots *non dicit occisum*, alors que, en 12,1, il n'est nullement question de meurtre. Sous cette forme, 12,6 ne semble pas tenable, comme l'a bien vu Saumaise, qui corrige *Claudium* en *Quintillum*. Cette suggestion connut une fortune durable jusqu'à Lécrivain (p. 347) et Magie (dans son édition). Allant dans le même sens, mais sans rien modifier au texte, E. Schwartz, *RE* V 292,18-21 *s. u. Dexippos* (1903), admet que c'est Quintillus qui est ici désigné par *Claudius*, puisque son nom complet, tel qu'il est fourni par les monnaies et une unique inscription (cf. *PLRE* I, p. 759), était M. Aurelius Claudius Quintillus. Cette interprétation a connu un certain succès, car elle a notamment été adoptée par Hohl (dans son édition), puis par Soverini et Chastagnol. Cette pirouette n'est en fait pas plus qu'un emplâtre sur une jambe de bois. Le nom complet de Quintillus n'est connu que par les monnaies, et une seule inscription. Faut-il admettre que « Pollio » possédait cette inscription dans son musée lapidaire, et des monnaies de Quintillus dans son médaillier? Comme dirait le docteur Cottard, poser la question, c'est la résoudre. On ne peut que s'étonner du manque de sens critique de Schwartz et de ceux qui l'ont suivi. Par ailleurs, la phrase litigieuse ne peut en aucun cas s'appliquer à Quintillus-Claude, car il y est question d'une variante — mort par maladie — qui n'a pas été mentionnée dans ce qui précède (12,5). On en conclut qu'il faut se résoudre à admettre que 12,6 concerne bel et bien Claude II, lui en effet mort de maladie. En revanche, un autre obstacle surgit, car la variante d'une mort violente de Claude n'est pas évoquée en 12,2. Mais par ailleurs, s'il est vrai qu'il existe deux versions pour la mort de Quintillus, celles-ci ne sont pas extrêmement différentes (suicide, meurtre); il faut

tenir compte du fait que, pour Claude II, outre la version de
la mort par maladie, il en existe une autre, certainement inventée à sa gloire, qu'on trouve chez Aurélius Victor (34) et dans
l'*Epitome* (34,3), laquelle est aussi connue d'Ammien Marcellin (16,10,3). Claude peinant à conclure la guerre contre les
Goths à son avantage, une consultation des Livres Sibyllins
révéla que l'ennemi serait vaincu si le premier des sénateurs
offrait sa vie pour assurer la victoire, en renouvelant la célèbre *deuotio* des Decii. Convaincu d'être lui-même désigné
par cette prophétie, Claude aurait sacrifié sa vie pour ga-
rantir la sauvegarde de l'État. Aurélius Victor ne peut avoir
trouvé cette version que dans l'*EKG*, qui par ailleurs offrait
également celle de la mort par maladie (cf. *supra*, p. 306). Les
données de 12,2-5 dérivant elles aussi de cette même tradition
latine (cf. *supra*, p. 308), la conclusion s'impose que « Pollio »
ne pouvait pas ignorer la version de la *deuotio*. On est dès
lors conduit à faire une constatation qui désarçonne tous ceux
qui n'ont pas pleinement pris la mesure de la désinvolture et
de la négligence extrêmes de l'auteur de l'*HA*. Si, en effet, il
est à la rigueur compréhensible que « Pollio » revienne maladroitement sur la question de la mort de Claude après trois
paragraphes consacrés à Quintillus — de telles maladresses de
structure sont fréquentes dans la collection de biographies —,
il semble incroyable qu'un auteur qui consacre sa biographie
de Claude à faire le panégyrique de son héros omette avec
la *deuotio* son plus grand titre de gloire. Il n'en reste pas
moins que d'excellents connaisseurs de l'*HA* ont admis que
« Pollio » connaissait la version de la *deuotio*, à laquelle on
trouve du reste une allusion discrète dans une acclamation
adressée à Claude par les sénateurs selon 18,2 : *deuotioni tuae*
(sans parallèle dans les autres et très nombreuses acclamations enregistrées par l'*HA*) : en tête, Dessau en personne
(*Über Zeit...*, p. 377 et n. 2), suivi par Hohl (*Vopiscus und
die Biographie des Kaisers Tacitus*, Klio 11, 1911, p. 178-229
et 284-324, ici p. 211) — qui a plus tard changé d'avis —,
Hartke (*Geschichte und Politik...*, p. 56, n. 2) et Syme (*The
Ancestry...*, p. 244 et n. 25). Je pense qu'on peut reconstituer

la démarche de « Polllio » de la manière suivante. En 12,2-5,
pour la mort de Claude et le règne de Quintillus, il suit la
tradition de l'*EKG* et y trouve la version de la *deuotio*. Il se
dit alors qu'elle ferait bonne figure dans son récit et, revenant
en arrière avec l'insouciance qui le caractérise, il amorce une
discussion sur la mort de Claude. Par scrupule, il consulte
cependant la tradition de Dexippe, où il ne trouve pas que
Claude aurait été tué, mais qu'il est tout simplement mort,
sans qu'il soit précisé « de maladie », et y découvre en outre
que la version de la *deuotio* n'y figure pas. Il enregistre ces
données, qui constituent le paragr. 12,6, puis passe à la suite
en oubliant dans sa hâte et sa négligence de parler de la *deuotio*. Démarche incroyable dira-t-on ! C'est néanmoins celle que
suppose aussi Syme, qui parle d' « inadvertence » (*The Ancestry...*, p. 244). Plus généralement sur la question de la *deuotio*,
cf. A. Baldini, *Ancora sulla* deuotio *di Claudio Gotico : Aure-
lio Vittore fonte diretta della* Historia Augusta *e di Nicomaco
Flaviano*, Historiae Augustae Colloquium Perusinum, Bari,
2002, p. 11-31, qui n'aborde cependant pas le problème soulevé par 12,6. — *sentire uideatur* : noter la clausule métrique
cicéronienne péon 1-spondée.

III. Appendice sur divers sujets (chap. 13-18)

3.0 (13-18) Comme les biographies d'Aurélien (37,5-50) et
de Tacite (15-19), celle de Claude se conclut par un appendice
sur divers sujets, presque entièrement constitué de faux documents (14-18), grâce auxquels « Pollio » épaissit tant soit peu
le maigre brouet qu'il offre à son lecteur. Le chap. 14 contient
pour sa part des détails sur la famille de Claude et brosse son
portrait physique et moral, données qui seraient mieux à leur
place au début de la partie biographique, comme semble du
reste implicitement le remarquer « Pollio » lui-même, au vu de
l'excuse qu'il se sent obligé de présenter en 13,1 Pour 14-18,
cf. *infra*, p. 317.

3.1.1 (13,1) Ces brèves lignes en forme d'apologie constituent la transition entre la partie biographique et l'appendice. *Quae scienda sunt* : D. den Hengst (*Selbstkommentare in der* Historia Augusta, Historiae Augustae Colloquium Maceratense, Bari, 1995, p. 151-167, ici p. 156 et n. 20) a fait observer que le verbe *scire* surgit ailleurs dans des contextes de nature identique (« Selbstkommentare ») : *Carac.* 7,3 ; 8,1 ; 10,1 ; *Tac.* 3,1 ; *quatt tyr.* 1,1. Trois lignes après les mots qui concluent 12,6 surgit un second exemple de la clausule cicéronienne préférée : *praeterisse uideamur.* Cf. *Pesc.* 9,5 *praeterisse uideamur* ; *Maximin.* 29,6 *praetermissum esse uideatur.* Cf. le *Lexicon...* de Lessing, p. 471 ; les verbes *praetermittere* et *praeterire* semble susciter presque automatiquement l'emploi de *uideri*, qui à son tour, dans quatre cas (en comptant 12,6), amène tout aussi automatiquement la clausule péon 1-spondée.

3.1.2 (13,2-4. 9) « Pollio » a déjà évoqué explicitement ou implicitement la parenté entre Claude II et Constance Chlore a plusieurs reprises. Cf. *supra*, p. 244. Il y revient ici avec des détails généalogiques précis et une série de noms propres de prétendus parents de Claude. Hormis Quintillus, il ne s'agit que de personnages inventés. Conformément à sa déplorable pratique et à son indifférence à toute disposition logique, « Pollio » traite ici de cette parenté en deux segments (paragr. 2-4 et 9), séparés par un développement consacré au portrait physique et moral de Claude. Comme il a été dit plus haut *loc. cit.*, la parenté entre Claude II et Constance Chlore apparaît pour la première fois en 310 dans un *Panégyrique* (7,2,1-2 Galletier). La nature de cette parenté varie selon les sources qui l'évoquent. On a bien sûr là un puissant indice que cette parenté résulte d'une invention de propagande en faveur de Constantin, après l'embarrassante disparition de Maximien Hercule. Dans le *Panégyrique* cité ci-dessus, une parenté non précisée entre Claude II et Constance Chlore est définie par l'expression quelque peu vague *auita cognatio* (7,2,2) ; cf. le commentaire de B. Müller-Rettig, Stuttgart, 1990, p. 52-53 ; l'adjectif *auitus* peut aussi bien désigner précisément la génération du grand-père que plus généralement l'appartenance à une lignée familiale, ancestrale. Claude est défini comme le père de Constance Chlore, donc comme le grand-père de Constantin par les inscriptions *CIL* III 5207 et XI 9. Selon Eutrope 9,22,1, *Constantius per filiam nepos Claudi traditur* ; de même Jérôme (*Chronique*, p. 225,23-24 Helm) ; dans cette version — qui est évidemment celle de l'*EKG* —, une génération supplémentaire s'intercale, Constance Chlore devenant le petit-fils de Claude par sa mère. Même lien chez Zonaras (12,26 [III, p. 151,28-152,1 Dindorf]) : Κλαυδίου θυγατριδοῦς ἦν Κώνστας ὁ Χλωρός. L'*Anonyme de Valois* 1,1 fait de Constance Chlore le petit-neveu de Claude, le petit-fils du frère de Claude, Crispus, le fils de la fille de ce dernier, Claudia. C'est donc la même généalogie que celle que nous propose ici « Pollio ». Cf. *supra*, 9,9 et p. 292. Un autre moyen d'exprimer la fausse parenté en question consiste à donner le nom de Flavius (cf. 7,8 et *supra*, p. 262 et 283) ou peut-être de Valérius à Claude (cf. 18,3 et *infra*, p. 341). Les noms suggérés par « Pollio » pour les prétendus membres de la famille de Claude sont tous représentés dans la famille de Constantin, et n'ont donc nullement été choisis au hasard : celui de Crispus est porté par son fils aîné, celui d'Eutropia par sa sœur, Constantina par sa fille. Quant à la dénommée Claudia, son nom n'a rien d'étonnant pour la fille d'un frère de Claude ; cf. à son sujet *Prob.* 3,3-4 et le vol. V 2, p. 65. Constantin II, Gallus et Julien porteront plus tard le nom de Claude par l'effet de ce qui n'est qu'une prolongation du mythe de la parenté de leur ancêtre Constance Chlore avec Claude II. Mais, bien évidemment, un auteur écrivant avant le 1er mai 305 ne pouvait guère savoir que le premier fils de Constantin se nommait ou se nommerait Crispus. On peut aussi remarquer que les variations sur la nature exacte du lien de parenté peuvent s'expliquer par un souci de vraisemblance onomastique. Le gentilice de Claude est Aurelius, celui de Constance Chlore est Flavius. Cette différence semble exclure une parenté par les hommes telle que la suggèrent le *Panégyrique* et les inscriptions. On comprend dès lors la raison qui a provoqué l'entrée en scène d'une fille ou d'une nièce de Claude. Un autre obstacle résultait de la chronologie. Constance Chlore, général réputé avant 293, ne peut guère être né après 260. F. Kolb, *Diokletian und die erste Tetrarchie*, Berlin-New York, 1987, p. 70, le fait même naître nettement plus tôt, vers 250. Il pouvait donc être un fils de Claude, né vers 214 (cf. *supra*, p. 252), mais difficilement un petit-fils ou un petit-neveu. Ainsi, l'insertion d'une génération supplémentaire pour résoudre le Charybde du gentilice faisait tomber dans le Scylla de la chronologie. Sur cette problématique en général, cf. Chastagnol, *Histoire Auguste...*, p. 919-923. Sur la portée de la précision donnée concernant le mari de la fille de Crispus, à savoir qu'il était issu de la noblesse de Dardanie, cf. *supra*, p. 305. Il est surprenant que le nom du mari de Constantina ne soit pas mentionné. Il y dans la *Notitia dignitatum or.* 28,33 une *ala secunda Assyriorum* sous les ordres du *comes limitis Aegypti*, mais comme il s'agit d'une unité montée, elle devait être commandée par un préfet plutôt que par un tribun. On peut relever que la Constantina historique, c'est-à-dire la fille de Constantin nommée ci-dessus, avait été mariée avec le *rex regum* Hannibalien, destiné à régner sur l'Orient. Il y a là un élément qui peut par association d'idées géographique avoir inspiré à « Pollio » le *tribunus Assyriorum*. Le terme *aui* englobe ici apparemment tous les ancêtres, père compris. Cf. *supra*, p. 305, une jolie histoire sur le prétendu père de Claude. En réalité, « Pollio » dit pour une fois la vérité : on ne savait rien de l'ascendance de Claude.

3.1.3 (13,5-8) Ce segment contient d'abord un éloge des qualités morales de Claude, une description de son physique et une précision sur la force qu'il avait dans les doigts (paragr. 5), puis une anecdote illustrant cette force, sa pudeur, et le bénéfice qu'il en retira en haut lieu (paragr. 6-8). Les éléments nourriture, boisson, sexe sont les composantes toujours présentes des portraits moraux, des spécificités en petit nombre varient presque mécaniquement, révélant que ces données d'une part n'ont aucun lien avec la réalité historique, d'autre part qu'elles trahissent la manière de faire d'un seul auteur. Cf. le vol. V 1, p. 75, et en outre White, *The Autorship...*,

p. 118 et n. 20 ; Brandt, *Kommentar...*, p. 158, et plus précisément *Maximin*. 28,2 *uini parcissimus, cibi auidus*. Pour les portraits physiques, cf. *supra*, p. 190 ; Lécrivain, p. 267 et n. 2 ; Neri, *La caratterizzazione...*, p. 251-258 : notamment la taille, p. 257 et n. 55 ; les yeux, p. 258, n. 61. *Lato et pleno uultu* : cf. Malalas (p. 298,19 Bonn, 12,28, p. 230,19 Thurn) πλάτοψις. Pour la signification des exploits physiques extraordinaires, et notamment la puissance dans les doigts, cf. *trig. tyr.* 8,4-5 et *supra*, p. 82. Pour ce qui concerne les dents cassées à coups de poing, Claude imitait Maximin : *Maximin*. 6,9. Chastagnol, *Végèce...*, p. 68, rapproche le portrait de Claude de celui du soldat idéal dans Végèce, mais les points communs sont si banals et peu précis qu'on ne peut aucunement se fonder sur eux pour établir une relation entre Végèce et l'*HA*. Après les généralités du paragr. 5, « Pollio » focalise l'attention du lecteur sur un épisode de la jeunesse de Claude concernant une situation concrète où la puissance digitale du futur empereur se manifesta par un bris de dents, non plus chevalines, mais humaines. Le terme *luctamen*, attesté d'abord en poésie dès Virgile, en prose seulement à l'époque tardive, désigne spécifiquement des exercices de lutte, dans un contexte d'entraînement ou de concours : il apparaît ici deux fois aux paragr. 6 et 8, et en outre dans l'*HA* en *Aur.* 4,9 ; *Alex.* 30,4 et *Maximin*. 6,5 ; cf. *ThlL* VII 2, 1727,55-69 (L. Nosarti, 1977) « strictius de pugnis exercitationis uel delectationis causa commissis, fere technice », et Lippold, *Kommentar...*, p. 368-369. Des épisodes tout à fait identiques sont rapportés pour Maximin (*Maximin*. 2,6 ; 3,4-6 ; 4,7 ; 6,5-9, avec le terme *luctamen* en 6,5) ; cf. Amm. 30,7,2-3, concernant le père de Valentinien Ier. Il s'agit de traits arétalogiques (cf. le vol. V 2, p. 49 et 229-231), ce qui prouve le caractère topique de ce genre de détails ; cf. Damerau, p. 42 et n. 4. La scène se serait déroulée quand Claude était *adulescens*, sous Dèce (249-251). Selon 16,1, en revanche, il est tribun sous Dèce. Selon Malalas (p. 299,10 Bonn, 12,28, p. 230,29-30 Thurn), Claude, mort à l'âge de 56 ans, serait donc né en 214, ce qui s'harmonise plutôt avec la notion de tribun qu'avec la notion d'adolescent sous le règne de Dèce : cf. Damerau, p. 39-40. Le *balteus*, ou *balteum*, est une courroie passant par-dessus l'épaule à laquelle on suspend une épée ou un sabre : cf. Daremberg-Saglio I 664-666 (E. Saglio). La fin du paragr. 7 soulève plusieurs questions d'établissement du texte. C'est la tradition *Σ* qui a conservé les leçons plus satisfaisantes *que res* et *meruit* adoptées par les éditions anciennes, mais dès lors il convient de suivre Haupt, qui corrige *pudore uindicte* en *-ris -ae*. On a donc ici un emploi de *indulgentia* suivi du génitif de la chose pardonnée : cf. *ThlL* VII 1,1249,25-31 (V. Bulhart, 1943), attesté à partir de Tertullien. Dèce, le persécuteur des chrétiens, est un empereur qui jouit d'une excellente réputation dans l'*HA* : cf. le vol. V 1, p. 200, et *infra*, chap. 16, une lettre de Dèce sur Claude. Claude, homme éminent, loué par Dèce, autre homme éminent, pouvait se réjouir et s'appliquer le célèbre vers de Naevius (*trag.* 15) : *laetus sum laudari me abs te, pater, a laudato uiro.* Sur les décorations que Claude aurait alors reçues de Dèce, cf. *Aurelian.* 7,6 ; *Prob.* 5,1, et le vol. V 2, p. 70-71. Le verbe *facessere*, bien qu'attesté tout au long de la latinité, n'est pas très fréquent, et il a deux sens très différents, l'un fort banal, comme synonyme de *facere*, l'autre inattendu, « se retirer, s'en aller » ; il n'apparaît qu'ici dans l'*HA* ; cf. *ThlL* VI 1,39-40 (O. Hey, 1912).

3.2.0 (14-18) L'appendice 13-18 est presque entièrement constitué de faux documents : 14, lettre de Valérien à Zosimio, procurateur de Syrie (liste de dotation pour Claude) ; 15, lettre de Valérien à Ablabius Muréna, préfet du prétoire (promotion de Claude, son salaire) ; 16, lettre de Dèce à Messius, *praeses* d'Achaïe (Claude chargé d'une mission aux Thermopyles) ; 17, lettre de Gallien (liste de dotation pour Claude). Le dernier document (chap. 18) est de nature différente : il s'agit d'acclamations du Sénat en l'honneur de Claude. « Pollio » le dit clairement, ce sont des *iudicia* formulés par des empereurs (14,1) ou le Sénat (18), révélant que Claude devait accéder *quandocumque* au pouvoir suprême. On est donc en présence d'éléments équivalant à des *omina imperii*, composante quasi indispensable de toute biographie impériale, qui manquent

cependant dans la *uita Claudii*, mais apparaissent dans beaucoup d'autres biographies de l'*HA* : cf. le vol. V 1, p. 314-315.

3.2.1.0 (14) Les listes de dotation constituent l'un des éléments d'*inuentio* avec lesquels l'auteur de l'*HA* étoffe les
maigres données de ses sources historiographiques. Pour des
généralités sur ce type d'insertion, cf. le vol. V 1, p. 83.
J.-P. Callu[1] rapproche de ces listes celle des cadeaux offerts
par la reine Candace à Alexandre, Ivl. Val. 3,18 Rosel-
lini. La présente liste est la plus longue de toutes : avec ses
47 lignes, elle constitue à elle seule plus du dixième des 427
lignes de la *uita Claudii* dans l'édition Hohl. Elle a été au
centre d'un débat important, du fait que C. E. van Sickle,
*The « Salarium » of Claudius Gothicus (Claudius XIV, 2-15)
Viewed as a Historical Document*, AC 23, 1954, p. 47-62, dans
un effort plus laborieux que convaincant, a tenté de prouver
l'authenticité de ce document, qu'il situe entre 296 et 312,
dont, selon lui, seuls le début et la fin auraient été modi-
fiés par « Pollio » pour l'harmoniser avec le contexte d'une
biographie de Claude II. Déjà même les adversaires de Dessau avaient considéré ce texte comme un faux, et la tentative
de van Sickle a suscité de la part des spécialistes de l'*HA*
des réactions unanimement négatives. Cf. E. Hohl dans la
préface de sa traduction, vol. I, p. 15-16 ; R. Delmaire*, Les
donations...*, p. 153 et 156-157. Il est donc assez étonnant de
constater dans un recueil paru à Stuttgart en 2010, A. Eich
(Hg.), *Die Verwaltung der kaiserzeitlichen römischen Armee*,
Historia Einzelschriften 211, la présence d'une étude prenant
pour du bon argent les données du présent chapitre : G. Stau-
ner, *Rationes ad milites pertinentes* (p. 37-85), ici p. 49, 50 et
54 ; l'acribie de l'auteur est mise en évidence p. 54 par le fait
que Zosimio y devient Zosimus. Dans le détail du commentaire de ce chapitre 14, les éléments de preuve d'inauthenticité
seront de cas en cas fournis pour chaque élément pertinent.

---

1. *Platon dans l'Histoire Auguste : les ambiguïtés de la référence*,
Historiae Augustae Colloquium Perusinum, Bari, 2002, p. 93-108, ici
p. 107, n. 66.

Après le paragr. 1, d'une simplicité d'expression suétonienne, le paragr. 2 prend de l'ampleur avec quatre superlatifs et un « cursus uelox ». La lettre est attribuée à Valérien, empereur hautement considéré dans l'*HA*, notamment en raison de sa capacité d'identifier les mérites de futurs empereurs : cf. *trig. tyr.* 3,8 ; 12,15 ; 10,14-15 ; 18,4 ; *Aurelian.* 8,1 ; 9,1 ; *Prob.* 4,3. Zosimio, prétendu procurateur financier de la province de Syrie, est un personnage inventé ; sur son nom, cf. E. Birley, *Some Names...*, p. 92-93. Claude serait issu du peuple d'Illyricum ; cf. *supra*, p. 305. Claude est dit ici *uir*, en 16,1, sous Dèce, il est *iuuenis*. Il apparaît dans une fonction de tribun commandant de légion à effectif réduit, conformément au système créé par Dioclétien, et donc anachronique sous Valérien ; cf. le vol. V 1, p. 75-76. En 15,2, dans une autre lettre de Valérien, il est devenu *dux*. Une légion *IV Martia* est attestée par la Not. dign. or. 37,22, mais il n'a jamais existé de *V Martia*. La présente mention a été rapprochée de celles de *Maximin.* 5,5 (une *legio IV*) et d'*Aurelian.* 7,1 (une *legio VI Gallicana*) ; cf. le vol. V 1, p. 76 et n. 44. Pour le jeu avec les chiffres, cf. *supra*, p. 266[1]. Les épithètes *fortissimus ac deuotissimus* appliquées à des soldats, voire à une légion, ne sont pas attestées avant le Cod. Theod. 7,4,27 (an 377). Faut-il voir dans l'emploi de *deuotissimis* une allusion à la *deuotio* de Claude ? cf. *supra*, p. 311-312, ainsi que 16,3 et 18,2. La liste de dotation proprement dite occupe les paragr. 3-13. Riche en mots rares, elle ressemble à un bizarre croisement entre l'*Édit du Maximum* de Dioclétien et les pages du « Livret de service » du soldat suisse concernant les objets d'équipement qui lui ont été remis. L'inscription connue sous le nom de « Marbre de Thorigny » contient une petite énumération de dotation qui prouve que le document inventé par « Pollio » n'est pas sans parallèle dans la réalité. Un certain classement,

---

1. A. Birley, « *Trebellius Pollio...* », p. 39 et n. 18, suggère que la présente mention d'une *legio Martia* peut provenir d'une réminiscence de Cicéron, qui mentionne sans cesse la *legio Martia* dans ses *Philippiques* : 3,6-7 ; 4,5 ; etc.

avec répétitions et retours en arrière, semble apparaître dans
les objets et personnes énumérés : 3, aliments, tentes, animaux, espèces ; 4, argenterie ; 5, vêtements courants, bijoux,
armes ; 6, armes, outils ; 7, personnel ; 8, femmes, vêtements
de parade ; 9, personnel ; 10, couvertures, vêtements ; 11, personnel ; 12, chauffage, 13, bains. Les paragr. 14-15 forment la
conclusion, qui s'achève sur un « cursus » octosyllabe.

3.2.1.1 (14,3) L'expression *priuatum aerarium* se lit déjà en
en *Auid.* 7,6. La mention d'un *aerarium priuatum* « est anachronique pour le IIIe s. (où il n'existe pas encore d'*aerarium
priuatum*) et fausse pour le IVe s., où l'annone est payée par
les services du préfet du prétoire » (Delmaire, *Les donations...*,
p. 157). Le groupe *aerarium priuatum* semble attesté pour la
première fois, hors de l'*HA*, dans le Cod. Theod. 11,36,32
(an 396). Le *modius* est une mesure de capacité qui équivaut à 8,75 litres. Claude est donc censé recevoir 26 250 litres
de blé et 52 500 litres d'orge. Probus (*Prob.* 4,6) reçoit une
quantité non précisée de lard lui aussi avec du vin vieux (six
setiers par jour, soit environs 6,6 l par jour), Claude 1 925
litres de vin vieux avec 2 000 livres romaines de lard (650 kg)
pour une durée non précisée, 82 litres d'huile de première
qualité, 330 litres d'huile de seconde qualité, 20 boisseaux
de sel (= 11 kg ; Aurélien, *Aurelian.* 9,6 : 0,55 litre). Probus (*Prob.* 4,6) une quantité suffisante, 48 kg de cire (sans
parallèle dans d'autres listes de dotation). En *Aurelian.* 9,6,
on lit aussi les mots *herbarum, holerum quantum sat est.* La
numérotation de peaux de tente par dizaines est sans parallèle. La petite liste de dotation d'*Alex.* 42,4 pour les *praesides
prouinciarum* contient les mots *mulas senas, mulos binos, equos
binos.* Les chameaux ou chamelles cependant n'apparaissent
dans aucune autre liste de dotation. Il est cependant vrai que
les Romains ont utilisé des dromadaires comme animaux de
selle ou de bât, mais, semble-t-il, exclusivement dans les secteurs désertiques du *limes* oriental. L'apparition de chamelles
dans le présent contexte semble constituer un élément exo-
tique fantaisiste, puisque Claude ne paraît pas avoir mené
d'opérations en Orient. L'expression *argentum in opere* doit

équivaloir à *argentum operatum* : cf. Itala *exod.* 31,4 (Lugd.)
operari... argentum ; il s'agit d'argent utilisé pour des objets
précieux, comme par exemple des plats, par opposition aux
monnaies, dont il est question ensuite ; cf. *supra*, p. 119. *Pondo*
est un ablatif figé de l'inusité *pondus, -i*, m, « en poids », ac-
compagnant souvent le mot *libra* ; parfois, comme ici, *libra*
est sous-entendu, et le mot équivaut à « livre » ; il est souvent
accompagné d'un génitif partitif ; cf. *ThlL* X 1, 2611,42-44
et 2612,38-62 (I. Hajdú, 2010). La valeur des objets d'art en
argent est exprimée en poids. Pour ce qui concerne les monnaies, cf. le vol. V 1, p. 84. La monographie fondamentale sur
les monnaies dans l'*HA* reste toujours celle de Menadier, *Die
Münzen...* Le *Filippeus* est un statère d'or macédonien, frappé
à l'effigie de Philippe II de Macédoine, le père d'Alexandre le
Grand, qui a beaucoup circulé à l'époque hellénistique, notamment en Gaule ; il est très souvent mentionné chez Plaute
et Tite-Live. Ce terme désigne parfois simplement une monnaie d'or. Sa mention dans le contexte du IIIe s. de notre
ère est en revanche totalement anachronique ; cf. Daremberg-
Saglio IV 1467-1468 (F. Lenormant - E. Babelon). « Pollio »
s'amuse simplement ici à désigner une pièce d'or de manière
littéraire. On peut du reste se demander s'il ne pense pas à
l'empereur Philippe l'Arabe plutôt qu'à Philippe II de Macédoine. En outre, l'expression *Filippeus nostri uultus* (dans un
écrit de Valérien) pour définir un *aureus* à l'effigie de cet empereur est évidemment absurde. Cf. Menadier, p. 28, ainsi que
Chastagnol, *Histoire Auguste...*, p. cxxv-cxxvii. Ici, aucune
indication concernant le métal de ces pièces n'est fournie. Le
mot *triens* désigne à l'origine une pièce de monnaie valant
un tiers d'as ; ici, le contexte prouve qu'il s'agit d'une petite
pièce d'or valant un tiers d'*aureus* ; cf. *Alex.* 39,6. Menadier,
p. 46-51, explique en détail pourquoi les données de notre
passage sont anachroniques ; des sommes en *trientes* ne sont
possibles qu'à partir du dernier tiers du IVe s. Les *strenae*,
c'est-à-dire les étrennes, correspondent dans le système sala-
rial actuel au treizième mois, ou au contesté « bonus » de fin
d'année. « Pollio » s'amuse à exprimer ici d'une manière com-

pliquée un revenu annuel total de 150 + 47 + 53 1/3, soit 250
1/3 « philippes d'or » ; cf. 17,7 et *Alex.* 42,4. Si l'on compte
l'argent au poids à cinq *aurei* la livre, on constate que le salaire de Claude est versé à moitié en argent (50 livres d'argent
= 250 *aurei*), à moitié en or. On arrive à la même proportion
avec les données d'*Alex.* 42,4 et celles d'Ammien 20,4,18 ; cf.
J.-P. Callu, *Le « de bello Iudaico » du Pseudo-Hégésippe : essai
de datation*, Historia-Augusta-Colloquium 1984/1985, Bonn,
1987, p, 117-142, ici p. 141-142.

3.2.1.2 (14,4) *Caucum, -i*, n. : ce mot très rare, désigne une
sorte de coupe ; cf. *ThlL* III 624,63-77 (Fr. Reisch, 1908).
Scyphus, -i, m. : ce terme grec désigne un vase à boire ; cf.
Daremberg-Saglio IV 1159-1161 (E. Pottier). *Zuma, -ae*, f.,
ou *zema*, est un terme rarissime, qui semble désigner une mar-
mite ; cf. Daremberg-Saglio V 1038.

3.2.1.3 (14,5) Pour *tunicas... duas*, cf. l'app. crit. Le chiffre
duas restitué par Casaubon a été omis par le scribe par suite
d'un saut du même au même consécutif au retour des lettres
-uas. La présence de ce chiffre s'impose dans une suite d'objets
au nombre de deux. *Sagoclamys* semble être un « hapax »,
peut-être inventé par « Pollio », qui pourrait s'être amusé à
accoler un terme grec et un terme latin qui désignent l'un et
l'autre un manteau militaire. La *fibula aurea cum acu cyprea*
est sans doute une boucle de ceinturon avec ardillon en cuivre ;
cf. Casaubon *ad loc.* et Daremberg-Saglio II 1111, *s. u. fibula*
(S. Reinach). La forme féminine *brachialis* n'est attestée qu'ici
et en *Aurelian.* 7,7 ; la forme normale est le n. *brachiale* ; cf.
ThlL II 2156,1-19 (H. Spelthahn, 1906). Ce bracelet se portait au haut du bras. Chastagnol, *Végèce...*, p. 70, pense qu'il
y a ici un lien entre les divers objets que Claude ne reçoit que
temporairement et qu'il est donc censé restituer à la fin de son
service, et un passage de Végèce (*mil.* 1,20,4 Önnerfors) où il
est question de soldats qui, devenus paresseux, demandent
à l'empereur qu'on les décharge de leur cuirasse et de leur
casque, et que donc on les leur reprenne. Ce rapprochement
est tiré par les cheveux et n'a à mon avis aucune valeur.

3.2.1.4 (14,6) *Herculianas* : l'adjectif sous cette forme ne peut pas désigner Hercule ; il devrait être corrigé en *Hercula-neas*. En outre, Hercule est armé d'une massue, jamais d'une lance. Il convient donc de conserver le texte des mss, l'adjectif sous la forme qu'ils fournissent désignant Maximien Hercule, ce qui constitue évidemment un grossier anachronisme dans un document censément rédigé par Valérien. Par ailleurs, la lance ne semble pas avoir été utilisée dans l'armée romaine avant Dioclétien : cf. *RE* XII 621-622 (*s.u. lanciarii*, R. Grosse, 1924). L'*aclys* est aussi anachronique. Il s'agit d'un javelot muni d'une courroie, qui fonctionnait comme une espèce de boomerang, mentionné par Virgile (*Aen.* 7,730) ; selon Servius (*ad loc.*), il s'agit d'une arme archaïque entièrement sortie d'usage : *aclides sunt tela quaedam antiqua adeo ut nequaquam commemorentur in bello.*

3.2.1.5 (14,7-9) Il est question dans les mêmes termes de cuisiniers, de muletiers et de femmes dans la *uita Alexandri* 42,4, aussi dans le contexte d'une liste de dotation : *cocos singulos, muliones singulos et, si uxores non haberent, singulas concubinas..., reddituri deposita administratione... muliones et cocos, cetera sibi habituri.* Pour les femmes captives, cf. *supra*, 9,4. À côté de l'adjectif substantivé *alba*, il faut sous-entendre *uestis*. Pour le sens de *subsericus*, cf. le vol. V 1, p. 105, et en outre EDICT. *Diocl.* 19,9 et 12 ; 20, 1a ; 22,8-10 ; *quatt. tyr.* 15,8 ; SYMM. *epist.* 5,20,2. « Pollio » se pare d'une grande érudition dans le domaine de la pourpre, distinguant une pourpre *Girbitana* (de *Girba*, auj. Djerba, île bien connue des clients du Club Méditerranée) et une pourpre de Maurétanie. Mais cette érudition est factice, car les deux termes sont synonymes, comme nous l'apprend le commentateur d'Horace Porphyrio (*epist.* 2,2,181) : *Afro, ac per hoc : Mauro. Significat enim purpuram Girbitanam.* Cf. E. Birley, *Africana...*, p. 88. Il y avait à Djerba une fabrique impériale de pourpre : NOT. dign. oc. 11,70 *bafium Girbitanum*, dirigée par un procurateur. Pour le sens de *subarmalis*, cf. le vol. V 1, p. 100. Le substantif *structor* comporte deux sens assez différents, maçon et maître d'hôtel. Que le présent emploi relève du second

sens mentionné est fortement suggéré par *Heliog.* 27,3 ; cf.
Mart. 10,48,15 ; Ivv. 5,120 ; Serv. *Aen.* 1,704 *structores dicuntur ferculorum conpositores.*

3.2.1.6 (14,10) *Accubitale* : adjectif substantivé, à côté
duquel il convient de sous-entendre *stragulum* ; il s'agit de
grandes couvertures qui recouvraient les lits de table en forme
de sigma (lunaire : c) : cf. Daremberg-Saglio I, p. 21 *s. u.
accubitum* (Ch. Morel) ; H. Blümner, *Die römischen Privatal-
tertümer*, München, 1911³, p. 119. Des produits de l'industrie
chypriote sont aussi mentionnés dans la liste de dotation
d'*Aurelian.* 12,1. *Interula* : cf. le vol. V 2, p. 68 ; *purus* signifie ici
sans ornement, sans marque, sans dessin, donc blanc ; cf. *ThlL*
X 2,2720,20-34 (R. Funari, 2009). *Fasciae* : bandes molletières
portées comme protection des jambes par les soldats, les pay-
sans, les chasseurs, surtout à l'époque tardive, sous l'influence
des Barbares, venus de pays au climat beaucoup plus froid que
l'Italie. Traditionnellement, les Romains considéraient le port
de *fasciae* ou de braies comme l'indice d'un tempérament ex-
cessivement douillet, ou comme l'adoption critiquable d'une
mode barbare. Ainsi se manifeste aussi la résistance contre
l'adoption de vêtements ajustés aux dépens des vêtements
amples et drapés, conformes à la tradition. Auguste, qui était
très frileux, portait régulièrement des protections autour de
ses jambes (Svet. *Aug.* 82,1). Le port de braies à Rome est sé-
vèrement interdit par le Cod. Theod. 14,10,2 (an 397). Il est
amusant de relever que « Pollio » prend ici bien soin de spécifier qu'il s'agit de *fasciae* pour hommes : Claude ne saurait
être soupçonné d'une sensibilité de femmelette. Le fait que
Claude reçoive une toge seulement à titre de prêt révèle que, à
l'époque où écrit « Pollio », le port de la toge est complètement
sorti d'usage, et qu'on ne la porte plus que dans de très rares
occasions cérémonielles, si bien que les simples particuliers
n'en possédaient pas, et qu'on en fournissait une à titre de prêt
aux personnages officiels qui étaient parfois censés la revêtir.
La mention séparée du *latus clauus* étonne, car cet ornement
distinctif des sénateurs est cousu sur leur tunique. Il faut donc
sans doute comprendre que Valérien envoie à Claude à titre

de prêt une tunique avec laticlave, ce qui signifierait qu'il le fait accéder (provisoirement?) à l'ordre sénatorial. Tout cela est évidemment hautement fantaisiste : cf. F. Kolb, *Die paenula...*, p. 99; A. Chastagnol, *Latus clavus et* adlectio *dans l'*Histoire Auguste, Historia-Augusta-Colloquium 1975/1976, Bonn, 1978, p. 107-131, ici p. 115-116.

3.2.1.7 (14,11-13) Des chasseurs en fonction d'accompagnateurs et sans doute de gardes du corps sont un peu inattendus. Le *carpentarius* est vraisemblablement ici plutôt un charpentier qu'un charron ; cf. *ThlL* III 489,28-53 (H. Hoppe, 1907). Noter l'emploi métonymique de *cura* dans le sens de *curator* ; cet emploi est attesté pour la première fois par Ovide (*epist.* 1,104) ; il se répand ensuite dans l'antiquité tardive comme terme technique, suivi d'un gén. *epistularum* ou *palatii* : cf. *ThlL* IV 1469,57-64 (A.Gudeman, 1909). Le groupe *cura praetorii* ne semble pas être attesté ailleurs. Quant à la fonction ainsi qualifiée, il n'est pas possible d'en définir exactement la nature. On peut se demander si elle est de caractère administratif ou militaire. Pour le sens de *pondo*, cf. *supra*, p. 331. L'adjectif neutre pluriel substantivé *coctilia* est sans parallèle ; il doit sans doute s'agir de charbon de bois ; cf. *ThlL* III 1401,65 (O. Probst, 1910). Le *batillum* ou *uatillum* est une petite pelle, notamment une pelle à braises ou à feu ; ici, il doit s'agir par synecdoque du contenu d'une pelle, c'est-à-dire d'une pelletée. Deux lois du Cod. Theod. (7,11,1-2, de 406 et 417) interdisent aux tribuns et aux *comites* de se faire payer des bains par les curies et les cités. Il serait évidemment très excessif de vouloir établir un lien direct entre ces deux lois et notre passage, qui néanmoins atteste plus généralement l'existence d'un débat entre certains fonctionnaires et les cités sur le point de savoir à qui incombaient les frais pour les bains de ces personnages. On notera que, ici, en tout état de cause, ce ne sont pas les cités qui auraient à payer, puisque, selon le paragr. 3, Valérien prend ces dépenses à son propre compte.

3.2.1.8 (14,14) Ces lignes constituent le célèbre et très discuté passage de l'*HA* sur l'*adaeratio*, c'est-à-dire le rachat en espèces d'impôts dus en nature. Il s'agit apparemment d'un

anachronisme, car le terme n'est attesté ailleurs dans nos
sources qu'à partir de la fin du ive s., tout d'abord par une
loi du Cod. Theod. (7,18,8,1, a. 383) et Ammien (31,14,2) :
cf. *ThlL* I 562,13-58 (O. Hey, 1901) *s. u. adaeratio, adaerare* ;
en grec ἐξαργυρίζω, ἀποχαλκίζω. Cf. les précisions données
et la bibliographie mentionnée *supra*, p. 134 concernant *trig.
tyr.* 18,6-8. Il est difficile de bien comprendre les tenants et
aboutissants de ce phénomène, qui ne doit sans doute pas
appartenir spécifiquement à la seule fin du ive s. Selon la situation locale, la qualité des récoltes et le climat, l' « adération »
pouvait être favorable soit au contribuable, soit aux agents
du fisc. Le passage de *trig. tyr.* cité ci-dessus illustre bien les
divers aspects possibles de l'« adération ». Il est frappant de
constater que, ici, l'« adération » est interdite, tandis qu'elle
est recommandée par Végèce (*mil.* 3,3,4 Önnerfors). Je ne suis
pas sûr que Chastagnol (*Végèce...*, p. 72) ait raison de penser
que « Pollio » parodie ici Végèce en prenant le contre-pied de
sa recommandation. En outre, il est évident que le phénomène
de l'*adaeratio* ne peut se manifester que dans le contexte d'un
système où les impôts des propriétaires fonciers sont dus en
nature, et que ce paramètre peut avoir varié dans le temps. Les
artisans des villes étaient, eux, régulièrement soumis à un im-
pôt en espèces, le chrysargyre. Globalement, les dispositions
prévues dans les paragr. 12-14 semblent inspirées par le souci
de mettre un frein aux excès de la fiscalité, mais elles sont
implicitement contredites par les mots du paragr. 3 *de nostro priuato aerario*. Ce qui caractérise donc essentiellement le
présent faux document, c'est son incohérence.

3.2.1.9 (14,15) Le système de grades que suppose le présent paragr., et qui se reflète aussi en *Alex.* 52,4, est celui qui
prévaut au 4e s., et constitue donc pour l'époque de Valérien un anachronisme. Dans ce système, le *dux* est le grade
immédiatement inférieur à celui de *magister militum*. Le *dux*
commande les *limitanei* d'un secteur frontalier ; son titre complet est *dux limitis* suivi d'un nom de secteur. Très rarement,
il commande aussi des *comitatenses*. Cf. A. Piganiol-A. Chastagnol, *L'Empire chrétien (325-395)*, Paris, 1972², p. 367. Le

tribunus a un grade inférieur à celui du *dux*, il commande une légion dioclétienne à effectif fortement réduit. Dans le présent paragr., Valérien prescrit donc qu'on accorde à Claude une dotation supérieure à celle qui est normalement prévue pour son grade. On peut rapprocher ces lignes d'*Aurelian.* 9,2, une fausse lettre de Valérien dans laquelle cet empereur, contraint par la situation financière, déclare ne pas être en mesure d'assurer à des officiers de valeur le supplément de dotation que pourtant ils mériteraient. Il est amusant de relever que cette pratique est expressément interdite par le COD. THEOD. 6,30,11 (an 386). La générosité qui se manifeste ici est donc en contradiction avec l'esprit d'économie dont témoignent les paragr. 12-14.

3.2.2.1 (15,1) Ablabius Murena est un personnage inventé. Ablabius (la graphie *-auius* est une variante orthographique sans intérêt) évoque le nom d'un célèbre préfet du prétoire de Constantin (*PLRE* I, p. 3-4), Muréna celui du fameux personnage défendu par Cicéron. Valérien annonce ici la promotion de Claude du grade de tribun à celui de duc, déjà implicitement évoquée en 14,15 ; cf. *supra*, p. 326. En 16,3 cependant, sous Dèce, Claude est encore tribun, mais aussi *iuuenis*, alors que, en 14,2, sous Valérien, il est aussi encore tribun, mais déjà *uir*. La mention du Sénat et du peuple romains est fantaisiste, car il est exclu que, à l'époque de Valérien, un simple tribun d'une lointaine armée ait été connu à Rome. Pour les clausules accentuelles et la colométrie de ce chap., cf. Hartke, *Kinderkaiser...*, p. 160 et Zernial, *Über den Satzschluss...*, p. 65-66. Cf. l'app. crit. Le texte des mss, défendu par Saumaise, fait apparemment d'*exercitus* un nominatif sujet d'*accipit*, dont le complément direct serait *ducem*, *loco* ou *e loco* ayant valeur adverbiale, avec le sens de *statim* (cf. *ThlL* VII 2,1600,24-36 [G. Kuhlmann, 1976]). On peut hésiter entre les conjectures de Casaubon, de Gruter et de Mommsen ; cela ne change rien au sens, qui est clair. — *unde* : ici dans le sens de *de quo*. Sur ce vulgarisme, signalé par Saumaise, cf. Hofmann-Szantyr, p. 209, citant comme parallèle SALV. *gub.* 3,17 ; plusieurs emplois chez Jordanès, signalés par Saumaise, sont enregistrés dans l'édition de cet auteur due à Mommsen, p. 199, *s. u. unde.*

3.2.2.2 (15,2) La fonction de *dux totius Illyrici* est purement imaginaire ; elle ne correspond même pas à un commandement qui aurait existé à l'époque de « Pollio » ; cf. Damerau, p. 22-23 ; Reintjes, p. 49-51. Déjà l'usurpateur Régalianus est qualifié de *dux Illyrici* ; cf. *trig. tyr.* 10,9 et *supra*, p. 90. En *Aurelian.* 13,1, Ulpius Crinitus est qualifié de *dux Illyriciani limitis et Thracici* ; cf. le vol. V 1, p. 95-96. Au IVe s. par exemple, Fl. Equitius est *comes rei militaris per Illyricum* (cf. *PLRE* I, p. 282). Mais la Thrace ne fait pas partie du ressort qui dépend de ce général. Illyricum est parfois employé pour désigner l'un des grands secteurs de la préfecture d'Illyricum-Italie-Afrique. Ce qui a peut-être facilité ici le surgissement du concept fantaisiste *dux totius Illyrici*, c'est la prétendue origine de Claude de cette région ; cf. *supra*, p. 305. L'emploi du terme *exercitus* au pluriel n'est pas rare, mais il est déroutant, et on ne peut lui prêter aucune signification technique quant aux unités qui constitueraient ces armées : cf. E. Birley, *True and False...*, p. 42. « Pollio » semble ici désigner la totalité des troupes stationnées dans les provinces énumérées, qui ensemble constituent pratiquement tout le front danubien, de Vienne à l'embouchure du fleuve dans la mer Noire. Jamais aucun général romain n'a commandé un secteur aussi étendu, pour ne rien dire des compétences d'un duc !

3.2.2.3 (15,3-4) Valérien ne peut pas avoir écrit une telle phrase, car elle viole les règles institutionnelles de son époque. Un tribun, même nommé duc, n'est alors que chevalier ; il ne peut donc en aucun cas accéder au consulat, sommet de la carrière sénatoriale. La préfecture du prétoire, sommet de la carrière équestre, est incompatible avec le consulat, et en outre elle ne peut aucunement être accordée à un personnage qui vient seulement de passer du grade de tribun à celui de duc. Dans la seconde moitié du IVe s. en revanche, les officiers de rang élevé ont tous passé dans l'ordre sénatorial, et la préfecture du prétoire est devenue la plus haute fonction sénatoriale. Dès lors, un personnage comme Claude peut à la rigueur espérer aussi bien la préfecture du prétoire que le consulat, et même revêtir les deux fonctions simultanément. Même type d'anachronisme en *Aurelian.* 11,8 ; cf. le vol. V 1, p. 91. La fixation du salaire, qui suit au paragr. 4, est non moins fantaisiste, et sans doute volontairement humoristique. En effet, ce salaire est composite ; il emprunte ses divers éléments aux dotations réservées à de très hauts postes de la hiérarchie romaine, choisis et énumérés dans l'arbitraire le plus total : la préfecture d'Égypte (alors fonction équestre) et le proconsulat d'Afrique, à quoi vient s'ajouter un fonctionnaire inventé, le *curator Illyrici metallarius.* Des titres plus ou moins semblables sont néanmoins attestés bien après Valérien : un *comes metallorum* par le Cod. Theod. 10,19,3 (an 365), un *comes metallorum per Illyricum* dépendant du comte des largesses sacrées par la Not. dign. or. 13,11, un *procurator metallorum Pannonicorum et Delmaticorum* par *CIL* III 12721 ; cf. Daremberg-Saglio III 187-1873, *s. u. metalla* (E. Ardaillon). Pour quelle raison « Pollio » couple-t-il un tel fonctionnaire relativement subalterne à deux fonctions très élevées ? La réponse m'échappe. Le sommet de l'invraisemblance est atteint avec le dernier élément de l'énumération, les *ministeria* : à cet égard, Valérien hisse Claude à son propre niveau d'empereur ! On notera ici les mêmes synecdoques — *praefectura* pour *praefectus, proconsulatus* pour *proconsul* et *ministerium* pour *minister* — qu'en 14,11, *cura praetorii* pour *curator* (mais ici, « Pollio » dit *curator*, en rupture avec la série de synecdoques entre lesquelles ce terme s'insère, et évite on ne sait trop pourquoi le terme technique de *procurator*). Alors que tout ce qui précède relève essentiellement de la sèche énumération, une certaine ampleur rhétorique réapparaît au paragr. 4 avec une quadruple succession *tantum-quantum.* L'idée générale de 15,4 rejoint celle de 14,15 : Claude mérite un salaire beaucoup plus élevé que ne le comporterait normalement son grade ; cf. *supra*, p. 327. On notera que, en vue du « cursus », il convient d'adopter pour *Aegypti* l'accentuation grecque, et donc de faire de ce mot un proparoxyton (malgré le *i* final long) afin d'obtenir un « cursus uelox ».

3.2.3 (16) Après deux documents prêtés à Valérien, « Pollio » revient chronologiquement en arrière avec une lettre attribuée à l'empereur Dèce (249-251), dans laquelle, de manière cohérente, Claude paraît comme tribun et *iuuenis*. Dèce, persécuteur des chrétiens, est jugé avec bienveillance par « Pollio » (cf. *Valer.* 5-6 et *Claud.* 13,8), qui lui prête logiquement des sentiments positifs envers un autre homme éminent (cf. *supra*, p. 317). Messala, qui porte un nom illustre de l'époque républicaine, est un personnage inventé, tout comme les deux autres Messala de l'*HA* : cf. le vol. V 2, p. 408. Ce nom est peut-être ici une réminiscence d'Ammien 29,6,7 : Messala, le *consularis* de Pannonie Seconde en 374, sauva Constantia, fille de Constance II et fiancée de Gratien, qui faillit tomber aux mains des Barbares ; cf. A. Birley, *Further Echoes of Ammianus in the* Historia Augusta, Historiae Augustae Colloquium Parisinum, Macerata, 1991, p. 53-58, ici p. 56. Ce qui rend ce rapprochement probable, c'est l'apparition, précisément dans ce paragr. d'Ammien, de l'expression *iudiciale carpentum*, qui surgit deux pages plus loin dans l'*HA*, *Aurelian.* 1,1 ; cf. le vol. V 1, p. 63-64. En outre, les *catafractarii* de 16,2 évoquent notamment un passage haut en couleur d'Ammien : cf. *ibidem*, p. 90 avec les n. 89 et 90, et 165-166 ; Hohl, traduction allemande, vol. I, p. 526, n. 319-320 ; F. Clover, *The Pseudo-Bonifatius and the Historia Augusta*, Historia-Augusta-Colloquium 1977/1978, Bonn, 1980, p. 73-95, ici p. 81-82 ; Chastagnol, *Histoire Auguste...*, p. LXXXIX-XC. L'emploi de cette cavalerie lourde dans le terrain difficile de la Grèce est invraisemblable. L'Achaïe n'a que très brièvement été gouvernée par un *praeses* à l'époque de Dioclétien (cf. *supra*, p. 138) : sous le Haut-Empire, elle était gouvernée par un proconsul de rang prétorien dépendant du Sénat (ce que « Pollio » n'ignore pas en *trig. tyr.* 19,1) ; au IVe s., elle devient, avec l'Asie et l'Afrique, l'une des trois provinces dirigées par un proconsul échappant au contrôle du vicaire diocésain. La province a toujours été *inermis* ; donc les précisions fournies au paragr. 2 sur les troupes que Messala serait censé mettre à disposition de Claude sont de pures fariboles[1], rendues encore plus invraisemblables par le fait qu'elles devraient provenir *ex regione Dardanica*, c'est-à-dire d'une province du diocèse de Mésie, sur laquelle le gouverneur d'Achaïe n'a pas la moindre autorité. Si le nom de Dardanie surgit absurdement dans le présent contexte, c'est uniquement en écho de 11,9, où il est question de l'origine de Claude; cf. *supra*, p. 305. Les qualificatifs accordés par Dèce à Claude sont topiques : cf. *trig. tyr.* 3,1 *(Postumus) in bello fortissimus, in pace constantissimus*, et le *Lexicon...* de Lessing, p. 214, 2ᵉ col. bas et 215 1ʳᵉ col. haut. *Necessarius* est un tic d'écriture de l'auteur de l'*HA* qui a été exploité pour prouver que la collection de biographies appartient à un seul et même auteur : cf. les vol. V 1, p. 175-176, et V 2, p. 261-262, ainsi que Dessau, *Über Zeit...*, p. 387. Noter les quatre membres de phrase parallèles de longueur progressive *optimum — necessarium*, chacun avec un « cursus », le dernier étant du type rare octosyllabe. L'apparition, en fin de chapitre, dans une nouvelle énumération des qualités de Claude, du mot *deuotior* constitue sans doute une allusion à la mort de Claude par *deuotio*, escamotée par « Pollio », mais néanmoins connue de lui : cf. *supra*, p. 311-312, ainsi que 14,2 et 18,2. L'installation d'une garnison aux Thermopyles sous Dèce a suscité la perplexité des commentateurs. Aucune menace des Barbares dans ce secteur n'est mentionnée par les sources pour les années 249-251. Le passage parfois allégué du Syncelle (p. 466,1-7 Mosshammer) où il est question des Thermopyles est expressément daté des règnes de Valérien et de Gallien, et concerne

---

1. On notera cependant l'existence d'une *cohors prima Cretum sagittariorum* (*CIL* XVI 163) et d'une *cohors secunda Cretensis* sous les ordres du *dux Palaestinae* dans la Nᴏᴛ. dign. or. 34,47 ; cf. E. Birley, *True and False...*, p. 39. Les *tirones* apparaissent aussi en *Maximin.* 5,7, Maximin ayant toutes les qualités spécifiques pour commander de jeunes soldats, tout comme ici Claude au paragr. 3. L'énumération de troupes du paragr. 2 présente une vague parenté avec Végèce (*mil.* 1,14-16), mais elle n'est nullement de nature à fonder une influence de Végèce sur l'auteur de l'*HA*, contrairement à ce que voudrait faire accroire Chastagnol, *Végèce...*, p. 70.

de toute évidence l'invasion gothique de 267-268. Un élément
fondamental a été omis par tous ceux qui se sont occupés
de notre passage. La topographie des lieux a été complètement modifiée par l'ensablement. Le célèbre épisode de 480
av. J.-C. où Léonidas et les siens se couvrent de gloire implique que la passe étroite des Thermopyles était alors le seul
itinéraire possible pour se rendre de Macédoine en Grèce du
Sud. Aujourd'hui, une large plaine côtière entre le golfe Ma-
liaque et les montagnes rend l'itinéraire par les Thermopyles
proprement dites inutile et ouvre entre mer et montagne un
large passage très facile. Sur les quelque deux mille cinq cents
années qui nous séparent de 480 av. J.-C., environ sept cent
trente s'étaient écoulées à l'époque de Dèce, l'ensablement actuellement constatable s'était déjà assurément manifesté de
manière très visible et, alors déjà, aucun envahisseur n'aurait
eu l'idée saugrenue de passer par l'itinéraire difficile des Thermopyles. Il s'agit donc, dans notre passage, d'une pure fiction
modelée sur le parallèle d'un épisode très célèbre, mais aussi
très ancien. Il se trouve en outre que, au moment où écrivait
« Pollio », le souvenir de cet épisode venait d'être ravivé par
la toute récente invasion des Goths d'Alaric en Grèce en 395-
396, qui nous est surtout connue par un passage de Zosime
(5,5,5-8). J'ai discuté en détail les nombreux problèmes soulevés par ce récit de l'*Histoire nouvelle* dans mon commentaire
du livre 5 de cette œuvre (vol. III 1, Les Belles Lettres, Paris,
1986, p. 91-96). Le passage de l'ouvrage historique d'Eunape
que résume Zosime est perdu, mais Eunape y fait allusion
dans ses *Vies des sophistes* 7,3,4-5 Giangrande, p. 476 Didot
= Eun. *hist. frg.* 65,1 (reproduit et traduit dans mon édition
citée ci-dessus, p. 320-321). Ce court texte comporte une précision qui importe grandement à la bonne intelligence de la
uita Claudii 16,1 : il y est dit qu'Alaric envahit la Grèce en passant par les Thermopyles « comme courant à travers un stade
et une plaine qui retentit du sabot des chevaux » (ὥσπερ διὰ
σταδίου καὶ ἱπποκρότου πεδίου τρέχων). Ces mots indiquent
on ne peut plus clairement que, en 395-396, ce qu'Eunape
nomme les Thermopyles n'est plus une étroite passe de mon-

tagne, mais une large plaine côtière où galopent les chevaux. L'allusion évidente de « Pollio » à l'épisode de 395-396 est une preuve puissante, parmi beaucoup d'autres, que la rédaction finale de l'*HA* est postérieure à la bataille du Frigidus. Cf. mon étude *Claude II aux Thermopyles ? À propos de HA* Claud. *16,1, Zosime 5,5 et Eunape*, Vitae soph. *7,3,4-5*, dans M. Christol *et al.*, *Institutions, société et vie politique...*, Table ronde autour de l'œuvre d'André Chastagnol, École française de Rome, 1992, p. 21-28 ; W. J. Cherf, *The Thermopylae Garrison of* vita Claudii *16*, CPh 88, 1993, p. 230-236 ; Id. *The Historia Augusta, Thermopylae and Gerontius*, Studies G. J. Szemler, Chicago, 1993, p. 23-33 ; Id., *Geography and Topography : Valuable Sources for the History of a Late Roman Frontier*, AncW 26, 1995, p. 67-78.

3.2.4.1 (17,1-4) Après deux lettres de Valérien et une de Dèce, « Pollio » n'allait pas laisser échapper l'occasion de se livrer à un exercice plus périlleux, consistant à rédiger une lettre de Gallien concernant Claude. Gallien étant présenté dans l'*HA* comme un souverain détestable, il fallait bien que Claude, homme vertueux et efficace, le détestât. « Pollio » imagine donc que Gallien est mis au courant des sentiments de Claude à son égard, et élabore une stratégie, avec l'aide d'intermédiaires, pour apaiser Claude sans trop se dévoiler. Tel est le contenu des paragr. 1-4. Comment apaiser Claude, sinon en lui offrant des cadeaux ? Cela nous vaut une nouvelle liste de dotation, qui occupe les paragr. 5-7, complément plutôt ennuyeux à l'interminable liste du chap. 14. Sous son incarnation « Vopiscus », l'auteur de l'*HA*, après avoir soigneusement évité d'insérer dans la *uita Aureliani* un document provenant de Gallien, se livrera une seconde fois au même exercice qu'ici en *Prob.* 6,2-5, en imaginant une prétendue lettre de Gallien recommandant Probus. Il se justifie de la manière suivante : même un prince dissolu peut recommander un officier vertueux afin de bénéficier de son soutien ; du reste, rien n'empêche d'écarter la lettre de Gallien du dossier de Probus : cf. le vol. V 2, p. 73-74. — Paragr. 1. Ce sont les *frumentarii* qui renseignent Gallien sur l'opinion de Claude le concernant. Ces *frumentarii* sont l'objet d'innombrables commentaires, tous peu satisfaisants. Saumaise, dans son commentaire à *Hadr.* 11,4, avait déjà dit l'essentiel, en introduisant sa longue note par une remarque qui reste valable aujourd'hui : « Patiare, lector, heic te doceri clare distincteque de frumentariis quae turbide tantum et obscure didicisti hactenus a uiris doctis ». Ces hommes détachés des légions sont chargés, comme leur nom l'indique, de veiller à ce que leur grande unité soit approvisionnée en blé régulièrement et en quantités suffisantes. Les témoignages épigraphiques les montrent aussi engagés comme messagers, chargés de missions secrètes et assumant à l'occasion des tâches de police. Un très petit nombre de témoignages littéraires peu dignes de foi est à l'origine de tout un roman élaboré sur leur compte. Aurélius Victor 39,44-45 prétend que le corps de ces personnages, campés en véritables agents du KGB, aurait été supprimé par Dioclétien ; leur fonction aurait ensuite été reprise par les *agentes in rebus*. Le problème a été encore ultérieurement obscurci par Ammien Marcellin, qui déteste pour une raison qui nous échappe les *agentes in rebus* et ne fait apparaître que sous le jour le plus sombre ces malheureux fonctionnaires militarisés du *cursus publicus* soumis de ce fait à l'autorité du *magister officiorum*, et pour cette raison nommés parfois *magistriani*, et surtout en grec μαγιστριανοί (équivalent commode pour l'intraduisible *agentes in rebus*). Trompé par Aurélius Victor, l'auteur de l'*HA* mentionne six fois les *frumentarii* dans des fonctions d'agents secrets : *Hadr.* 11,4 et 6 ; *Comm.* 4,5 ; *Opil.* 12,4 ; *Max. Balb.* 10,3, et ici. Pour une présentation de l'ensemble du dossier des attestations de *frumentarius* et *agens in rebus* en latin et en grec, ainsi que des divers synonymes (*magistrianus, curiosus, ueredarius*), une discussion détaillée de la question et la bibliographie, cf. mon étude *Frumentarii, agentes in rebus, magistriani, curiosi, ueredarii : problèmes de terminologie*, Historia-Augusta-Colloquium 1979/1981, Bonn, 1983, p. 215-243. — Paragr. 2. *Affecit* : cf. l'app. crit. Ni les parallèles cités par Saumaise avec *accipere* au passif, ni les passages enregistrés par le *ThlL, s. u. accipere*, « de effectu capiendi, sc. affici, subi. res, obi. res corporales » (I 316-317 [O. Hey, 1900]), ne fournissent un emploi de même nature que celui qu'attestent ici les mss. Déjà Casaubon avait commenté : « Nova locutio, pro affecit », et Saumaise glosé « nihil gravius accepi » ; Klein avait tiqué. La correction de Cornelissen me semble s'imposer. *Notaria* : ce mot très rare est aussi parfois écrit *notoria* ; il signifie « information, note écrite, rapport ». Il se lit, outre le présent passage, en Apvl. *met.* 7,4,2 ; Pavl. *dig.* 48,16,6,3 ; Avg. *epist.* 129,1 ; 129,7 ; 133,1 ; 134,2 ; *coll. c. Don.* 1,4, p. 40,8 et 20 Petschenig *et al. saepius*. *Parens amicusque noster* : titre donné ici par Gallien à Claude. Il est intéressant de relever que l'auteur de l'*HA*, par l'effet d'un de ces réflexes conditionnés qui lui sont propres, utilise, dans la lettre jumelle de Gallien sur Probus mentionnée ci-dessus, le terme de *parens* pour qualifier Probus (*Prob.* 6,2) : cf. les vol. V 1, p. 83, et V 2, p. 73 et n. 110. Ce terme hautement honorifique n'est utilisé par les empereurs que pour de très hauts fonctionnaires. L'emploi pour un *dux* (Claude) ou pour un tribun (Probus) n'est donc pas pensable ; cf. *ThlL* X 1, 361,6-33 (K.-H. Kruse, 1986). Il est cependant vrai, comme F. Kolb (*Untersuchungen...*, p. 79-80) l'observe, que, pour « Pollio », Claude, en qualité de *dux totius Illyrici* (15,1), a une position qui l'égale à un maître de milice du ive s., et donc à un *clarissimus* ; cf. *supra*, p. 328. — Paragr. 3. L'information reçue par Gallien sur les sentiments de Claude lui a été transmise par un dénommé Vénustus, qui devrait logiquement, d'après la donnée du paragr. 1, être un *frumentarius*. S'il n'est pas particulièrement intéressant de savoir qu'un des consuls de 240, mentionné en *Gord.* 23,4, porte le nom de Vénustus, il est beaucoup plus piquant de relever que ce même nom est porté par le père de Nicomaque Flavien *Senior*, Volusius Venustus (*PLRE* I, p. 949), et par l'un de ses fils (n° 2, *PLRE* I, p. 948). Cf. sur cela E. Birley, *Some Names...*, p. 90-91, et F. Chausson, *Venustus, père de Nicomaque Flavien* Senior, AntTard 4, 1996, p. 245-262, surtout p. 258-259. Gratus et Hérennianus sont des personnages inventés. Pour le second, on peut se demander si, dans l'esprit de l'auteur de l'*HA*, il ne s'agit pas du même personnage qui est nommé en *Aurelian.* 44,2 (Verconnius Herennianus) et en *Prob.* 22,3 ; cf. le vol. V 2, p. 156-157. L'adjectif *Daciscianus* est un hapax ; cf. *Aurelian.* 38,4, le vol. V 1, p. 183, et le *ThlL*, Onomasticon, III D,8,1-2 (F. Reisch). — Paragr. 4. *libenter accipiat* : l'emploi de l'adv. *libenter* avec le verbe *accipere* est un tic de l'auteur de l'*HA* : cf. le *Lexicon...* de Lessing, p. 316, 1re col. haut (une douzaine d'emplois). — *pro necessitate* : la préposition a ici un sens causal : cf. *Aur.* 26,10 ; *Gord.* 24,3, et Tidner, *De particulis copulativis...*, p. 25, n. 1.

3.2.4.2 (17,5) La liste des cadeaux comprend de la vaisselle (paragr. 5), des vêtements (paragr. 6) et de l'or monnayé (paragr. 7). Les cadeaux de la liste du présent chap. sont plus luxueux que ceux qui sont énumérés au chap. 14. Faut-il y voir une intention de caractérisation contrastée de Valérien, attentif à l'utile, et de Gallien, attentif au superflu ? Cela est possible, mais non évident. On a conservé une liste authentique de cadeaux luxueux qui ressemble étrangement à celle qu'a imaginée « Pollio » : il s'agit de présents offerts par Cyrille d'Alexandrie à de hauts fonctionnaires constantinopolitains pour les gagner à la cause du theotokos au lendemain concile d'"Ephèse de 431 ; cf. G. Bardy, dans A. Fliche - V. Martin, *Histoire de l'Église*, vol. IV, p. 188 ; P. Batiffol, *Études de liturgie et d'archéologie chrétienne*, Paris, 1919, p. 154-179 ; le liste est reproduite p. 159-162. *Scyphos* : cf. *supra*, p. 322. *Discum* : emploi figuré pour désigner un plat ; pratiquement synonyme de *lanx.* Ce sens apparaît à partir d'Apulée ; dans l'*HA*, il surgit aussi en *Heliog.* 20,7 ; cf. *ThlL* V 1,1370,61-1371,2 (J. Rubenbauer, 1914). *Corymbiatus* est un *hapax*, « orné de grappes de lierre » ; il s'agit d'un décor ciselé proche de celui qui est indiqué par *pampinatus* (attesté ailleurs seulement par PLIN. *nat.* 16,225 et SIDON. *carm.* 24,71), « orné de pampres », et par *hederacius* « orné de feuilles de lierre » (cf. le vol. V 1, p. 222-223). De tels objets existent effectivement : cf. Marquardt-Mau II, p. 355 et n. 4. *Boletar, -aris*, n, « plat à champignons » ; mot rare, attesté pour la première fois chez Martial (14,101 *tit.*). Mais comment un tel plat peut-il être qualifié de *halieuticum*? Casaubon pensait que le *b. h.* était un « instrumentum aliquod piscationi aptum ». Le Genevois Casaubon allait-il pêcher dans le lac Léman avec un instrument en argent de vingt livres ? on peut légitimement en douter, à la suite de Saumaise, qui, pour sa part, pensait à un plat orné de la reproduction ciselée d'un pêcheur. Je préfère quant à moi adopter la correction de Mommsen *toreuticum*, « ciselé ». *Vrceus, -i*, m, « pot, cruche » ; je vois cependant mal ce que peut être un *urceus inclusus* ; en supprimant une lettre, on obtient *incusus*, « incrusté », ce qui donne un sens parfaitement satisfaisant ; cf. Pers. 2,52-53 *incusa... pingui auro dona*. Les *calices Aegyptios* doivent être des verres en cristal précieux, peut-être multicolores, spécialité égyptienne réputée ; cf. Mart. 12,74,1 ; *HA Ver.* 5,3 ; *Aurelian.* 45,1 ; *quatt. tyr.* 8,10.

3.2.4.3 (17,6-7) La chlamyde est un manteau militaire ; *limbatus* est un « hapax » ; *limbus* est plus ou moins synonyme de *clauus*. Le génitif de qualité *ueri luminis* a provoqué l'ouverture des écluses érudites de Casaubon et de Saumaise. Le premier pense que c'est la pourpre qui est désignée ainsi ; le second que *lumen* désigne la couleur de la pourpre. Cf. *ThlL* VII 2,1817,39 (W. Ehlers, 1978), qui classe notre passage sous la rubrique « proprie, generatim, lumen non caeleste, latius vel hyperbolice, de splendore pulchro vestimentorum » ; cf. *Car.* 20,5 et le vol. V 2, p. 409. Une *alba subserica* a déjà été offerte à Claude par Valérien ; cf. 14,8 ; pour *subsericus*, cf. *supra*, p. 323. *Paragaudis* : cf. le vol. V 1, p. 105-106 et n. 147. Le poids indiqué de trois onces est sans doute celui de l'or contenu dans les bordures brodées de cette pièce de vêtement. Les *zancae* sont des bottes de cuir rouge ; le mot est très rare, il apparaît dans Schol. *Hor. sat.* 1,6,28. On en trouve une description chez Corippe, *Iust.* 2,104-112. Le Cod. Theod. 14,10,2-3 interdit le port de *tzangae* et de braies à l'intérieur de Rome. Les Parthes étaient les fournisseurs exclusifs du maroquin nécessaire pour fabriquer ce type de bottes ; cf. Marc. *dig.* 39,4,16,7, Marquardt-Mau II, p. 232 et n. 2, et surtout

Daremberg-Saglio V, p. 1037-1038 (V. Chapot). Le terme *singilio, -onis*, m., ne semble attesté qu'ici en latin. Le terme grec équivalent σινγιλίων apparaît dans l'*Édit du maximum* de Dioclétien en 19,59-62, un passage pour lequel le texte latin ne s'est pas conservé. L'énumération distingue des « singilions » du Norique, de Gaule, de Numidie et de Phrygie. Il s'agit de toute évidence de vêtements peu chers. Leur aspect est inconnu, et l'origine de leur nom obscure. Leur provenance de Dalmatie fait penser à des dalmatiques, vêtement ainsi défini par Isidore de Séville (*orig.* 19,22,9) : *tunica sacerdotalis candida cum clauis ex purpura*. Saumaise mettait le terme *singilio* en relation avec *signum, sigillum*, pris dans le sens de *clauus*. Cf. F. Kolb, *Kleidungsstücke in der Historia Augusta*, Historia-Augusta-Colloquium 1972/1974, Bonn, 1976, p. 153-171, ici p. 158-160 et n. 17, qui fait remarquer que la dalmatique est un vêtement nettement plus onéreux. *Clamys Dardanica mantuelis* : l'origine « dardanienne » est certainement une invention faisant allusion à la prétendue origine dardanienne de Claude, peut-être provoquée par le proche voisinage en 11,9 des mots *Dalmatarum* et *Dardanum* : cf. *supra*, p. 305. *Mantuelis* est un hapax, dérivé de *mantus, -us*, f., « genus paludamenti »; cf. *ThlL* VIII 334,31-46 (L. Deicke, 1938). La *paenula* était à l'origine une pièce de vêtement destinée à protéger du froid et de la pluie, fermée sur le devant et munie d'un capuchon, qui s'enfilait par dessus la tête. À l'époque impériale, son usage s'est largement répandu, et la *paenula* a cessé d'être utilisée exclusivement comme protection contre les intempéries. Nombreux détails fournis par F. Kolb, *Die Paenula...* Avec l'origine illyrienne de la *paenula*, « Pollio » poursuit le petit jeu d'allusions à l'origine de Claude commencé par la mention de la Dalmatie et de la Dardanie : cf. ci-dessus. Le *bardocucullus* est un vêtement à capuchon, mentionné par Martial (1,53,5 et 14,128,1) comme provenant de Gaule. En *Pert.* 8,3, on lit l'expression *cuculli Bardaici*. Faut-il penser au peuple illyrien des *Bardaei* (donc encore un peuple balkanique !) ? Étant donné que Martial définit ces capuchons comme gaulois, on pourrait penser à un jeu de mots complexe avec le mot gaulois

bardus, *-i*, m., le poète, le barde, et une allusion à une produc-
tion typique des *Bardaei*, le *calceus Bardaicus*, une sorte de
botte (Ivv. 16,13-14 ; cf. Mart. 4,4,5) ; c'est ce qu'a suggéré
J. Straub (introduction à la trad. allemande de l'*HA* de Hohl,
vol. I, p. xxvii-xxviii). *Cucutia uillosa* : personne ne semble
avoir compris la plaisanterie quelque peu leste que s'autorise
ici « Pollio ». La solution est fournie par le *ThlL* IV 1284,84-
1285,3 (E. Lommatzsch, 1909) : outre notre passage, le mot
apparaît dans la traduction latine de Dioscoride (2,65) avec
le sens inattendu de « prépuce » : *uerpis cucutium crescere facit* (λιποδέρμους τε τοὺς μὴ ἐκ περιτομῆς ἀποκαθίστησι). Le
mot devait être répandu dans la langue vulgaire, car il survit
dans le provençal « cogots ». Les syllabes *-cucu-* de *bardocucullus*, à quoi s'ajoute l'idée de capuchon, ont évidemment
stimulé l'imagination associative égrillarde de « Pollio » et lui
ont suggéré une autre sorte de capuchon, cher aux décapu-
chonnés qui veulent se recouvrir. Que ces capuchons soient
uillosa évoque évidemment une pilosité autre que celle des
bonnets à poil. Pour *orarium*, cf. *Aurelian.* 48,5 et le vol. V 1,
p. 219. Derrière ce mot apparemment innocent se cache sans
doute une allusion perfide au christianisme, rendue particulièrement maligne du fait de son voisinage avec les *cucutia*. L'un
des sens de *orarium* est, en effet, « vêtement, parement sacer-
dotal » ; cf. en vieux français « orier », pour étole ; cf. *ThlL*
IX 2, 875,76-77 et 876,38-50 (E. Baer, 1978). Ce qui confirme
ici l'allusion chrétienne, c'est l'origine géographique de ces
oraria, dits *Sarabdena*, à savoir « de Sarabda » (Sarepta), une
ville de la côte de Phénicie, un peu au sud de Sidon (cf. l'Atlas
Barrington, carte 69, B3). La ville serait connue pour sa pro-
duction de pourpre, précisent les encyclopédies. Ce qu'elles
omettent de dire, c'est que c'est dans cette ville qu'a lieu la célèbre scène de la rencontre du prophète Élie avec la veuve de
Sarepta (*III reg.* 17,7-24), immortalisée par Rembrandt. Élie
procède à une sorte de multiplication des pains, puis ressus-
cite le fils de la veuve. Il est ainsi campé en préfiguration du
Christ. Ce sont donc des étoles christiques que « Pollio » fait
humoristiquement voisiner avec les *cucutia*. Ce passage doit

être versé dans le dossier de ceux qui montrent que l'auteur de l'*HA* connaît bien la Bible, et même l'*Ancien Testament*. Cf. à ce sujet *supra*, p. 250. On peut se demander si « Pollio » ne fait pas perfidement figurer parmi les cadeaux offerts par Gallien des objets qui évoquent d'une part son penchant à la débauche (cf. *Gall.* 4,3), d'autre part ses sympathies envers le christianisme, dont il ne parle pas, mais qui lui étaient sans doute connues. Pour ce qui concerne le don en or monnayé mentionné au paragr. 7, cf. *supra*, p. 321-322. Les « Valériens » sont des *aurei* frappés à l'effigie de cet empereur ; il n'en est question qu'ici dans l'*HA*. Quant aux *trientes* à l'effigie de Saloninus, ils n'ont jamais existé. Les *Valeriani* et les *Saloniniani* complètent l'invention de *Filippei* de 14,3 (Philippe l'Arabe !) pour constituer une petite galerie numismatique d'empereurs du IIIe s. On notera que le montant en or monnayé indiqué ici est de 150 *aurei* + 300 1/3 d'*aurei*, donc 150 + 100, soit 250, presque exactement le même montant en or monnayé qu'en 14,3.

3.2.5.1 (18,1) Après quatre faux documents attribués à deux empereurs antérieurs à Claude, qui prouvent l'estime dont il jouissait auprès d'eux, l'Anonyme insère pour finir dans sa biographie des acclamations du Sénat illustrant l'attachement de ce corps pour Claude, qui font un peu double emploi avec celles du chap. 4,3-4. Elles sont censées être antérieures à celles qui ont été prononcées lors de l'avènement de Claude, et s'adressent donc à celui-ci alors qu'il n'est encore qu'un simple particulier. Une scène de ce genre n'est pas imaginable à l'époque, et suppose que Claude soit présent à Rome, ce qui n'a jamais été le cas. Ces acclamations occupent la partie centrale du chap. (paragr. 2-3) ; le paragr. 1 les introduit ; le paragr. 4 conclut et le chap. et toute la biographie, en insistant derechef sur l'attachement du Sénat — auquel est joint ici le peuple — pour Claude, avec le lieu commun consistant à prétendre, quand on n'a plus rien à dire, qu'on s'arrête parce que ce qui reste à dire serait sans fin. Sur le succès de Claude avec Marcianus en Illyricum, cf. 6,1 et *supra*, p. 273. Pour ce qui concerne les acclamations, cf. *supra*, p. 266, avec notamment les renvois aux vol. V 1 et V 2, et les observations sur leur caractère rhétorique. On notera que les acclamations qui suivent ne comportent pas d'itérations, à la différence de celles de 4,3.

3.2.5.2 (18,2-3) *Dux* n'a sans doute pas ici de sens technique ; cf. pourtant 15,2, avec mon commentaire. *Haueas* : aussi dans une acclamation en *Alex.* 7,6 ; attesté dans le procès-verbal de la réunion du Sénat de 438 (*gest. in sen.* p. 1-4 Mommsen, éd. du COD. THEOD.). *Deuotioni tuae* : sans doute allusion à la version de la mort de Claude par *deuotio* ; cf. *supra*, p. 311-312. Concernant l'impossibilité pour Claude d'accéder au consulat ou à la préfecture du prétoire dans le contexte institutionnel des années précédant 268, cf. *supra*, p. 328. Noter la répétition *sic agit..., sic agit..., sic egerunt* en épiphore, ce qui suggère éventuellement l'intervention d'une sorte de chorège prononçant le début de la phrase, la fin étant reprise par tous en chœur ; cf. le vol. V 1, p. 263-264. Les accusatifs *felicem te, consulem te* supposent un verbe sous-entendu, du type *cupimus, iudicamus, acclamamus. Viuas* : de même *Alex.* 10,8. Le nom de Valérius donné à Claude est suspect. Il pourrait s'agir d'une invention visant à accréditer, comme le nom Flavius (cf. *supra*, p. 314), un lien de parenté avec Constance Chlore, qui porte le nom de Valérius. Ce nom semble cependant attesté par des inscriptions et une monnaie : cf. Damerau, p. 31, n. 6, et 83, n. 5. Le nom de Valérius est admis sans discussion par la *PLRE* I, p. 209, et par Barnes, *Some Persons...*, p. 154.

3.2.5.3 (18,4) La dernière phrase de la biographie reprend une certaine ampleur rhétorique, avec deux polysyndètes, le premier avec *et*, le second avec *neque*, soulignant chacun trois éléments en parallèle. L'amour du Sénat et du peuple est encore une fois souligné en une formule maximaliste, qui sera variée sous une forme très abrégée et nuancée tout à la fin de la *uita Aureliani* (50,5) : *populus eum Romanus amauit, senatus et timuit*. Il a déjà été question de l'amour suscité par Claude en 6,5 ; cf. *supra*, p. 279, lettre b). Quant aux listes de bons et mauvais empereurs, variées à l'infini, elles constituent une caractéristique de nombreuses biographies de l'*HA* : cf. *supra*,

p. 248-249. Claude est, avec Probus, l'empereur qui reçoit les
éloges les plus dithyrambiques dans toute la collection. —
Pour le tic d'écriture *longum est*, cf. le vol. V 1, p. 103. —
tacere est un autre tic de l'auteur de l'*HA*, du reste lié au précédent : cf. le vol. V 1, p. 103 et 239, n. 8, et *supra*, p. 149 et
303.

INDEX DES MATIÈRES
DE L'INTRODUCTION GÉNÉRALE,
DES PRÉFACES DES *VIES*
ET DES COMMENTAIRES

Cet index enregistre des noms propres, des choses, des notions et des mots latins. Pour les noms propres qui figurent dans le texte et la traduction des deux vies ici publiées, dans leur majorité non repris dans le présent index, se reporter à l'index suivant, renvoyant au(x) chapitre(s) et au(x) paragraphe(s) de ces vies; d'éventuels éclaircissements sont fournis dans le commentaire correspondant au(x) passage(s) indiqué(s). Cet index est sélectif. Les chiffres renvoient aux pages.

INDEX DES NOMS PROPRES

Selon l'usage de la collection latine, cet index est établi à partir du texte latin. Des précisions sont occasionnellement fournies pour identifier un personnage ou un lieu.

Les abréviations suivantes sont utilisées :

T : *Vitae Triginta Tyrannorum*
C : *Vita Claudii*

TABLE DES MATIÈRES

COLLECTION DES UNIVERSITÉS DE FRANCE

OUVRAGES PARUS

Série grecque

dirigée par Jacques Jouanna
de l'Institut
professeur émérite à l'Université de Paris Sorbonne

Règles et recommandations pour les éditions critiques (grec). (1 vol.).

ACHILLE TATIUS.
Le Roman de Leucippé et Clitophon. (l vol.).

AELIUS ARISTIDE (Pseudo-)
Arts rhétoriques. (2 vol.).

AELIUS THÉON.
Progymnasmata. (1 vol.).

ALCÉE.
Fragments. (2 vol.).

LES ALCHIMISTES GRECS.
(4 vol. parus).

ALCINOOS.
Les Doctrines de Platon. (1 vol.).

ALEXANDRE D'APHRODISE.
Traité du destin. (1 vol.).

ANDOCIDE.
Discours. (1 vol.).

ANONYME DE SÉGUIER.
Art du discours politique. (1 vol.).

ANTHOLOGIE GRECQUE.
(12 vol. parus).

ANTIGONE DE CARYSTE.
Fragments. (1 vol.).

ANTIPHON.
Discours. (1 vol.).

ANTONINUS LIBERALIS.
Métamorphoses. (1 vol.).

APHTHONIOS.
Corpus Rhet. I. Progymnasmata.

APOLLONIOS DE RHODES.
Argonautiques. (3 vol.).

APPIEN.
Histoire romaine. (7 vol. parus).

APSINÈS.
Art rhétorique. (1 vol.).

ARATOS.
Phénomènes. (2 vol.).

ARCHILOQUE.
Fragments. (1 vol.).

ARCHIMÈDE. (4 vol.).

ARGONAUTIQUES
ORPHIQUES. (1 vol.).

ARISTÉNÈTE. (l vol.).

ARISTOPHANE. (5 vol.).

ARISTOTE.
De l'âme. (1 vol.).
Catégories. (1 vol.).
Constitution d'Athènes. (1 vol.).
Du ciel. (l vol.).
Économique. (1 vol.).
Génération des animaux. (1 vol.).
De la génération et la corruption. Nᵐᵉ éd. (1 vol.).
Histoire des animaux. (3 vol.).
Marche des animaux - Mouvement des animaux. (1 vol.).
Météorologiques. (2 vol.).
Parties des animaux. (1 vol.).

Série latine

dirigée par
Jean-Louis Ferrary
de l'Institut, directeur d'études à l'École pratique des hautes études (IV⁰ section)
et
Jean-Yves Guillaumin
Professeur à l'Université de Franche-Comté

MACROBE.
Commentaire au songe
de Scipion. (2 vol.).

MARTIAL.
Épigrammes. (3 vol.).

MARTIANUS CAPELLA.
Les Noces de philologie
et Mercure. (3 vol. parus).

MINUCIUS FÉLIX.
Octavius. (1 vol.).

PREMIER MYTHOGRAPHE
DU VATICAN. (1 vol.).

NÉMÉSIEN.
Œuvres. (1 vol.).

OROSE.
Histoires (Contre les Païens).
(3 vol.).

OVIDE.
Les Amours. (1 vol.).
L'Art d'aimer. (1 vol.).
Contre Ibis. (1 vol.).
Les Fastes. (2 vol.).
Halieutiques. (1 vol.).
Héroïdes. (1 vol.).
Métamorphoses. (3 vol.).
Pontiques. (1 vol.).
Les Remèdes à l'amour. (1 vol.).
Tristes. (1 vol.).

PALLADIUS.
Traité d'agriculture. (2 vol. parus).

PANÉGYRIQUES LATINS.
(3 vol.).

PERSE.
Satires. (1 vol.).

PÉTRONE.
Le Satiricon. (1 vol.).

PHÈDRE.
Fables. (1 vol.).

PHYSIOGNOMONIE (Traité de).
(1 vol.).

PLAUTE.
Théâtre complet. (7 vol.).

PLINE L'ANCIEN.
Histoire naturelle. (37 vol. parus).

PLINE LE JEUNE.
Lettres. (4 vol.).

POMPONIUS MELA.
Chorographie. (1 vol.)

PROPERCE.
Élégies. N^{lle} éd. (1 vol.).

PRUDENCE. (4 vol.).

QUÉROLUS. (1 vol.).

QUINTE-CURCE.
Histoires. (2 vol.)

QUINTILIEN.
Institution oratoire. (7 vol.)

RES GESTAE DIVI AVGVSTI.
(1 vol.).

RHÉTORIQUE À HÉRENNIUS.
(1 vol.).

RUTILIUS NAMATIANUS.
Sur son retour. N^{lle} éd. (1 vol.).

SALLUSTE.
Conjuration de Catilina. Guerre
de Jugurtha. Fragments des
Histoires. (1 vol.).

SALLUSTE (Pseudo-).
Lettres à César. Invectives. (1 vol.).

SÉNÈQUE.
Apocoloquintose du divin
Claude. (1 vol.).
Des bienfaits. (2 vol.).
De la clémence. (N^{lle} éd. 1 vol.).
Dialogues. (4 vol.).
Lettres à Lucilius. (5 vol.).
Questions naturelles. (2 vol.).
Théâtre. N^{lle} éd. (3 vol.).

SIDOINE APOLLINAIRE. (3 vol.).

SILIUS ITALICUS.
La Guerre punique. (4 vol.).

STACE.
Achilléide. (1 vol.).
Les Silves. (2 vol.).
Thébaïde. (3 vol.).

SUÉTONE.
Vie des douze Césars. (3 vol.).
Grammairiens et rhéteurs. (1 vol.).

SYMMAQUE.
Lettres. (4 vol.).
Rapports - Discours (1 vol.)

TACITE.
Annales. (4 vol.).
Dialogue des orateurs. (1 vol.).
La Germanie. (1 vol.).
Histoires. (3 vol.).
Vie d'Agricola. (1 vol.).

TÉRENCE.
Comédies. (3 vol.).

TERTULLIEN.
Apologétique. (1 vol.).

TIBULLE.
Élégies. (1 vol.).

TITE-LIVE.
Histoire romaine. (30 vol. parus).

VALÈRE MAXIME.
Faits et dits mémorables. (2 vol.).

VALERIUS FLACCUS.
Argonautiques. (2 vol.).

VARRON.
Économie rurale. (3 vol.).
La Langue latine. (1 vol. paru).

LA VEILLÉE DE VÉNUS
(Pervigilium Veneris). (1. vol.).

VELLEIUS PATERCULUS.
Histoire romaine. (2 vol.).

VICTOR DE VITA.
Histoire de la persécution vandale
en Afrique. – La passion des sept
martyrs. – Registre des provinces
et des cités d'Afrique. (1 vol.).

VIRGILE.
Bucoliques. (1 vol.).
Énéide. (3 vol.).
Géorgiques. (1 vol.).

VITRUVE.
De l'architecture. (10 vol.)

Catalogue détaillé sur demande

Ce volume,
le quatre centième
de la Collection des Universités de France,
publié aux Éditions Les Belles Lettres,
a été achevé d'imprimer
en septembre 2011
sur les presses
de la Nouvelle Imprimerie Laballery
58500 Clamecy, France

N° d'édition : 7269
Dépôt légal : octobre 2011
N° d'impression : 109124

Imprimé en France